丛书主编 ▸ 李 铁

城镇化进程中的城乡关系

URBAN-RURAL RELATIONS IN THE PROCESS OF URBANIZATION

李 铁 乔润令等◎著

图书在版编目（CIP）数据

城镇化进程中的城乡关系 / 李铁，乔润令等著. —北京：中国发展出版社，2013. 3

ISBN 978-7-80234-914-8

Ⅰ. 城… Ⅱ. ①李… ②乔… Ⅲ. 城乡建设—研究—中国 Ⅳ. F299.2

中国版本图书馆CIP数据核字（2013）第038425号

书　　名：城镇化进程中的城乡关系
著作责任者：李　铁　乔润令 等
出 版 发 行：中国发展出版社
（北京市西城区百万庄大街16号8层　100037）
标 准 书 号：ISBN 978-7-80234-914-8
经　销　者：各地新华书店
印　刷　者：北京科信印刷有限公司
开　　本：700×1000mm　1/16
印　　张：26.5
字　　数：400千字
版　　次：2013 年 3 月第 1 版
印　　次：2013 年 3 月第 1 次印刷
定　　价：65.00元

联 系 电 话：（010）68990646　68990692
购 书 热 线：（010）68990682　68990686
网 络 订 购：http：//zgfzcbs.tmall.com/
订 购 电 话：（010）88333349　68990639
网　　址：http：//www.develpress. com. cn
电 子 邮 件：cheerfulreading@sina. com

“城镇化与社会变革”丛书

编委会名单

总　序

中央政府又一次把城镇化作为拉动内需和带动经济增长的引擎，使得城镇化问题再次成为社会关注的热点。巧合的是，两次提出城镇化问题都和国际金融危机有关，上一次是亚洲金融危机，而这一次是全球金融危机。作为长期从事城镇化政策研究的团队，我们的研究积累对于中国的城镇化问题应该有着清醒的认识，但是对于社会，对于各级政府、企业家、学者和媒体人来说，如何去理解城镇化问题，就涉及将来可能出台什么样的政策，以及相关政策如何落实。因此，我们决定把多年的研究成果公诸于世，以“城镇化与社会变革”系列丛书的形式出版。丛书之所以以改革为主题，就是要清楚地表明，未来推进城镇化最大的难点在于制度障碍，只有通过改革，才能破除传统体制对城乡和城镇间要素流动的约束和限制，城镇化带动内需增长的潜力才能得到真正释放。

丛书出版之际，出版社邀请我作序，一方面希望从宏观的角度来评价十八大以来的城镇化政策要点，另一方面希望对国家发改委城市和小城镇改革发展中心（以下简称“中心”）从事城镇化政策研究的历程做一个简要的回顾。毕竟我全程参与了中心的组建和发展，也基本上经历了从城镇化政策研究到一系列政策文件出台的过程。其实，我内心的想法，无论目前把城镇化政策提到怎样的高度，毕竟与可操作的政策出台以及贯彻落实都还有很长的距离。我能更多地体会到，这项研究，凝聚着许多长期从事农村政策研究和城镇化研究的领导和专家的心血，也汇集了一些地方基层政府的长期实践。我们只是作为一个团队集中了所有的智慧，利用我们的平台优势把这些成果和资料积累下来。

1992 年，我在国家体改委农村司工作，有一次参加国土经济学会在新华社举办的关于小城镇问题的研讨会，原中央农研室的老领导杜润生先生发言，提到小城镇对于农村乡镇企业发展和农村资源整合的重要意义，回来后感受颇深。在年底农村司提出 1993 年度研究课题重点时，把小城镇和城镇化问题作为六个重点研究课题的选题之一，报告给了时任国家体改委副主任马凯同志。我记得其他选题还有农村税费改革、城乡商品流通和土地问题等等。马凯副主任只是在小城镇这个课题上画了一个圈，要求我们重点进行研究。这一个圈就决定了我后半生的命运，至今已经20年了。当时马凯同志分管农村司工作，他之所以要求我们从事小城镇和城镇化问题的研究，他的基本论断是“减少农民，才能富裕农民”。

在后来的城镇化研究中，很多人不理解，为什么当时中央提出“小城镇，大战略”？特别是一些经济和规划工作者，他们认为城镇化政策重点不应该是积极发展小城镇，而应该是发展大城市，可是谁也不去追问。当时城镇化的提法还是禁忌，户籍问题更是没人敢提。几千年来确保农产品供给问题似乎成为一种现实的担忧；已经形成的城乡福利上的二元差距，更是各级城市政府不愿意推进户籍管理制度改革的借口。只有在小城镇，因为福利差距没有那么大，基础设施和公共服务条件没有那么好，与农村有着天然的接壤和联系，而且许多乡镇企业又直接办在小城镇，在这里实现有关城镇化的一系列体制上的突破，应该引起的社会波动比较小。1993～1995年，在马凯同志的直接领导下，我们开始了小城镇和城镇化的研究。马凯同志亲自带队到各部委征求意见，1995年4月，协调国务院十一个有关部、委、局制定并印发了《全国小城镇综合改革试点指导意见》，这是第一个从全方位改革政策入手，以小城镇作为突破口，全面实行综合改革试点的指导性意见。其中涉及的内容包括户籍管理制度、土地流转制度、小城镇的行政管理体制、地方财税管理体制、机构改革和乡镇行政区划调整、基础设施的投融资改革、统计制度等多方面。

1998年国务院机构改革，国家体改委和国务院特区办合并为国务院经济体制改革办公室，原来的16个司局缩编成6个司局，涉及大量的司局级干部重组和自寻出路。为了坚持小城镇和城镇化的政策研究，把试点工作持续下去，在各方面的支持下，我放弃了留在机关内工作的机会。1998年6月，经中编委批准，以原国家体改委农村司为主体成立了小城镇改革发展中心。从此我开始了漫长而又寂寞的城镇化政策研究之路。

1997年的亚洲金融危机，我国的外向型经济受挫，很多专家提出扩大内需的思路，城镇化和小城镇终于第一次走上了政府宏观政策的台面。

1998年十五届三中全会开始提出“小城镇，大战略”。1999年，时任国务院副秘书长的马凯同志和中农办主任段应碧同志，把起草向中央政治局常委汇报的“小城镇发展和城镇化问题”的任务交给了国务院体改办。之后，我们又在国务院体改办副主任邵秉仁同志的领导下，直接参与起草了2000年6月中共中央、国务院颁布的《关于促进小城镇健康发展的若干指导意见》。这个文件下达之后，户籍管理制度原则上在全国县级市以下的城镇基本放开，农村进城务工人员只要在城里有了住所和稳定的就业条件，就可以办理落户手续，而其在农村的承包地和宅基地仍可保留。根据中央有关文件精神，2000年第五次全国人口普查后，我国把进城务工的农民第一次统计为城镇人口，我国的城镇化率一下子从原来的29%提高到36%。

2002年，党的十六大报告第一次写进了有关城镇化的内容，其中把“繁荣农村经济，加快城镇化进程”写到一起，这充分说明了城镇化对于“三农”问题的重要性。值得特别提出的是，我们的城镇化研究也从小城镇开始深入到进城的农民工，中心全体研究人员就农民工问题进行了大量的调查研究。2002年，根据马凯副秘书长和段应碧主任的安排，由中心组织人员起草了2003年国务院办公厅1号文件《关于做好农民进城务工就业管理和服务工作的通知》。

2003年，中心被并入了国家发改委，城镇化的研究工作转向了深入积累阶段。原来曾经全方位开展的改革试点工作虽然还在进行，但是实质性内容越来越少。在这一阶段反思城镇化，站在农村的角度去推进城市的各项相关改革，看来是越来越难了。中国的体制，城市实际上是行政管理等级的一个层面，而不是西方国家那种独立自治的城市。中国城市管理农村的体制，使得从农村的角度提出任何问题都是带有补贴和扶助的性质。而实际上，由于利益格局的确立，城市仍然没有摆脱依赖于从农村剥夺资源，来维持城市公共福利的积累和企业成本降低的局面。原来简单明了的城乡二元结构，已经被行政区的公共福利利益格局多元化了，因此要改革的内容已经远远超出了20世纪90年代凸显的城乡二元结构的范畴。原来长期研究农村改革、试图解决农村问题，现在成为城镇化出发点的思路，肯定也要相应地转型，使我们的研究团队站在城市的决策角度考虑问题。2009年，我们开始把中心研究的重点彻底地转向城市，单位的名称也同时作出了调整，改为“城市和小城镇改革发展中心”。这种转型的最大效果就是可以更多地偏重于决策者的思维，了解决策阶层所更关注的城市角度，有利于提出更好的政策咨询建议。

中心成立15年来，我和同事们到20多个省（直辖市、自治区）的数千个不同类型、不同规模的城镇调研，积累了大量的材料，并为一批城镇特别制定了发展规划。

我们所理解的城镇化政策是改革，这也是我们长期和社会上的一些学者，甚至包括政府决策系统的部分研究人员在观点上的一些重要分歧。因为城镇化要解决的是几亿进城农民的公共服务均等化问题，关系到利益结构的调整，所以必须通过改革来解决有关制度层面的问题。仅靠投资是无法带动城镇化的，否则只会固化当地居民和外来人口的福利格局。只有在改革的基础上，打破户籍、土地和行政管理体制上的障碍，提高城镇化质量，改善外来人口的公共服务，提升投资效率才能变为可能。

幸运的是，从2012年起，中央领导同志对于城镇化的重视达到了前所未有的高度。在国家发改委副主任徐宪平同志的支持下，我们终于把多年的研究积累作为基础性咨询，提供给政策研究和制定的部门。虽然关于城镇化所涉及的改革政策的全面铺开还需要时日，还需要观点上进一步的统一，但无论怎样，问题提到了台面，总会有解决的办法，任何事情都不能一蹴而就，但毕竟有一个非常好的开始。

同事们提议，是不是可以把这些年我们团队有关城镇化的研究成果出版成书？我同意了。2013年是全国深入贯彻落实十八大精神的开局之年，是一个好时候，全社会都在关注城镇化进程。此举可以把我们的观点奉献给社会，以求有一个更充分的讨论环境，寻求共识，推进城镇化改革政策的持续出台。

国家发改委城市和小城镇改革发展中心主任

2013年3月

目录 >>> CONTENTS

第一篇　认识城镇化

对城镇化内涵的几点认识 …… 2

城镇化：专家学者关注的新热点 …… 7

“十二五”城镇化发展高层论坛会议综述 …… 17

反思金融危机影响，重新认识城镇化道路 …… 26

通过改革推进垦区城镇化 …… 34

第二篇　体制改革和试点探索

贫困县的“吃饭财政” …… 42

旱涝保收的“教育开支” …… 46

农村土地使用制度改革一瞥 …… 50

农业税逐年减免还是一次取消 …… 53

安徽省“以县为主”的农村教育体制改革的调查 …… 57

调整县镇政府职能　落实县域主体功能区规划 …… 65

宜昌乡镇事业单位改革调研报告 …… 70

深化农村综合改革，促进县域科学发展 …… 74

公务员需要的“阳光工资” …… 81

体制变革：大邱庄发展的新动力 …… 86
大邱庄从工业化到城镇化 …… 91
湖北省小城镇试点工作的新探索 …… 98
小城镇试点在江苏 …… 103
努力构建政策优势　实现小城镇大发展 …… 108

第三篇　商品和要素市场

关于农村承包土地调整的调查 …… 114
集体非农建设用地流转——城乡关系的新突破 …… 116
规模经营的危险 …… 119
河南农村调研报告 …… 121
主销区粮食市场放开以后 …… 128
棉花收购放开之后 …… 131
关于集贸市场专项整顿的若干情况 …… 133
安徽省集贸市场专项整治工作情况调查 …… 140
浙江、陕西集贸市场专项整治工作情况调查 …… 147
陕西关中一景：乡镇“七站八所”不管用，农民自己搞专业化服务 …… 152
加快建设郊区都市型工业园，推动农村集体资产股份化 …… 158

第四篇　城乡关系

著名专家学者谈城乡关系 …… 164
农民收入、就业与城市化 …… 167
促进城乡协调发展 …… 171
小城镇发展和改革试点座谈会发言摘要 …… 177
立足贫困县县情　抓好新农村建设 …… 184
科学发展在温江 …… 189
天津市城乡建设用地增减挂钩试点工作经验介绍 …… 194

创新农村土地使用制度　推进城乡统筹发展 …………………… 199

第五篇　城乡社会

警察故事：财政制度和收支两条线 ………………………………… 204
影响中国农村的中长期问题 ………………………………………… 212
著名专家学者谈 …………………………………………………… 218
农民负担重：原因、思考与建议 …………………………………… 225
安徽农村卫生一瞥 ………………………………………………… 228
农业保护、水资源与农村教育 ……………………………………… 233
"非典"防治、农民流动和政府管理 ……………………………… 236
农民工供给将出现结构性短缺 ……………………………………… 243

第六篇　农民收入与农业发展

关于农民增收问题的几点思考 ……………………………………… 252
新一轮农业谈判的减让模式和我国的选择 ………………………… 259
欧盟农业政策改革和WTO农业谈判新走向 ………………………… 264
一个养猪场老板的甜酸苦辣 ………………………………………… 268
年终盘点：支农新政策下的农民收入 ……………………………… 272
旧债不去，新债又来 ………………………………………………… 277
小土豆：关乎农民脱贫致富、维系国家粮食安全 ………………… 281
充分利用市场机制，加快玉米产业发展 …………………………… 287

第七篇　经验借鉴

亚洲绿色城市化研究要点 …………………………………………… 292
古都如何走向现代化 ………………………………………………… 298
"促进城镇科学规划健康发展"高层国际研讨会会议综述 …… 307

关于完善我国土地利用规划的几点建议 …………………… 313
澳大利亚政府如何使用和管理私人土地 …………………… 318
换地权益证 …………………………………………………… 325
允许私人申请土地用途转变 ………………………………… 332
香港土地制度经验的启示 …………………………………… 337
日本和美国对“规模经营”、“公司农业”的法律限制 ………… 342
赴德国小城镇管理培训考察报告 …………………………… 344
巴西城市化考察报告 ………………………………………… 357
小城镇社区建设与服务培训报告 …………………………… 365
美国城镇管理的几点启示 …………………………………… 374
美国公众参与城市管理的实践与启示 ……………………… 383

第八篇　灾后重建

关于四川汶川地震灾后安置和重建工作的基础调查报告 ……… 390
四川灾区农户调查统计分析报告 …………………………… 401
灾区农民永久住房建设存在的问题和建议 ………………… 408
支持灾区农业龙头企业尽快带动农户恢复生产 …………… 410

第一篇
认识城镇化

对城镇化内涵的几点认识

李 铁

党的十七届五中全会决议把城镇化问题提高到了一个战略性的高度。城镇化问题又一次吸引了专家、公众以及媒体的眼球。但是，从众多媒体和专家的讨论中看，对于城镇化还缺乏足够清晰和一致的认识。

《中共中央关于制定国民经济和社会发展第十二个五年规划的建议》明确指出，“要把符合落户条件的农业转移人口逐步转为城镇居民作为推进城镇化的重要任务。大城市要加强和改进人口管理，中小城市和小城镇要根据实际放宽外来人口落户条件”。因此，城镇化的实质是农村人口向城镇的转移，城镇化的主体是已经在城镇长期就业和居住的外来农民工。只有解决了他们与城镇居民同等的公共服务问题，才能促使他们把消费的重点转向城镇，才能促进城乡的和谐稳定发展，才能达到富裕农民的农村发展战略目标，才能真正地实现拉动内需的效果。

但是，一些地方政府官员仍然认为城镇化就是城镇发展，就是现有的居民生活条件和质量的改善。一些学者则认为，城镇化就是现代化，因为在他们看来，他们所长久居住的城市应该向发达国家看齐，解决所谓的生态问题、宜居问题、低碳问题等。还有的学者更是把城镇化理解为城市发展道路的选择问题，认为选择发展不同类型的城市，应该是城镇化的重点，因此也就出现了所谓大中小城市和小城镇发展道路的争论。

一、城乡二元的户籍制度和差异化的公共福利

自党的十五届三中全会以来，中央政府提出城镇化政策已经十多年

李 铁：国家发展改革委城市和小城镇改革发展中心主任、博士生导师。

了，但由于各类群体的认知差异和利益关系，使得城镇化问题始终很难有实质性的进展。因此，在制定未来五年城镇化发展规划时，有必要梳理城镇化的一些基本问题。

我国城乡分割的户籍管理体制源于20世纪50年代末。在当时国际封锁的大背景下，通过户籍制度把农村人口强制性地限制在土地上，让其提供低价的农产品，有利于维持城镇人口的低工资和低消费，实现国家的工业化积累。改革开放初期，由于中国长期为农产品供给的问题所困扰，担心城镇人口过多，农产品供给不足，没有及时地打破城乡户籍管理制度的隔阂。以至于改革开放30年来，城镇的迅速发展和城市投入的大幅增加，不但没有缩小城乡居民公共服务的差距，反倒固化了现有的城乡居民利益关系，增加了破除现有体制障碍的难度。

户籍管理制度的特点，是通过户籍决定公共福利和公共服务的分配关系。改革开放前，城镇人口可以依托户籍关系，获得非农就业的机会，获得农产品和轻工业品的票证供给，甚至包括一部分就业职工的住房分配。而农村人口可以通过户籍，获得集体分配的农业用地和宅基地。在城镇，户籍所在地政府决定着城镇福利的分配。而在农村，集体经济组织决定着生产资料和集体福利的分配。因此，这种不同的公共利益的分配，使得中国的福利分配制度被城镇和农村集体经济组织分割开来。

改革开放以后，农村和城镇的一系列改革，使得在特定体制条件下形成差异化发展进程，城市和乡村的发展差距日益扩大，而城镇之间发展水平的差距和村集体经济组织之间的发展水平差距也在日益加大，发展的差距相应的导致了公共服务和社会福利的不均衡扩大。其中很重要的原因就在于户籍制度在空间上被分割和固化了。

例如，各城市间的人口是不能自由落户的，除非公共服务和福利水平是对等的。农村集体经济组织之间人口的落户，也因涉及集体土地的供给和集体财产的分割而受到严格限制。农村人口不能进入城镇落户，除非土地的征用或者是有足够的财产。而城镇人口也无法进入农村落户，是因为农村集体组织无法分配土地和相应的集体福利给新增人员，除非因婚姻关系等。可以发现，附加在户籍制度上的各种公共福利和财产关系导致了利益关系的相对固化。而在这些利益关系之中，差距最为明显的是发展水平较快的城镇和农村，东部沿海地区与中西部地区。无论是城市之间、城镇之间，还是城乡之间或者是农村之间，都存在着鲜明的利益差距。这些利益差距不是体现在个人之间，而是体现在较大规模的群体之间；不是体现在个人财产的差距水平上，而是更多体现在公共群体的服务和福利的差别上。很多年来，我们都在试图探索，能否打破这种附加在户籍制度上的利益关系。城镇化的问题，只是把矛盾的焦点对准了城市和乡村，其实这类矛盾不仅仅体现在城市和乡村，而是表现在所有被行政区划所分割或被农村集体经济组织所分割而形成的不同利益群体之间。问题的焦点在于群体规模，在于群体的利益也是公共的。

解决农村问题的根本出路，在于要打破城乡之间的户籍管理制度障碍。中央政策的目标是要通过城镇化来拉动内需，破解当前国际经济危机所带来的压力。同时也要从中国的长远利益出发，解决城乡矛盾，促进农村发展。核心问题在于，只有先让农民进城定居和消费，才能起到拉动内需最直接的效果。

从实际情况分析，城镇化涉及两类农民：一类是在城市郊区的农民，另一类则是外来的已经在城镇就业和居住的农民工。哪些农民最容易进城直接带动消费需求，哪些农民最有动力和愿望进入城镇，享受与城镇居民同等的公共福利呢？对于城市郊区的当地农民而言，他们不愿意进城，因为城市的发展使得他们有着分享土地价值增加的预期，但是他们愿意在不丧失土地增值收益的预期下，获得与城镇居民同样的公共服务水平。而城镇政府需要的是先低价获取土地，之后才是公共服务的均等化。城市郊区的农民经过衡量之后，不愿意放弃土地。原因很简单：土地的级差地租收益远远超过公共服务的收益。而对于外来农民工而言，他们在城里过着最简陋的生活，却从事着城镇最不可缺少的职业，他们在就业地城镇没有土地。城镇政府在这里没有预期土地的增值收益，却需要为外来农民工的公共服务埋单，还要降低现有的城镇居民的公共服务水平，这是外来农民工较多的城镇政府最不愿意面对的现实。

我国2009年有1.453亿跨区域流动的农民工，其中有2000万当地农民，他们都被统计为城镇居民。未来的城镇化问题，核心问题就在于这批农民是否能够在城镇落户，无条件地享受到与就业地城镇居民同等的公共服务。

二、对城镇化认识的分歧

政府官员、专家学者基本上都支持推进城镇化，但是对于城镇化的实质却有着相当大的分歧。原因并不在于人们想不明白城镇化的实质，而在于利益决定了观念甚至决策的走向。城市里的居民看到置身于其间的城市发展的速度，亲身体会到城市的发展水平已经在直追发达国家的城市发展水平，如果让城市居民同意户籍制度改革，允许外来农民工分享城市的公共服务，并不那么容易。

举一个简单的例子，电梯一定是高层建筑的公共服务工具，理论上应该是对所有人开放的。但从心理学的角度分析，上了电梯的人一定不希望更多的人进入电梯。对于城镇化问题的理解也是如此。已经在城镇内享受到公共服务的人当然不希望更多的人享受同样的服务，特别是不愿意更多的外来农民工和城镇居民享受同等的公共服务。因为城镇也像一个电梯，如果增加了乘电梯的人数，而电梯的设施改善速度没有跟上，那就等同于乘电梯的享受程度大幅度降低。人们会抱怨乘电梯的人太多，物业的管理水平太低，开发商在建楼房时设计的电梯数量太少，质量太差，等等。当然，城镇比电梯要复杂得多，也不是一个电梯理论就能涵盖的，但问题的实质却是一样的。

城市的政府管理者自己住在城市里，他们既是城市的居民，又在很大程度上受到城市居民舆论的影响，还要受到人大、政协的监督，而所有这些人基本都是代表城市居民的利益。因此，城市管理者在考虑城市发展的时候，肯定把城市居民的利益放到首位（这里不涉及政绩观的问题），如果考虑到土地因素和郊区农民在土地问题上有一定影响力的话，当地郊区农民也是他们不得不考虑的范畴之一。城市管理者更愿意把城镇化理解为政府对城市公共设施的投入，理解为城市的发展和建设。对于外来农民工的问题，尚未得到城市管理者的足够重视。

学者对于城镇化的理解大概表现在两个方面。一方面，认为发达国家都在发展大城市或者特大城市，对中国提出要发展中小城市或小城镇的认识不足。其实，人口向大城市流动的前提是自由迁徙。发达国家的人口是自由流动的，政府不限制任何人在各类城市自由地选择落户，政府只是根据城市人口的数量和收入水平差距，来解决新增人口的公共服务问题。而我国在20世纪50年代末以来没有确认人口的自由迁徙权。尽管学者们提出大城市的发展理论，却忽视了外来农民工人口应该向哪一类城市流动，这显然只是支撑了城市管理者的需求，就是政府的投资应该向大城市投入，至于农民如何进城落户，则不在他们的考虑范畴之内。另一方面，学者作为城市居民也不同意农民工大规模进城落户。关于农民工是不是也可以大规模地进入到他所居住的城市时，学者给出的理由会是：大城市已经膨胀了，还是应该鼓励他们到别的城市去。这是自身利益受到影响的学者的观点取向。

很多人还会提一个疑问：中国不能走很多中等收入国家或者发展中国家城市化进程的老路，也就是说中国的城市发展绝不能出现大量的贫民窟。他们的逻辑是，如果政府放任了农民进入城市，其他国家的城市病就会在中国的城市重演，例如严重的环境污染、黑社会泛滥、城市的景观受到严重的破坏、治安问题会特别突出，等等。因此，从这个意义上，限制农民进入城市显然是属于中国特色的城镇化道路最成功的一面。国际上允许人口自由流动的国家，没有避开这一城市发展阶段的必然过程。现在的巴西、印度、墨西哥如此，发达国家18世纪和19世纪甚至20世纪初也是如此。何况中国人口有13亿，中国所面临的城镇化问题更为严峻。在这个思维方式下，探讨中国的城镇化政策，显然要慎重得多。不过，防止这些问题的出现可以通过加强城镇管理，健全均等化基本公共服务来解决，其中，允许农民工进城落户依然是重中之重。

总之，我国积极稳妥地推进城镇化进程是不可逆的发展趋势。因此，我们需要明确方向，理清思路，官员、学者、公众都需要准确理解中央关于城镇化的政策，特别是关于农民工进城落户的政策精神，逐步赋予外来农民工基本的公共服务，规范有序地促进城镇化的健康发展。

（2010年6月）

城镇化：专家学者关注的新热点

李　铁

2009年11月30日，国家发改委城市和小城镇中心与北京大学国家发展研究院在北京钓鱼台大酒店共同主持召开了《2009中国城镇化高层论坛》。国家发展改革委副秘书长杨伟民、国家发展改革委宏观经济学会副会长王建、中国社会科学院人口所所长蔡昉、中国经济体制改革研究会副会长樊纲、中国社会科学院经济研究所研究员张曙光、国土资源部总规划师胡存智、天则研究所所长盛洪、中国改革基金会国民经济研究所研究员王小鲁、国务院研究室巡视员叶兴庆、美国三一学院经济系教授文贯中、北京大学国家发展研究院院长周其仁、北京大学国家发展研究院副院长卢峰、国家发展改革委城市和小城镇改革发展中心主任李铁、国家发展改革委城市和小城镇改革发展中心副主任袁崇法等专家学者以及一些地方领导参加了论坛，中农办陈锡文主任、国务院研究室黄守宏副主任也出席了论坛。国家发改委城市和小城镇中心主任李铁做了主题发言。专家学者围绕“城镇化与增长方式转变和扩大内需”、“如何解决农民工安家落户”、“政府征地的优劣”、“城镇化进程中的土地财政”、“基础设施与城市规划”、“如何实现城市最佳规模”、“城镇化的成本与制度创新”等问题阐明自己的观点。有些问题引起了专家们激烈的争论，形成了近年来少有的观点鲜明、讨论热烈的场面，这是一个有观点、有分歧、有争论、也有共识的会议。最后，北京大学国家发展研究院院长周其仁教授做了总结发言。下面将专家的主要观点分成两部分综述。

李　铁：国家发展改革委城市和小城镇改革发展中心主任、博士生导师。

一、中国城镇化：农民工城市社会融入

1. 关于农民工问题的认识、农民工进城的积极作用

杨伟民强调，农民工市民化是关系我国现代化建设全局的大问题。叶兴庆指出，新生代农民工的出现使得农民工问题愈加紧迫。卢锋则指出，在鼓励农民融入城市，并解决其市民身份方面进行改革是必要的、可行的且紧迫的。李铁认为，农民工已经成为中国未来城市化非常重要的组成部分，并进一步深入分析了农民工在城市化中的主体作用：一是农民工占产业工人的比重已经上升到43%，成为产业工人的生力军；二是举家迁徙的农民工已经成为城市新型居民；三是第二代农民工代表着城镇的未来。

专家们也指出，当前对农民工问题重要性的认识还尚未统一。比如，李铁指出，地方政府对于"农民工是城镇化的主体"的认识还有相当大的偏差，从20世纪90年代到21世纪初，绝大多数地方政府把城镇化理解为城市建设，热衷于改变城镇形象，大拆大迁，忽视了对居民的公共服务。因此，从思想上统一认识是当务之急。

农民工进城对于扩大内需、增加就业有积极的促进作用，这一点得到与会专家们的一致赞同。王建认为，农民进城会带来基础设施投资、就业岗位投资、生活消费投资、服务业投资和消费等的增加，进而形成巨大的拉动力，因此，城市化是我国经济增长的新动力。杨伟民认为，农民进城有助于扩大消费需求，促进发展方式的转变，有助于扩大就业、解决服务业发展滞后，并缓解就业压力。在肯定农民工进城对扩大内需和增加就业的作用外，一些专家还提出了自己的见解。李铁认为，农民工进城带动了整个农村就业结构和农产品结构的调整，促进农民收入提高，促进农业现代化，适度的规模经营，对于解决"三农"问题具有重要意义；农民工进城给城市解决了养老保险的资金压力，更重要的是农民工进城补充了城市人口的新鲜血液，形成低价的劳动力，进而提高了城市的竞争力；农民工进城有助于城市和城乡结合部的闲置资源得到充分利用。杨伟民认为，农民工进城还有三个方面的积极作用：一是能够从根本上解决城乡收入扩大问题；二是允许农民工在城市定居，用

人的空间移动来调整地的空间结构，有助于遏制土地占用更多的问题；三是农民工定居有助于促进地区之间实现公共服务均等化、生活条件均等化以及人民生活水平的均等化，进而解决区域发展不协调的问题。卢锋认为，农民工既是生产者也是创业者，农民工市民化会推动生产力发展和结构进步，从短期来看会增加消费需求，从长期来看则提升供给能力。

2. 关于农民工市民化的体制障碍及未来发展态势

关于城镇化存在的问题，专家们一致认为体制障碍制约了城镇化进程，也阻碍了农民工的社会融入。李铁指出，财政体制、行政管理体制、户籍制度以及土地制度等制约着城镇化落户定居的体制障碍依然存在。除了体制的束缚外，专家们还从不同的研究角度细致入微地分析指出了目前城镇化进程中农民工融入方面存在的问题。李铁指出，纳入城镇统计的非户籍人口没有享受城镇居民同等公共服务；城镇化对服务业发展的带动效应没有充分的发挥；土地城镇化快于人口城镇化。杨伟民指出，农民工进城带来地区公共服务不平衡的问题，因为农民工进入发达地区或城市就业，给流入地创造了GDP和税收，但是其子女、父母却留在原籍，需要流出地政府负担他们的公共服务，所以农民工流入地财政收入增加而流出地财政支出增加，导致地区间财政收支很不平衡，进而带来地区间公共服务的很大差距。蔡昉指出，农民工的消费模式没有实现真正意义的城市化，原因是城市的社会保障、义务教育、基础设施建设等在相当大的程度上没有对农民工同等对待。

一些专家对未来城镇化发展的态势做出了判断。蔡昉判断未来城市化速度将受到未来人口结构的制约，而现行的城市化模式也是不可持续的。他认为只要进城农民工及其家属在城市居住6个月以上就被作为常住人口纳入到城镇人口统计，但是他们并没有真正成为城镇人口，一方面他们的消费和储蓄模式没有改变，另一方面城市规划中社会保障、义务教育、升学等公共服务以及城市基础设施建设在相当大的程度上没有覆盖农民工。因此，当前的这种城市化模式尚未充分发挥城市化作为经济增长引擎的作用。对于进城农民工未来的发展态势，叶兴庆提出了“进城农民工未来的出路是什么”的问题，他认为，一是新生代农民工对农村没有依恋、没有感情，难以适应农村的生产生活方式，他们不会回到农村；二是举家迁徙的农民工适应了城市生活，也不可能再回到农村；三是城乡生活水平的落差决定了绝大部分的农民工难以回到农村。因此，他判断绝大部分农民工在未来城镇化进程中将难以再回到农村。卢锋对这一判断十分赞同，他通过调查研究发现，虽然2008年金融危机造成了大量农民工的回流，但是这部分回流农民工依然要外出打工。

3. 促进农民工进城，推动城镇化健康发展的建议

关于如何促进农民工进城，改善公共服务条件，推动城镇化健康发展，专家们各抒己见，可谓“仁者见仁，智者见智”，但是专家们都是为了一个共同目标——实现“农民工真正在城市安家落户”。

首先，赋予农民工城市居民的身份和权利。杨伟民建议将农民工市民化作为重大的战略任务纳入“十二五”规划，并采取稳健的措施将已经在城市就业的农民工及其家属按自愿的原则，赋予城市居民的身份和平等的权利。樊钢非常赞同中央政府将农民工纳入全国性规划。卢锋则强调“还权于民”，他认为农民工融入城市以后应该充分给予他们享有公共品服务的市民权利，要实现“同人、同工、同地、同权”的“四同”状态。

其次，将农民工纳入公共服务范围。李铁从降低农民进城门槛，向农民工提供低成本公共服务、推进城镇管理体制改革、深化集体建设用地改革、推进户籍制度改革、促进中西部小城镇发展，鼓励农民工返乡创业等五个方面提出政策建议。叶兴庆对于“降低农民进城门槛”表示赞同。他指出农民进城安居乐业的最大障碍是住房问题，因此他建议城市在户籍、就业、教育、医疗卫生、社会保障、居住等方面打开方便的大门，尤其是需要建立一套适应农民工需要的或者是适应农民工特点的住房保障制度。蔡昉指出城市化的核心在于公共服务惠及新移民，要实现可持续的城市化、内涵的城市化和深度的城市化，就要将农民工从统计意义上的城市人口转换成真正意义的市民，就要把城市化从重视数量转变成重视质量。王小鲁提出“将农民工作为低收入群体纳入保障性住房政策”的建议，而有的专家指出这一建议虽然考虑到了农民工，但是在中国国情下可行性不大。

最后，对于“如何让进城农民工真正留在城市”问题，叶兴庆还从“退回”的角度提出需要解决“怎么处理农民在农村的承包地、宅基地”的问题。张曙光则从“拔根”的角度提出“以农民工放弃土地承包权来取得城市的一系列社会地位和住房、社会保障等福利保障”的建议。

4. 东南沿海地区农民工管理服务实践

本次论坛除了开展理论探讨外，还专门邀请了地方政府代表参会，并介绍地方工作中的实践经验和困难。理论和实践的结合，增强了理论对实践的指导，同时也有助于实践对理论的检验，体现了本次论坛“务实”的特点。

广州市番禺区区长楼旭逵、江苏吴江市市委书记徐明分别从基层实践的角度对城镇化和农民工融入问题进行了讨论。楼旭逵介绍了番禺区流动人口管理，尤其是出租屋管理方面的创新经验。在教育和社保方面，番禺区户籍人口与流动人口的差距在明显缩小，绝大部分外来农民工的子女享受到了公办学校的待遇。徐明介绍了吴江市城乡一体化的实践经验，并指出“城乡一体化不等于城乡一样化”，他认为城市要更像城市，农村更像农村，但是在公共服务上要均等化。地方政府在城镇化进程也遇到了一些困难，比如，徐明指出现有财政制度对地方政府公共服务能力造成制约；楼旭逵指出计生政策和土地政策对地方政府工作造成了困扰。

二、中国城镇化：城镇发展模式及城镇化问题

1. 城镇化是中国经济增长的新动力

城镇化是下一步经济增长的主要动力，这一观点已经成为与会专家学者的高度共识。李铁、杨伟民用大量数据分别阐述了城镇化对扩内需、调结构的重要意义。王建对此做出了自己的解释，他认为2003～2007年中国经济的高增长有两大需求动力，内部是消费结构升级，外部是发达国家依靠虚拟经济，制造消费繁荣，有效地吸纳了发展中国家的出口。金融危机后，这两大增长动力正在迅速消失。从国内

看，中国没有一个中产阶级，只有一个富裕阶级和相对中低收入阶级，这就使消费结构的升级不可能持续，后续的增长乏力。从国际因素看，美国允许金融机构改变会计规则，推迟危机，2年后经济二次触底不可避免，世界经济将在2011年再度爆发一场危机。因此中长期看，城市化是未来中国经济增长的新动力。

樊纲认为，大规模的城市化涉及基础设施建设，对于扩大内需是一个重要的内容。很多基础设施是生产性的，更重要的是消费性的，包括铁路和地铁，它们是长期的公共消费品，资金不一定投到企业中，建设一大堆过剩的生产能力，后面还要清理。如果多建点基础设施，现在可以用，将来也是要用的，短期是扩大内需的措施，也有利于下一阶段的发展。

张曙光认为，我国前30年实际上走的是一个外源工业化路子。市场很大一部分在国外，资源也在国外，出口占工业产值的23%，近1/4，发展主要是沿海地区，内地乡镇企业衰落了，沿海地区工业化快于城市化，造成内外失衡、产业结构失衡、地区布局失衡和收入分配失衡。未来应该走内源城市化道路，用城市化促进工业化的发展。

2. 关于城镇化的成本与发展道路

有关城镇化的政策，引起了专家们广泛的讨论。比如，樊纲特别强调了城市发展和城市化的差别。他认为城市发展是指已有的城市进一步做大，原来的城市贵族生活更好，城市形象更好。而城市化就是农民变成市民的过程。地方政府面对城市发展和城市化问题时，往往会偏到城市发展上去，更多地考虑户籍人口和城市形象。现在城市发展不是主要问题，主要问题是城市化，是解决农民工市民化的问题。他建议城市化应当由中央政府推动，中央政府代表农民工利益。

周其仁认为，城市化是自然过程，在这个过程中，一要通过调整国民收入分配来提高城市化质量，二要因地制宜，走多轨并存的多元化道路。周其仁指出，城镇化进程中存在的资源配置和收入分配问题，质量有待提高。胡存智对城镇化发展快慢的问题进行了分析，认为要使城市化落到实处，就要实现农民工真正落户定居。

蔡昉更加关注城镇化的质量。他认为把农民工从统计意义上的城市劳动力转换成真正含义上的市民的时候，扩大消费和促进城镇基础设施建设等刺激经济增长的作用才能发挥出来。他认为，城市化的核心在于公共服务惠及新移民，如果按照地域或者先来后到分配公共服务，户籍的身份变化也就没有实质意义了；如果我们坚持城乡一体化的公共服务原则，可能更有利于推进城市化，户籍制度改革的初衷也就蕴含在其中了。

许多专家对所谓的城市贫民窟进行了经济学的思考。卢锋指出，贫民窟是带有倾向性的翻译，英文叫slum，意思是很破很烂的地方，我们翻译成贫民窟，这可能跟我们革命时代的翻译有关，贬义的。但实际上这个词是中性的，可以叫做棚户区和穷人居住区。

文贯中认为，应该转换一下思维，为什么贫民窟能够存在几十年甚至上百年，是不是所有的城市都要经历贫民窟这样一个阶段，贫民窟是不是城市化进程中的一个必然现象。贫民窟虽然没有大都市高楼大厦的辉煌、雄伟，但它有人情味，特别方便。贫民窟在有的国家长期存在而在有的国家经过几十年就消灭了，这跟政府导向，与城市化成功的标志、标准有关，把高楼大厦作为城市化成功的标志，还是把人性化、生活方便、服务方便看做城市化成功的标志，结果是不同的，应当把贫民窟存在的经济学的理由搞清楚。

李铁认为，应当特别强调中国城镇化不能违背世界上所有国家城市化发展的规律，一定要符合低成本的过程，世界到目前为止，没有哪个国家的城镇化是高成本实现的，18、19世纪英国的劳资纠纷也是低成本城镇化的一个过程。现在发展中国家、中等发达国家的贫民窟现象都非常严峻，我们虽然不承认有贫民窟，但是城乡结合部，一些农民工的生存现状不亚于贫民窟。我们不可能通过高成本换取农民进城，应当改善进城农民工的公共服务，提供低成本公共服务、低成本的就业机会，创造符合农民工收入水平的低成本的生活条件，降低农民进城的门槛，这是推进城镇化需要遵循的重要原则。

专家们还提出了需要进一步深入探讨的问题。比如，周其仁对省直管县的财政体制对城市化的影响提出了疑问；李铁提出了特大镇体制设计以及公共服务问题。

3. 关于城市规模、城市布局与城市规划

城市规划对于城市化发展至关重要，本次论坛专门有一个论题讨论基础设施和城市规划。王小鲁根据1978～2007年不同城市数量的增长情况指出，2000年政策调整为大中小城市和小城镇协调发展，改变了过去那种严格限制大城市发展的方针以后，大中型城市发展显著加快，大城市的城市规模效益明显地显现出来。王小鲁认为，城市从100万人的规模到400万人的规模，在减掉了外部成本以后的净收益是最大的，城市过大和太小都是不经济的。要通过政府的合理规划，城市空间布局，改善基础设施条件，降低城市的外部成本。城市规划需要有前瞻性、要充分考虑市场信号，同时要考虑资源条件、经济和人口的布局。

盛洪则认为，第一，从成本来看，所谓城市的最优规模，不仅仅是数量概念，还取决于这个城市所处的地理位置。第二，最优城市规模在现实中可能是有问题的，如果我们看市场化决定的城市结构，恰恰应该是大中小城市的分布格局，一个大城市下面有若干中等城市和一大批小城市。第三，他认为现在的问题是城市的行政等级束缚了市场对城市发展的推动。

胡存智就城市规划提出了他的问题。他指出，各个城市发展成什么样的规模，有什么相应的市场手段或者是其他手段得以限制或者是鼓励，如何发挥城市规划的导向作用，一直没有得到破解，这是需要深入研究探讨的。

樊纲指出，我们的行政体制是分蛋糕的体制，只要有行政区划就要有一个行政占有、资源分配。一方面农村大拆大建，另一方面，内陆人口输出地逼着沿海地区建工业区、高新科技区、园区等，很多内陆城镇没那么多就业机会，不会承载那么多人口。他警告说，这两个趋势如果不遏制的话，中国将来会出现许多像美国被遗弃的小城一样的城镇，中国被遗弃的可能都是那些高楼大厦的东西。樊纲认为，城市布局的总体规划应当由中央政府做，产业发展用不着政府规划太多，但是城市发展，基础设施是公共产品，是政府职能范围内的事情，要好好规划，要强制执行，发挥中央政府的执行能力。如果“十二五”规划在农民市民化和城市布局规划问题上能够有所突破的话，就是一个重要的成就。

楼旭逵认为，现在城镇化中突出的问题是出现了“城不城，乡不乡”的局面。建议城镇化和乡村化并行推进，要规划好，该城镇化的地方要大力推进城镇化，该乡村化的地方要努力推进乡村化，做到城市是城市、乡村是乡村。

4. 政府主导与市场主导：两种不同的城市化模式

城市化是政府主导还是市场主导，各自的利弊如何，是学者们讨论的又一大问题。

赵燕菁认为，政府主导的高速城镇化模式是成功的，政府垄断土地一级市场，在没有财产税情况下，从土地一级市场获得收益，大量地建城市基础设施，扶持工商取得长远税收，这是个完整的流程。我们没有财产税，城市发展那么快，产业有这么大的竞争力，归功于政府主导模式。赵燕菁的观点引起了热烈的讨论。

张曙光认为，改革开放以来的经济活力是因为我们实施的市场化把一部分权利给了老百姓，老百姓的创造性出来了才导致中国经济发展的成功。城市化不应是官员的城市化，应是老百姓的城市化。政府在城市化过程中，确实有很重要的作用，但是不能光由政府包办，不让老百姓参与。周其仁认为，城市化是个自然的过程，下乡需要动员，进城不要动员，只要有经济自由，人口就会随着收入增长集中起来。

文贯中则通过例证详细对比了上海浦西和浦东两种不同的城市化模式。他认为，上海的浦西是目前为止中国城市化搞得最成功的，是生活导向、市场导向的一个城市化的成功典型。浦东是典型的政府导向模式，浦西比浦东的模式更成功，更有价值。

第一，浦西的经验是先扩张人口，等他们有了稳定的工作，产生了对房屋和各种服务的稳定需求后，开发商才动手开发新的房源，城市的建成区才会进一步扩张，这样才能减少土地和投资的浪费。第二，如果以每平方公里吸收的农村人口，或以每平方公里创造的就业衡量，上海浦西的经验非常符合国情，因而是可持续的。第三，当年上海在人均收入极低的年代里，在土地私有、户口开放的制度环境下，以市场机制为引导，快速崛起，夺得东亚经济的好几个中心的经验特别值得借鉴。

盛洪针对文贯中的问题提出了自己的观点。他认为，一方面，浦西模式效率很高，人均占地面积少，弊端是没有雄伟的城市景观。浦东是真正的政府主导，道路宽阔，建筑雄伟，非常令人震撼，二者各有优劣。另一方面，浦东之所以能大手笔、高投入，是因为浦西的存在。如果整个上海都像浦东这样的话，财政上是没有办法运转的。因为有浦西，有大量“城中村”的存在，才使得城市发展有活力，能够在财务上正常运转，“城中村”恰恰支撑了我们的城市景观。因此，城市发展的根本肌理是市场，是市场指引人口聚集。

本次高层论坛对于廓清城镇化认识的偏差，把握城镇化发展的机遇和挑战，促进理论与实际工作的结合，以及建立城镇化研究的交流平台起到了积极的促进作用，对当前正确认识城镇化问题和研究城镇化发展政策具有非常重要的参考价值。

乔润令　徐勤贤 整理

（2009年12月）

“十二五”城镇化发展高层论坛会议综述

2011年3月26日，由国家发改委城市和小城镇改革发展中心、上海市发改委、上海市宝山区人民政府联合主办的“十二五”城镇化发展高层论坛顺利举行。此次论坛系统地总结了过去十年间我国城镇化发展的经验和教训，并对“十二五”时期我国城镇化发展所必须坚持的基本原则和重点任务进行了深入的讨论，与会嘉宾在加强农民工基本公共服务、转变城镇发展模式、促进城镇化健康发展等方面达成诸多共识。现将会议内容分两部分综述如下。

一、对城镇化的认识和农民工基本公共服务均等化

1. 对城镇化的认识

与会专家就城镇化的认识展开了热烈讨论。国家发展改革委秘书长杨伟民指出，之所以要构建一个城市化的战略格局，是因为我们国家的城市发展长期存在着低密度化和分散化的倾向。首先，他用了一系列有说服力的数字刻画了低密度化和分散化的现象。2000～2010年的十年间，我国城市建成区扩张了50%，但同期包括农民工在内的城镇人口仅增加了26%，土地城市化比人口城市化的速度快了约一倍，导致我国城市建成区人口密度从80年代初的每平方公里2万人下降到现在每平方公里还不到1万人。其次，他通过比较分析我国和发达国家的经济密度，指出我国经济开发区布局存在着严重的分散化倾向。从经济密度图上看，澳大利亚、加拿大、日本、欧洲等国家和地区的经济区域都是非常集中的，而我国的经济区域与之相比还非常分散。据统计，2009年全国范围内省级及以上开发区总计有1500多个，平均每个占地6平方公里，最大的占地

15平方公里，最小的占地也有1平方公里；而全国2860个县中，有1000多个县至少拥有一个开发区。杨伟民强调，我国人均国土面积仅有7200平方米，而扣除高山高原后的人均平原面积只有860平方米，远低于美国的人均12500平方米和欧洲的人均8400平方米。这种人多地少，耕地面积有限，特别是平原面积有限的基本国情决定了在今后的发展过程中要将低密度化和分散化的经济、工业布局纠正过来。

中央农村工作领导小组副组长、中农办主任陈锡文指出，我国的城镇化发展无论从总体规模还是发展速度上看，都是非常惊人的。2000～2010年，我国的城镇化率由36.2%提高到47.5%，总计增长了11.3个百分点，平均每年提高1.13个百分点；城镇人口总量由4.6亿提高到6.3亿，净增加了1.7亿。但是，过去城镇化快速发展所依赖的资源低成本模式在新时期是难以为继的，未来土地、劳动力、环境等资源的成本都会上升，因而需要用新的思维方式考虑在未来十年里如何推进城镇化。

国务院研究室副主任黄守宏指出，目前有一系列问题需要重视，具体包括：东部地区城镇化水平高、速度快，而中西部地区发展滞后，水平也较低；大城市和特大城市占用的资源多，发展速度较快，而中小城市的发展相对滞后；农村人口老龄化速度明显快于城市；城乡收入差距不断扩大，农民不能充分地分享城镇化、工业化发展所带来的增值收益；农业现代化的速度赶不上城镇化发展的速度等。

北京天则经济研究所所长茅于轼从粮食安全的角度谈了对城镇化的看法。他认为，保障粮食安全不仅要有耕地，更重要的是要通过城市的发展提高粮食价格，刺激农民增加单位土地面积的产出，要用好每一块地，把每一块地的潜能都发挥出来。

2. 农民工基本公共服务均等化

农民工基本公共服务均等化的主题在论坛上得到了高度关注。专家们普遍赞同陈锡文和杨伟民关于“现行的统计口径使得城镇化率被高估”的观点。陈锡文指出，国家统计局对城镇人口的统计口径是按照居民在一个地方居住6个月以上的办法计算出来的，但实际上现在6.3亿城镇人口中至少有25%是农民工及其家属，他们在社会保障、子女教育和其他基本公共服务方面的缺失是很明显、很严重的。杨伟民认为，目前

47.5%的城镇化率中包括了1.45亿在城市打工6个月以上的农民工，这些不能在城市定居和落户的外来人口在公共服务方面和城市人还存在着很大差距，因而城市化在一定程度上仅仅表现为土地的城市化和物质形态的城市化，人并没有真正融入城市当中。

杨伟民还指出，农民工市民化或人口城镇化在缩小区域差距等诸多方面具有重要的意义。现在东部地区的人均收入是西部地区的2.18倍，而在1.45亿农民工当中，大约有3000万已经举家迁徙却没有落户。假设这3000万农民工一人带一个农民工到东部地区就业居住，那么东西部地区的人均收入差距将从2.18倍缩小至1.97倍。杨伟民提出，要把符合落户条件的农业转移人口逐步转为城镇居民作为下一步推进城市化的首要任务，但要因地制宜、稳步推进，首先要把有稳定劳动关系，并在城镇居住一定年限的农民工及其家属逐步转为城镇居民；对于暂时不具备落户条件的农民工，要着力改善他们的公共服务，特别是要加强对他们权益的保护。

陈锡文强调，在“十二五”及今后一个相当长的时期内，要更加注重城镇化质量，一定要把人口城镇化作为非常重要的任务来抓。同时，陈锡文认为，城市化的推进速度、规模和水平还必须和地方的经济承受能力相适应，农民工是否能够真正融入城市，不仅取决于各类城市是否能给农民带来就业机会，还取决于农民工是否有地方住，是否能享受社会保障、养老、医疗等公共服务，而这些除了和企业、个人有关外，最重要的是政府的承载能力。

中国经济体制改革研究会副会长樊纲提出，当前东部地区频频出现民工荒现象，其根源是城市化发展滞后，农民工在城市打工，却无法在城市养老、生育、就医、定居和享受失业保障。一般来讲，农民工到了30岁以后在城市的就业竞争力就逐渐下降，而公共服务的缺失又使得他们较之原来更加难以在城市持续生存下去，这导致他们过早地退出了城市劳动力的供给市场，这对城市和农村的长期发展都是不利的。因而，他强烈提出“要让农民工至少可以做到60岁，熟练工甚至可以干一辈子”的建议。

中国社会科学院学部委员张晓山认为，基本公共服务均等化不仅是数量的均等，更重要的是质量的均等，尤其是优质公共服务资源的配置要相对均衡。我们需要改变过去那种优质资源仅向大城市、沿海地区、省会城市、县城集中的分配方式，要加大对中小城市、中西部地区、乡镇和村的优质公共服务资源配给。

关于如何加强农民工公共服务，专家们提出了自己的看法。中共成都市委副书记、市长葛红林建议，政府要顺应农民工流动的实际要求来提供相应的服务，着力点要放在尽可能减少他们向更高收入方向移动的障碍。北京大学国家发展研究院院长周其仁对此也表示赞同。

樊纲指出，虽然城市不可能一下子对数量庞大的农民工按照现有城市户籍人口的标准提供公共服务，但可以按照渐进式改革的思路逐步地扩大公共服务供给面。他建议，可以探索多层次的社会保障体系，为农民工提供差别化的、与其实际生活需要相适应的社会保障，然后再逐步提高标准，扩大覆盖面，实现公共服务均等化的目标。比如说，可以在常住人口概念的基础上，首先提供包括子女教育、社保等最基本的、要求最为迫切的公共服务，然后再逐步完善。

国土资源部总规划师胡存智认为，大城市的拥挤不堪与农民工和其他外来工作者不能很好地转化为城市人口有很大关系。他指出，解决这一问题的关键是要提高人口城镇化的速度和质量。但是，从目前城市的社会经济发展程度来看，给每一个新入城的人口都赋予所有的城市福利条件并不现实。他认为解决的办法是要一一消除与户籍联系在一起的、却不应该附加于其上的一系列城市准入条件。

二、城镇化：城市发展导向、制度和政策措施及地方实践

1. 城镇化战略和城市发展导向

专家们围绕城镇化战略和城市发展导向展开讨论，并取得一致意见。陈锡文强调，推进城镇化首先必须坚持大中小城市和小城镇发展并行不悖的原则，要合理地找准城市主体功能，逐步疏散部分其他功能，带动周边地区发展。他指出，现在的突出问题是中小城市发展不足。这和各地过度追求GDP，以及按城市和行政区域统计GDP、财政收入的增长

等有直接的关系，而且大城市处于强势地位，使中小城市失去了很多发展机会。他认为，只有积极推进市场经济体制的完善，逐步减弱行政的控制，才能有效促进中小城市以及小城镇的发展，才能真正形成一个大中小城市和小城镇协调发展的格局。

黄守宏也认为，要把城镇化战略的重点放到加快中小城市和小城镇发展上来。他建议国家在政策措施、国家投资、土地指标等方面向中小城市和小城镇适当倾斜，提高中小城市、小城镇的就业容纳能力和综合承载能力。同济大学教授伍江对此表示赞同，他认为应该更多地关注小城市的发展，特别是小城市的经济能力、基础设施、公共服务水平等。

陈锡文还强调，要坚持推进城镇化和建设新农村并行不悖的原则。虽然未来我们的城市化可以不断推进，但是农民数量仍然巨大。按照现有规划，“十二五”期末我国农村人口占总人口的48.5%，即使如此，我国农村人口绝对量仍然有6亿多人。据测算，2030年中国人口可能达到15亿的高峰，即使到那时城镇化率提高到70%，农村人口也还有4.5亿之多。因此，陈锡文指出，真正的农业、农村、农民问题仍然不能放松。葛红林也强调，要在发展城市的同时重视农村，要通过一系列缩减城乡差距的基础工作把更多的民生问题在农村解决掉。

专家们各抒己见，为转变城镇发展模式出谋划策。首先，专家们一致认为，未来城市化发展要注重提高城市密度。周其仁认为，城市是一个密度的概念，历史表明，各国城市的发展都是大量人口从密度低的地方不断向密度高的地方集中的结果。因此，国民经济的生产布局要顺应资源集聚的经济规律，不要怕密度、怕集中，要学会试着去管理集中；可以先集中生产，增加社会总财富，然后再把集中所产生出来的财富在整个国土面积上，在城乡之间更好地分配，从而逐步改善农村地区的公共服务状况。樊纲建议，中央要坚决扼制住城市“摊大饼”的低密度发展倾向，尽可能地发展出密度更高的城市，可以适当扩大某些有前途的中心城市的行政区划，使其公共服务覆盖到更大的范围。伍江认为，在我国人多地少的特定国情下，提高土地集约利用的效率，必须遵循高密度开发战略。杨伟民也强调，要合理确定城市开发边界，防止特大城市面积过度扩张，要提高城市建成区的人口密度，预防和治理城市病。其次，城市化发展要实现管理模式的创新变革。周其仁认为，我们国家有悠久的农业文明，农业文明的技术基础是光合作用，只要肥力相同，土地和土地就没有太大的差别，一块地种上庄稼晒晒太阳就会有产出。然而当工商业发展起来后，由于区域不同所导致的集聚密度不同，使得土地和土地之间的差别可能变得非常大，因此，过去适用于农业文明的管理方式已经不再适用于管理城市。住房和城乡建设部总规划师唐凯提出，要加强城乡不同类别的空间管制，促进城镇集约紧凑发展。

胡存智从完善节约集约用地的机制和相关政策、建立节约集约用地的标准，大力总结、推广、采用节地技术，并从这三个方面说明了如何节约集约用地，提高城镇集聚水平，进而推动人口城镇化。胡存智还介绍了目前正在长沙试点的节地城市建设案例，这一实践有望为我们未来的城市管理提供新的启示。

2. 城镇化的配套制度和政策措施

在推进城镇化健康发展的配套制度和政策措施方面，专家们从不同的角度提出了自己的见解。周其仁对空间资源配置和管理方面的制度创新做了精辟的论述。他指出，不能仅仅依靠少数政府机关配置空间资源，要进一步清楚地界定空间资源的权利，建立多层次的微观权利结构和利益主体，约束地方政府的行为，促进资源的更有效利用。然后，要组织新的市场秩序，促进空间资源的流转。同时，在资源转让的过程中，政府要妥善解决好进城农民的基本保障问题，要为农村宅基地或承包地的处理提供一个可以长久依托的机制。周其仁还建议，可以探索在确权的基础上由农民交易、政府提供相应的服务并抽税的用地模式，逐步缩减征地规模。

胡存智认为，要在土地管理制度和用地机制方面进行配套改革来支撑城镇化。比如，要深化城镇土地管理制度的改革和市场化的改革，推动集体建设用地流转，推动征地制度改革，要更加谨慎、积极地探索征地改革之路，要建立起宅基地的分配和退出机制。

胡存智还从土地和规划的角度对构建城镇化战略格局的政策做了

阐述。他提出要通过采取差别化的土地政策来促进城镇化战略格局的形成。一是按照经济社会发展的用地极限来制订规划，在满足当前城镇化发展需要的同时留足充分地余地；同时，对人均用地极限要加以限制和控制，以此来实现集约用地并促进大中小城市和小城镇的协调发展。二是要通过差别化的土地政策来实现“两横三纵”的城市化格局，也就是对国家优化开发区的三大城市连绵带要转变用地方式，执行土地流量代替土地增量的战略；而对国家重点开发区的22个城市群要增加城镇建设用地的增量，加大建设用地的供给，促进这些城市群的发展，使之逐步成为国家经济新的增长点和支撑点。

胡存智还提出，在规划中要设定城市发展的“扩展边界”，此边界不可逾越，并且要与城市规划、经济社会发展规划、交通规划相衔接。城市在规划中可以设立允许建设的弹性区域，当城市的发展实际已经超过了既有界限时，可以通过复垦减少农村的建设用地，在允许建设区内搞建设，从而促进城市发展，吸纳农民进城，但这些活动仍然要严格地控制在城市的扩展边界以内。

张晓山建议，为进一步确保农民利益在城镇化过程中不受侵害，需要修改有关集体经济组织的法律，使集体经济组织成员的个人权利和他对集体动产、不动产的财产权利相统一；要通过制订村集体经济组织法，进一步理清集体经济组织和村委会的关系。

3. 地方推进城镇化的实践

论坛对成都市、天津市和北京市郑各庄村在推进城镇化方面的实践经验进行了交流。葛红林从做好先导性的城乡规划、市政基础设施的城乡一体化、社会保障的城乡均衡配置三大方面详尽阐述了成都在统筹城乡改革方面的具体探索。成都市在做好先导性城乡规划方面的实践得到了普遍赞许。成都市一举改变规划不下乡的传统，把城市和农村作为一个整体来进行规划。除了重视并高起点地编制村镇规划，强调各专业规划的无缝衔接，实现公共设施的城乡满覆盖以外，成都市的城乡规划还有两个特色：一是给每个乡镇配备一名乡村规划师，从专业角度为乡镇政府履行规划职能提供业务指导和技术支持；二是按照人口和产业发展的需求，设定合理规模的规划刚性区和弹性区，刚性区满足5～10年的发展，弹性区留足长远，刚性区放建设用地，弹性区放一般农田。葛红林介绍了城乡均衡配置的做法，在农村、小城镇、中心城区推行均衡化的发展，使得城镇的基础设施和公共服务与中心城区在制度上实现了全面对接，差距不断缩小，小城镇已经成为吸引农民居住和创业就业的聚集地。因此，即使在成都市推行市域城乡居民户口自由迁徙的制度改革后，也没有出现农民涌入县城和中心城区的现象。

天津市发改委副巡视员郝玉兴介绍了天津市农村城镇化发展的三个阶段。郝玉兴指出，天津市的城镇化探索依托小城镇这一载体，通过促进村庄里分散的农民向城镇集中的方式，形成了规模效应，有效地节约了土地并降低了城镇建设和管理的成本。在尊重农民意愿方面，郝玉兴强调要坚持让农民自己写申请来表达放弃宅基地使用权，并自愿拆房复垦土地的意愿；要经过村委员决议；还要召开村民大会和村民代表大会进行表决，只有95%同意且剩余5%也未明确反对的情况下才有资格申请成为试点。天津市的经验表明，城镇化发展必须做好制度建设，始终坚持维护农民的合法权益。

北京市郑各庄村书记黄福水则介绍了郑各庄村农民自主城镇化的经验。郑各庄村通过实施产权制度改革，确定了法人股、村集体股、自然人股及村民个人股的各占比重，建立了以农民为投资主体的新型集体经济模式，创立了以企带村的发展机制。此外，郑各庄村还按照“依法、自愿、有偿、规范”的原则，提出了确权、确利、保收益的土地流转经营机制。黄福水建议国家要放开农村建设用地的市场，与国有土地获得平等的权利，允许集体建设用地上市转让，给农民的资产证明甩掉小产权的帽子。

虽然各地的经验对于进一步推进我国的城镇化发展起到了开拓思路、指导实践的积极作用，但是成都、天津、北京等地的经验却不能盲目照搬。周其仁指出，全国各地的做法一定不一样，真正能对全国有用的绝对不是具体的做法，而是抽象的规律。我们需要认真总结出各地实践经验里对全国具有普遍指导意义的规律，以此为基础制定全国的政策。

本次城镇化发展高层论坛对于全面解读“十二五”城镇化相关政

策，认清城镇化发展面临的新形势，把握城镇化发展的机遇和挑战，促进理论与实际工作的结合，以及建立城镇化研究的交流平台起到了积极的促进作用，对当前正确认识城镇化问题和研究城镇化发展政策，探讨促进城镇化健康发展的思路具有非常重要的参考价值。

徐勤贤　黄跃　整理

（2011年4月）

反思金融危机影响，重新认识城镇化道路

——“2009美兰湖中国城镇发展论坛”纪要

2009年3月28日，由国家发改委小城镇改革发展中心、上海市发改委、上海市宝山区人民政府共同主办召开了“2009美兰湖中国城镇发展论坛”。全国发展改革试点镇、各省市发改委的代表共200余人参加了论坛。论坛在上海市宝山区罗店镇举行。

全国政协副主席、著名经济学家厉无畏，中央财经领导小组副主任、中央农村工作领导小组办公室主任陈锡文，全国人大常委尹成杰，全国人大常委、著名学者蔡昉，国务院研究室副主任李炳坤，国家发改委秘书长韩永文、农经司司长高俊才，国土部总规划师胡存智，建设部村镇建设司司长李兵弟，国务院发展研究中心党组成员韩俊、农村部刘守英研究员，中国社会科学院学部委员张晓山等著名专家学者出席了本次论坛并发表了重要观点。

上海市委常委、常务副市长杨雄参加了论坛并发表讲话。国家发改委小城镇中心主任李铁做了论坛总结。

论坛深入探讨了在当前金融危机的形势下，如何通过推进城镇化和小城镇发展，寻求保增长、扩内需、广就业的现实途径。专题研讨了浙江省、上海罗店镇、北京宋庄镇以及成都小城镇发展的不同模式，并就中国的城镇化问题发表了非常有意义的观点和看法。专家的发言摘要如下。

一、金融危机暴露出我们存在的结构性问题

专家们指出，这次金融危机暴露出了我们经济结构存在的问题。

1. 经济过度依赖外需

陈锡文指出，从数字看，进出口总额已经占到我们GDP的70%，世界

上还没有哪个大国有这么高的比重。一旦外需有变化，带来的冲击就极其剧烈。沿海发达地区在这次金融危机中第一轮就受到巨大的损失，这和我国的经济结构有关系。

2. 经济布局不合理

陈锡文认为，我国经济增长的重心过度依靠沿海地区和大中城市。沿海和内地的发展差距没有缩小，反而加大。经济布局不合理，带来人口布局不合理。结果有目共睹：2008年南方冰雪灾害导致整个交通瘫痪，大量农民工不能返乡。2009年东南沿海发达地区就业的农民工由于失去就业机会，不得不返乡。

刘守英认为，90年代末以来的高速发展，是靠工业化和城市化两个轮子在拉动，但两个轮子的区域布局值得反思。沿海地区是工业化过度，城市化不足。借全球化的光，靠海外订单、靠南下的农民工、靠农村土地进入市场，支撑工业化过度发展。而城镇化不足，集聚效应差，产业布局分散。相反，中西部工业化不足，城市化超前，主要得益于积极的财政和货币政策对基础设施的投资。即使没有金融危机的发生，中国也到了调整沿海和内地城市化、工业化布局的时候了。

3. 要合理调整生产力布局，改变城市发展的结构

陈锡文认为，一是要进行生产力布局的大调整，经济向内转，向下沉降，使发展更加均衡；二是要改变偏重大城市的发展思路，把发展小城镇提到转变发展方式，优化经济结构，实现持续发展的高度；三是一定要有国家层面的统筹城乡的经济布局规划，才能真正实现中国的经济和人口合理布局。

二、对前几年城镇化的反思

学者们指出，从90年代末应对亚洲金融危机启动城镇化进程以来，我国的城镇化取得了巨大的成就，但也存在不少问题。

1. 城镇化仍然滞后

韩俊、蔡昉指出，我们在算城镇化率的时候，把离开农村半年以上的农民农村人口都算做城市的人口，事实上这些人中相当一部分没有真正的融入城市，他们只是到城市打工。国务院发展研究中心的一个调查显示，全国这些年真正完全从农村迁走、在城市买了房子放弃农村户口的人还不到3%。

2. 城镇的发展还很粗放

韩俊指出，我们城市工业用地比欧洲高出2～3倍，全世界最大的十个广场，中国就有五六个，一个县级政府建的广场在全世界排到第二位。有人讲要统计全世界最大的50个广场，大部分在中国。我们在节能、环境保护方面欠账是非常多的。

3. 过分重视大城市，忽视了小城镇的发展

陈锡文认为，我们很多大城市的发展已经超越它自身资源的承载，如果再不意识到这一点，不去主动调整城市的功能定位，不去主动积极地发展小城镇，形成一个合理的城镇体系，那么，总有一天，我们的发展将会从现在的面对外部挑战变成最后出现内生的问题。

李兵弟指出，应该反思“市管县”体制。80年代以来，“市管县”为城市发展提供了比较充足的发展空间、资源和动力，促进了大城市经济社会的高速发展，但是也挤压了小城市自主发展的空间；过分强调把城市做大做强，资源都集中到大城市，抑制了小城镇的发展。

4. 城镇化不够和谐，农民很少分享城镇化的成果

陈锡文认为，目前许多地方讲统筹城乡，实际上仍然是从城市出发，依靠农村的资源，以宅基地换住房，承包地换社保、以租代征等方式占用耕地，把农民转为市民，帮助城市发展。如何在“以工促农，以城代乡”，对农村实行“多予、少取、放活”的方针中把握统筹城乡，是当前迫切需要解决的大问题。

韩俊、蔡昉、刘守英、李铁指出，上一轮的城镇化基本上就是利用土地推动的城市化过程，农民被排挤在工业化和城市化进程之外。城市的发展确实为农民工提供了大量的就业机会，但城镇化同样产生了上百万、上千万的失地农民，他们虽然也得到了一些补偿，但份额很小，微不足道，他们的财产权利没有真正得到有效的保护，也没有享受到跟城市居民一样的公共服务。

三、中国的城镇化道路一定要适合自己的国情

专家们从不同的角度说明中国要走适合自身国情的城镇化道路。

1. 人口超过10亿大国的城镇化没有先例

陈锡文指出，中国是人口众多的大国，我们国家过去十年中仅新增人口就超过了德国的总人口。美国的城市分布在离海岸线200公里地区，韩国的首尔集中了全国百分之四五十的人，日本的关东和关西两大经济圈占经济总量的70%～80%。但是，韩国连1亿人都不到，中国人口比美国多10亿，是日本的10倍，他们的城市化模式和中国没有可比性。有很多经验需要我们认真学习，但是坚持走自己的路是非常重要的。

2. 资源环境的限制要求我们走集约型的城镇化道路

陈锡文认为，中国现在每年消费不到4亿吨石油，差不多三个人消费一吨石油，美国是人均8吨左右。就是说，即使你有本事建成美国这样的现代化，资源环境也不允许我们过像美国一样的现代化生活。从这个意义上讲，小城镇的问题应当在中国引起特别的重视，它对改变中国的经济发展方式，改变中国的经济结构具有特别重大的意义。

韩俊认为，可持续、追求绿色的发展包括节水、节能和环保，这代表中国城镇化今后的发展方向。李兵弟认为，美国的大城市分散化发展道路不适合中国国情，我们的城镇化必须降低资源消耗、社会成本，小城镇有着显著的比较优势。因此，对大城市部分功能进行有机疏散，利用大城市的辐射力推动郊县小城镇相对集中发展，可以防止大城市蔓延式的分散发展。

胡存智主张，城镇化和小城镇发展一定要走节约集约用地的道路。要开展城乡用地挂钩，为小城镇发展提供用地基础。在城市建设用地增加的时候减少农村建设用地，城乡统筹考虑用地布局，改变现在低效利用或者是布局不合理的用地，达到集约节约用地的效果。

3. 城镇化的难点是如何解决好农民工问题

蔡昉指出，现在出现了农民工返乡现象，但有调查显示已有1000万农民工是没有土地的；另外我们的农民工已经是第二代、第三代打工人群了，这些80后、90后的孩子们从没有干过农活，也没有预期他这辈子

还会干农活，这些农民工的退路已经很小了。

李铁指出，应关注长期在城里就业打工的农民工，他们应不应该有城市人共同的身份，户籍并不重要，重要的是农民工能否享有和城里人共同均等的公共服务，可不可以在城里买房、贷款，等等。政策突破点就在这里，但恰恰在这个问题上还存在着非常严重的争论。

陈锡文指出，目前，中国统计的城镇人口超过6亿，这个数字是有水分的，大量农民工进入城镇，并没有真正融入城市转变为市民。全国有2.3亿农村户籍的人现在没住在家乡。这是我们30年来体制改革允许人口流动带来的积极现象，但是这些人怎样真正变成市民，这是对今后经济社会发展的严峻考验。更不用说后面还有这么多的农民还要在现代化中变成市民，这是一个世界级的难题，任何国家没有面对这样的难题，中国只有靠自己的独创才能解决好。

四、农民参与、农民权益保护和农民工问题的解决，是推进城镇化的关键

如何推进城镇化健康发展？专家们对一些问题进行了深入探讨。

1. 要确实保护农民权益

韩俊指出，城镇化过程中，有三个问题最为重要。一是要让农民在城镇化过程中形成财富的积累机制。土地换户口、换社保，对农民不公平。社保是农民应该享受的权利，不能跟财产权利的放弃结合起来。要改变农村一代人盖三次房的现象，通过政策创新让他们到小城镇，一代人盖房三代人住，形成财富的积累。二是创造就业。三是建立一个广覆盖的社会保障体系。

2. 解决已经进城打工的农民工问题，是推进城镇化的现实路径

李铁认为，全世界的城市发展都没有像中国走自我封闭发展的道路，研究城市化的实现路径一定要关注农民工，他们是农村最有活力的力量，也是城市中最有活力的人群。如果我们的城市接纳这批人，城市化进程就可以更早实现。农民工的问题解决了，农村人多地少的问题也可以得到缓解。如果这个认识通了，我们的城市发展、小城镇发展就有

了新的动力和源泉。因为农民工可以在这长期投资、长期消费，作为新鲜血液，会给城市带来永久的活力。

李铁指出，大城市郊区、城乡结合部的小城镇是农民工集中居住的地方，如果政府集中投资改善基础设施，他们自然会有生存的条件。广东城郊的出租屋基本接纳了2000多万打工的人口，出租屋的条件比过去筒子楼还好。这是双赢的，当地的农民获得了出租的收益，外来人获得了长期居住的机会。

五、体制改革是保护农民权益、推进城镇化健康发展的保证

专家们一致认为，解决城镇化中出现的土地、农民权益、农民工等问题，必须进行制度创新。

1. 改革就是破除现行政策法律的过程

张晓山认为，改革的过程不仅是把能解决问题的办法合法化，更是一个变法和突破的过程，关键是看你的评价标准，是否符合最广大人民利益，只有尊重群众的首创，大胆探索，冲破不适应新情况的政策法律，才能有所作为，如果束缚于原体制，我们至今还在原路徘徊。

2. 让农民分享城镇化成果，必须改革集体建设用地制度

李铁认为，我们一般认为农村人进城有户籍门槛，其实城里人到农村去也没有自由，村与村之间的迁徙也受到严格的限制。根本的障碍就在于我们的土地制度，限制在于土地的所有制。有些小城镇如北京的宋庄是通过宅基地产权的自由交换，以租赁的方式打破了原有封闭的集体公有财产界限，既推进了城镇化，农民也分享了发展成果。

刘守英指出，城镇化过程中大量集体建设用地闲置是我们整个建设用地里面浪费最大的一块，原因是缺少相应的制度安排。十七届三中全会最大的亮点是土地制度的创新。要对宅基地的商品化进行大胆探索，走主动城市化、让农民分享土地增值收益的道路。

蔡昉认为，城镇化需要制度改革的配套，如果农民不能得到一定的土地产权，不能通过产权交易参与城镇发展，归根到底只能得到一点微不足道的补偿而不是权益。

胡存智认为，要在集体建设用地使用权领域建立起现代产权制度，仿照国有土地流转的方式进行集体土地流转。把国有土地改革的成功经验用于农村集体土地的改革上，使得改革的成本降到最低，推动城镇化和小城镇的发展。

3. 要改变小城镇发展的政策和体制环境

李兵弟主张：一是对小城镇进行分类指导，同时为小城镇发展创造宽松的政策环境；二是建立大城市、小城镇共同分享的财政制度；三是按照城乡统筹原则，推动城市维护建设税向城乡维护建设税的改革，加强城市基础设施的延伸服务，为小城镇发展创造更好地外部环境；四是审慎推动“省管县”模式，让更多的要素通过市场机制在小城镇积聚，增强小城镇发展动力。

六、小城镇是扩大内需、走出危机的重要领域

厉无畏、尹成杰、李炳坤等专家都认为，城市化和小城镇的发展有利于扩大内需，因为城镇居民的消费需求是农村居民的三倍以上，城市化增长一个百分点，对于内需的扩大影响比较大。

1. 发展城市文化产业，可以帮助摆脱危机

厉无畏指出，走出金融危机最重要的是要创新。创新有两方面：科技创新和文化创意。发展文化创意产业，需要把创意、技术、产品、市场有机地结合起来，形成核心产业、支持产业、配套产业和衍生产业四大产业群，不仅可以调整结构，转变增长方式，还可以带动一批产业的兴起和创新，有了创意产业，每个城镇都可以有不同的特色，避免千城一面。

2. 支持小城镇发展，可以有效地扩大内需

尹成杰、韩永文、李铁指出，增加对小城镇建设的投入，可以作为扩内需、保增长、调结构的一个重要载体。2007年全国只有72.3%的镇实施集中供水，19.4%的城镇生活污水经过集中处理，36.7%的镇有垃圾处理站，村镇市政公用设施建设投入只有1320亿元。支持小城镇的公共设施建设，改善城乡结合部的道路、给排水、垃圾处理、学校、卫生医疗

机构等设施，既可以吸引农民工进城就业，也可以为农民工及其家庭在城市长期定居创造条件。

李炳坤指出，大城市由于房价过高，制约了房地产发展，影响到了建筑业、建材业、家电业、装修业等；小城镇的房价相对要低得多，市场空间很大，门槛相对较低，先富起来的农民和在城市打工有了一定积蓄的农民工都可以买得起。小城镇建设可以带动建筑、建材、装修、家电、家居、汽车等众多行业发展，还可以创造大量的就业机会，促进农民就业，培育持久的购买力。

3. 支持东部劳动密集型产业向中西部转移，可以解决农民工的就业问题

韩永文和尹成杰认为，利用当前时机推动东部产业升级和优化，实现产业布局的空间调整，鼓励劳动密集型产业向中西部地区人口多、劳动力输出多、返乡农民工多的小城镇迁移。加强中西部小城镇基础设施建设，增强他们的吸纳能力，通过产业的转移，推进中西部地区城镇化进程，统筹区域协调发展，可以解决大批回乡劳动力的就业问题，是变危机为机遇的有效措施。

乔润令 整理

（2009年4月）

通过改革推进垦区城镇化

——“黑龙江垦区推进城镇化发展座谈会”纪要

2011年5月29日，由国家发改委城市和小城镇改革发展中心、黑龙江省农垦北安管理局联合主办的“黑龙江垦区推进城镇化发展座谈会”在北京举行。中央农村工作领导小组副组长、办公室主任陈锡文，国家发改委副主任杜鹰，农业部副部长高鸿宾，国土资源部党组成员、总规划师胡存智等出席了座谈会。出席座谈会的还有国务院研究室农村司司长叶兴庆，国家发改委体改司司长孔泾源、农经司司长高俊才，农业部农垦局副局长彭剑良，国家土地督察沈阳局巡视员蒋亚平，北京大学国家发展研究院院长周其仁，中国科学院–清华大学国情研究中心主任胡鞍钢，黑龙江省国土资源厅副厅长杨志伟，黑龙江省农垦总局党委书记、局长隋凤富，黑龙江省北安市市长张世华等。与会代表就黑龙江垦区的城镇化及如何解决城镇化过程中面临的问题进行了座谈，现将发言的主要观点分述如下。

一、垦区地位重要，对国家贡献大，已进入城镇化发展新阶段

黑龙江农垦是国家重要的商品粮基地。正如陈锡文所指出的，垦区现代化大农业发展很快，一些欧美农场都没使用的机械黑龙江垦区已经在使用，因此能够保障国家的粮食安全和主要农产品供应，在建设现代农业的过程中，能起到带动、示范、引领、辐射的作用。另外，黑龙江农垦地处中俄边境，对维护边境安全也有很重要的作用。高鸿宾强调，黑龙江农垦粮食商品化程度高，在国家最困难的时候，可以调得出、冲得上、打得赢，农业机械化的水平已经达到97%～98%，甚至超过欧美。

我国目前缺少有国际化影响、有核心竞争力的农业大企业，这种大企业只有在垦区才能存在并且做大做强。杜鹰认为，城镇化是工业化的载体，是工业化发展到一定阶段的现象，而工业化要求人口集聚，黑龙江垦区目前已经发展到了这个阶段。

针对许多地方城镇化占用农地的现象，陈锡文指出，垦区的农业现代化保障了城镇化的推进以及各个居民点人口的收缩，实现了把原有的人口逐渐转移出来，闲置的居民点空出来。按这个路子走下去，实现城镇化，基本不会占有耕地，在垦区特定的背景和特定的阶段，这样推进城镇化建设是非常合适的。高鸿宾认为，垦区为国家做过巨大的历史贡献，在农垦地区推进城镇化，有利于改善职工生活质量，稳定农垦队伍，让辛苦几十年为国家做出贡献的农垦职工能够分享工业化、城镇化的成果。

几位专家从不同的角度阐释了农垦城镇化的特点。胡存智认为，有两种城镇化，一种是以城兴市，一种是以市兴城，以市兴城以政府为主体；而以城兴市，就是以企业为主体，是企业先代行政府的公共管理职能，建好城市后政府来接管。垦区城镇化的驱动力和路径是以城兴市——先建一座城，然后发展工商业。胡鞍钢提出，农垦要建设一个城镇化体系。农垦提出三大绿色体系：绿色的农业体系、城镇化体系和产业体系。不仅成为体系，而且生态、宜居。另外，农垦城镇化集聚人口之后，节约出来能够复垦的土地比例很高，大约能达到1∶18的比例，即占用1亩地的同时，可以复垦18亩耕地。孔泾源认为，农垦土地性质是国有的，不存在集体土地和国有土地转换的问题，无须征用，主要是国有土地内部运作上进行管理。因此农垦城镇化环节简便，成本相对较低。叶兴庆认为，农民和城镇居民社保差距较大，城镇化过程中困难也比较多；但农垦职工与一般城镇居民相比社保落差不大，这方面的障碍较少。

二、垦区城镇化进程中面临的主要问题

黑龙江农垦在推进城镇化过程中面临的问题与它的特殊体制直接

相关。其管理体制实行部省双重领导，以省为主，计划财务管理以部为主，党政工作以省为主。目前，按照人大立法授权，政府依法派出农垦区域管理，内部政企分开的原则，农垦总局、分局、农场比照市、县、乡级政府行使行政管理职能，北大荒集团与农垦总局实行两套机构、两块牌子，政企分开，双轨运行。垦区属于亦工亦农、亦城亦乡、农工商综合经营的特殊社会区域，是以工业生产方式从事农业生产的经济实体。陈锡文认为，建设用地的规划、使用和财税制度问题是制约垦区城镇化发展的两大核心问题。叶兴庆、胡鞍钢、黑龙江农垦总局隋凤富局长、北安局许先珠局长等也指出了农垦在城镇化过程中面临的政策和体制障碍，具体表现在以下三个方面。

一是农垦拥有部分城镇管理权却没有相应的财政税收权限，这直接影响到垦区的城镇化。由于农场不能从工商业取得税收，一方面严重影响了农场招商引资，大力发展工业和第三产业的积极性；另一方面，小城镇基础设施和公益设施建设没有稳定的资金来源。除了争取中央公共财政项目投资外，需要市县级公共财政资金配套的建设项目，主要靠垦区自筹资金配套建设，严重影响小城镇建设。

二是由于财政权限的缺失，导致在农场产生的土地出让金无法全额返还给农场。2006～2010年农垦北安管理局收缴的土地出让金1.04亿元全部上缴到省财政，并没有按照规定，按比例全额返还给北安管理局用于小城镇基础设施建设。垦区无法享受与当地城镇政府相同的政策。此外，垦区建设用地置换和挂钩的指标缺乏。垦区的土地全部为国有土地，垦区集中居住，推进城镇化，促进二、三产业发展，可以节约大量土地，但所需的土地周转、置换指标缺乏，亟待解决。

三是用电价格不公平。目前垦区工业用电价格是1.08元/度，而地方工业企业工业用电是0.68元/度左右，相差0.4元/度。其他如商业用电、非居民用电等价格也都不同程度地高于地方。同处在一个行政区内的企业，分别享受不同的用电价格，严重影响垦区的经济发展，许多企业因垦区电价过高而到地方投资发展。

三、创新体制，调整政策，支持垦区城镇化

与会领导和专家一致认为，从顶层设计的角度看，解决垦区城镇化过程中面临的上述问题，根本的办法还在于进行体制创新。具体有以下几种观点：

一是设市。杜鹰认为，垦区的农场不是一级政府，没有税收权限和财政收入。如果城镇化所需的资金全靠国家转移支付和国家发改委安排基本建设资金，恐怕不足以解决问题。这方面新疆兵团的经验可以参考，直接设市，市就是一级政府，就有了完整的税收权限，也有了财政收入。

二是设农垦开发区。高鸿宾指出，可以探索新的管理模式，例如成立黑龙江农垦开发区，由政府授权给开发区，在土地方面给予相应的指标，在财税方面给予相应的权限，统筹管理。

三是要定位为新城镇建设。叶兴庆认为，必须把垦区城镇化定位为新城镇的建设，定位成为当地居民提供公共服务，定位为发展城镇化，而不是内部职工居住条件和生活条件的改善。这样就不是企业的问题了，必须按照城市政府应该具备的条件来设计管理体制。农垦的城镇化发展构想一定要与地方的城镇化规划相衔接。在一个地区之内，人口规模和经济总量是一定的，能够生长出来的城市数量是有限的，要集中资源，不要分散。

四是结合实际进行创新。高俊才强调说，垦区城镇化模式一定要将集成经验和顶层设计相结合，大胆尝试。垦区过去以自力更生为主，今后可能还是以自力更生为主，要把国家的资金和企业积极性结合起来。同时，垦区城镇化在建设规模上一定要量力而行。

在大的体制没有改变的前提下，如何解决垦区面临的具体问题，领导和专家们都表示应当根据垦区的实际情况，适当调整政策，支持垦区的城镇化。

第一，关于财税权限问题。陈锡文认为，垦区人口集聚以后，必须发展二、三产业来使农民致富。但财税权限的缺失使垦区无法获得税收，很难从工业化、城镇化的过程中积累自身的财富。而纳税人在缴税

之后也无法享受相应的公共服务，希望有关部门应当特殊情况特殊处理。叶兴庆提出的建议是，应当探讨地方税费分成使用政策，这可以借鉴小城镇发展改革的试点经验，保持存量不变，改革增量，新产业新收入按照比例分成，将引进企业新增税收与农场实行税收分成，解决新建小城镇公共服务所需的资金来源。

第二，关于土地出让金问题。陈锡文指出，农垦的土地性质是国有的，土地出让金完全上缴财政，自己没有权利使用，其实相当于这一部分收益被别的地方多用多占了。因此，应该给予垦区土地出让金的使用权限或者确定相应的返还比例，使土地出让金收益能够用于垦区的城镇化建设。彭剑良建议，通过适当的政策调整，将垦区上缴的土地出让金，比照市县同等政策返还给农场，用于小城镇的基础设施建设和土地复垦，而农场应当开放城镇基础设施，与地方共建共享。

第三，关于垦区的土地产权和转让。胡存智指出，垦区土地的所有权是国有，但在使用权上要进行细化设置。可以采取授权经营的方式，把土地授权黑龙江垦区或者是农垦集团来经营，在授权经营、整体安排的前提下，就可以对土地进行出让转让，同时相关收益就可以进行适当的分配。当然，授权经营要有相应的管理模式。可以通过评估、确权、授权和政府定期的考核来管理，只要能够增值保值，国家没有损失，就可以让企业继续使用。

第四，关于农地转用和增减挂钩。胡存智认为，垦区和城市一样，要有严格的限制和控制，但是垦区要有自己特殊的政策。要考虑城镇化的规模，要根据一定的规模，找到确定的需要指标的点，还要有确定的指标。在不涉及农民村庄的土地上，要大力推进增减挂钩，把空旷废弃的土地重新利用起来。另外，要有相应的管理和审批。总的原则是要能够保证耕地不减少，质量有提高，同时让我们的城镇用地布局更为优化。

第五，关于土地的收益。胡存智指出，在土地收益方面，垦区与工业企业不同，工业企业授权经营，其土地不能对外转让，但是农垦应该可以考虑允许对外转让，这样相关收益就可以进行适当的分配。而在规划方面，要考虑垦区农业作业点。农垦现在需要城镇化，需要聚集人口，但是同时农垦也需要保留农业作业点，也就是农场。农忙季节去农场上班，机器设备留在作业点上，平时生活到城镇。农场的生活和生产方式要往现代转移。孔泾源提出，在土地问题方面，公共服务所需的土地应该由全社会来分担，应该采取市场化的方式，遵循市场的规律来体现土地的价格和价值。

专家们都认为，垦区推进人口集中建设小城镇，可以节约土地。按照胡鞍钢的计算，黑龙江垦区在城镇化过程中复垦耕地的比例非常高，每占用1亩地可以复垦出18亩耕地。他建议，国家应该对复垦耕地进行补贴，例如，每复垦一亩地国家补贴一万元，这样建立良好的机制去激励人们复垦耕地，使耕地的总量不是减少，而是增加，从而保证“十二五”期间国家18亿亩耕地的红线不突破。

第五，关于公平用电价格。陈锡文指出，垦区电价比地方电价要贵很多，这对垦区招商引资非常不利，应当调整电价机制，给予垦区和地方相同的电价。孔泾源提出，在用电方面，可以采取同业分担的方式来解决，即无论是垦区的企业还是地方的企业，相同行业的企业就实行统一电价。例如，对同一行业的企业在一般电价上每度电加三分钱，统一价格，不分垦区企业还是地方企业。

乔润令 整理

（2011年7月）

第二篇
体制改革和试点探索

贫困县的“吃饭财政”

——河南农村调研报告之二

乔润令

人们提起中西部的县级财政，经常以“吃饭财政”概括之，贫困县就更不用说了。那么，这个吃饭财政，饭有多少，又是怎样吃的？我们就此对河南省的一个贫困县进行了调查。人头费是如何开支的？人们难得其详。但根据调查，可以对此提供一个大致的图景。

一、困难重重，债务累累

长垣县位于河南省东北部的黄河岸边，隶属新乡市，人口76万。2000年，农民人均现金收入1893元，财政收入6625万元。县里的人头费是多少？恐怕只有县长和财政局长知道，别人包括副县长也难得其详。这也是所有的县长最忌讳别人问的。我们只好通过间接渠道进行了解。从大数看，2000年，长垣县面对偿还世行贷款1200万元的沉重压力，又要完成消化政策性粮食财务挂账443万元和上缴粮食风险金344万元的艰巨任务，还要承担关停企业偿还上级周转金900万元的债务。然而，当年县本级财政收入只有3300万元，可用的经常性财力，国税、地税和农业税收入不足3300万元，而本县所供养的人头经费就需3000万元之多。

二、吃饭的人头和单位

长垣县吃皇粮的机构和人员究竟有多少，这是局外人难以了解的。但根据县里的发文单位统计，县属科级单位一共有82个，中央部门的垂

乔润令：国家发改委城市和小城镇改革发展中心副主任、硕士。

直单位有12个。除了一般县所共有的机构外，长垣县还设有黄滩办、黄开办、救灾办等单位。根据几个数据来源，县财政直接支付经费的人头有1万多人（包括教师）。具体数字不得其详。该县的人员工资（不包括奖金和补贴）大体上县级干部：800～900元，科级干部：500～600元，一般干部：300～400元。

三、车马费开支

由财政开支的领导人的小车费是一个大头。现任的县处级干部每人一辆车，这种情况虽不是明文规定，但已是既成事实。以前，这些人的小车费用全部由财政报销。1996～1998年仅县级干部的“坐驹”费用每年就达200多万元。后来，实行改革，规定：每部车每年报销2万元，不包括司机工资，修车费另报。有资格乘车的人包括：县委常委11个人，不是常委的副县长、纪检书记共4人，县人大正副主任8人，政协正副主席也是8人，上述县级干部每人一辆车，即达30多辆。

另外，仅县政府部门的司机就有18人，除了为县长副县长开车外，还有7～8人为政府办开公车。司机的工资每月500～600元，每跑100公里补助4元，大体上每月可以拿到1000元左右。

在县委和政府下属的68个机构中，只有10个单位没有小车，其余的少则有1辆，多则有3～4辆。通常的情况是，有车的单位正职领导每人保证1辆车，有钱或有权的单位如财政局、公安局、城建局、交通局正副局长每人1辆车。具体情况如下：公安局有9个局长，财政局9个局长，城建局6个局长，交通局6个局长。其余的大局经委有11个主任，计委有5个主任，分别有3辆和4辆车，主任1辆车有保证，副主任也有车坐。

就上述车辆加起来，长垣县为领导服务的小车就有100多辆了。如果一个司机一个月1000元工资，每年光养司机就得100万元以上。

四、手机费开支

该县的不成文规定，正副县级干部和各部门正职领导均由公家配手机，每台2000元左右，通话费用全部由财政报账，大体上每部手机每月费用300元左右。各部门的副职领导，有钱的单位副职都配手机，话费也全报，不太有钱的部门副职仅配手机，解决部分话费。但大部分人的话费都有地方报销，或是由来找他办事的解决，或是为企业服务时由企业解决。

五、医药费开支

这也是财政开支的大头。长垣县退休的副处级以上干部的医药费全部由县财政报销。目前，现职加上离退休的共有近50人，其中包括享受地市级待遇的7人，老红军2人，老八路9人，二等甲级残疾28人。仅上述人的医药费正常情况下，每年300万元左右，2000年开支达350万元。医药费开支这一块是有保证的，而且是必须优先考虑的。其余的单位人员医药费能否报账，就看单位好坏了。

六、招待费开支

该县有一个2000年刚刚建成的宾馆，名曰新城宾馆，一层和三层为普通房间，二层为高档房间，有套间、有标准间。用餐有一个大间，有10多个装饰豪华的小间。问服务员，答曰：客房每天都有人入住，主要是招待上面的来人，有时满，有时不满，做生意的人住的不多。下面的餐厅每天人都是满的。

招待费一年有多少？县长不管是在清醒的时候还是在微醉的时候都是环顾左右而言他。新城宾馆已经承包给私人，据2001年刚刚承包的宾馆老板讲，从1996~2000年，县里四大班子仅欠原承包者的饭费即达600万元之多，原承包者要不回钱来只好不干了。

县里的同志讲，招待费开支弹性大、由头多、暗箱操作多，操作者会意多、言传少。一般下面来人从不招待，横向往来者招待有之，主要是招待方方面面从上面来的人，包括了住宿、吃喝、烟酒与礼品之类。这部分开支也是财政开支的大头。

从一个县或乡镇来看，可支配收入中的人头费开支多少和农民负担的轻重是互动关系，二者是此起彼伏的。调查中，常年生活其中的县和乡镇干部们讲，县里干部的上述待遇在河南仅属于一般层次。民间的现代谚语云：只要有车坐，手机、医药费报销，每天能出入餐厅、歌舞厅，那就进入了“工作靠哄，烟酒靠送，工资基本不动，老婆基本不用”的神仙境界了。

为什么人们拥挤于官场？名利使然。为什么政府体制难以改革？名利使然。为什么农民负担减不下来？因为减轻农民负担意味着干部消费水平的降低，也是名利使然。这种名利是每个大小领导干部，历经半辈子奋斗得到的一种实实在在的个人利益（待遇）。如何能放弃？上面的情况可以为农民负担为什么难以减轻提供一个注脚。

（2001年9月）

旱涝保收的“教育开支”

——河南农村调研报告之三

乔润令

提起拿钱办教育，大概没有一个人会表示反对，人们不满意的往往是政府拿的钱太少了。但是就村镇的教育而言，巨额的教育开支恰恰是造成农民负担重的另一大原因。

此次河南农村调研，走了十几个镇，8个县城。每到一处，负责的官员都毫无例外地要带我们参观他们引以为自豪的学校。这些学校确实是令人振奋的。新乡县小冀镇有漂亮的小学、全县最好的中学，还要与北京大学合作，创建一所大学。辉县孟庄镇、偃师顾县镇、长垣县魏庄镇、伊川水寨镇、巩义竹林镇，最好的建筑几乎都是学校。伊川县城的高中学校矗立在全县之巅，站在学校可以俯视全县。该校投资5000万元之巨，建设了一座教学硬件在洛阳、郑州甚至北京都极为罕见的花园式的学校。

看到这些农村的孩子，终于也能在可以与大城市媲美的好学校里读书学习，使我们看到了农村的希望。人们有理由相信：科教兴国战略和中央一再强调的重视教育，经过几年的努力，在农村已经见到了成效。重视教育，县及乡镇重视教育投入，这种做法无论怎样评价都不会过高。

那么，尊师重教，逐步加大对教育的投入与加重农民负担有什么关系呢？可以从两个方面分析：第一是乡镇政府及村委会的收入和支出方面；第二是农民家庭的教育支出。具体情况如下所述。

乔润令：国家发改委城市和小城镇改革发展中心副主任、硕士。

一、镇村的收入与教育支出

在我们调查的十几个县和乡镇中，在他们的可支配财政收入中，大体上用于教育的开支占到了60%或70%，最少的也是40%~50%。

——洛阳偃师市顾县镇 2000年可支配财政收入共有940万元，用于教育的开支516万元，占55%。其中，公办教师513人，平均每人每月工资660元左右，每月工资开支34万元，每年408万元。民办教师154人，平均每人每月工资380元左右，月工资开支4万元，每年48万元。合计每年教师工资开支456万元，校舍维修及办公开支60万元。

——该镇有学校15所，其中，初中6所，小学7所。镇长讲，“义务教育法在农村成了乡镇教育法，因为绝大部分经费都由乡镇承担。县级教育经费如果有困难都要转移到乡镇，而乡镇却没有办法向下转移。按照规定村里负责办小学，但是有的村没有钱办不起来，还得镇里拿钱，因为上级检查后，板子还是要打在乡镇身上”。

——教育集资方面，在我们调研的乡镇中还未见成规模集资活动。几个地方的体改部门的同志讲得明白：集资一般都用于教育基础设施建设，“集资的背后都是上面要搞什么达标、升级、评比验收”，以一票否决、拿掉乌纱帽相威胁，名为升级上档，和城市、和国际接轨之类。这种不顾客观实际，不顾什么经济条件办什么水平教育的经济规律，用一个指标的行政命令法推动农村教育发展，严重地加剧了乡镇政府和农民的负担。

——乡镇统筹的收支方面，从下表可以看出，教育也占大头。

长垣县魏庄镇乡统筹总收入中教育收入和支出情况 单位：万元

年份	总收入	办学收入	占总收入的%	总支出	办学支出	占总支出的%
1998	83	22.4	27	91.5	33	36
1999	127.3	91.3	72	137.2	100.4	73
2000	163.4	92.8	57	163.1	92.8	57

——村提留的教育支出。偃师市顾县镇苗湾村共有3760人，860户，耕地面积2600亩，人均收入2660元，每年上缴税金86万元。现有企业22

家，其中村办3家，其余为个体，均为小企业。村里办有1所中学，1所小学。村里各种收入2000年12万元多，来自企业的收入近10万元，因此，有些村提留就都免了，农民的负担并不重。在支出中，学校每年开支1万元为教师的工资及补助，另1万元为校舍维修及办公等之用。教育开支共2万多元，是除了村干部工资及招待费之外的第二大项支出。

没有企业的村，像该镇的大付寨村，村提留则要全部收缴，加上村集体的400亩果园外包的3万元，2000年村收入8.4万元。如果教育开支是2万多元，负担就较重了。

——教师的收入是多少？从上述镇里的账面支出看，公办教师平均每月也不过660元，民办教师才380元，看来并不多，可实际情况并非如此。碰巧，我一人外出散步时路遇一个乡村女教师，女教师40多岁，她是利用假期去县城参加计算机培训，在路边等车，攀谈的结果是：她在镇中学教书，担任语文老师，每月工资1000元左右，丈夫也在同一学校任教师，每月也是1000元多一点的收入。女教师讲，现在民办教师已经很少，每月收入也在800元左右。那么，账面工资600多元，实际收入1000多元，中间相差300多元哪里来？对方曰："主要是学校自身的创收。"也就是说，乡镇学校教师的收入中有30%左右是向学生收取的各种费用。

重教风气的形成和教师待遇的提高，教师已经实实在在成为令人羡慕的职业了。县长讲，每年求他找工作的条子当中，要求当教师是最多的。

二、农民家庭的教育支出

目前的农户在家庭开支中，主要有盖房子、娶媳妇、大病医疗和教育开支四大类。农民讲，前几年教育费用开支还不算大，近几年来，教育费用的支出大大增加，如果孩子上了大学，那么，家庭的教育开支就是最大的。

大付寨村的农户付洪献今年49岁，年收入9000余元，本村中等收入水平。有两儿两女4个孩子，两个孩子已成家另过。目前有两个孩子上中学。本村有小学和中学，小学生一到六年级，每学期交的学费和杂费有书本费、保险费、桌凳费、教学设备维修费、体育设备使用费、仪器费、水电费、取暖费、电扇费、补课费等，每年约300元，其中40%为学费，60%为杂费，小学上完需1800元。初中三年，每年500元左右，三年下来1500元。高中第一年1600元，第二年500多元，第三年也是500多元。三年花费2600元。此外，学前班两年每年还需100元。这笔账算下来，一个孩子上到高中就需要6100多元，两个孩子就需要12200元，这是一笔不小的负担。如果有幸考上大学，受教育的支出就更是沉而又重了。

可见，教育的确成为县、镇财政和村集体支出的大头，也是农户家庭支出的大头。教育支出的增加，无疑是积极的。但是这种增加如果与农民负担联系起来，就需要具体分析了。

作为系统整体的一个县、乡镇或村，办什么水平的教育，是受当地的经济社会发展水平制约的，经济社会发展水平决定着人们的教育需求、教育费用的承受能力。而教育适度超前发展也是必要的。但是，如果农村教育与城市教育攀比，长期过度超前发展，势必挤占其他发展资源。学校建得越是高档豪华，投资和成本就越高，管理维护费用就越高，学生上学的成本就越高。因为收入总是一定的，增长比例也是一定的，县镇用于建设、行政和科教文卫的开支比例也是一定的。教育开支增加了，如果其他开支，特别是具有弹性的人头费开支没有压下去，必然要增加农民的教育负担。

从农村教育的投入来看，农村的义务教育与城市义务教育的体制不同，县及乡镇的财政在对教育的开支中，已经从作为纳税人的农民身上剥了第一张皮，乡村的“三提五统”中的教育开支是从农民身上剥的第二张皮，教育集资是剥的第三张皮，农民向学校交的各种学杂费就是从农民身上剥的第四张皮。这四张皮拨下来，农民的教育负担焉能不重?

（2001年9月）

农村土地使用制度改革一瞥

——成都与海南的调查与思考

农村土地流转是当前一个较为突出的问题。如何通过农地使用制度安排，保护农民利益，促进农村发展，来自成都与海南的调研报告如是说。

一、关于农地外租

海南人少地多，人均耕地6亩，农地外租较为突出。1995年以来，集体土地流转用于农业开发的共2162宗，总面积109325公顷，占农村集体所有农用地总面积的6%。其中，属农村集体所有土地对外租赁占流转总面积的91.8%，耕地约占16.4%，真正涉及农民承包地的还不多。主要特点如下。

（1）租期长、面积大、租金低。租期一般在30年左右，长的达50～70年。买主是投机和扩张心态都有，卖主则靠卖地生财，结果，动辄千亩、万亩外租，造成土地闲置占对外租赁土地总面积的21%。土地的租金水平普遍偏低，不少地方为引进项目一味压价，甚至低于原地块的年纯收益，租金水平可长期不变或几年一调。承包地的租金直接归原土地承包户，承包地以外的集体土地，归集体组织所有。

（2）从实践的结果看，集体农地外租具有提高农业生产力、促进农村经济发展和增收等多方面的积极作用。如文昌市白茅洋农业开发基地，1996年永清集团集中了12900亩耕地进行反季节蔬菜基地开发，租期30年，每亩年租金150斤稻米。公司投巨资改善农田基础设施，实行工厂化经营。田间管理和产出包给农户，超额部分五五分成，农忙时再雇临时工。农民可从土地上获得租金、承包分成和劳务三份收入，每农户平均年收入1.5万元。此外，农民还学到了技术和信息。

（3）出现的问题。一是租金过低、租期过长、面积过大，影响和蚕食了农村集体和农民的发展空间。二是土地外租行为不规范，村干部暗箱操作，严重损害了农民的合法土地收益。三是农民对“村里的地”的处置权和收益权得不到保障。四是在土地权属不清的情况下进行农地外租，极易引起土地纠纷。

（4）对策建议。农地外租必须坚持农民自愿原则，政策和宣传上要不限制、少宣传，避免刮风。对外租地的面积、租期、租金要有原则性的限定。必须保证农民的土地承包经营权。集体土地外租要坚持民主公开的程序，应明确赋予农民对集体的土地，即所谓“村里的地”享有处置权和收益权。同时，要加快农村土地的确权工作。

二、关于集体建设用地流转

在成都平原和全国各地都有不少外来厂商买地或租地办企业。在这一过程中，农用地变成建设用地没有办转用审批手续，也违反了现行的土地所有权不许买卖和集体土地使用权不得出让、转让、出租用于非农建设的规定。如何对待这一问题？现实向法律法规提出了挑战。

我国人多地少，农业生产方式落后，应实行严格的耕地保护措施。有关农地转用审批的法律规定，即符合我国实际，又与国际通行做法接轨，是市场经济中最重要的经济秩序，不应有丝毫动摇。法律规定土地所有权不允许买卖，是坚持公有制、防止出现新地主的保证，也不能动摇。

现在看，问题主要出在《土地管理法》中关于集体土地使用权不得出让、转让和出租用于非农建设的规定。一是在很大程度上剥夺了农民对土地的所有权，侵害了农民的利益。二是按现行规定，集体经济组织在取得的建设用地上办企业，只能或者自己投资，或者与外商入股、联营，这对农村发展非农产业是很大的限制。三是企业在寻求发展中转让土地所有权是一个重要手段，把这一条路堵死了，企业的发展也就限制死了。结果是企业没有利润，工人农民没有收入，国家也没有税收，对谁都没有好处。因此，修改有关法律，允许集体建设用地出让、转让、出租，在国家、集体、企业和农民之间合理分配土地收益，将集体建设用地的流转与城镇国有土地的流转纳入统一管理，已势在必行。

三、关于国家征地

因征地农民利益受损，引起的纠纷多，是一个带有普遍性的问题。解决的办法是深化征地制度的改革。一是把经营性项目用地和公益性项目用地区别开来。公益性项目仍然实行征用，但补偿标准适当提高。经营性项目用地则实行征购，原则上应按改变用途后的市场地价对农民进行补偿，使农民能够分享一部分土地增值收益。二是征用或征购补偿方式可以灵活多样，除了现金补偿，可以考虑向农民发行土地债券和建设债券或者用土地补偿费入股，等等。这里的关键是要有相应的风险保障机制。此外，国家公益性征地也可以不改变土地性质，而允许以一定年期的土地使用权作价入股，至于经营性的项目用地，更可以出让、转让、出租等方式获得集体建设用地使用权，而不必把土地变为国有。

乔润令 整理

（2001年12月）

农业税逐年减免还是一次取消

——安徽农村调研报告

窦　红

2004年伊始，中共中央、国务院推出了旨在增加农民收入的“1号文件”。接着，温家宝总理在全国人大十届二次会议上所做的《政府工作报告》中做出承诺：“从今年起，逐步降低农业税税率，平均每年降低一个百分点以上，五年内取消农业税。”各地的执行情况如何？近日，我们在安徽省宣城市和黄山市的部分区、镇进行了调研。

为贯彻中央关于减免农业税的精神，安徽省决定，2004年在全面取消农业税附加的基础上，将农业税率再下降2个百分点，使农民的农业税负担降到5%以内。这样，安徽省的农业税及附加税率将由2003年的8.4%下调3.4个百分点。这一决定已通过《省政府给全省农民的一封公开信》向全省农民公布，地处皖南的宣城市和黄山市的区、镇政府对此的反应大致反映了执行这项决定所遇到的问题。

一、以农业税为主要财政收入的乡镇需要补助，才能维持政府的运转

宣城市的宣州区是农业大区，区农业税收入约占区财政收入的30%。据测算，下调农业税3.4个百分点，全区农业税附加预计减少840万元，农业税预计减少1200万元，共计减少收入2040万元。中央或省能否有转移支付，是区、镇财政比较关心的问题，否则乡镇政府将无法运转。

在宣州区水阳镇，2003年预算内财政收入1200万元，其中农业税840万元。该镇2000年开始税费改革试点，到2003年，每年都得到了上级的转移支付，才维持了政府的运转。镇财政所长估计，按照省政府降低农

窦　红：国家发改委城市和小城镇改革发展中心研究员、硕士。

业税的政策，2004年，将减少300万元的农业税收入，130万元的农业税附加收入，如果没有转移支付，那么乡镇政府将无法运转，干部吃饭、“五保户”吃饭将发生困难。

二、逐年减免农业税，使农业税的征收难度加大

那么，即使降低了农业税税率，剩下的农业税能够顺利征上来吗？宣州区乡镇干部们的反映是：征收将更难了。水阳镇在2000年的税费改革后，农民1亩田减少税费负担30元，而原来1亩田要负担80元税费。即使这样，2002年、2003年农民还是欠农业税几十万元，镇财政所长估计，今年（2004年）会出现农民原来欠的税不交，而且今年的税也征收困难。为什么呢？

2004年中央政府宣布5年内取消农业税，省政府也以公开信的形式通知2003年就下调农业税3.4个百分点。北京、黑龙江、吉林已宣布取消农业税，广东、浙江的一些地区也取消了农业税。在安徽，合肥市、芜湖市已决定取消农业税。这一系列强烈的信号使农户有了这样的想法：农业税早晚要取消，为什么这里还要交？这给农业税征收工作带来难度。

此外，安徽省农村税费改革几年来，出台了一些税费减免政策，也促使农户缓交、拖交农业税。一般情况下，上一年的农业税及附加的尾欠要在本年交清，再交本年的税费。2003年安徽省委、省政府发文，2000年税费改革前的农业税及统筹提留尾欠缓交。2004年省政府发文，全面取消农业税附加，2000年税费改革后的农业税附加尾欠一律豁免，不得追缴。这样，取消农业税费及附加尾欠，让欠交税款的农户占了便宜，已交的农户吃了亏，心理不平衡。据省里的同志反映，有的农户要求政府退还已交的税款，使各地的县委书记们很头疼。欠税可以不还，这将促使农户缓交、拖交农业税。

三、征收农业税的成本高，还不如不征了

逐年减免农业税，宣城市的乡镇干部门反映的是，农业税收入减

了，但税收成本并不可能减。

黄山市屯溪区的干部们反映，征收农业税的成本高，还不如不征了。屯溪区的黎阳镇近年来工商税收增长快，一年的农业税只有31万元，只占财政收入的5%。农业税占财政收入比重虽小，但每次征收农业税，要发通知书、召开会议，每个村要支付1～2个协税员工资，而且要支付完成任务奖励款，征收成本占全部税款的40%～50%，成本太高。干部们的想法是农业税既难征，征收成本又高，还不如不征了。

所以镇主动向屯溪区建议，今年农业税就不要征了。屯溪区财政部门测算全区农业税有200万元，只占区财政收入的3%，2004年降低农业税，预计减少收入50万元，对全区的收入和支出影响不大，所以准备今年全部免掉农业税。

从以上的情况看，5年内减免农业税的时间表必须提前，取消农业税是挡不住的。因此，建议一次性取消农业税，使基层政府和农民得到解脱，但要把中央政府良好的愿望变为农民得到实惠的现实，关键要解决好以下两个问题。

1. 加大对区县、乡镇两级政府的财政转移支付

据安徽省反映，安徽省一年的农业税收有31亿元（含农业特产税），农村地区保教师和乡镇政府运转主要靠当地的农业税和一般转移支付。如果取消农业税，意味着本区县、乡镇政府将更缺乏资金来开展它所承担的工作，偿还所欠的债务。

我们在调研中了解到，2000年农村税费改革后，黄山市屯溪区得到的中央财政转移支付占区财政缺口的70%；宣城市宣州区财政每年少收4000万元，占全区收入的20%，但从上级得到的转移支付只有1000多万元。财政缺口的主要消化方法是增收节支、撤乡并镇、精兵简政，教师工资上划到区，才维持了乡镇政府的运转。

如果取消农业税，乡镇历年留下的债务又拿什么偿还呢？宣州区反映，乡镇贫富差距大，有的乡镇债务重，如该区的李桥镇有2000万元的债务，主要是由于教育双基达标、办企业亏损和欠区财政的钱，现在仅区财政就有3000万元的呆账。在水阳镇，教育的债务就有440万元，其中镇政府承诺承担165万元，其余归学校和村承担。2000年税费改革，教育附加费没有了，镇政府失去了还债的主要资金来源，如果再取消农业税，2004年以后镇政府拿什么还债呢？至于学校该承担的债务，学校没有钱，区里也不会承担，要么是国家转移支付承担，要么又会形成乡镇政府的债务。

因此，取消农业税后，建议加大中央和省对县乡两级政府的财政转移支付力度，对农业区县的乡镇财政缺口要足额补助，同时加快研究在农村开征有利于形成基层地方政府稳定财源的新税种；对乡镇的债务要抓紧清理，应属政府承担的债务，要制定化解计划，通过上级政府的财政转移支付和基层政府财政的发展逐步化解。

2. 规范农业税减免政策

上面已经提到，安徽省豁免农业税费尾欠，使农民的纳税行为发生扭曲，拖交、缓交农业税，要求退还已交农业税费。

据有关专家反映，为完成农业税收任务，以前收不全的农业税费大部分是由村、镇垫交或向银行贷款交纳的，农业税费尾欠很大一部分只是在村、镇的账面上，镇和村已成为农户的债权人或银行的债务人。那么，豁免农业税费尾欠，又产生了新的问题，村、镇为此欠银行的钱还要不要还，农户为此欠村或村干部的钱还要不要还？

在黄山市耿城镇我们还了解到，80年代初，这里有的农民就交过1年的农业税，村里只能贷款替农民交税。有的人不交税，老百姓就不平衡，还影响了干群关系。1999年开始，镇政府注意提高干部素质，加强农民权利义务教育，同时一碗水端平，1年时间，就收回农业税欠税300万元，占欠税总额的90%。同时加大投入，改善镇环境，加快发展，拿出发展效果给农民看。几年来，农业税占财政收入的比重不断下降，由原来的15%下降到2003年的2%，今年准备全面减免农业税。

因此，取消农业税后，还要规范农业税尾欠的减免政策，这不仅关系到中央减免农业税政策能否顺利实施，还影响着全社会信用的建设，尤其关系到政府的执政水平，随意豁免税收尾欠，如何保障税收的严肃性？如何保证今后城乡统一税制在农村的实施？一个负责任的政府应该是依法行政、执法必严、取信于民的政府。

（2003年4月）

安徽省“以县为主”的农村教育体制改革的调查

王　冉

农村义务教育一直备受关注。税费改革取消了农村教育费附加和教育集资，农村教育面临体制性的转变。作为率先实行农村税费改革的省份，安徽省从2001年开始就积极探索建立“以县为主”的农村义务教育管理体制。目前，这一新体制进展情况如何？中国小城镇改革发展中心调研组于2004年3月28日至4月7日在安徽进行了调查。

一、成绩

从“分级办学”到“以县为主”，主要是把农村义务教育的责任从主要由农民承担转到主要由政府承担，把政府的责任从以乡镇为主转到以县为主。对于完善农村义务教育“以县为主”的管理体制，安徽省开展的主要工作有：一是调整理顺县、乡、村及县直有关部门的教育管理职责，人权、财权和事权做到“以县为主”。二是撤销乡镇教育管理机构。三是成立中心学校。四是加强对教育经费的管理。五是加强教职工队伍的管理。

安徽推进“以县为主”体制的成绩是有目共睹的。第一，教师工资基本得到保障，而且改革后不但没有拖欠，发放标准也有所提高。这是“以县为主”教育管理体制改革最主要的成果。实行“以县为主”改革后，肥西县财政一年拿出3000多万元，全部解决了农村教师的政策开口子津贴，人均增加工资230多元。第二，通过设立教育经费结算分中心，教育经费管理和使用也得到了加强，推动了治理学校乱收费工作，有效

王　冉：国家发改委城市和小城镇改革发展中心原政策研究处实习生。

防止了挤占、平调、截留和挪用教育经费。第三，由于撤销乡镇教育办，不少符合教师条件的人员回到教学岗位，加强了教学工作，被占用的教师编制得到恢复。第四，“以县为主”的改革推动了教育人才的合理流动。

但是，随着安徽“以县为主”改革的不断深入，一些新的问题也逐渐浮出水面。

二、教育上收：权责利不对等

安徽省“以县为主”的农村义务教育体制改革，并不是简单地撤销乡镇教委、将义务教育的管理权一收了之，而必然会涉及既定利益格局的调整和原有资源的重新分配。从我们的调查来看，在教育上收的过程中，相应的权责利的重新分配对于县乡村三级是不对等的，集中体现在：农村中小学产权上收、历史债务不上划、新体制中乡镇对教育的权责不对称。

1. 农村中小学产权上收

安徽省有文件指明，所有的学校，除了民办学校，不管是谁投资的，都归国有，资产由教育部门统一调配；学校的产权，都属于教育部门。在学校上收的过程中，争议最大的是由村民集资办起来的小学。

专栏1　城市宣州区产权调整的情况

学校的产权都属于教育了，省里出了个文件，所有的学校不管是谁投资的，都归国有。对于农村布局调整的学校，老校舍一般允许搞置换，产权仍然是教育部门的，村委会只有使用权。关于教育上收，这里刚刚开始，教育部门正在起草具体方案。

——宣城市宣州区教育局局长

西塘村小学于2003年以危房改造的名义新建。新建共花费50万元，其中村委会出资23万元。原来的老校舍，虽说是危房，但是只要稍加修缮，就能用作他途。对于老校舍，村委会已经有了自己的安排，或者自己搬进来，因为现在村委会还挤在一间很小的房子里，或者将老校舍出租给一家棉纺厂作为车间，增加集体收入。

关于新建的小学和老的校舍，支书认为这都归西塘村所有。对于学校上收一事，村支书还不知情。

——宣城市宣州区水阳镇西塘村支书

专栏2　黄山市屯溪区产权调整的情况

2003年，区里搞布局调整，撤掉了3所村小。对于这些撤掉的学校，现在产权比较模糊。教育部门本想上收产权，但是以前都是分级办学，后来村里有情绪，学校又有债务，而且撤并的学校都比较偏远，因此这些被撤并的校舍还是留给村使用，但也没有明确说产权就归他们。但是，不涉及撤并的学校，产权都是归属教育。

——黄山市屯溪区教育局副局长

农村中小学产权的上收，将会严重挫伤乡镇和村支持和关心教育事业的积极性。实际上，目前即使“以县为主”，农村教育仍然离不开乡镇和村的支持。

2. 历史债务不上划

从“分级办学”到“以县为主”的转变中，历史债务是一个绕不过去的问题。特别是地方政府本来打算用于偿付债务的农村教育费附加和教育集资在费税改革中被取消之后，债务问题似乎变得无解。安徽省在上收学校的过程中，对于学校的历史债务，所采用的办法是基本上留给了地方政府，特别是乡镇政府。

专栏3　宣城市宣州区农村教育的债务情况

90年代初，全区小学毕业率只有50%，后来教育达标时，要求小学升初中的比率要达到95%。当时，初中的教育设施远远不够，因此建了很多房，借了不少债。而且，当时建的房子质量也不好，十几年后，又成了危房。当时的欠债共有2000万～3000万元，不包括新增债务。在“以县为主”的体制改革中，“两基”达标和一期危房改造的债务应该划给政府，学校其他方面形成的债务由教育部门承担，估计前者要占到95%。我们准备4月份清理这个债务，对于学校基本建设的欠债，县乡两级政府怎么分割还不清楚。

——宣城市宣州区教育局局长

水阳镇所辖学校的债务达到440万元。学校没有钱，估计不会承担。对于这些债务，区里不会承担一分钱债务的，要么是国家转移支付承担，要么形成乡镇的债务。

——宣城市宣州区水阳镇镇长

如果说，宣城市对于历史债务的处理办法还不是很明朗的话，作为安徽省13个义务教育管理体制改革的重点指导县之一的肥西县的做法能给我们提供更为明确的信息。

专栏4　肥西县对历史债务的清理

在新的管理体制下，乡镇不再设立专门的教育管理机构。同时，对原乡镇教育管理机构进行全面资产清理和财务审计，按照不将债务留给学校和教育资产不流失的原则进行资产划拨。为了使农村中小学能够“轻装上阵”，肥西县启动审计程序，将原乡镇教委的债务、中小学实施“两基”达标等义务教育所欠债务，划由乡镇政府承担，仅此一项，肥西县在低水平通过“两基”时遗留下的4500万元债务就此告别了农村学校。各乡镇政府结合清财化债工作，逐年从新增农业税中按一定比例予以偿还。债权单位和个人不得因追索债务而影响学校正常教学秩序。

——肥西县县政府

目前，乡镇政府财力已经十分困难，现在又要把教育债务转移到乡镇政府，这无异于雪上加霜。另外，现在国家的政策是逐年减少农业税，并在五年之内取消。而按照肥西县的处理办法，农村义务教育的历史债务今后逐年从新增农业税中按照一定比例予以偿还，这更是无解。

3. 新体制中乡镇对教育的权责不对称

从“分级办学”到“以县为主”的转变是各级政府对于农村义务教育的权责重新调配的过程。在新体制中，各级政府对于农村义务教育所负责任如下表。

各级政府对农村义务教育负有的责任

政府层级	对农村义务教育负有的责任
省、市政府	1.通过增加转移支付，增强财政困难县义务教育经费的保障能力，逐县核定并加大对财政困难县的转移支付力度；2.省政府逐步增加已有农村教育专项经费，并根据农村教育发展的需要及时设立新的专项经费
县级政府	1.抓好本地区中小学的发展规划、布局调整、建设和管理；2.负责制定本县教职工编制方案，核定学校的教职工编制；3.决定农村中小学校长任免，负责教职工的人事管理工作；4.保证教育事业费的法定增长，确保教职工工资按时足额发放；5.保证农村中小学的正常运转；6.安排校舍建设和危房改造资金，组织实施农村中小学危房改造和校舍建设；7.治理农村乱收费；8.指导农村中小学教育工作；9.加强对乡镇教育工作的督导评估，并根据评估结果对乡镇政府和中小学实施奖惩
乡镇政府	1.根据国家规定筹措教育经费，努力提高教师待遇，改善中小学办学条件，适当安排中小学公用经费；2.按有关规定划拨新建、扩建校舍所必需的土地，承担实施布局调整学校的相关工作；3.组织适龄少年儿童按时入学，严格控制义务教育阶段学生辍学；4.承担校舍安全以及学校治安的直接责任，治理校园周边环境；5.协助县教育行政部门管理本乡中小学，协助有关部门治理中小学乱收费
行政村	1.参与本村及联村学校的管理和建设；2.负责动员适龄儿童入学，控制流动学生；3.维护学校的治安和安全。

资料来源：《安徽省人民政府关于进一步加强农村教育工作的决定》（安徽省人民政府文件，皖政[2003] 104号）；《关于农村义务教育管理体制重点指导工作的若干意见》（安徽省教育厅文件，教督[2003] 2号）

从表中可以看出，虽然原属乡镇的部分人权、财权被上收到县一级，但是新体制中乡镇政府的责任并没有弱化。乡镇不仅要为改善农村中小学的条件继续筹措资金，而且还是学校校舍安全和学校治安的第一责任人。

三、“以县为主”难以破解经费难题

如果抛开教育上收的公平问题不谈，在“以县为主”的新体制下，农村义务教育在甩开历史包袱之后，是不是就能“轻装上阵”了呢?

1. 县级财政难以承担农村义务教育的重任，教育经费依然紧张

从“分级办学”到“以县为主”，教育经费依然紧张。这主要是两个原因：一是在农村税费改革之后，农村教育费附加和教育集资被取消，但是相应的资金缺口并没有完全由转移支付所弥补；二是县级财政本身难以承担农村义务教育的重任。从1999年的数据看，我国现有的2109个县级行政区域中，财政补贴县多达1036个。对于中西部大多数的

县来说，县级财政基本上是“吃饭”财政，甚至是“半饥饿”财政，绝大多数县无法担当教育经费投入主体的责任。

专栏5　**教育经费紧缺的情况**

现在学校的运转主要是靠杂费。我们教育厅所做调查的结果是：几乎没有一个县可以补贴运转经费的不足。仅有的杂费，真正用到运转上的很少，部分还用在还债、建设、危房改造配套、维修、代课教师的费用，等等。

——安徽省教育厅

上一次的税费改革，我们教育部门最有意见。2000年，安徽试点，把农村教育费附加取消了，原来这一块每年有2000万元，全部用于教育发展。现在，每年2000万元的教育费附加没有了，而这3年上级拨付的危房改造资金总共也只有1000多万元。

另外，招商引资的优惠政策也对教育影响很大。原来，每开发一平方米有15元的教育附加费，可后来作为优惠措施取消了。

区里农业税约占到财政收入的30%，现在又要进行农业税的减免，如果农业税5个点没有了，今后教育也不知道靠什么发展。

——宣城市宣州区教育局局长

2. 乡镇政府新的债务正在形成

由于县级财政紧张，无法成为农村义务教育投入的主体，导致目前的危房改造配套资金层层下压。而且，目前安全问题是硬性指标，责任重大，即使欠债也必须要进行危房改造。这两者结合的一个直接后果就是，乡镇和村形成新的债务。

专栏6　**危房改造中乡镇和村配套的情况**

第一期危改，国家投入了1.66亿元，剩下的钱都是省里拿的，10.34亿元，一共12亿元。第一期危房改造的目标是438万平方米，提前完成458万平方米，但是12亿元还不够。现在第二期危改，我们要求地方按照3∶2配套，市县配套，但只有合肥和马鞍山配套了，其余都没有财力配套。这又引发新的问题：一是瞒报和假报，二是产生新的债务，有的地方还要求乡镇和学校配套，不过教育厅及时发现这个情况，很快制止了，现在不准要求乡镇和学校配套。

——安徽省教育厅

两期的危改任务，一共有8万多平方米，现在共投资了3000多万元，改造了5万多平方米。由于原来建的房子质量差，新的危房不断产生，2003年下半年统计，新的危房又有5万多平方米。安全是首要的，现在是一定不能在危房上课，这是死命令，宁可负债，也要解决。区政府和乡政府要签安全责任状，校长也和政府签。二期危改任务，由于配套资金很难到位，新的举债肯定有。一期危改，省、区、乡、村四级承担，乡和村两级的投入要占到一半。村一级采取的是自愿捐资助学，大型的企业也捐资。“一事一议”搞危房改造还没有实行。镇里很多都没钱，只能形成欠债，例如，有一个村小进行危房改造，村捐资9万元，镇里8万元、教育局9万元。镇里没钱，只能拖欠工程队的款项。

——宣城市宣州区教育局局长

西塘村小学于2003年以危房改造的名义新建。新建共花费50万元，其中上面给的项目资金为15万元，乡镇配套8万元，其余23万元都由村委会出资。村里拿的23万元没有让村民集资，其中10万元来自当年村里的水面承包费，另外13万元是村委会向村民的借款。借款有利息，利息比信用社略高。

——宣城市宣州区水阳镇西塘村支书

四、建议

总的来看，安徽实行“以县为主”的农村义务教育管理体制，虽然对保障教师工资的发放等方面有明显的效果，但这项政策从总体上看仍囿于现行体制框架之内，没有破解农村义务教育经费不足的难题，而且在教育上收的过程中出现了产权上收但债务不上划的情况，这可能会引发出新的问题。鉴于此，建议有以下几点。

第一，中小学的产权不要上收。中小学产权上收势必会严重削弱镇政府和村级自治组织关心和支持基础教育的积极性。事实上，实行“以县为主”的农村义务教育管理体制，关键是教育的管理权限和投资责任转化为“以县为主”，这与中小学的产权调整没有必然的联系。

第二，进一步明确地方各级政府对于农村义务教育的权利和义务，同时权责要对等。目前，乡镇政府几乎是只有义务，没有权利，而且对于农村义务教育的投入存在很大的不确定性。

第三，农村教育债务的化解是一个系统工程，不能简单地移交给乡镇政府了事。随着农业税的进一步减免，乡镇政府的运转都成问题，而且乡镇政府本身也遗留了不少的债务。债务的化解还需要更多更深入的研究和探讨。

第四，从长期看，要真正实现政府办农村义务教育，确保城乡义务教育阶段的机会平等，必须明确中央政府和省级政府作为义务教育投资主体的责任和义务，逐步由中央和省级政府承担农村义务教育的投入，而不是“以县为主”。

（2004年5月）

调整县镇政府职能
落实县域主体功能区规划

乔润令　黄　跃

2010年底，国务院印发了《全国主体功能区规划》。根据规划，不同地区要根据资源环境的承载能力来确定功能定位和开发模式，实施分类管理的区域政策、差别多样的政绩考核。这是区域经济发展模式和干部考核方式的一次大的变革。那么，主体功能区战略在地方实施中如何才能破题呢？广东云浮市云安县的探索让我们眼前一亮。

一、以县为单元，按主体功能区思路确定乡镇功能

云安县是广东省最年轻的贫困山区县，总面积1200平方公里，全县人口31万人。辖8个镇，111个行政村，9个社区。云安县虽然距离发达的广州、珠三角地区仅1个小时车程，但却是典型的“灯下黑”，是一个地处发达地区的不发达县。2009年全县财政收入不足2亿元，比起中山、南海、东莞等地小城镇20多亿元财政收入，差距太大。农民人均纯收入也仅仅是5521元。尚处在工业化、城镇化的起步阶段。起步阶段道路的选择非常重要，是走珠三角的老路，还是走一条新的发展之路？2008年新任书记上任，选择了划分主体功能区、差别化发展的县域发展新道路。他们的做法有很大的突破。

云安县走差别化发展的路子，因地制宜，根据主体功能区思路和发挥比较优势的原则，把全县8个镇划分为优先发展（1个镇）、重点发展（2个镇）、开发与保护并重（5个镇）三类功能区。

优先发展区六都镇是城关镇，区位、交通、资源优势明显，是唯

乔润令：国家发改委城市和小城镇改革发展中心副主任、硕士。

黄　跃：国家发改委城市和小城镇改革发展中心发展改革试点处副研究员、硕士。

一的优先发展区，重点发展工业，定位为工业新城、港口新城、绿色新城。该镇党委书记陈均华说：“明确定位后，我镇尽力发展工业，紧抓工业，不留遗憾。”县委书记说：“云安的目标是到2020年，优先发展区的循环经济工业园产值超过330亿元，地方税收达到20亿元。其他区域，则要一片青山绿水。”

重点发展区是镇安和石城两个镇，这两个镇一手抓特色工业发展，一手抓特色农业增收。镇安镇重点发展桑蚕、蔬菜、鳄鱼龟、肉猪种猪等特色产业；石城镇则发展蔬菜、腐竹种植和加工业。而开发与保护并重示范区包括了高村镇、白石镇、富林镇、南盛镇、前锋镇，五镇面积占全县的58.9%，以生态保护为主体功能，经济发展主要被限定在涉农特色产业和生态旅游方面。

例如，南盛镇是农业大镇。前些年，在“镇镇冒烟，村村点火”的发展思路下，该镇也试着发展工业，招商引资，引进过制衣厂、家具厂，但都以失败告终。如今镇里找准了定位，一心一意发展他们的优势产业——柑橘业，成为中国砂糖橘第一镇，既发展了经济，又保护了生态环境。2010年，南盛砂糖橘通过国家质检总局评审，成为国家地理标志产品，该镇的农民人均纯收入也达到了6419元，增幅为13.5%。

二、建机制：政绩考核、财政保障、税收分享

主体功能区不能单兵突进，配套改革是关键。云安在干部绩效考核上，制定了新的政绩考核标准，把主体功能区理念融入乡镇考评机制，确立了“不以GDP大小论英雄，只以功能发挥好坏论成败”的政绩观。例如，在具体的指标类别上，取消GDP总量的考核指标，将考评的重点放在乡镇主体功能应该承担的职责范围：在区域发展指标组中，为优先区、重点区、示范区的工业总产值设定的权重分别为140、100、60，而农业总产值的权重分别为50、100、130，以权重指挥重点。

身为经济重镇，以前六都镇每年都是毫无争议的第一名，但在改革后第一年的考核中，却因综治维稳失分，意外地滑落到第二名。而以前倒数第二名的高村镇在改革后第一年的考核中，该镇的税收只有400多万

元，却出乎意料地拿到了第一名。组织部解释道：“高村镇作为开发和保护示范区，考核的重点不再是招商引资，而主要是农民增收、公共服务、基层组织建设、维稳信访，这是高村镇拿高分的原因。”曾经的招商引资和GDP指标，就像一座沉重的大山压在镇干部肩上。“过去一半时间忙招商引资，剩下的时间跑专项资金、忙计划生育、维稳。现在主要工作就是农民增收、公共服务和保护生态。”镇书记潘仲明如是说。考核指标的变化，促进了政府职能的回归。

云安县全额保障每个镇级政府的经常性支出。县财政对经核定的镇级公务人员的工资，行政经费予以全额保障。另外，每年向每个镇额外拨付2万元办公经费，包干镇干部需要单位交付的社保经费，逐年增拨维稳、计生等专项经费。2009年该县财政安排每个镇公用经费达130多万元，改变了过去只保障政府人员工资，其余所有经费都由乡镇自筹的机制。云安还取消了镇政府进行资金配套的要求，除上级部门另有规定外，所有的支持项目都不要求镇政府安排配套资金。

云安县对异地招商实行税收共享。县直部门招商引资到优先发展区或重点发展区落户的，引资产生的税收由县财政和项目所在镇按8：2分成，以环保为重点的镇招商引资到优先发展区落户的，引资项目所产生的税收由引资镇和项目所在镇5：5分成。对各镇向本镇以外的县辖区范围内的企业、项目提供大宗资源作为主要原料的，企业项目产生的税收，由提供资源镇和企业、项目所在镇按2：8分成。税收共享机制既补偿了生态保护为重点的镇，又调动了镇政府招商引资的积极性，扩大了税源，增加了财政收入。

三、工业集中发展由县级统筹：各有利弊

工业集中发展由县级统筹，这与珠三角地区小城镇主导的工业化、城镇化发展方式有很大差别。在经济发达的珠三角，镇是经济发展的基本单元，依托民营经济和“村村点火，户户冒烟”的产业布局，珠三角崛起了一大批经济实力强大的专业镇，如顺德的家电、南海的铝材、石湾的陶瓷、古镇的灯饰、龙江的家具、虎门的服装等。小城镇是推动工

业化的火车头。

云安划分主体功能区后，虽然工业发展集中在优先发展区的六都镇，但主导产业发展的权力却由乡镇一级全部收归到县一级。这样做的好处是防止了“村村点火，户户冒烟”，也适应了云安地处欠发达的粤西地区，经济基础一般，乡镇经济集聚能力较弱，简单沿袭珠三角地区的乡镇主导模式不仅不能拉动经济增长，还要付出资源和环境的双重代价的现实。

但面临的问题也是明显的。云安还处于工业化、城市化的起步阶段，发展和富民仍是主题，仍然需要大批小企业和民营经济的发展，而云安县把发展工业的权力集中到县里以后，更加关注的是能为财政带来更多税收收入和GDP的大企业，却把可以活跃民间经济、增加农民收入的小企业排除在工业园区之外，农民无法分享工业化成果。没有小城镇的支撑，县域经济发展能否可持续还有待观察。

四、土地配置如何适应主体功能发展，有待解决

云安县由于地处山区，可用于发展工业和城市建设的土地资源非常有限。主体功能区的新发展方式有力地促进了有限土地的集约利用。坐落在优先发展区六都镇的云浮循环经济发展工业园，集中了全县近几年的建设用地指标，也集中了大部分的工业企业，从根本上扭转了“村村点火，户户冒烟”的粗放式产业发展方式，集中解决环保问题和基础设施共享的效益也非常明显。

更为重要的是，这种工业的集中发展大大节约了土地资源，从以下数据可见：该工业园面积只占全县的1.09%，2009年却创造出全县59.2%的工业增加值，87.45%的地方财政一般预算收入，80.57%的税收收入，成为全县的经济重心。其土地的利用率高于分散布局的地方，据该县的土地局长评估，由于产业的集中，节约了大概60%的土地。

除了增量建设用地指标集中使用外，存量建设用地，特别是集体建设用地如何配合主体功能区安排，进行有效的流转、空间置换和经济补偿，使之能够集中于优先发展和重点发展区使用，这是云安下一步发展急需

解决的问题，需要通过改革创新，推进集体建设用地的流转和置换。

五、主体功能区规划可否大范围实施：启示和政策建议

第一，实施主体功能区规划本质上是转变发展方式的重要举措。云安的做法是后发地区经过功能区的划分，主动进行有规划的发展，是对珠三角先发地区毫无规划发展的矫正，这是利用后发优势转变发展方式的重要试验。从云安试验两年的结果看，各项经济指标的增幅全市第一。这对于中西部地区具有借鉴意义和示范价值。

第二，从云安的实践来看，实施主体功能区规划的经济和社会成本并不高。一是没有裁减人员，二是没有增加投入，三是没有增加机构人员。只是按功能区规划要求，重新整合现有行政资源，成本低，经验的复制有可行性。

第三，主体功能区按照其本的理念看，是要打破行政区的限制，按照自然地理的禀赋条件，进行适应性开发。但我们认为，从云安的实践看，目前在政府行政主导发展的国情之下，起步阶段限定在一定的行政区内操作才是可行的，建议应当以县、市、省为单位稳步推进。

第四，云安的实践表明，主体功能区规划能否顺利实施，根本改变全民招商引资，乡镇干部1/3时间跑项目、1/3时间筹资金的状况，关键是要有合理的生态等方面的补偿和转移支付政策支持，建议及时总结各地相关经验，加紧研究生态补偿和财政转移支付政策。

第五，要充分发挥市场机制的作用。比如可以探索排污权、碳排放指标和集体建设用地指标的跨地区市场化交易，建立持久的功能区互补机制。

第六，云安的做法已经得到汪洋书记和广东省的充分肯定。我们建议，在全国不同地区选择不同类型的县级或市一级单位开展主体功能区规划实施的试点。试点可以纳入我们现有的国家发展改革试点范围，也可以单独进行，由规划司指导，城镇中心组织实施，不断总结经验，逐步完善政策。

（2011年7月）

宜昌乡镇事业单位改革调研报告

景朝阳　乔润令

2009年6月，国家发改委城市和小城镇改革发展中心调研组一行，对宜昌市乡镇事业单位改革情况做了专题调研。

湖北近年在全省推开乡镇事业单位改革。2006年3月10日，中共湖北省委办公厅下发文件《省委办公厅、省政府办公厅关于建立“以钱养事”新机制加强农村公益性服务的试行意见》，开始推动乡镇事业单位向民办非企业单位的改制实践。主要目标是建立“以钱养事”新机制，构建服务主体多元化、服务行为社会化、服务形式多样化，政府扶持和市场引导相结合、无偿服务和有偿服务相结合的新型农村公益性服务体系。乡镇农村公益性服务的职能划分方面，行政执法职能由县级行政主管部门行使，行政管理职能并入党政综合办公室、经济发展办公室、社会事务办公室，公益性服务由政府采购，经营性活动走向市场。原来事业单位性质的“七站八所”绝大部分转制为民办非企业单位。

一、宜昌乡镇事业单位基本情况与成效

根据《中共湖北省委、湖北省人民政府关于推进乡镇综合配套改革的意见（试行）》（鄂发〔2003〕17号）文件精神，宜昌市所属13个县市区，除一个区没有乡镇外，其余12个县市区均开展了乡镇事业单位转制为民办非企业单位的登记工作，全市共登记转制单位345个。概括起来，宜昌市乡镇事业单位改革主要体现在以下几个方面。

景朝阳：国家发改委城市和小城镇改革发展中心原发展试点处副处长。
乔润令：国家发改委城市和小城镇改革发展中心副主任、硕士。

1. 机构主体身份由事业单位向民办非企业单位转变

改革的最大变化是机构主体身份的变化，由原来的事业单位变为非营利性的社会组织——民办非企业单位，设立农技、水务、文广、计生、城建等相关公益性服务中心。目前，转制单位基本实现了农村公益性服务从“以钱养人”到“以钱养事”的跨越。原来承担的行政职能则分别并入乡镇“三办”——党政综合办公室、经济发展办公室、社会事务办公室。

2. 人员身份由原来的“单位人”向“社会人转变”

改革以前，“七站八所”的从业人员都有着国家干部的身份，享受着国家干部的待遇。改革以后，从业人员的身份变为了“社会人”，所有人员退出事业编制管理序列，用人机制由“固定用人”变为“合同用人”，由“档案工资”向“绩效工资”转变，养老保险、公积金以及职称等也发生了变化。

3. 投入机制由“以钱养人”向“以钱养事”转变

宜昌按照“项目招标、市场运作、合同管理、群众签单、政府买单、按绩取酬”的思路，坚持资金随着服务项目走，将农村公益性服务面向社会公开招标，择优发包，优先委托给新组建的转制单位实施，并由各乡镇通过合同形式明确责权利，按照实施情况给予相应的经济报酬。真正实现从“以钱养人”向“以钱养事”的转变。

4. 考核机制逐步由“上级考核”向“群众签单、按绩取酬”转变

改制以后，宜昌市建立了群众签字认可、村民代表评价、行业管理部门评价、乡镇党委政府考核“四位一体”的综合考评机制，细化、量化考核标准，做到考核公平、客观。从岗位设定、投招标管理、考核办法、服务人员素质等方面不断完善“服务群众需求订单，服务投入政府买单，服务主体竞单”的市场服务体系。

5. 服务层面由“行政性服务”向“市场化服务”转变

针对农业生产对技术服务需求多元化趋势，建立市场化服务体系，实现服务内容围绕产业转，服务形式围绕绩效转，服务人员围绕农民转。如夷陵区太平溪镇文化体育服务中心为适应改革后的发展，一改过去等事上门的做法，现在除完成好政府交办的公益性文化体育任务外，还主动开展经常性的群众文体活动，丰富了群众的公共文化生活。

二、政策建议

我们在调研中发现，这次的乡镇事业单位改革在湖北省委、省政府的大力推动下，应该说推进得比较顺利。现在还有一些省份比如安徽、黑龙江等地还去湖北学习经验。

1. 准确把握改革的核心要义

湖北省乡镇事业单位改革的核心要义在于：适应完善社会主义市场经济体制的要求，改革与农村生产力发展不相适应的上层建筑和生产关系，通过体制机制创新，转变政府职能，加强编制管理，构建新型农村公益性事业服务体系，切实提高为农服务水平，推进基层民主政治建设，促进农村经济社会发展。我们建议：强化公共服务的理念，转制正是为了提升农村公共服务品质的举措，以满足农村对多元化公共服务的需求。因此，转制并不是机构和经费的一减了之，财政上还要给予支持。从宜昌市的情况来看，转制后财政在农村公共服务上的投入是增加的，2008年全市预算安排“以钱养事”资金8367.78万元，比上年增长27.71%。

2. 妥善处理从业人员的福利与社会保障问题

转制单位人员的工资福利、养老与社会保障、住房公积金等一系列涉及转制人事利益问题不容忽视。在转制过程中，要从“以钱养人”到“以钱养事”转变，首先需要在转制过程中精简人员。人员分流，一是买断工龄，二是转岗，三是融入转制后的民办非企业单位。考虑到农村公益性服务很多是专业性和技术性很强的工作，我们建议，以有利于促进公共服务的供给和质量改善为宗旨，采取措施妥善解决人员的福利与社会保障问题，并吸引优秀的专业技术人员到转制单位中来，以充实技术力量，更好地满足社会需求。

3. 妥善处理转制资产问题

从现有法规看，事业单位是利用国有资产举办、民办非企业单位是利用非国有资产举办的从事非营利性社会服务活动的社会组织，二者的资产属性不同。转制的事业单位财产的处理方式包括几种：一是整体无偿划拨、赠予转制后的民办非企业单位；二是拍卖或买断，或低价转让给转制后的民办非企业单位；三是所有权性质保持国有性质不变，使用权归属转制后的民办非企业单位，即所有权和使用权相分离，这种方式对使用权的规定又分为无偿使用和有偿使用两种情况。我们建议，一是在转制过程中要吸收国有资产管理部门参加到决策和管理过程中来；二是要组织资产评估、财务会计专业人员对资产和债务问题进行专业评估和清算；三是在科学研究的基础上，统一全省处理转制单位资产和债务的做法。

4. 做好转制为民办非企业单位的公共服务评估

转制后，对转制后的民办非企业单位进行公共服务评估是一件非常重要的工作。通过对公共服务的评估，促使转制后的民办非企业单位改变工作方式和工作态度，积极主动了解和满足农民的需要，提供高质量的公共服务，增强工作责任，满足农民需求。我们建议，在公共服务的评估方式上，采取定时考核和随机考核相结合，同时尝试探索建立村民代表、专业技术人员和考核领导小组相结合的评估机制，实施事前、事中和事后监管；在公共服务评估的应用上，实行绩效考核，评估结果与服务经费结算相挂钩。

5. 正确对待转制单位的经营行为

调研中我们发现，转制民办非企业单位出于生存的压力，无不把经营作为一项重要工作来抓。政府部门基于“以钱养事”的经费有限，对转制民办非企业单位的经营行为也是予以认可的。然而也有一些地方的工商部门认为，既然是民办非企业单位，就不能搞经营性行为，应采取限制措施。

我们认为，从理论上说民办非企业单位属于非营利部门，应该受到一个基本原则的约束：不分配限制，也就是非营利组织不能从收入中提取利润分配给成员，这是所谓“非营利性”的最大要点；对于非营利组织的经营性行为，倒没有特别禁止。世界各国的非营利组织法一般也都允许经营性活动，但是必须恪守不分配的限制即可。其实，转制后的民办非企业单位经营性活动不妨认定为一种公共服务之外的有偿服务行为。这种非营利组织的有偿服务行为在组织宗旨、税收等方面有别于商事组织的经营性营业活动。

（2009年6月）

深化农村综合改革，促进县域科学发展

——“广东·云浮实践交流和研讨会”会议综述

云浮市位于广东省西部，1994年建市，现辖云城区、新兴县、郁南县、云安县，代管罗定市，总面积7779.1平方公里。2010年末户籍人口282万。2008年以来，云浮市把云安县作为农村综合改革示范区，通过一系列综合配套改革，探索出了一条科学发展的新路子。

第一，明确县、镇、村的功能定位。云浮市云安县把全县划分为重点城市化地区、工业化促进区、特色农业地区、生态与林业协调发展地区等四类具体功能区。明确县的职能以经济发展为主；镇的职能以社会管理为主，具体职责是“5+X”（“5”是社会维稳、农民增收、公共服务、政策宣传、基层建设，“X”是各地不同的功能定位）；村的职能以社区建设为主，具体职责是“5+1”（“5”是农民增收、社会稳定、公共服务、生态保护、组织建设，“1”是年度中心工作）。

第二，把云安全县8个镇划分为优先发展（1个镇）、重点发展（2个镇）、开发与保护并重（5个镇）三类具体功能区。优先发展区的六都镇是城关镇，定位为工业新城、港口新城、绿色新城，重点发展工业。重点发展区的石城镇和镇安镇一手抓特色工业发展，一手抓特色农业增收。开发与保护并重示范区包括高村镇、白石镇、富林镇、南盛镇、前锋镇，五镇面积占全县的58.9%，以生态保护为主，适当发展涉农特色产业和生态旅游。

第三，打破唯GDP的传统政绩考核方式，配套改革财政税收分享体系和乡镇干部考核体系。建立“不以GDP大小论英雄，只以功能发挥好坏论成败”的政绩考核机制，设置47个共同指标和13个类别指标，科学设置分值权重，以相同的指标内容、不同的指标权重，实行分类考核，把考评重点放到功能履职上来，从根本上破除“唯GDP论”的政绩观念。出台“项目招入地与所在地税收共享”、“资源地和项目地税收分成”、“园区税收增量共享”、“乡镇运作全额保障”、“碳排放指标交易”以及城乡公共服务均等化等配套政策，理顺县与镇、镇与镇的利益关系，促进乡镇政府职能转型。

第四，扩权强镇，改革镇级部门设置。云浮市云安县把14个县直部门的72项职权向镇级下放，增强乡镇的社会管理和服务能力；下放财权，逐步提高乡镇税收返还比例；下放人事权，扩大乡镇党委的干部人事推荐权、干部调整建议权和干部问责处理权。将原来乡镇的“七站八所”重组为党政办、农经办、宜居办、综治信访维稳中心、社会事务服务中心等“三办两中心”，在党政办设立“两代表一委员”工作站，让各级“两代表一委员”从会议履职向常态履职扩展；在农经办下设农村土地流转服务中心、农村劳动力服务中心、农业发展服务中心，优化“三农”服务。

第五，创新社会管理，组建镇、村、组三级理事会，促进社会稳定。在云安县各村，由村民代表、村“两委”和外出乡贤联合提名选出7～13名有威望且有能力的村民组建理事会，主要负责调解邻里纠纷，兴办农村公益，引导村民健康生活，并对村和镇级政府部门提出相应的工作建议。在此基础上，由村民理事会成员推荐一部分人员在组一级组建社区理事会，在乡镇一级组建乡民理事会，参与村和镇的公共事务，起到上传下达的作用。

经过两年多的改革实践，云浮市云安县的社会经济面貌发生了明显的改善：经济快速发展，财政收入快速增长；乡镇干部退出招商引资，专注于基层公共服务，社会管理水平进一步提升；农民收入增加，城乡收入差距缩小；农民生活更加方便，居住环境得到改善。

为进一步探讨云浮市以云安县为示范区推行的农村综合改革对全国的重要意义，国家发展改革委城市和小城镇改革发展中心、广东省发展改革委、广东省云浮市人民政府于2011年10月15～16日在广东省云浮市召开了云浮实践专题研讨会。中央、国务院有关部门的同志和全国知名高校、研究机构的专家学者，以及来自全国26个省市区发改委的负责同志，40多个市县政府的有关领导共200余人参加了此次研讨会。现将会议主要观点综述如下。

一、对云浮市在县域内深化农村综合改革的评价

与会领导和专家学者认为，云浮市作为广东省相对欠发达地区，探索性地将国家主体功能区战略与当地实际情况相结合，走出了一条新型工业化和城镇化的县域科学发展新道路。

1. 云浮的做法符合科学发展观的基本要求

由于云浮市在发展中没有“硬拼”资源、“蛮拼”成本、“豪拼”实力，所以近几年云浮发展的资源、环境以及社会成本都比较低。国务院发展研究中心副主任韩俊认为，云浮市是走了一条可持续发展之路，一条均衡发展之路，一条真正体现“以人为本”科学发展理念的道路。国土部土地整理中心副主任陨文聚认为，云浮的做法在不以牺牲资源环境为代价的条件下，提升了经济发展的效率和水平。中央党校社科部主任王怀超认为，云浮市的探索是县域经济可持续发展的新思路，是身体力行科学发展观的新经验。

2. 按照功能分工的理念对县域空间进行科学规划是云浮实践的基础

中央财经领导小组办公室副主任杨伟民指出，按照主体功能区规划的思路来搞县域经济的改革和发展，是从我国基本国情出发推动科学发展的必然选择，是解决我国经济、人口、资源环境空间失衡问题，增强可持续发展能力的根本途径。韩俊认为，云浮市按照主体功能区规划的理念，科学地规划了产业布局、土地利用、人口集聚、生态保护、村镇建设和城镇建设，这是统筹推进县域经济发展的重要前提。

3. 农村乡镇职能的转变是云浮市科学发展的重点

广东省发展改革委副主任王亚明指出，只有明晰县镇政府和村级组织的功能定位、职责要求以及相应的经济发展目标，才能破除以前那种盲目发展和重复建设的困局。国家行政学院科研部主任许耀桐教授认为，云浮市对乡镇的行政体制改革抓住了服务型政府建设的核心，有利于加强基层政府的社会管理和公共服务能力。国务院研究室农村司司长叶兴庆认为，如果相应的配套政策能够跟上来，云安县依托主体功能区

的理念对乡镇政府所做的机构改革就是到目前为止最为彻底的一次。

4. 完善政绩考核和财税体系的配套改革是落实科学发展观的保障

韩俊认为，云浮市云安县以不同的考核权重指导政府工作的重点，是一种科学的理念，改变了过去千篇一律按照GDP和经济增长来考核地方干部的方式，随着绩效考核体系的改变，政府的工作重心就会随之发生变化。农业部政策法规司司长张红宇认为，云浮市云安县对不同乡镇按照不同定位，有侧重地全面考核，是全县的经济发展、民生改善、生态环境保护等多方面得以全面发展的根本保障。叶兴庆认为，乡镇绩效考核方式的调整和税收分享机制的重建是对我国改革开放30年来县与县之间竞争、乡与乡之间竞争这一重要经验的改进，今后县与县和镇与镇之间的竞争将以各自的比较优势为基础，将会更加合理地支撑中国的经济发展。

二、与会专家对云浮的几点建议

1. 农业人口向城镇的集聚程度还不够

韩俊强调，云浮市目前的城镇化水平还比较低，云浮全市282万人，居住和生活在中心城区的只有20万人；全市农业GDP占比24.25%，远远高于广东全省5%的水平，云浮的城镇化发展还有很大的空间。建议云浮市更好地发挥中心城区和重点小城镇的辐射带动作用，促进人口向城镇集聚。全国政协委员、清华大学政治经济学研究中心主任蔡继明指出，作为重点发展和优先发展的乡镇，虽然创造了全县绝大部分的财政收入，但人口规模却没有达到相应的程度，建议还是要加快城市化进程。

2. 对县、镇、村各自的职能定位不能过于狭窄，提法方面应避免与全国主体功能区重复

韩俊从东部沿海发达地区发展的经验出发提出，对镇、村两级的经济发展同样也应给予一定的空间。张红宇认为，云安县在重点开发区和优先开发区之间的职能定位还不是很清晰，可按产业发展的重点来重新界定。杨伟民强调，全国主体功能区规划以县域为基本实施单位，县以下不再划分主体功能，云安县就各镇所划分的具体功能区中，重点发展区的提法与全国主体功能区重复，建议重新考虑。

3. 改革还需进一步深化

张红宇提出，仅在一个县或市内通过调整政绩考核的方式来解决生态保护区域内农民的增收问题还不够，建议云浮在更大的范围内建立起一种财政转移机制。蔡继明建议云浮的农村综合改革对征地制度、集体建设用地入市、耕地保护等问题做出进一步探索。王怀超建议，云浮在社会管理创新上还可进行一些更加深入的探索，2011年中央已经明确创新社会管理的问题，但对于社会管理到底应该抓什么，到目前为止还没有一个成功的案例。

三、云浮做法的主要启示

1. 改革需要善于调整既有利益格局

国家发改委城市和小城镇改革发展中心主任李铁认为，在当前中国利益结构相对固化的情况下，每一项改革任务都面临着如何平衡既得利益群体的挑战，如果各地能善于通过利益关系的调整来解决这些利益群体固化的问题，改革就会更加顺利一些。云浮在改革中较好地平衡了各方利益的关系，这是确保云浮改革顺利进行的关键。蔡继明认为，改革政绩考核体系、税收分享和激励机制是云安县实现“让能干什么的人愿意去干什么”的基本保障。

2. 改革必须同时重视经济发展和社会建设

韩俊指出，随着信息传播速度的加快，政府必须创新社会治理机制，改变过去政府主导一切的社会管理模式。云浮市云安县建立的镇、村、组三级理事会制度，重点是放在村级，关键是放在为民服务上，在“党的领导、政府辅佐”下，以“群众主体、社会协同”的社会治理机制，真正做到了以民为先。李铁认为，在当前社会矛盾突出的情况下，我们制定改革的方案要考虑到如何缓解各类社会矛盾，云浮在这方面的做法值得借鉴。

3. 欠发达地区可以利用后发优势发展县域经济

韩俊认为，云浮实践表明，后发地区可以利用后发优势少走弯路，少交学费或者不交学费。张红宇认为，云浮利用后发优势，纠正了“村村点火，户户冒烟”和“村村像城镇，镇镇像农村”的粗放式发展模式中的弊端，避免了在工业化、城镇化进程中农业和农村的衰败。云浮的做法对中西部欠发达地区具有较强的适用性。

4. 县域经济的发展要坚持做大蛋糕和分好蛋糕两手抓

韩俊提出，做大蛋糕要坚持工农业并进。工业今后要向高附加值和精深加工方向上来发展。农业不单要重视生产功能，还要重视生态功能和生活功能。一是可以搞深加工、搞观光、休闲农业等。二是要破除流通的瓶颈，发展农产品物流的大企业，以商活农。三是可以着力提高农产品质量，打造广东农产品质量安全最放心的城市。分好蛋糕是要在改革过程中更好地解决人民所关注的就业、教育和医疗等民生问题。国务院参事室参事业务司副司长唐华东认为，优先发展镇和重点发展镇同样也要考虑生态环境，开发与保护并重示范区同样也要有经济发展的基础。

四、对落实全国主体功能区战略的建议

围绕着如何落实主体功能区战略，与会领导和专家也展开了热烈的讨论。

1. 做好科学规划

杨伟民指出，当前县域落实主体功能区规划的首要任务是编制规划：一是县域应按照“三规合一”的要求编制空间发展规划，按照主体功能规划的理念来推进县域科学发展。二是通过规划达到 “定边界、定功能、定强度”的空间发展布局。定边界，就是明确各具体功能区的“四至”范围。定功能，就是明确每个具体功能区的功能定位、发展方向、开发和管制原则等。定强度，就是把开发强度指标分解落实到各个具体功能区，确定每个区未来发展的用地上限。三是把基础设施网络和公共设施的“网点”布局好，要有交通网络（铁路、公路、主要城市道路和桥涵等）、供电、供排水、供热、供气网络、垃圾处理点、污水处理点等。

2. 完善财政税收、绩效考核等相关配套政策

杨伟民指出，要实施差别化的绩效考核政策。对于优化开发区域，强化对经济结构和发展质量等的评价。对于重点开发区域，要强化对经济增长、产业结构和发展质量等的评价。对于农产品主产区和重点生态功能区，要分别实行农业发展优先和生态保护优先的绩效评价，不再考核经济增长指标。对禁止开发区域，重点评价自然文化资源的保护情况。国家发展改革委体改司司长孔泾源提出，要强调市场主导作用，完善土地、劳动力要素市场，通过碳税等手段建立区域间利益平衡机制。财政部财科所副所长白景明提出，需要进一步完善转移支付政策：一是要明确按什么样的标准对限制开发区和禁止开发区进行转移支付的问题；二是明确对重点和优化的区域专项转移支付怎么做，扶持什么样的产业。国家发改委农经司司长高俊才建议，在统筹规划的基础上，建立落实主体功能区规划的资金整合机制。

3. 继续鼓励基层探索，加强对基层经验的宣传、总结和推广

李铁认为，我国的农村和城市改革中最重要的一条经验就是重视人民群众和基层政府的伟大首创，如果我们能够继续坚持这一良好传统，将会出现更多更好的经验可以推广下去。顶层的设计如何在不同地区进行实践，是当前的发展改革中面临的主要问题，这一方面需要广大的研究者、媒体到基层调研，另一方面中央也要善于发现基层一些好的经验，实现顶层想法在实践中的操作。叶兴庆指出，要发挥基层群众干部的自主性，并给予基层更大的自主探索的权利。国家发改委宏观经济研究院产业所副所长杨玉英建议，加大落实主体功能区的试点力度，对于地方好的经验要多交流、多宣传。

黄跃　范毅 整理

（2011年10月）

公务员需要的“阳光工资”

窦　红

中国公务员工资由于各个部门权力不一，“吃财政饭”的人收入存在严重的“两极分化”。对此，2004年北京市人事局下发的工资改革计划的精神就是要求各部门同一级别、同一工作年限，收入要一样，而在不同年限、不同级别中体现收入差距，改革力求从根本上堵住部门创收等不正常现象。这项计划被简称“3581工程”，即通过改革，使科级、处级、厅级和部级人员的月收入分别达到3000元、5000元、8000元和1万元。其核心要义就是统一全市所有公务人员的收入标准，增加一些“清水衙门”如团委、信访局等机关工作人员的工资，取消那些“富得流油”的部门，如税务、法院等单位自行设置的各类奖金、补贴。

因此，这项工资改革也被称为“阳光工资”改革，其最大作用是消除了部门之间收入的悬殊和分配不公的状况，增加了统一性和透明度。事实上，这场政府主导的公务员薪酬改革，显然具备更为复杂的含义，而选择在公务员最敏感的地方开刀，撼动了长久以来的部门、级别和地区间公务员收入落差和工资外收入的隐性地带。种种理性和非理性的议论因此而生，原来的“清水衙门”认为，那些实权单位“和我们同样为国家工作，同样加班加点，发那么多钱对我们本来就是不公平的，现在算是还给我们一个迟到的公平”。而那些“富得流油”的部门则有些失落，“过去拿得多，也是根据公开的奖金发放办法，凭工作业绩拿到的。这次规范收入幅度太剧烈了，给人的感觉像是否定了过去”。

对这次改革的种种议论，正反映了此次改革的现实结果：行业间收入差距拉小了，但是一个单位内部，收入差距反而大了。同时，也反映

窦　红：国家发改委城市和小城镇改革发展中心研究员、硕士。

出改革中出现的新问题。

1. 在实现同级同酬的同时，难以体现不同行业公务员承担的工作、责任和风险实际存在的差异

以交通管理局为例，其工作性质就非常特殊。如北京人事局规定每人每月加班时间不得超过36小时，有的机关可以做到，但对担任中央领导出行和城市交通道路安全畅通任务的公安交通管理队伍来说，显然不符合交通管理工作实际和民警的工作现状。以交通管理局的现有警力测算为依据，现在全局民警平均每月加班70.71小时，一线执勤民警平均每月加班98.32小时，如果仅按市人事局每月36小时的加班时间计算加班工资，那么民警在36小时以外的加班报酬将无法兑现。特别是一线执勤民警工作环境恶劣，有害有毒物质浓度严重超标，长期工作在有害物质弥漫的环境中，对健康的影响极大，交通民警职业病相当突出。一线执勤民警路面执法过程特别危险，防护措施十分有限，被机动车恶意冲撞、被违章人和肇事者打骂、侮辱的情况相当严重，2001年，交通管理局发生民警被打被撞事件62起，伤亡51人。但在这次规范收入中，交通民警的加班工资、“四节两会”出勤补助、一线执勤民警执勤补助等按规定都予以取消了，一线执勤民警的年收入人均减少15000元，这样会直接影响民警队伍的工作积极性和主动性。

公务员的工作性质与政府各部门的职能是对应的。应当承认，机关里的一个处长和地方的一个县长，其工作强度、难度、风险的差别是很大的。而且许多公共管理的政府职能部门均要求公务员有较高的专业素质，如在财政部门有会计师或经济师职称的人员更具备条件胜任工作，环保局就更需要大批的环境工程师，等等，如果不这样，就难免出现外行领导的瞎指挥现象。如果按照同级同酬的原则，则势必影响这些部门留住优秀人才，影响公务员素质的提高。但是，按照人事局制定的专业技术人员职务补贴标准及规范收入工作意见，专业技术人员人均245元职务补贴标准太低，副教授的职务补贴标准相当于正科级职务补贴标准，高级技术人员认为不符合党的知识分子政策，无法体现知识技术的价值。

2. 在拉大级别差异的同时，应注意强化激励机制，实现按劳取酬

这次改革，不同层级公务员之间的收入差距拉大了，但中下级公务员收入增幅不大。规范收入前，基层公务员的奖金收入占其全部收入的1/3，工作数量和质量的不同，使得奖金的数目差距很大，基层公务员很看重这部分收入，奖金制度在客观上有益于工作积极性的提高。新制度虽然设立了绩效工资，但它只与公务员的级别挂钩，而与个人业绩表现无关。例如，市法院的绩效工资为处长940元，副处长840元，科长740元，副科长640元，而区一级则在此基础上上浮50～60元。绩效工资，从字面意义理解，应根据工作绩效来进行考核的，所以毫无疑问应该是弹性的，弹性的绩效工资北京为什么要有统一的标准呢？据了解，缺乏弹性的并非绩效工资一项，新工资结构13项中唯一具有弹性的仅有“督查考核奖”。而工资缺乏弹性的结果显而易见：你无论怎么干，钱都是一样的，过去的激励机制消失了。一位干部说：“消除了激励机制，我感觉这像是全市在吃同一锅大锅饭。”这样，可能导致回到“大家干多干少一个样”的年代。以交通管理局为例，执勤队职务级别在科员以下级别的年轻民警，他们都工作在一线执勤岗位，承担着较为繁重的工作任务，由于工龄短、职务级别低等原因，造成规范收入后工资标准较低，基本工资涨幅不大，取消原各项执勤补助、奖励基金后，就出现了较大幅度的负增长，这部分民警因此感到工作付出与收入回报不成正比，心里很不平衡。如某值勤民警，32岁，参加工作13年，1996年任科员，规范收入后，年均减少收入9787元，与其同年参加工作同级别的局机关民警收入一样。

3. 级别收入差距的拉大凸现了仕途的重要性

过去的奖金制度客观上造成了一个结果，很多人并不以继续晋升为唯一途径，觉得兢兢业业做一个普通公务员也可以，但现在不行了，逼着大家千军万马走仕途。过去在一些业务比较强的部门如法院、检察院，行政领导为激励业务科室，把作为收入重要部分的奖金和工作量挂钩，一线业务骨干虽然级别低，但是可以通过努力工作来获得更多的收入。奖金被清理整顿后，只剩下唯一的激励手段：升官晋级。于是有可能出现两个方面的后果：一是强化官本位，影响基层的工作积极性。现在公务员工资带有浓厚的等级制和官本位的特点，公务员工资高低的主要原因就是职务和级别，官位越高收入越多，与公务员的工作能力和实际贡献联系不大。公务员只有升迁，才能提高工资，于是官本位风气盛行，人人都想当“官”，最后要么是“官”多“兵”少，要么就是有能力的人升迁无望，积极性受到极大挫伤，“仕途成了公务员唯一的出路。“职位升迁，收入才能增加，职位升不上去，永远涨不上去。”一些中层干部颇感苦恼，“机关编制死，位置就那么几个，升上去的总是少数，越往上升越难。如果没有空缺，那还有什么好干？”二是可能造就新的大锅饭。由于很难有一个合理的标准去衡量不同部门之间的工作，因此，按照新的“3581”标准平衡各部门的工资收入，很可能造就新的大锅饭。有公务员称，“规范收入之前的工资制度的确不公平，但规范以后，实际上是更高水平的大锅饭”。

针对以上的问题，公务员的“阳光工资”改革还应注意考虑以下因素。

（1）解决同级同酬的同时，体现不同行业的特点。在公务员基本工资保证大体平衡的条件下，还应考虑到地域、行业、岗位、绩效产生的影响。分类工资制才是改革的大方向，分类意味着对公务员的职能进行界定，公务员的工作性质与政府各部门的职能对应。随着现代社会的经济、社会发展，现代公务员制度有细化为政务类和事务类的趋向，这是政府公共管理改革的必然要求。特别是知识经济和科学技术日新月异的发展，公务员队伍中需要大量的各类知识和技术型人才，根据市场价位的不同，管理、事务和专业类公务员收入应该有所区别。改革应从工资结构改革做起，例如，建立工资的动态调整机制，如发挥津贴的作用。一是弥补各个地区物价水平不同造成的基本生活成本差异；二是对于在特殊环境和特殊岗位上工作的公务员所付出的额外劳动的补偿。从国外的经验来看，公务员的薪酬结构一般以工资收入为主，以发放津贴为辅，工资收入一般占总收入的70%~80%，津贴约占20%~30%。

（2）拉开级别收入的同时，进一步完善激励机制。考虑公务员激励机制问题时，拉大公务员内部的工资差距当然必要，但是我们如果还是按原来的等级制来拉大工资差距，甚至拉大的工资差距与公务员的工作贡献成反比，那么还不如不拉大。改革应从创新等级开始，按中国现行的制度，虽然也设有15个工资级，但只有职务晋升才能在工资级上有实质调整。但从全国来看，92%的公务员职务层次在科级职务以下，只有8%的公务员是副处级职务以上。依靠职务晋升来提高公务员的待遇，只会强化“官本位”。在美国，公务员有16个级别，而这个级别是不和职务挂钩的。因此，我们也可以通过创新级别设置，在职务晋升之外，开辟一条职级晋升的渠道，激励公务员的进取。另一方面，由于职责和风险不同，不同级别公务员工资拉开距离是合理的，但前提是公务员的升降和奖惩制度也应该是科学合理的，否则可能挫伤较多公务员的工作积极性。所以，薪酬制度改革应与人事制度改革配套，而后者是一个更为庞大的工程。

阳光不仅是透明的，而且是七彩的，“阳光工资”也应该是分类分级的，正如北京市一位人事干部所说的：“建立科学合理的公务员薪酬体系，完善分配激励机制，加强公务员廉政建设，这些都将是我们下一步的目标。”因此阳光工资改革刚开始，规范收入仅仅是其中一步，接下来的改革要靠人事制度改革来推动，才能使“阳光工资”得到较彻底的实现。

（2004年9月）

体制变革：大邱庄发展的新动力

乔润令

从昔日贫穷的自然村发展到今天繁荣的小城镇。大邱庄所走的道路，是中国农村从乡镇企业“异军突起”到“小城镇，大战略”发展轨迹的一个缩影。今天，随着天津滨海新区开发，大邱庄已纳入滨海新区发展战略规划，成为天津城市建设规划的一部分。按照规划，大邱庄镇将成为未来天津的钢铁生产和深加工基地，成为未来天津团泊新城的产业支撑和主要的就业区。

那么，1993年以后的大邱庄是如何发展的？在走马观花之后，对大邱庄20世纪90年代的体制变革留下了深刻的印象。

1979年大邱庄从发展乡镇企业起步，经过10年时间，实现了乡村工业化。1993年前的大邱庄虽然还是一个村庄。但这里的“农村”，已经不是原来意义的农村了，村组织变成了“产、销、研”一体化的企业集团；大邱庄的“农民”，也不是原来意义的农民了，90%以上的劳动力从事第二、第三产业；不仅本村的劳动力绝大部分成了“非农”的劳动者（包括管理层），而且有比本村劳动力多数倍、数十倍的外地农民在这里打工，或从事建筑业、运输业和其他服务业。农业的大邱庄变成了一个工业的大邱庄。然而，当时大邱庄的体制虽然在一段时间内能为村民提供不菲的福利，但却存在着严重的弊端。

一是整个发展的机制严重依靠一两个能人，能人的能力、品行、观念、素质和进取心决定着大邱庄的发展，这是一种不可持续的结构。一旦能人倒下，这个结构就会遭到破坏，整个制度就会运转失灵。

二是政企不分、产权不明，资源的配置非市场化的倾向非常严重。如各企业领导人没有监督，管理和人事安排等大小事情一个人说了算

乔润令：国家发改委城市和小城镇改革发展中心副主任、硕士。

等。企业名义上是集体的，实际上成了个人的，而产权又不是自己的，企业领导只负赢不负亏。

三是平均主义的福利分配制度。这种表面上的平均实际上掩盖了无法按照贡献大小分配的不平等，不仅造成集体资源的极大浪费，也难以起到有效的激励作用，因而也是不可持续的。

正是由于大邱庄产业单一，高度依赖钢铁工业；资金来源单一，主要靠银行贷款；企业产权不明，负赢不负亏；企业办社会支付村民巨额的福利，集体背的包袱太沉重了，企业债务的窟窿越来越大。1992年后，大邱庄从高峰跌入谷底，经济急转直下。为了生存，体制变革已成必然，大邱庄从公众视野中消失后适应市场经济新形势，开始了静悄悄的变革。这种变革始于1993年，前后经历了五年多的时间，变革的主要内容有以下几个方面。

一、由村民自治的村庄变成政府管理型的小城镇

1993年，天津市政府做出决定，大邱庄于1993年11月18日撤村建镇，隶属天津市静海县，把尧舜、万全、津美、津海四个企业集团的企业办社会的那部分职能剥离出来改为四个街道。另外，把临近大邱庄的大屯、满井子、王虎庄三个村也一并划归大邱庄镇。当时，全镇总面积达到32.8平方公里，耕地为19590亩，总人口3.3万人，其中户籍人口1.2万人，外来人口2万余人。

大邱庄由村庄改为小城镇后，扩大了区域发展的空间，增加了人口，形成了新的组织管理体系，由自治型小村庄变成国家最低一级政权之所在，为大邱庄从工业化到城镇化的发展创造了体制方面的条件，从此大邱庄的发展进入了新的发展轨道。

二、取消由集体经济支撑的对村民按照资格（户籍人口）分配的普遍的福利制度，向按劳动分配、按权益分配的市场化的分配制度转变

作为集体经济的大邱庄，在改制前，村民普遍享受着广泛的甚至

是“无微不至”的福利。主要内容大致可以归纳为著名的“几个不要”和“几个解决”，即大邱庄的村民，用电不要钱，用气不要钱，电话不要钱，上学不要钱，取暖不要钱，住房不要钱；对于所有具备劳动能力的村民，一律解决就业问题；对于光棍汉，村里一律帮助其解决婚姻问题；对于老年人，村里一律负责解决其养老善终问题；所有村民一律解决住房安居问题。

这样的福利，对于千百年来根本就没有福利的中国农民来说，虽然具有天方夜谭的色彩，但却是梦寐以求的。20世纪80年代大邱庄的福利曾经受到广泛的赞誉。然而，大邱庄的福利对已经出现衰退迹象的集体经济来说，不仅是一种沉重的负担，也存在着巨大的浪费。由于住房都是集体的，人们住房不花钱，灯泡坏了都不换，等着集体统一换。最典型的一个例子，电话不花钱的时代，一部电话的最高话费是每月4万元。实际上在改制之前，每年几千万元、多达14项的福利已经给大邱庄造成的压力就已经显现出来。

1996年3月，大邱庄镇政府决定开始启动改制的第一步——撤销福利。改革首先从房子开始。基本原则是村民不论职务、工龄，老房子按照面积、年限折旧，平均返还给每个家庭一定的补贴，然后由居民自主购买。仅3个月时间，18万平方米的普通住宅和别墅全部出售给个人。房款收回后，镇里又统一规划街道，重新建设十几万平方米的住宅，新房子按市场价格继续出售。在短短的3个月内，原本属于集体所有的18万平方米的普通住宅和别墅全部出售，住房卖给个人之后，用电、水、气，以及电话费等自然就要个人自掏腰包了，医疗、交通等福利也统统取消。集体产权的六七百辆轿车，包括凯迪拉克、林肯、奔驰，也被拍卖。随后又完成了医疗、物业管理、交通工具、通讯工具等14项福利改革，取消了延续了多年的福利，为企业卸下包袱，同时也为企业的产权制度改革打下了基础。

三、由集体所有制的工业企业，向私人的、股份的、纯粹的民营企业转变

由于产权不清、企业办社会、广泛的福利支出、行政化的指挥决

策，使得这个庞大的集体工业群的体制弊端日益暴露。在福利问题处理妥当后，1995年，镇政府对走下坡路的集体企业进行了各种改制，大邱庄确定改革的总体思路是：变公有制为私有制，变无限责任为有限责任，产权由虚有变为实有，投资主体由单一变成多元。其方式是：集体整体从企业中退出来，由企业和社会的“能人”出资“入主”。1997年6月，大邱庄正式着手对企业产权制度进行改革，先请天津市产权交易中心对大邱庄集体所有的企业进行资产评估，然后在规定时间、规定地点把企业出售给个人。鼓励个人承包，拍卖小型企业，大中型企业实行股份合作，转让后企业有多少资产，就必须承担相应的债务。对于部分资不抵债的企业，进行了资产剥离、破产重组，化工厂、印刷厂等企业接连破产，原来集团公司的那些业务员、技术员纷纷出去自己开厂办公司。经过改制，将原来的197家企业转制为91家有限责任公司和6家股份合作制企业。

体制的变革，产生了巨大的效益和能量。首先，改制后，大邱庄经济成分80%为民营，20%为外资和集体参股，共吸收个人注入的资本3.6亿元，运作了20多亿元的企业资本，在很大程度上缓解了大邱庄的资金困难。其次，体制的变革使得企业卸下了沉重的办社会的包袱，负担减轻了、社会活动减少了、人员精干了、机构精简了，一心专注于提高经济效益。再次，体制变革后，原来封闭的集体经济组织的企业变成了开放的股份制企业，更加有利于招商引资和能人经营。体制变革也促进了人的积极性的提高和互相竞争。

实际上，体制的变革使得大邱庄人度过大邱庄事件之后的低谷期和亚洲金融危机两道大关起死回生。如果说大邱庄事件促进了体制的变革，而体制的变革则使大邱庄承受住了亚洲金融危机的冲击。亚洲金融危机爆发后，由于资金链断裂，自1998年起，大邱庄经济急剧下滑，大多数企业陷入停产或半停产状态，以至于2001年财政收入降到了建镇之初3700万元的水平，大邱庄经济跌入了谷低。从大邱庄事件后的1993年到2001年经济落入低谷，大邱庄可以说经历了“失去的10年”。“如果没有当初体制的变革，大邱庄很难过了这道坎。”这是多数大邱庄人的共识。

正是有了体制的变革，进入21世纪后，大邱庄的经济开始复苏，镇政府顺势推动产业进行整合提升，强强联合，浙江、北京、天津等地企业家纷纷又在大邱庄投资建厂，原来转移到外地的企业家重新回到大邱庄发展。企业总数从150家增加到460家，企业资产总额从55亿元增加到96.5亿元。2003年，该镇实现财政收入7200万元，2004年实现财政收入1.5亿元，2006年又攀升到了2.4亿元的高度，2007年贡献税收3亿元，农民人均纯收入达9300元。大邱庄走上了发展的快车道，已经成为北方重要的钢铁加工生产基地。

当然，体制变革也不可避免地使一小部分人的利益受损。企业改制、集体财产转变成个人所有后，许多普通村民感觉上由企业的主人变成了实际的打工者，地位与角色转变了，原有的福利也丧失了，这让他们有些不习惯。而一些过去在企业工作，现在成了大小老板的村民则说，过去福利好但没有自由创业的可能，而现在完全看你的本事了，有本事就赚大钱。

体制变革的目的，是要砸掉铁饭碗，能者多劳，能者多得，但改制也在一定程度带来了贫富不均。在大邱庄，有的住四五百平方米的别墅，有的却住破旧的房子；有的一年赚几千万元，有的却挣得很少。改革带来了严重的两极分化，这不仅在大邱庄存在，全国各地都一样。这是市场经济的产物，也是需要政府在再分配时要解决的问题。对于大邱庄的普通村民来说，收入来源一个是入股，通过分红增加收入，一个是到厂子打工，通过劳动挣工资。镇政府给失去土地的原大邱庄村民每人每年补500元的粮食补贴，免费上了医疗保险，还上了财产保险，60岁的退休老人每月给200元补助金。

中国是一个大国，地区之间千差万别，对于农村和小城镇而言，在走向富裕的道路上，尽管可以选择不同的体制和模式，如集体体制、民营体制、股份体制、合作体制等，但是在市场经济条件下，一些不符合市场经济基本原则的体制和做法终究是难以持久的。制度要比人强，市场经济的潮流所至，顺之者昌，逆之者亡。从这个意义上说，大邱庄的体制变革，从人治走向了法治，从依靠强人推动发展走向了依靠制度的激励促进发展，从小农式的人治化的管理，朝着工业文明所需要的民主化和科学管理迈出了很大的一步。这种转变，对于我国千千万万个传统村庄向现代化的社会主义新农村的转变是有意义的。

（2008年5月）

大邱庄从工业化到城镇化

乔润令

20世纪90年代以后，大邱庄经过体制的变革焕发出了新的动力，走出低谷，2000年之后随着工业化的提速，吸纳了大量的外来人口，城镇化的快速发展给人们留下了深刻的印象，实现了从乡镇企业的“异军突起”到“小城镇，大战略”的重大转变。

一、大邱庄的工业化

大邱庄是靠发展工业起家的。1979年成立了第一个工业企业——大邱庄冷轧带钢厂，开始了工业化的进程。经过一年的艰辛创业，这个具有标志意义的工厂，不仅收回了全部投资，还盈利30多万元。这可贵的“第一桶金”为大邱庄的工业化奠定了基础。随后，大量的工业企业开始扎堆儿出现。

1981年，大邱庄高频制管厂成立。1982年，大邱庄印刷厂、大邱庄电器厂相继开工投产。1983年，大邱庄农工商联合总公司成立，下设冷轧带钢厂、高频制管厂、印刷厂、电器厂四大分厂。90年代初，大邱庄形成尧舜、万全、津美、津海四大产业集团，并投资近10亿元，在村西北建立起“百亿元工业区”。截至1992年底，大邱庄共有工业企业200余家，从业人员12342人，固定资产总值达到15亿元，每年的利润为4.7亿元，以前以农业为主的产业结构实现了彻底的转换。

大批劳动力从农业转向工业。1978年大邱庄有11个产业队，1200多个劳动力，基本上全部务农，有4000多亩土地。80年代后，随着工业化

乔润令：国家发改委城市和小城镇改革发展中心副主任、硕士。

的急速推进，大邱庄的大多数农民都进了工厂当上了工人，务农的劳动力不断减少，到1992年，专业务农的仅剩下8个人。

大邱庄用了13年时间，完全实现了工业化，农业的大邱庄变成了一个工业的大邱庄。1993年前的大邱庄虽然在称呼上还是一个村庄，但这里的农村，已经不是原来意义上的农村了，村组织变成了“产、销、研”一体化的企业集团；大邱庄的农民，也不是原来意义上的农民了。在这里，90%以上的劳动力从事第二、第三产业，不仅本村的劳动力绝大部分成了“非农”的劳动者（包括管理层），而且有比本村劳动力多数倍、数十倍的外地农民来到这里的工厂打工，或从事建筑业、运输业和其他服务业。

二、工业化推动城镇化

工业化是城镇化的摇篮。大邱庄的城镇化，既不是政府规划的产物，也不是官府造城的结果，它是大邱庄工业化的产物，也是市场选择的结果，这是大邱庄城镇化的突出特点。

我们说城镇化不等于仅仅把农村集体建设用地征用为城市建设用地；也不等于把村庄或乡变成镇，把小城镇变为城市的街道办事处；更不是单纯的城镇建设，修大马路、建广场。城镇化的关键是转移农民，是让农民能够进城，是农民的城镇化。而农民能不能够进城，最为重要的是有没有就业机会，如果农民进镇无工可做，无业可就，还不如在乡下。可见，农村城市化非常重要的前提和归宿，就是让农民在非农领域就业，农民增加收入，农民进城定居。

1993年，大邱庄在建镇之初，由于工业化的比较效益远远高于农业，因而吸纳了大量劳动力。当时本地人口才1万多人，而外来人口就已经一倍于本地人口，达到2万多人。以后，随着产业的发展扩大，外来打工、就业、居住的人口越来越多，新移民已经日益成为城镇的主体。到2007年，大邱庄的总人口达到了7.5万人，其中本地户籍人口1.5万人，外来人口6万人。从来源上看，6万外来人口当中，有90%来自外省，10%来自周围各个乡镇；在外地人口中，有80%来自东北，主要是黑龙江人，其余的来自河北、甘肃、河南等省。这些外来打工的农民恰恰是这样认识城市化的："不管让我到哪里，只要能找到工作，能有收入，我就去那里。"如果离开农民的这种愿望，农村城市化是搞不起来的，搞了也是空城，有城无市，政府投入再多，硬件建设再好，也难以快速发展，楼盖好了没人住，道修好了没几个人走。

大邱庄城镇化的特点在于，他们没有把所谓的城镇化看成修广场、建马路，没有为了城镇化而单纯地搞城镇建设。相反，他们把重点放在发展产业、创造就业机会方面。结果，产业发展了、就业机会多了之后，积聚的人口迅速的增加。在大邱庄6万多流动人口当中，有不少人工作都在5年以上，他们都有稳定的职业，有带家属的，也有不带家属的。不带家属的，基本上都是20多岁的年轻人，就住在工厂为职工提供的厂房里，8人或者12个人一间房子，工厂管吃管住。而带家属的，则居住在自己租住的出租房子里。租房居住的人分两大类，一类是第三产业服务业的从业人员，比如从事旅馆、餐饮、桑拿、小商品、钉鞋、修车、修眼镜等人员，另一类是第二产业的工人和管理人员。据说，在大邱庄，外来人口当中，有80%左右的打工者带家属，最普通的打工者的工资收入是每个月1000元左右，而担任技术工种和进入管理层的打工者每个月的收入在5000～8000元，甚至更多。但在大邱庄租住房屋的价格是一个月100多元，所以，有的打工者三年、五年都不回家，就在大邱庄过年过节；还有的打工者，逢年过节，干脆把自己的父母从老家接过来，就在当地过年过节。

目前，在大邱庄的全部人口当中，仍然生活在农村的人口实际上已经不到10%，居住在镇区的人口已经占当地人口的60%多，其余30%的人口实际上是生活在分布于农村的工厂企业当中，他们的职业、收入、生活方式已经完全城镇化了。

大邱庄为什么能够吸引如此多的外来人口，它依靠什么使得这么多的外来人口能够挟家带口的、有滋有味的生活过日子呢？答案很清楚：依靠发展产业，创造就业机会。大邱庄这种工业带动使城乡获得统筹发展，看似简单，但中西部大多数小城镇恰恰缺乏这种方向意识。它们不是通过发展产业，而是通过行政办法确定重点镇和光搞一些城镇建设，用行政命令强迫农民向城里搬迁，结果城镇化缺乏生命力。很显然，工业化才是城镇化的摇篮，大邱庄由工业化和市场化、进而促进城镇化的道路是适合中国国情的一条正确的路。

三、如何接纳新移民：大邱庄面临的新挑战

大邱庄的工业化已经走上了发展的快车道。然而，在工业化的基础上如何实现城镇化，发挥小城镇积聚产业和人口的功能，大邱庄面临两个方面的挑战。

1. 小城镇政府如何为外来新移民提供有效的公共服务

尽管大邱庄2007年创造的税收有近3亿元，占到了静海县财政收入的1/4，但绝大部分上缴，自己的可支配收入仅2000多万元，除去政府办公费用外，真正用于公共设施建设和公共服务的费用非常有限。而上级政府给大邱庄的公共服务方面的指标和经费，如教育、医疗、卫生、体育、文化、公安等等，全部是按照1.5万户籍人口的标准执行，而6万多外来人口，在现行自上而下的公共资源分配体制当中，完全被排除在体制的视野之外。

比如，大邱庄人口已经达到7.5万人，但正式的民警只有11人，这是按照1.6万户籍人口配置的。为了应对外来人口的管理服务问题，镇里只好自筹经费，在编制之外成立16人的流动人口办公室和40多人的治安巡逻大队。

再比如，公共服务性质的义务教育方面，大邱庄教育面临的问题是：按户籍人口配置的教育资源与大量非户籍学生增加，致使教育资源严重短缺的矛盾。大邱庄现在有9所中小学，其中1所是完全中学，2所9年一贯制的学校，其余有6所完全小学。目前的在校生有6383名，其中小学生有4445人，中学生1938人，非本地户籍的外来务工经商人员的子女有3340人，占到了入学儿童的40%多。随着产业的发展，外来人口的增加，每年新增的入学生员为300～400人，但是大邱庄的教育资源则是由静海县政府按照大邱庄原有1.5万本地居民，也就是户籍人口来配置的，这就形成了现有体制下配置的教育资源只能满足大邱庄50%多学生的受教

育需求。

根据户籍人口配置的教育资源，既要满足当地户籍人口子女的受教育要求，还要满足与当地学生几乎一样多的外来打工子弟的就学要求，显然，校舍少、有待扩建，教师短缺、有待增加，资金不足、更需要想办法。大邱庄采取了两方面的办法：其一是扩容，充分利用原校舍的空间，每间教室上课的学生80年代是40～50余人，90年代增加到50～60余人，2000年之后扩充到70多人。经过扩容，外来打工子弟都享受到了教育服务，但教学条件显然是下降了。其二是另聘教师。目前大邱庄的所有学校共有正式教职员工294人，除了8人因病长期不能上岗之外，实际在岗人数只有286人。由于教师少、学生多，大邱庄的学校中师生之比在当地是最高的，达到1：23，高于该县其他学校的1：13或1：15，这对教学质量肯定有影响。为了补充正式教师之不足，大邱庄聘请临时工作人员68名，其中教师有56位，经费自然是学校自己解决。其三是自筹经费。经费不足是目前大邱庄教育面临的最大问题，又不能向学生收费，现在的办法是到企业“化缘”、请镇政府给予补贴。

在大邱庄的产业格局中，第二产业占91%，第一产业占1%，第三产业非常落后，仅为8%。我们举目远望，大邱庄的城镇格局、住房、道路、公共基础设施基本上都是80、90年代建设的，鲜有新建筑、新拓展。目前，大邱庄的第二产业仍然在高速发展，外来投资不断，近年来每年都有几亿元的资金进入大邱庄。仅2007年，就签约各类招商引资项目14个，合同投资36亿元，投资20亿元的天津冶金无缝钢管有限公司也准备外迁到大邱庄。按照投资所需要的劳动力比例，今后大邱庄每年都要增加1万以上的外来人口，政府所能够提供的公共设施和服务远远不能满足人口增长的需要。

这里问题的关键是，产业发达的大邱庄，由当地户籍人口和外来人口共同创造了巨大的公共收入，基本上以税收的形式全部上缴给了上级政府，而上级政府再给大邱庄的公共服务经费却是按照本地户籍人口拨付的。因此，流动人口的公共服务，在体制上就难以有经费和各种资源的保证。这就造成了城镇基础设施建设、教育、医疗、文化体育等社会事业以及第三产业发展严重滞后，小城镇的吸纳和承载能力有待提高。

2. 如何推进流动人口的城镇化

大邱庄数万外来人口在当地已经生活了数年，职业稳定、收入稳定，定居愿望强烈，大邱庄的产业也离不开这些外来打工者。如何使数万外来人口最终转化成大邱庄镇的居民，目前落户在大邱庄仍然是困难的。

首先，当地农民不愿意，因为土地、集体资产、福利都是按户籍人口分配，增加一个人就意味着无形中减少了原有人口的土地、资产和福利。据村民们说，大邱庄只有在80年代有过一次招聘大学生落户的政策，此后，除了正常的婚嫁，再没有外来人口落户过大邱庄。

其次，镇政府也没有相应的财力和管理权限为外来人口落户提供相应的公共服务。小城镇户口尽管已经放开，但与其他地区的情况一样，当地的农民鲜有愿意放弃土地与农民身份而进城者，而几万的外来打工者尽管想落户于大邱庄，会给当地政府在义务教育、升学指标、低保、社会保障、社会治安、城镇管理等各方面带来巨大压力，在现行的财政、土地、经济适用房及廉组房、治安、教育、医疗卫生、参军及退伍安置等方面，都存在着巨大的体制障碍。

四、消除体制障碍，促进城镇化健康发展

今天，随着天津滨海新区开发，大邱庄已纳入滨海新区发展战略规划，成为天津城市建设规划的一部分。按照规划，大邱庄镇将成为未来天津的钢铁生产和深加工基地，成为未来天津团泊新城的产业支撑和主要的就业区。

走向城镇化的大邱庄，需要在合理划分事权的基础上，理顺与上级政府在财政体制、城镇管理体制等方面的关系，通过规划合理配置公共资源，做好农民工的管理和服务，加强节能减排，推进循环经济发展，转变政府职能，大力推进小城镇的公共服务。大邱庄在小城镇改革发展的探索方面，要做的事情还很多。

一是用市场化的方法大力发展民营化的三产服务业。大邱庄这么多的外来人口，他们需要社会服务，而这些社会服务不一定需要政府来提

供。因此要求政府通过规划和服务，引导市场化、民营化服务的进入，可以调动农民的积极性，发展低成本以零售和门面经营的各种小型服务业；也可以通过招商引资引进大型商业企业、多功能的商业服务项目，还可以通过土地使用制度的改革探索，在合理规划的基础上，发展房地产，这样可以满足数万打工者和本地居民的多层次消费需求。实际上，当有特色、以民间经营为主体的服务业在大邱庄大发展之时，不仅可以为更多的人提供就业机会，而且也能够带来长期的营业税收入，解决政府城镇管理的资金来源。

二是通过规划，合理安排公共资源，可以探索把公共基础设施延伸到与城镇连片的农村集体建设用地。把小城镇镇区管辖的给排水、供电、交通、有线电视和网络以及垃圾处理等设施延伸到与城镇连片的农村集体建设用地范围内，使城镇的公共服务更迅速地扩展到有条件步入城镇化进程的农村地区。小城镇的教育、医疗卫生、社保等网络也应尽快地覆盖这些地区，通过城镇公共服务的延伸和对城乡居民服务的均等化，通过“宅基地换房”等方式促进企业的集中、居民的集中，合理划分城镇功能，改变在城镇辐射区范围内的诸多大小企业自给自足的基础设施供给方式，提高大邱庄城镇化的质量。

三是通过加强对外来农民工的管理和服务，深化户籍管理制度改革。数万外来农民工已经成为准大邱庄人了，大邱庄也已经通过教育、公共卫生医疗和治安管理方面的改革探索，解决了外来人口的公共卫生检疫、义务教育等问题，需要继续深化改革，打破以户籍为界限的公共服务体制性障碍，把有固定居所、有稳定职业和收入的外来务工人员，尽可能地纳入政府提供公共服务的对象范畴。实际上，当外来人口与本地人口所能享受的公共服务真正实现了均等化，所谓的户籍管理制度也就不会再成为外来人口进入大邱庄的制度障碍。

大邱庄：一路走好。

（2008年5月）

湖北省小城镇试点工作的新探索

乔润令　景朝阳

近日，国家发改委小城镇改革发展中心组织河北省、辽宁省和大连市发改委负责试点小城镇工作的同志，到湖北省考察交流小城镇试点工作。考察组先后到武汉滠口镇、孝感长江埠镇、宜昌龙泉镇等典型小城镇实地调研，与当地发改委负责同志对于进一步搞好试点工作进行了交流。考察组认为，湖北省发展小城镇试点工作的新思路、新探索很值得兄弟省市借鉴，同时认为跨省交流的方式能够达到互相学习、互相促进的目的，非常有收获。

一、适应发改委工作特点，把试点工作项目化，争取支持

小城镇试点是一个综合性很强的工作，它涉及产业发展、城镇建设、体制改革、公共服务、农民集中转移等一系列问题，涉及许多部门。试点镇发展改革方面的需求，难以落实到发改部门具体的分管处室和项目目录中去，这样使得试点工作很难纳入发改委支持的范围，在工作机制方面存在着现实的障碍。

为此，湖北省改变以往的工作方式，在指导和推进试点工作中，紧密结合发改委的工作特点，把试点工作项目化。要求试点镇把需要支持的有关试点的内容，按照发改委有关处室的职能进行分类，在分类的基础上按照项目管理的要求制定试点方案。

比如，根据试点镇的实际情况，把发展改革试点的内容进行分类并

乔润令：国家发改委城市和小城镇改革发展中心副主任、硕士。
景朝阳：国家发改委城市和小城镇改革发展中心原发展试点处副处长。

项目化，编制成专项工作方案。试点期限是三年，明确三年试点的主要目标和任务，而三年目标和任务再分解为年度目标和年度任务。

在改革内容和进度安排上，分阶段提出主要改革内容、进度安排，明确年度改革目标。武汉滠口镇把需要改革创新的财政体制、土地使用制度、户籍管理制度具体化、项目化。如把财政体制改革划分为四个项目，即享受财政扶持政策、区支持小城镇建设专项资金优惠政策、土地收益金分成政策、省级开发区和盘龙城经济开发区优惠政策。分解后项目落实到具体的责任单位，分别是区财政局、区国税局、区地税局、区国土规划局、区建设局。协助单位是区发改委、区行政体制改革办公室。

发展方面也是这样，把基础设施建设、公共服务水平的提高、特色产业的发展目标，全部量化、项目化。如武汉滠口镇在试点方案中确定在试点期间的3年内完成重点工程拆迁还建小区建设、立项建设滠口新型建材工业园区，新发展草莓基地800亩，设立区城管执法大队滠口直属大队等八个大的项目。具体支持落实的责任单位是交通局、建设局、发改委、农业局等单位。

我们认为，试点工作分类和项目化之后，很好地适应了发改委的工作程序和工作特点，最大的优点就是把试点镇改革发展中的实际需要与上级有关部门的工作程序、工作要求进行了有效的对接，明确了上级归口支持的部门，可以纳入上级相关部门的资金项目支持的目录、程序和渠道，有了责任人、责任单位和协助单位，从而使得试点镇引进资金、项目和支持政策的可能性和效率大大提高。

二、结合工作职能抓试点，突出改革，“鼓励成功，宽容失败”

所谓试点镇，与重点镇、中心镇有很大不同。试点就是要在科学发展观的指导下，通过先行先试，打破阻碍小城镇发展的体制障碍，走出一条小城镇又好又快发展改革的新路子。

在湖北省，具体负责小城镇试点工作的处室，根据自身职能与工作范围，把小城镇试点的重点定位在体制的改革创新方面。例如，武汉地区的试点镇把改革试点与武汉市“两型社会”的改革创新紧密结合了起来；宜昌地区的试点镇改革与当地推进农村综合改革的措施紧密结合起来；孝感地区试点镇的改革试点与当地建立节能减排新机制的改革创新目标结合起来。不同地区的试点镇有不同的改革创新目标，以改革促进发展。按照总的试点方案，试点镇选出几个在本镇工作中遇到的束缚小城镇发展的体制机制方面的热点、难点问题，如下移部分经济社会管理权限，建立激励小城镇发展的财政体制，深化农村综合改革，用足用活现有的土地使用制度，探索公共事业管理市场化、社会化的路子，探索促进循环经济发展的机制等。通过妥善解决问题与建立新机制相结合，作为试点镇进行试点并寻求突破的重点内容，把通过改革促进发展作为最终目标。

在具体操作方面，湖北发改委充分利用了试点镇“试”的政策和“试”的特点，专门下发了文件，要求试点镇结合自己的实际工作进行体制创新，不求全，但求实效。

湖北省发改委要求试点镇上级党委和政府为试点镇营造一个“大胆探索，鼓励成功，宽容失败”的改革环境，消除在改革工作中的一些疑虑，充分利用“试点”的金字招牌，冲破束缚小城镇发展的一些体制机制障碍，先行先试，大胆试验，超前探索。用三年的时间，将试点镇的改革引向深入，争取在现有的机制上有所突破，建立适应湖北省小城镇快速发展的体制机制，为全省小城镇持续健康快速发展闯出一条具有示范性的路子。

湖北省发改委还强调要转变思想，改变过去由上至下的布置改革的办法，要由下而上，尊重基层小城镇的首创精神。上级部门要把工作的重点放在对小城镇的政策指导、经验总结、试验成果的推广方面。

我们认为，湖北省的经验，既结合了工作实际，又创造条件抓出效果，值得兄弟省市借鉴。它包括可以根据自身的职能和特点突出抓好试点小城镇的经济社会发展规划、产业发展、土地管理制度的改革创新、公共服务、节能减排、政府管理体制改革、为外来农民工提供服务等不同的方面和重点，这样可以使试点工作有抓手，可操作，才能形成自己试点工作的特点。

三、建立试点工作的考核机制，形成试点工作的有效激励

作为发展改革试点小城镇，在没有资金、项目支持，不搞达标考核和评比的情况下，如何调动试点镇的积极性，保持试点项目的持续进行是一个重要问题。因此，有必要改变那种申请试点时积极性很高，而一旦成为试点，或者主要领导人调动之后，试点积极性大为降低，致使一些试点项目中途停滞的状况。湖北省发改委在进行试点工作项目化的同时，在试点的激励方面也进行了探索。

1. 要求试点镇的试点工作要落实到项目、落实到人、落实时间

湖北省发改委专门下文要求各试点单位制定《三年工作方案》和《2009年重点工作安排》，并要求各试点镇在制定方案和实施的过程中，要明确提出哪些改革措施突破现有体制机制、体现先行先试精神、有明显创新点，或者在改革路径、方法和深度上有明显改革创新做法。

比如，武汉市滠口镇把发展改革试点工作任务进行分解，试点内容分为规划、体制改革、基础设施建设、产业发展等四个领域。其中，要做好小城镇的试点，规划是龙头。在编制科学的城镇发展规划任务中，包括两大类，一类规划是编制集镇区交通、电力、给排水、电讯、燃气、园林绿化和新型建材工业园等各类专业规划；另一类规划是编制完成十里、仕湖、向店、桃园等中心村的规划，并按规划建好以上四个中心村。规划方面的分管领导是规划局局长，责任单位是区规划局滠口镇，协助单位有区交通局、电力公司、水务局、电信局、建设局、区家园办、区经委。在关于深化各项体制改革的任务当中，分解了包括财政体制改革、户籍制度改革、土地使用制度改革等九项工作，每项工作都包括了主要内容、时间要求、分管领导、责任单位、协助单位等几项。

2. 定期对试点工作进行检查督促，实施通报制度

有了方案后，湖北省发改委定期组织检查督促，按照方案的要求和时间，检查落实情况，进行通报。进展好的表扬，差的进行批评，对试点镇实施动态管理。对于那些领导不重视、上级党委政府不支

持、试点项目长期无进展、试点几年小城镇面貌改变不大或没有改变的试点镇，省发改委将不予支持，并考虑上报国家发改委小城镇中心进行动态管理。

3. 组织试点镇到省内外进行交流参观

通过组织试点镇到省内外交流参观，对不同地区的试点经验进行交流学习，一方面开阔了视野，丰富了试点镇改革发展的信息，另一方面便于借鉴其他地方的有益经验，彼此促进，共同发展。

总之，考察组认为湖北省在小城镇改革发展方面的探索是有价值的，各地应该根据自身情况，把试点镇的发展和改革试验有机地结合起来，通过规划指导、强化工作程序、明确试点目标等形式，探索建立试点工作的激励机制和考核机制，探索试点小城镇动态管理的形式和办法，把全国小城镇发展改革试点工作推上一个新的台阶。

（2009年4月）

小城镇试点在江苏

乔润令

江苏省是乡镇企业的发源地，作为乡镇企业发展推动小城镇崛起具有代表性的地区，江苏省发改委在推进试点工作中，重点抓了制约小城镇发展的土地、金融和政府管理三个关键问题，推进试点工作。

一、探索土地使用制度变革，解决试点镇发展瓶颈

土地资源对于小城镇的发展至关重要，从联产承包责任制到乡镇企业大发展的苏南模式，都是在农村土地上开展的巨大变革。目前，土地是小城镇发展最大的瓶颈，如何通过农村建设用地整理和“三集中”解决小城镇的土地问题，就成为试点的重要突破口。

江苏省发改委指导第一批5个试点镇加强与国土部门的联系，进行试点，得到计划单列土地指标100公顷。指导七都镇通过土地修编，整理出1500亩建设预留地，2500亩集体建设用地周转指标。第二批试点镇进行的土地挂钩试点取得了明显成效。江阴市周庄镇通过“退二进三”和“三置换”，各村土地改变以组为核算单位的传统，改由村集体统一经营，推进企业向工业园区集中，农民集中居住，节约了大量土地，为新市镇建设腾出空间。建湖县蒋营镇积极推进土地经营制度改革，按照“依法、自愿、有偿”的原则，主要采取土地入股、提供口粮、土地换低保的方式，依托高效农业项目，推进土地的成片流转。目前全镇已流转土地10000多亩，失地农民全部到园区务工，工资性收入较前大幅增长。

乔润令：国家发改委城市和小城镇改革发展中心副主任、硕士。

通州市二甲镇积极试点合作建房、集体建房，允许单位及集体、私营企业、个体户参与镇区建设住宅的开发建设，使小城镇面貌焕然一新。2008年，积极争取镇村建设用地增减挂钩指标，复垦农村闲置建设用地、废弃地、荒地300亩，于2010年5月顺利通过省验收，已转化为二甲镇建设用地指标。在此基础上，他们大力发展服务业，引进上海、南通等地6家较大超市和品牌专卖、连锁商店等服务业，筹建水果批发贸易中心，推进房地产、休闲娱乐业发展，提升社会事业。2007年投资1250万元建成二甲幼儿园，成为省示范幼儿园；投资1000多万元，建设二甲医院综合门诊大楼，改善了居民医疗环境。

邳州市官湖镇农村土地承包经营权流转的探索工作起步较早，经过几年的试点，流转管理从无序到有序，逐步走上了规范化轨道。主要做法：一是在坚持“依法、自愿、有偿”原则前提下，稳定承包权，尊重自主权，搞活经营权。二是加强制度建设，规范流转行为。市政府制定下发了《农村土地承包经营权流转实施办法》，统一印制了土地经营权规范文本等有关制度。三是抓好试点，以点促面，推广土地流转工作的经验和做法。四是积极进行农村土地股份合作制的改革试点，2006年创建了农村土地股份合作社，成立了农村土地承包经营权流转服务中心，建立了土地承包经营权流转台账。上述探索不仅有效解决了试点镇发展中的土地制约问题，而且对于小城镇节约用地以及土地使用制度的变革都具有很大的试验价值。

二、抓住机遇，率先进行小城镇金融创新的试点

小城镇投融资体制改革是试点的重要内容，长期以来，如何把金融机构的资金引入小城镇建设当中，一直是一个想解决而又没有解决的大问题。2008年5月，银监会、中国人民银行联合下发了《关于小额贷款公司试点的指导意见》，江苏发改委抓住这一机会，为试点镇创造条件率先进行试点。兴化市戴南镇2009年上半年率先在全省开办了第一家小额贷款公司，吴江七都镇、泰兴黄桥镇、通州二甲镇和赣榆海头镇积极争取，分别以所在县（市）政府名义正式向省、市金融办提出了申请，七

都镇目前已进入具体实施阶段。

2010年7月，江苏省首家由民间资本发起组建的永泰诚农村小额贷款有限公司、银达农村小额贷款有限公司，在全国发展改革试点小城镇泰州戴南镇、通州二甲镇挂牌营业。前者注册资本为6000万元；而银达公司注册资本1亿元人民币，并将在两年内增资到1.5亿元。二甲镇还争取到组建全区第二家小额贷款公司的资格，公司专门为农户和企业经营发放小额贷款、提供担保。直接服务于“三农”和小城镇的商业性小额贷款公司的试点。当然，作为试点，除了为农民和城镇建设解决资金问题之外，小额贷款公司还需要解决资金来源、盈利空间、身份转化等问题，进一步探索民间资本进入金融领域的途径，发展村镇银行，最终转变成新型的农村金融机构。

小城镇的金融创新对于发挥市场的资源配置功能，增加农村和小城镇的金融供给，解决农民贷款难和小城镇建设资金短缺的问题，具有十分重要的现实意义。金融创新为小城镇的发展提供了最需要的动力，戴南镇在兴办小额贷款公司的同时，政府重点推进该镇的信用建设，成立了3家担保公司，建立了企业档案，全力打造信用戴南。几年来，没有出现一起呆滞和逾期信贷，使银行在戴南投入几十亿元，解决了企业融资难问题。有了资金的支持，戴南已经形成了独具特色的从原材料供应、生产、销售一条完整的不锈钢产业链，不锈钢产业集群已入选中国百佳产业集群。全镇2008年完成工业产值181亿元，其中过亿元企业27家，兴达公司超40亿元，超千万元企业310家。

三、推动试点镇扩权强镇

政府管理体制改革的重点是推行扩权强镇。常州市武进区横山桥镇在试点过程中，武进区政府发文给予试点扶持政策：建设用地指标优先安排横山桥镇重点基础设施和公用设施项目需要；城市建设维护税由区财政返回60%，专项用于城镇建设；防洪保安资金按规定征收后，全额返回横山桥镇，专项用于防汛防洪项目；社会福利基金由区财政局返回50%；土地出让净收益返回100%；上交规费，区留成部分由区财政返回50%。

泰兴市委市政府专门下发《关于加快黄桥小城市建设的意见》文件，按照“重点支持、能放则放”的原则，全力推进黄桥小城市建设，规定黄桥城镇建设涉及的土地净出让金等市级本身收取的各项规费全额返还；优先安排和适度增加黄桥小城市建设用地指标；镇区干道路和桥梁纳入泰兴市路网建设规划；市政府设立黄桥旅游开发专项基金，每年安排不少于600万元。下放经济管理权限和城管执法权。

兴化市委市政府专门下发《关于推进戴南加快小城市建设的意见》，促进兴化市管理资源下移到戴南小城市，公安、税务、金融等单位将在小城市设立区域性机构，为周边乡镇农村居民及企业提供便捷周到的公共服务。在成立规划分局、环保分局的基础上，有条件的市级相关部门可在小城市设立分局，派驻人员，充分授权，使之成为其在小城市的窗口，提高为基层服务的水平和执法效果。

管理体制的创新不仅增强了试点镇自我发展的动力，也大大提升了试点镇统筹城乡的能力，特别是财政能力的增强和城镇管理权限的增加，极大地促进了城镇和农村整体环境的改善。泰兴市黄桥镇2008年投资新建水冲式厕所10座，垃圾中转站1座，新增封闭式垃圾搬运车40辆和平板搬运车33辆。把通村公路纳入全市交通管理大体系，率先实现了村村通公交。武进区横山桥镇2008年以来，全镇27个行政村累计投入资金8000余万元，改善和完善了农村环境卫生设施，重点推进了道路硬化、河道净化、村庄绿化、环境美化、卫生洁化的“五化”工程。村庄绿化覆盖率平均达到30%以上，村村建公厕，卫生化户厕率达到95%以上。

四、重点突破：江苏抓试点工作的基本经验

江苏省发改委在指导和推动试点工作上，具有自己的特点，这就是抓试点要避免面面俱到——眉毛胡子一把抓，应根据自己的能力和特点，突出重点。在政府职能转变、完善财政和城镇管理体制、培育和壮大经济基础、改善投资、就业和人居环境、完善土地制度等若干试点内容方面，抓住几个关键领域，例如上面所述的土地、金融、政府管理三大重点进行突破，从试点方案的制定，到发展思路、具体措施、利益

关系调整、新规则建立、相关制度安排等方面，指导试点镇进行超前探索，协调试点镇上级党委和政府创造条件，支持试点镇进行改革创新。

在具体操作过程中，江苏省采取了“请进来，走出去”的办法加强试点镇的能力建设，他们多次邀请有关领导和专家，就土地、金融、政府管理体制改革问题进行专门指导。协调省国土、金融部门支持试点镇的改革创新，还组织试点镇积极参加小城镇发展论坛，到上海、广东、四川成都等地专门考察有关土地使用制度创新等新鲜做法，交流经验，开阔视野。

江苏通过重点突破的方式推动试点工作取得实实在在的进展，促进了试点镇经济社会的发展。至2008年底，江苏省15个试点镇国内生产总值镇均达36.3亿元，是全省乡镇平均数的2.14倍，财政收入镇均达3.98亿元，是全省乡镇平均数的2.09倍，农民人均纯收入达9820元，高于全省农民人均纯收入33.5%；分别比2003年增长156%、186%和89.7%。2008年试点镇镇均人口8.55万人，比2003年增长15.5%，其中外来人口增长64.5%。2008年试点镇镇域面积平均为8852.53公顷。试点镇的示范带动作用得到了充分的发挥。

（2010年5月）

努力构建政策优势　实现小城镇大发展

——吉林省九台市卡伦镇试点经验总结

王俊沣

卡伦镇地处长春、吉林两大城市之间，面积160.1平方公里，辖2个社区和17个行政村，总户数19251户，总人口6.8万人，其中城镇人口3万人。

多年来，在小城镇发展改革实践中，卡伦镇坚持体制机制创新不动摇，构建政策优势，强化政策驱动，充分发挥陆空齐备的交通优势与区位优势，坚持“新理念、高标准、超前性、特色性”的科学规划原则，统筹推进城镇化、工业化和农业现代化，实现了镇域经济社会的持续快速发展。2011年，卡伦镇实现地区生产总值71亿元，全口径财政收入达到3.2亿元，完成固定资产投资80亿元，农民纯收入达到10600元，各主要经济指标增幅均在30%左右，位居长春地区小城镇前列。

2005年，卡伦镇被列为全国发展改革试点小城镇。为了加快卡伦镇的改革和发展，九台市市委、市政府出台了《加快卡伦镇发展的若干规定》，为试点镇的发展提供多方面的政策支持。

一、改革财税管理体制，激发了小城镇自我发展的积极性

根据吉林省“十强镇”试点政策，试点镇要建立健全镇级财政体制，设立独立的一级国库。卡伦镇按此政策设立了金库，建立一级财政，将各项税费实行属地化管理，自行征收，直接进入镇级财政，各项非税收入由卡伦镇统一征收，除上缴国家部分外，剩余部分留给卡伦镇。2011年，卡伦镇税收占九台市税收的24%。此外，卡伦镇还享有县级

王俊沣：国家发改委城市和小城镇改革发展中心发展改革试点处处长、博士。

计划、财政、税收、审计管理权限。

这一财税管理政策调动了小城镇自主当家理财的积极性，为城镇建设提供了强大的资金保障。近五年来，卡伦镇完成了4万平方米的平房区拆迁改造；新建商住楼房15栋，建筑面积6万多平方米；修砌了1000多延长米的下排水；完成了镇域内住宅小区和部分机关事业单位的集中供热；在中小学一体化的基础上，完成了九年一贯制寄宿学校的建设，学校占地面积40000平方米，建筑面积35000平方米，可容纳4600余名学生，可为1600多名学生提供住宿；新铺设自来水主管线2000延长米，实施了自来水分户安装改造；加宽改造了2390米的主路；对长吉北线镇区段2700米的路两侧进行了高标准的建设改造；购买了叉车、铲车、挖沟机和垃圾清运车等环卫设施。

二、统一责权利，下放管理权限，完善小城镇政府职能

卡伦镇按副县级管理，享有县级经济管理权，党政正职享受副县级待遇，党政副职享受正科级待遇；卡伦镇可以在不突破编制名额的前提下自行设置机构；内设机构的干部由卡伦镇自行管理；设在卡伦镇的垂直管理单位主要负责人的任免必须事先征得镇党委同意。据此，卡伦镇从2000年1月开始，设立了包括财政分局、国税分局、地税分局、工商分局、公安分局、土地分局、城建环保分局、招商分局、党政办公室、农业办公室、社会保障办公室、计生办公室等“八局四办”。

卡伦镇被赋予计划、工商、城建、环保等方面的县级经济管理权、审批权和相应的行政管理权。工商、国税、地税实行条块结合，以条为主的双重管理体制，工商、城建、环保等部门在镇里收取的各项管理费除按规定上缴国家外，其余省、市、县留用部分全部返还。公安分局实行条块结合、以块为主的双重管理体制，并享有县级治安处罚权和户口审批权。卡伦镇还享有县级土地、规划和环保管理权限，用地指标在全市范围内调剂，保证其用地数量。卡伦镇建设用地审批属省审批的，直接报省审批，审批后报九台市备案。国有土地有偿使用收益除新增建设用地收益30%上缴国家外，其余全部留镇用于开发建设，土地收益直接进

镇级财政。在镇内按照国家有关政策规定收取的城市维护建设税、城市基础设施建设配套费、教育附加费、卫生防疫、环保（装机容量30万千瓦以上的电力企业的二氧化硫排污费除外）等各项税费，除上缴国家部分外，省、市、县（市）留用部分全部留给或返还卡伦镇，按规定范围专款专用。

卡伦镇政府还被赋予一定的综合执法权，市（县）级政府将有关执法部门权限委托给镇政府，并做好指导和协调。有了自主的行政管理权限，卡伦镇在“八局四办”的基础上，根据城镇的建设和管理需要，先后设立了城管大队、物业办公室、劳务输出办公室、安全生产办公室、环卫队等部门。这些部门的设立，提高了工作效率，带来了社会效益，促进了小城镇的规范化管理。五年来，卡伦镇累计招引企业214个，计划总投资220亿元，累计缴纳税金17亿元，累计为企业有组织地输送劳动力19000多人次，未发生一起安全重大生产事故。

三、探索户籍制度改革，促进农村劳动力转移和就业

吉林省《鼓励和扶持“十强镇”综合改革试点的若干政策》规定：凡在镇内有合法固定的住所、稳定的职业或生活来源的人员，均可在“十强镇”落户，享有与当地居民同等的待遇。卡伦镇经过研究，认为凡在镇内从事二、三产业的本镇农民和外来人口，只要在镇内自由就业、有稳定的非农职业或购买了60平方米以上的房屋，就可以办理城镇常住户口，本镇农民在镇内取得城镇户口，在农村的一切权利义务不变。这项政策获得了上级政府的批准，一大批离土不离乡的农民离开农村，来到镇区居住就业，既可以方便打工赚钱，又方便照顾农业生产。

新的户籍政策不仅吸引了外来人口落户卡伦镇，也促进了农村人口向城镇集中，为城镇建设提供了强大的人力保障。截止到2011年末，卡伦镇全镇人口增加到6.8万人，比2005年增加了1万多人，其中外来人口到卡伦镇定居的8000多人。外来人口的落户，在一定程度上解决了企业用工难、缺乏管理人员和技术人员的问题，同时，也促进了农村剩余劳动力的转移和土地的流转。2011年，卡伦镇转移劳动力14500人，实现

劳务经济收入1.5亿元，人均增收4000元，占农民人均收入的38%。签订土地流转合同388份，流转土地910公顷，促进了土地集约化、规模化经营，每个劳动力的经营土地面积平均达到了0.7公顷，亩均收益达到了1560元。

在这些政策的扶持下，卡伦镇实现了镇域经济社会的持续快速发展。至2011年末，全镇共有企业477家，其中园区内现有企业321家。工业总产值达到161亿元，比2010年增长29.9%，其中规模企业144个，实现总产值151亿元，比2010年增长77.9%。初步形成了农机装备制造、机械加工、新型建材和农产品加工四大主导产业。第三产业实现产值13亿元，比2010年增长55%。民营经济户数（含个体工商户）达到6943户，比2010年增长46%；民营经济实现产值179亿元，比2010年增长29%。蔬菜播种面积2434公顷，有蔬菜温室大棚2409栋；花卉种植面积达到99公顷；特色产业园区达到22个；规模饲养户达到139个，牧业小区达到56个。

（2012年6月）

第三篇 商品和要素市场

关于农村承包土地调整的调查

乔润令

国务院发展中心和美国农村发展研究所在四川和海南就土地承包和规模经营的问题进行了调查，主要观点是支持承包制的稳定，反对地方政府以干预承包制的方式获取自身利益。

一、土地调整的情况比较普遍

在四川调查的14个村中，有10个村每年进行土地小调整，还有2个村至少每年进行一次大调整。在调查村的14个农户中，只有5户拿到了土地使用权证书或土地承包合同，但其中有明确鼓励允许小调整的条款。在对海南东方市和儋州市的18个乡镇中的18个农户调查中，其中8个乡镇的8个农户反映所在村在二轮承包向农民宣布30年政策不变之后，又收回承包地，并将之承包给外地老板。在东方市的大田镇，已有50%的耕地和荒地（其中包括农民在前些年按照政府承诺“谁开谁有”后开出的荒地）在近几年中承包给外地老板种热带水果。农民的人均耕地持有量已降到0.2亩。而当时乡镇和村干部收回农民土地时答应对农民的补偿也未兑现。对外地老板承包完全是暗箱操作，农民对承包期和承包金一无所知。

二、乡镇政府以结构调整名义干预农民的自主经营

在海南调查了16个乡镇的16个农户，其中5个农户反映在乡镇政府的

乔润令：国家发改委城市和小城镇改革发展中心副主任、硕士。

命令下被迫改种反季节瓜菜和热带水果。在儋州长坡镇的一个村，镇政府强令农民在公路两旁的土地上拔掉已经种下的红薯，改种青椒，以显示结构调整的政绩。那大镇石屋村，镇政府让农民在指定的54亩耕地上拔去已种作物，改种香蕉，许诺4毛钱一斤收购，而到了收购期，价格下跌，镇政府拒绝收购。

三、农民对稳定承包期的信心不足

在调查中，14户被访农民中有8户没有在土地上做长期投入，做了长期投入的5户中的4户，也仅限于在自留地和宅基地院落内，主要原因是对30年土地使用权不变的信心不足。

目前，政府干预承包经营的状况比较普遍，基本上是基于两种动机。一是利益驱动，通过土地调整增加乡村两级干部手中的权力，以谋取私利。二是为了满足政绩的需求，达到升迁的目的。当然，一些地方政府出于理想的设计，不顾农民的实际情况，没有考虑到政策实践过程中各种利益关系，特别是对地方乡村两级干部行为估计不足。

稳定党的农村政策，土地问题尤为重要。一方面要按照国家有关法律，限制乡村两级基层政府和基层组织干预农民的土地承包权和经营权；另一方面要充分尊重农民的意愿，不要以防止撂荒和规模经营为借口，侵犯农民的利益。农民只有在真正地稳定了自己对土地的物权关系之后，才有可能将土地作为自己的永久性资产进行长期投入，才有可能促进农村土地市场的发育。

（2001年6月）

集体非农建设用地流转
——城乡关系的新突破

乔润令

近几年来，国土资源部和地方土地管理部门在河南、浙江、江苏、安徽、福建等省开展了集体非农建设用地流转试点工作，并于2001年2月和6月分别召开了两次土地制度创新座谈会，总结和探讨了当前农村集体非农建设用地流转中出现的问题。

目前，各地在集体非农建设用地流转试点工作中，允许集体土地仿照国有土地，以出让、转让、出租、入股等多种形式，直接参与城镇建设。对于集体非农建设用地流转管理，主要有三种模式：一是城镇规划区内外同等对待，实行“保权让利”，即保持集体土地所有权不变，土地收益大部分留给集体经济组织；二是规划区内外同等对待，实行“转权让利”，即转为国有土地，土地收益大部分留给集体经济组织；三是规划区内“转权让利”，规划区外“保权让利”。

允许集体土地直接参与城镇建设，是土地使用制度改革的重大突破，说明有关部门已认识到完善农村集体建设用地流转机制对推进我国城镇化进程的重大意义。长期以来，一些同志担心集体土地资产的流失会影响农村集体公有制地位，反对集体建设用地进入一级市场，反对集体非农建设用地的流转，使得农村集体建设用地在低价转征为国有土地进入土地一级市场之后，农民的利益受到严重损害。如果说以前国家低价或无偿征用集体土地进行建设是为了完成工业化积累、服务于全社会的公共目标，那么在市场经济的今天，继续实行对集体土地的无偿或低价征用，通过对农民利益的剥夺，保障城镇居民和开发商的利益，这就是严重的社会不公，拉大了城乡居民收入的差距。

乔润令：国家发改委城市和小城镇改革发展中心副主任、硕士。

集体非农建设用地的流转，对解决农村深层次矛盾具有重大意义。

首先，是城乡关系的进一步突破。这可以认为是继户籍制度改革之后，协调城乡关系的又一次重大改革。城乡分割的户籍制度和土地制度，是阻碍城乡一体化发展的体制性原因。允许集体土地流转，是对集体土地所有权的认可，使其趋于完整，逐渐改变与国有土地不平等的地位，使集体土地这一社会生产基本要素在农村经济发展中发挥应有的作用。

其次，是对农民利益的保护。集体土地在流转中实现其资产价值，农民可从中获得应有的利益分配，能为农民向城镇转移提供一定的资本积累，同时，集体土地随农民转入城镇，可降低农民进入城镇的用地成本，有利于人口与土地转换的同步进行，从而推动城镇化进程。

第三，是集体土地产权制度的重大变革，有利于带动农村土地市场的建设，进而推动农村金融市场的发育。土地流转，是土地财产权的主要表现。当前土地市场只局限于城镇国有土地，农村土地市场还是一片空白。集体非农用地的流转，是对集体土地财产权的认可，是集体土地产权体系的完善，也标志着农村土地市场开始形成，同时，通过集体土地抵押权的实现，会大大推动我国农村金融市场的发育。

第四，有利于加强农民基层组织民主制度建设。农村集体经济组织是农村集体土地所有权的法人主体，明确农民的土地所有权，可以使农民物权得以实现，成为完整的权利主体，不仅可以实现集体组织内部的民主，还可以提高农民的谈判地位。

第五，有利于促进政府管理方式的改进。集体土地的流转，意味着政府必须充分考虑农村集体经济组织和农民的利益，控制政府大面积土地征用的短期行为。由于集体土地进入一级市场，对于用地的管理对象从地方政府转为农村集体经济组织，有利于加强对土地的监管和执法，避免了部门或地方政府在执法中的扯皮现象。

农村集体非农建设用地在实践中可以出让、转让、入股、联营、抵押及继承，实际上已经是物权的表现，要在理论上和法律上承认集体土地所有权具有完整物权的事实，在政策上应给予明确。应在中央文件中，明确集体非农建设用地可以进入一级市场，并适时修改《土地管理法》等相关法律法规，为集体土地流转提供法律保障。集体非农建设用地进入土地市场的形式及其探索，决策权应在地方。由于各地经济发展水平、自然条件的差异，以及人地矛盾尖锐程度的不同，对于集体土地的流转，要因地制宜，防止“一刀切”，各地要立足于本地实际情况，在实践中不断完善。要重视集体非农建设用地流转中的利益分配。利益分配是土地流转中的敏感问题，集体非农建设用地流转过程中涉及国家、集体、农民及原土地使用企业或个人等多个利益主体，要通过制定利益分配原则，明确各利益主体的分配形式，来规范利益分配机制，保障各个利益主体的合法权益，特别要保护农民的利益。应严格土地的规划和用途管制。规划是国家对土地市场供求关系最重要的宏观调控措施，只有严格规划和用途管制，才能从源头上控制用地供应，遏制由于计划审批土地占用指标导致的腐败行为发生。

（2001年7月）

规模经营的危险

乔润令

中国农业在走向市场化的过程当中，如果推广规模经营能否产生预期的效果？这是需要研究的。实际调查和国际经验表明，在中国推广规模经营，并不能增加农业生产能力，也不能提高农业生产效率。相反，还会对农村的社会安定带来严重威胁。

农村发展研究所在江苏、浙江三县的实地调查显示，规模经营农户的单产一般与小农户的单产不相上下，至多也就高出10%，但是规模经营农户却享有大量补贴和优惠待遇。这表现在现金补贴（每亩高达100元）、低价购买农业机械或优惠使用村集体的农业机械、优先获取贷款、农业生产资料价格补贴，等等。而这些优惠条件小农却没有。因此，可以说，规模经营的全员生产效率肯定要低于家庭小农场，因为规模经营的经营成本高。

另一项数据分析也表明，在156户户均土地不到5亩的农民、146户户均土地5～20亩地的中等规模的农民和494户户均土地在20亩以上的种田大户之中，经营规模的增加对土地产出率并没有多大积极作用。而且，经营规模与几乎所有农业投入成反比。

对中部地区农业规模经营的另一项研究显示，规模经营农户的单产比小农户的单产低15%。

对农户的问卷调查更进一步证明，中国的规模经营并不能提高土地产出。山东东北部77个村358个农户的调查数据显示，规模经营与小农户的单产差别并不大，而且小农户的平均单产（436.3公斤）还略高于规模经营农户（424.8公斤）。

乔润令：国家发改委城市和小城镇改革发展中心副主任、硕士。

国外的研究也表明了同样的情况。如对美国农场产出的一项研究显示，规模最小的农场，即占地为27英亩以下的农场，其每一英亩的产出价值要比大农场的多出10倍以上。这是因为小农场趋于种植高价值作物，例如蔬菜和花卉，而且每一单位面积上也投入更多的劳力及生产资料，采用多样化的生产结构。

世界银行1996年对肯尼亚的一项研究发现，规模在0.5公顷以下的农场的每公顷土地产出和劳动力使用分别比规模在8公顷以上的农场多19倍和30倍。

印度1993年的一项研究结论是，2公顷以下的小农场的每公顷土地收入比10公顷以上的大农场高出2倍以上。

巴西的研究也表明，每公顷土地的纯收入随着农场规模的扩大而递减。规模不足1公顷的农场的每公顷纯收入是1～10公顷规模农场的3倍，是200～2000公顷规模农场的30倍。

规模经营给农村社会安定带来的威胁要超过对农业生产的影响。主要表现在：违反农民意愿，基层干部直接用行政手段强制推行规模经营。一是在规模经营的幌子之下搞土地调整，从而集中土地用于非农用途。二是以“反租到包”的形式从农民手中收回承包地后给了村干部或与村干部关系密切的外乡人。相反，失去土地的农民一般得不到什么补偿。因此，农民以各种方式对所谓的“规模经营”表示了强烈的不满，引发社会冲突。

（2001年6月）

河南农村调研报告

——河南农村调研报告之一

乔润令

2001年8月2日～8月18日，国务院体改办小城镇改革发展中心赴河南的另一调查小组，对小城镇及农村经济社会发展现状进行了调研。调研内容包括了农民收入现状、农村金融、农村教育、基层政权建设等内容，方法采取了入户调查、现场访谈等方式。现将调研结果分系列报告如下。

目前农村乡镇信用社的情况如何？我们对河南省洛阳偃师市顾县镇的信用社运行情况进行了调查。

偃师地处河南豫北地区。顾县镇位于偃师市东部，沿310国道与巩义市接壤，东距省会郑州85公里，西距洛阳35公里，处于郑洛经济带中心区域，总面积43.2平方公里，耕地35000亩，辖15个行政村，人口6.01万人。2000年全镇工农业总产值15.7亿元，财政收入2364万元（可支配财力950万元），农民人均可支配收入2790元，综合经济实力在偃师市、洛阳市位居前列。

一、顾县镇信用社的基本情况

偃师全市有18个乡镇，每个乡镇有一个信用社。设在偃师市的信用联社，统管全市18个信用社。每个乡镇的信用社都是独立法人。顾县镇信用社在镇区一座二层小楼里，在顾县镇的各单位办公建房中，属于较好的一类，但比起农行、建行的办公大楼，则相差甚远。在15个行政村中的8个较大的村设有分支机构，每个分支机构3～4人，总共40人，人员

乔润令：国家发改委城市和小城镇改革发展中心副主任、硕士。

及业务网点在偃师市的各乡镇信用社中属于较大的。

二、包袱沉重，负债经营

该信用社的资产共有600万元（包括固定资产）。资产构成为：历年累积530万元，社员入股70万元。2000年累计存款8100万元，以储蓄存款为主，累计贷款7590万元，贷款对象主要是企业，以短期贷款为主，其中，集体企业占90%，个体私营企业占10%。呆坏账有80%左右，主要是90年代经济高速增长时形成的。2000年信用社亏损330万元。亏损的原因一是企业的贷款收不回来，二是1998年国家取消“农合金”后，巩义市发生挤兑风波，居民大量取款，联社下行政命令保证支付，由于联社不准其放贷，更由于支付存款无力放贷，导致亏损。

三、名为独立法人，实则无任何自主权

从管理体制上看，顾县信用社名为独立法人，但是在内部机构设置、人员任免、业绩考核、资产处置、自主经营等方面基本上没有自主权。信用社的董事会、社员大会名义上都还存在，一年也开一、两次会，但什么问题也解决不了。信用社已经成了上级联社的下属单位，它不像企业，更像是一个准行政机构。具体表现在以下方面。

——偃师市信用联社对顾县镇信用社具有领导任免权、职工调动权、贷款投放量的控制权、信用社自身费用支出控制权。信用社主任、副主任由市联社选择，由市人民银行任命；信用社及各网点的所有人员的安排、调动，均由市联社决定。

——偃师市信用联社对顾县镇信用社的经营实行计划指标与工资收入挂钩的办法进行考核管理。顾县信用社职工工资每月人均1000元左右，但每月只发基本工资380元，其余的根据完成工作定额的情况进行奖罚。如工作达标，完成业务定额，年底算账，工资兑现。工作定额根据当地实际情况和近几年的业务状况确定基数，由上级联社下达给信用社主任，再由主任分配给职工。

——本镇信用社与其他镇的信用社的资金等业务往来必须通过上级联社。

四、政策和行政命令捆绑下的业务经营

信用社的业务经营完全是在上级的指标任务和审批控制之下。2001年的任务如下：

存款指标：全年580万元。这个指标，目前做工作是可以完成的，但前几年不做工作就可以达到1000万元。存款利息水平与国有银行一样。

利息收入：120万元。

盘活不良资产：2001年930万元，2000年是400万元；实际盘活资产，2000年是100万元，2001年上半年是100万元，预计下半年可盘活20万元。

盈亏计划：允许亏损257万元，如果完不成计划罚款5000元。

运转费用：信用社每年的运转费用由联社核准，为70万元，但资金的使用有严格限制。信用社主任仅可以支配300元，300元以上由联社审批；1万元以上由洛阳市人行金融体改办审批；使用资金超过5万元，要上报河南省人行金融体改处审批。

贷款业务：信用社在贷款利率上可以在保持国有银行基本利率水平的情况下，上下浮动50%，但在操作时，必须报请上一级人民银行批准。在贷款权利上，普通信贷员只有5000元的权利，5000元以上必须由主任同意后上报联社审批。在贷款程序方面，一般是由企业和个人提出申请，由信贷员调查评估，决定贷与不贷。如果可以贷，申请上报主任，再由主任上报联社主任审批。联社主任的审批权利是50万元以下，50万～100万元由联社领导小组审批，超过100万元必须报请洛阳市人行金融体制改革办公室审批。

1998年开始整顿金融秩序，贷款责任人实行终身追究制以来，顾县信用社近两年对农民和乡镇企业基本未贷款，整体上处于惜贷、拒贷状态。2000年5月开始进行小额贷款，2001年以来政策允许贷款，条件是吸收存款每净上升100万元，可以贷款40万元。到目前为止，已发放贷款

2000多万元。

贷款担保：贷款采取有经济实力的人进行财产担保和人头联保，有时也两种方式共用。

贷款对象：以前，信用社主要给乡镇集体企业贷款，由于欠款太多，已经不给贷了。现在，贷款方向发生了变化，主要贷给有实力、有信用、发展好的个体私营企业。

五、信用社在与银行的竞争中处于劣势

在顾县镇，一共有农行、建行、信用社三家金融机构，还有邮政储蓄一家。以前信用社在与国有商业银行的存款竞争中，尚处于优势地位，但是1998年整顿金融秩序后，信用社经营权利上移，政策限制加大，竞争力减弱，许多存款被国有专业银行所分流。信用社主任讲，到2001年前半年，信用社本应该吸收存款1.2亿元，但仅有8000多万元，有4000多万元转存国有商业银行，致使当地信用社资金流出。

顾县镇2000年全部存款大体为：农业银行6000万左右，建行4000万元左右，邮政储蓄2000万元左右。其中，农业银行1998年以后存款每年增加1000万元左右。

在存款方面，信用社、农行、建行、邮政储蓄四家竞争，除信用社之外，其他三家都不是一级法人，他们贷款的目标与信用社完全不同，不愿意把资金分散投向农户和中小企业，而愿意集中投向大项目、大企业、大城市，成本低、效益好。而信用社则不同，他们是地方金融机构，一级法人，定位主要是为农民和乡镇企业服务，但却严重受制于上级联社和上级人行，没有任何经营自主权。

农行和建行在本系统内部的资金调动彼此不付利息，而信用社之间的资金往来要付利息，但在运行中往往是上级联社借给信用社资金要付利息，如顾县信用社仅2001年就要付18万元的利息。而信用社借给上级联社的资金则往往得不到利息。如偃师市高龙镇通过市联社在1994年和1995年借顾县镇信用社180万元，至今本息均未还。

信用社的包袱沉重。目前顾县镇的呆坏账占80%，除了90年代形成

的大量包袱之外，还有50、60、70年代遗留的5元、10元的小额贷款10几万元呆账。如何解决，上级联社和人行却不管。相反，国有银行则不同，顾县农行去年剥离呆坏账800万元上挂，轻装上阵。

六、思考与建议

从顾县镇信用社的实际调研情况来看，农村信用社目前面临的挑战主要有五大问题。

一是历史包袱沉重。呆坏账占70%~80%的信用社在偃师市、洛阳市是很普遍的。大体而言，经济较发达乡镇的信用社呆坏账的比例比不发达乡镇的要高一些。

二是体制与管理不顺。体制上信用社系统已经成了准行政系统，但人行和联社严格的行政化管理，使其远离农村信用社集体合作金融组织，独立法人、自主经营、自负盈亏的宗旨和原则。信用社的经营无法应对变化的市场需求，存款和贷款都不灵活，一个月、三个月一般都不允许。信用社的同志讲的明白："我们号称是自主经营的独立法人，但一点自主权也没有，管理却很严格，人民银行管其他四大商业银行有很多都管不住。因为四大银行都有根，但管信用社却很管用，恨不得把我们掐死。要是信用社垮台，就是被他们管死的。"

三是金融服务的技术支撑系统落后于国有银行。存取难、结算难、信用社之间远未完成网络化，不能通存通兑，无法提供便捷的服务，在竞争中处于劣势。

四是对信用社的政策不明确。国家目前对信用社没有一个明确的政策，究竟还要不要独立的信用社？信用社下一步如何定位、如何发展？基层的同志很茫然。农民们讲得好，"信用社，是土八路，二不像"，既不是独立的金融机构，也不是政府的银行。前些日子传言信用社要与农行合并，人心浮动，对开展业务的影响很大。

五是信用度明显下降。企业发展靠信用，金融机构经营的就是信用。因此，信用下降对信用社的打击是巨大的。这也是信用社主任最为堪忧的。农民是如何看待信用社的呢？农民说的也很形象，"农行与建行不管怎么样都有国家做后盾，不会垮台的。信用社就不一样了，就像个集体企业，没有国家做后盾”。这对信用社吸收存款影响很大。2001年上半年，顾县镇信用社已经撤了一个村的代办点。

如何解决信用社的问题？建议首先要在政策上明确两大关键问题。一是农村是否还需要信用社；二是信用社如何才能健康有序的发展，为“三农”提供有效的服务。

从农村的实际需求来看，目前无论是农民家庭、个体私营企业，还是乡镇集体、股份制企业，对资金的需求都非常大，但都无法得到有效的满足。虽然几大国有商业银行都把触角延伸到了农村乡镇一级，但是从顾县的农行和建行的情况来看，他们并非是内生的、立足于当地服务于农村的金融机构。建行的定位就是服务于大企业、大中型项目、城市建设项目等，农民、农村乡镇企业并不在他们服务的重点之列，在镇区设立分行经济上并不合算，顾县镇的建行因此就在上半年关门撤点了。农行也是这样。这两个庞大的金融系统，在县镇一级仅为分支机构，在乡村没有代办点，对农村的实际情况不了解，深入农村了解分散的农户和企业的需求、信誉及收贷成本也太高，由于没有经营自主权，他们也没有这个动力。可以说吸收存款有余，贷款支持农民和企业则显得不足。

不仅如此，农行、建行包括邮政储蓄实际上是三根伸向农村的管子，通过储蓄把农村的资金血液吸走，投向大城市、大项目和回报率高的区域，形成了“马太效应”。据顾县镇的同志讲，几年来，建行和农行基本上没有向顾县镇的农民和企业贷款。这固然有市场经济条件下资金向高回报地方流动的原因，但造成的问题是农户和乡镇企业缺乏资金。我们在河南调查的10多家乡镇私营企业，都没有从国有商业银行得到贷款，他们一般采取集资入股、借款、自我滚动和信用社贷款等方式自己解决资金问题。

可见，国有商业银行是无法满足农民对资金的需求的。农民需要他们自己的、为他们服务的金融组织。也就是说，如果信用社能够真正体现它的宗旨、功能和目标，农民是需要的。

因此，信用社还是需要保留的。信用社要发展、真正做到为农民服务，必须进行伤筋动骨的改革，建议如下。

改革管理体制，进行制度创新。要把现在的信用社由准行政组织变为产权清晰、政企分开、自主决策、自负盈亏、管理科学的现代金融企业。农民的确有借钱不还的行为，这主要表现在从国有商业银行得到的贷款拖欠者有之。但农民之间、企业与企业之间的借款却很少有违约的，农民在自己的社区和熟人之间很看重“信”和“义”，他们可以失信于政府，但不会失信于邻居。信用社作为“草根银行”，是农村内生的金融组织，农民对它是有信誉基础的。同时，从顾县镇来看，信用社与其他几家银行的人员素质也基本上差不多。而且，信用社还有点多面广、对农村经济实际了解深入等优势。

所以，信用社一旦真正成为农民自己的银行，在乡里乡亲之间，农民对自己的银行拖欠和不还贷款的行为会受到社区传统的“信”与“义”关系的制约。加上信用社所具有的天然优势，绝不会办得比国有专业银行差。

从国家宏观管理方面看，信用社与几家国有银行要有大体的分工。专业银行可以从农村退出，不要再吸农民的血，把农村市场留给信用社，但农业银行不能退，要留在农村与信用社形成竞争。竞争可以提高效率。顾县镇信用社这几年一直是在几家银行争夺存款的压力下改善服务、提高效益的。

转变监管方式。对信用社加强监管是必要的，但必须改变行政审批和计划命令式的简单化方式。学会在市场经济条件下，用法律的、经济的、间接的方式管理信用社。如依法监管，管总量不管过程，管比例不管操作，等等。

（2001年9月）

主销区粮食市场放开以后

国务院体改办
小城镇改革发展中心调研组

根据中央部署，2001年下半年开始，主销区放开粮食生产、收购和价格以后情况如何？农业部农研中心的一份调查表明，海南、广东的粮食市场已经发生了积极的变化。

一、粮食价格普遍有所上升，市场需求决定价格的机制初步形成

实行了生产、收购、价格三放开政策后，粮食价格随行就市，由于粮源紧张，价格一路上升。广东省2000年早稻三级谷38元/担，2001年3～4月粮价最低为45元/担，8月8日涨到最高55元/担。每吨稻谷上涨200元，涨幅达22.2%。海南省琼海市大路镇2000年稻谷价格为50元/担，2001年上涨到57～60元/担，和2000年相比每担上涨7～10元，上涨幅度为14%～20%。但由于改革刚启动，市场主体处于发育之中，国有粮食企业非经济约束太多，从而导致粮食市场竞争不充分，真正的粮食均衡价格并未形成。

二、民营粮食企业开始成为经营主体

民营粮食企业和私粮商贩大量出现，形成粮食市场中直接面对农户的收购主体。海南省琼海市大路镇有收粮大户12个，每年可收粮480万斤，约占全年商品量的1/3。东莞全年粮食总需求180万吨，自产18.35万吨，仅占全市需求总量的10%，供需的巨大缺口从采购、运输、存储、加工到销售，全是由民营企业填平的。三亚市全年粮食需求8000多万斤，

每年粮食缺口7000多万斤，都是通过民营粮食企业渠道解决的。

三、粮食市场“三放开”以后暴露出的一些问题

1. 国有粮食流通企业面临关停并转，地方农发行也面临危机

在与机制灵活、服务到位、经营多样的民营粮食企业的竞争中，国有粮食企业失去了原有的政策保护和资金补贴，竞争地位远不如民营企业。一是无法收到足够的粮食。海南省粮食部门今年只收到6万吨早稻，比以前减少了一半。广东省2001年夏粮收购只收了3亿多公斤，比2000年同期减少了73%，估计2001年全年收购量达不到2000年的20%。由于粮食企业收不到粮食，农发行也受影响。广东农发行夏收发放贷款仅6亿元，而2000年同期发放20亿元。二是难以取得贷款。粮食企业的储运、调销、收购三大业务被取消后，只能走向自主经营，而粮食经营企业一般都没有抵押物，按现行银行制度不能从农发行取得贷款，多数面临关闭破产。如肇庆鼎湖区粮食局卖了汽车、办公楼，卖的钱部分用来安置下岗职工，部分给了政府，剩点粮食不足抵债。三是国有粮食企业收不到粮食，代征的粮食税也成了问题。海南省琼海市大路镇原来每年收购任务是1500万斤，其中征收农业税100万斤（约50万元）。农业税是地方主要财源，放开之后，粮所很难收到粮食，所以2001年这里仍然没有放，不许外地人设点收购。

2. 粮食储备体制不适应改革后的新形势

一是粮食储备在销区保持6个月储量，有没有必要，值得研究。广东、海南都认为没有必要保持6个月的储备。原因是6个月的储备量谁出钱，谁补亏？粮食储备的主要目的是稳定供应，平抑物价，所以储备数量不应是固定数字，应由生产与销售市场的变动情况决定，是动态的。

二是储备粮的计算方法不明确。海南、广东各地在计算储备规模上有很大差异。全省人口、非农业人口、城镇人口、农村缺粮人口、本地人口，用哪个口径，才能保证调控市场，减少财政压力，需要进一步研究。

三是储备粮吞吐机制僵化，储备粮的收购和轮换尚缺乏可操作的

方案。粮食轮不进、换不出，新粮变旧粮，造成大量陈化损失。销区缺粮是缺新粮，库存陈粮没人要，市场缺口早已被民营粮食企业填平了。由于上级要求储备粮轮换必须轮出效益。所以，三亚市2001年就有7000吨储备库存粮食轮不进、换不出，造成大量陈化损失。而且，粮食放开后，市场价高于收购价，粮食企业无法与个体竞争，销区粮食储备的粮源没有保证，收购企业无粮可储，没粮可换。

四是粮食风险金到位率高，但标准不一；风险金保管和用途不灵活，地方意见大。广东每吨储备粮每年按500元配套风险基金，海南认为每吨200元即可，风险金标准不同。目前风险金由各地财政预算拨出并专户存于农发行，但由于农发行严格按中央原定的使用范围监管，地方无法使用，因而意见很大。

3. 粮改以后财政补贴会减少，但粮改仍要财政付出

粮改以后，粮食企业这个包袱可以摔掉，减轻财政负担，但解决下岗职工的问题，仍需财政大量支出。广东下岗3.5万人，待岗3.2万人，预计解除劳动关系的职工将达50%，即3.35万人，按平均工龄20年、月人均工资800元计，需财政拿补偿金5.36亿元。此外，社保费和生活费需3.34亿元，基本医疗保险2.97亿元，企业应付社保费0.5亿元，要完成改革，总计要财政支出12.17亿元。

（2001年12月）

棉花收购放开之后

窦　红

最近，我们在湖北乡镇进行农村调研时了解到这样的情况，潜江市张金镇原来并不种棉花，但由于种棉的效益好，每亩可收1000元以上，而种水稻只能有600元的收入，镇政府先在两三个村试种，现在该镇50%的田都种了棉花，该镇已成为潜江市的种棉大户。棉花收购站门前的道路上挤满了卖棉花的农户，道路的一侧是农户晾晒的棉花。2001年是棉花收购放开的第一年，全国的市场平均价是每公斤3.8元，而去年是每公斤5.2元，为保护农户种棉的积极性，该镇棉花收购站的收购价为每公斤4.2元。2001年允许经省政府批准的棉麻厂和棉纺厂直接收购棉花。一般来讲，厂家收购出价较高，但目前还没有厂家来收购，农户只能把棉花卖给棉花收购站。

镇干部对棉花体制的看法是：一是收购价格不稳定。2000年每斤籽棉2.2元，2001年每斤只有1.7元，按平均每亩产棉600～700斤计算，2001年农户每亩又减收200～300元。二是流通体制不畅。棉花收购部门与政府、农民总不能搞得一致，棉花公司独家经营，搞垄断，2000年镇政府引进了外边的收购厂，才提高了棉花收购价，达到每斤2.2元，而他们原定是每斤1.8元。2001年棉花收购放开后，镇政府正在想办法引进棉纺厂，使棉花收购价稳定在1.8元。三是棉花体制放开是假放开，只有省政府某部门认定的单位才能收购，但很少有厂家能取得资格。棉花收购站收购的籽棉每斤1.7～1.8元，自己加工成皮棉，每吨可售1万～1.1万元，通常8000元的籽棉（合4500斤）可加工成1吨的皮棉，那么加工环节的增值是2000～3000元。除了垄断企业，其他企业无权进行加工，号召农民

窦　红：国家发改委城市和小城镇改革发展中心研究员、硕士。

搞农产品深加工是中央政府给地方下的一张空头支票。

在旬口镇芦湾村，一个农户反映，2001年的棉花收购放开，但并没有别的厂家来收购，只能售给棉花收购站。种棉花的肥料一天一个价，而棉花的收购价也是一天一个价，现在的收购价1斤只有1.65元，听说10月份还要跌。棉花收购站不按质论价，不按棉花收获的季节收，故意拖延收购时间，只在棉花尾花下来的季节才收购，尾花的价格低，等于是在价格低的时候收购好的棉花。

监利县新沟镇的农户反映，棉花公司的职工自己拿出资金打着棉花公司的旗号收购棉花，再以一定的价格卖给棉花公司，这等于是又多了一道流通环节。

2001年棉花收购放开之后，棉农的状况并没有得到改善，他们说："去年（2000年）棉花价格好，但是亩产低，今年（2001年）的亩产高了，而且都是好棉花，但价格又低了，我们从来没有得到过实惠。"

（2001年10月）

关于集贸市场专项整顿的若干情况

——集贸市场专项整顿调查报告之一

袁崇法

根据国务院办公厅《关于开展集贸市场专项整治工作的通知》（国办发〔2002〕15号）文件要求，集贸市场专项整治工作已在全国全面展开。全国确定的重点整治市场20个，重点省区11个。6月上旬，根据国务院体改办领导的批示，中国小城镇改革发展中心组织人员，分别到列为重点范围的河北省白沟市场和安徽、陕西、浙江等地，对本次专项整治进行了调查。下面是调查情况。

一、基本情况

1. 各执法部门互相配合，执行力度大

本次专项整治工作由工商部门牵头，会同经贸、公安、税务、质检、药检部门进行，一般都制定了分阶段的实施计划。如安徽省从3月份开始，进行调查摸底，确定重点市场和重点整治内容，组织力量和安排整治措施。4、5月份陆续开始宣传准备和重点整治，6、7月份由点到面，进行面上的整治，8月份开展检查总结。自5月29日开始，国家工商、经贸、公安、卫生、税务、质检、药检七部委局组成联合检查组，对全国重点地区、重点市场进行检查，确保整治工作不走过场。

浙江省有国家确定的重点整治市场2个，省级确定的重点整治市场6个。全省在整治中，查获各类案件22025件，总值16459万元，罚没款1291万元，移送司法机关案件11件。安徽全省到目前为止，共检查各类市场2916个，查处违法经营主体15861个，处理销售假冒伪劣商品案件

袁崇法：国家发改委城市和小城镇改革发展中心原副主任。

2296件。肥西县已组织专项执法活动6次，出动执法人员1230人次，车辆80台次，对全县65处市场进行了全部检查。无为县自4月以来，已出动检查人员637人次，综合检查市场45个，占全部79处市场的56%；在全省统一组织的“零点行动”中，一次就出动350多人，对全县67处肉食品市场、64个屠宰场、1321个肉食品经营户进行了突击检查。

2. 地方政府十分重视，积极配合

集贸市场的专项整治得到地方政府的积极支持和配合。安徽省政府办公厅专门发了文件，明确专项整治工作在省“整顿和规范市场经济秩序领导小组”的统一领导下进行，要求各级政府将该项工作作为继续深入开展整顿和规范市场经济秩序的一项重要内容，加强领导，建立责任制，把任务和责任逐级分解落实到有关单位和个人。各县还专门成立了专项整治领导小组，由一位副县长担任组长，负责统一协调，并在工商部门设立了办公室。

3. 结合当地实际，确定整治的重点和内容

安徽省将集贸市场数量较多、交易量较大的合肥、阜阳、芜湖作为重点地区，将当地集贸市场存在的突出问题和群众关注的热点、焦点和难点问题作为重点。从最关注的热点开始，争取广大群众的支持。全省首先组织开展打假护农保春耕执法活动，从清查农资生产经营主体资格入手，严厉打击制售假冒伪劣种子、化肥、农药、农技、农用机械等违章违法经营行为和不正当行为，查办了一批坑农害农的典型案件，受到农民的欢迎。无为县在重点检查肉食品市场中，查处有关案件47起，查获注水肉205公斤，未经检疫的白肉312公斤及不合格计量器具43把（台），并将此在电视台曝光，受到消费者的一致好评。肥西县在专项整治中还注意改进工作作风，关注农副产品卖难买难问题，在打击假冒商标行为的同时，引导、帮助农民注册了52件农副产品商标，支持农民开发特色资源，收到了很好的效果。下一步，全省将集中开展夏季饮料市场、建筑装饰材料和执法行政壁垒整治。

4. 通过专项整治，经营者提高了法律意识；政府各部门加强了市场规范，并着手全面完善对集贸市场的长效监管制度

为做好本次专项整治工作，各地普遍比较重视宣传教育工作，通过各种形式反复宣传有关法律法规，得到了经营者和消费者的理解和支持。经营者都表示今后一定依法经营，无照商贩也纷纷补办了手续。白沟市场还专门对箱包行业制定了生产安全标准、劳动用工规定、环境卫生标准等，明确了各执法机构监督管理的责任及追究和奖励的办法。安徽省在专项整治中，要求各部门深入调查研究，采取治本之策，建立集贸市场的长效监管机制，要求通过建立健全集贸市场主办单位经营责任制度、集贸市场经营主体经营行为档案登记和公示制度、集贸市场日常巡查制度、“12315”消费者举报制度、打假目标责任制度、集贸市场消防安全责任制度等，把市场准入和市场制度的规范结合起来，把市场整治和市场长远管理结合起来。

二、对整治工作的看法

1. 在整治工作中，一些地方，尤其是一些行政管理部门，存在重打击罚款、轻治理整顿的现象

个别部门只强调行政执法，把整顿管理工作则完全推给各级地方政府。对此，不少地方负责人颇有看法。还有个别部门，完全把整治当成增加收费的机会。如西安市某市场，整治前一个蔬菜摊位每天收费5元，整治后改为按月一次收费200元，每月增加了50元。河北省白沟市场一位经营者说得很形象：“白沟是一座金山，人们都来这里挖金；白沟是一个鱼塘，各部门都来这里钓鱼。”据不少经营者反映，整治期间，职能部门大约从白沟拿走100多万元，平均每个企业2000元，最多达1万元。

2. 执法粗暴，既损害政府形象，又影响整治工作的顺利进行

在这次整治工作中，一些地方对正面的宣传教育工作做得不够，采取突然袭击、简单取缔的行为比较普遍。尤其对城市居民小区周边的简易集市和流动摊点，动辄踢摊子、踩秤盘、收车子，不仅商贩有意见，连居民也觉得过分。简单取缔和罚款，还挫伤了不少下岗职工自谋出路的积极性。特别是整治工作开始后，一些部门又开始上路拦车收费，甚至强行要求订阅报刊杂志、购买书籍资料等，引起商贩们的反感。

3. 集贸市场存在的问题不能一概而论

国办发〔2002〕15号文指出，有的集贸市场甚至成了“偷税漏税的特区，假冒伪劣商品的集散地，藏污纳垢的庇护所，执法部门进不去的‘独立王国’”。对此评价，不少人有看法。浙江省有的同志认为，这“四顶帽子”并不切合浙江的实际。集贸市场是在发展中不断提升档次和完善管理的。浙江省集贸市场发展早、进步快，现已改变了传统集市贸易的内涵，经营者由个体户发展到经销企业和厂家直销；经销模式已由地摊发展成展示式；交易方式由现货交易发展到合同交易、电话交易，甚至网上交易；交易格局由本地扩展到全国、全球，仅义乌小商品市场，每天就有几千外国人来订货交易。市场的知名度表明，这些市场的信誉是令人信服的。

二、值得思考的几个问题

当前，我国集贸市场中存在着大量问题，这是谁都无法否认的客观现实。开展这次专项整治很有必要，也非常及时，社会各界也是支持的。但更多的人已认识到，集贸市场的种种问题，多数是由于平时管理不到位而积累起来的，管理不能老是靠运动式的突击整治。如何看待各种集贸市场，明确它们的发展方向，究竟怎样才算是规范、有序，究竟应建立什么样的管理体制等，很值得探讨研究。

1. 集贸市场各种问题的成因

不少长期从事市场管理的人士认为，集贸市场存在大量由管理不力造成的问题，如秩序混乱、环境脏乱、哄抬物价、强买强卖、纠纷屡屡甚至欺行霸市等，但有些问题并不是集贸市场本身能够解决的，与整个经济运行环境有关。如偷税漏税现象，与目前整个社会纳税体系不健全有关，按交易额纳税的条件和时机还远远没有成熟。又如假冒伪劣商品，在任何交易方式、任何商品中都有可能出现，是由市场制度发育特别是市场信用水平决定的。

2. 如何对待集贸市场的多种形式

目前各地的城乡集贸市场，具有多种形式。各种不同类型的集贸市场，是和不同消费层次、不同生产水平、不同经营水平相适应的。由于各地区及城乡发展水平差别很大，集贸市场档次的提升将是一个漫长的过程，在此过程中，不同档次的集贸市场同时并存既不可避免，又是社会的需要，因而在管理上很难推行统一的标准和要求。白沟市场和浙江的一些市场几乎同时起步，到今天，浙江的市场无论自身的档次还是其对企业素质提升及对经济发展的带动作用，都要强于白沟。这一情况不可能用政府行为解释清楚，所反映的恰恰是两地综合经济发展水平的差别。

3. 如何看待集贸市场的多种管理组织

调查发现，随着投资主体的变化，集贸市场的管理形式也越来越多样化了。市场建设出现工商部门、地方政府、企业、社会联合等多家投资主体，投资者又通过委托、联合等途径形成多种对市场的管理组织形式。市场管理包括投资者的经营管理、市场自律管理和国家法规监管三项内容。投资者要追求最大回报，市场设施修缮、环境卫生、安全保证及秩序维护等各项服务需要资金支持，国家必须依法收取税费，利益主体之间的冲突是现实存在的。偏重任何一方都可能影响市场的发展。倾向投资者回报，会刺激对市场的投资，对带动经济发展有利，但也会造成市场投资过度或超前，出现有场无市的局面，这种情况不在少数。市场服务优良，有利吸引经营者入场，并会逐步提高市场档次，但很可能会使投资者或税收打折扣。政府税负加重，则可能吓退投资者和商贩。这些矛盾，已根本不是单个主体、单个部门或一般意义的管理所能处理得了的。因此，不少市场都成立了由地方政府、有关部门及商家等组成的市场管理委员会，负责协调各方利益关系，有的还下设办公室进驻市场，直接对市场进行管理。专项整治工作开展后，针对集贸市场存在的各种难以解决的问题，许多地方更加认识到成立市场综合协调组织的重要。在安徽肥西县三河镇座谈时，该镇的领导以及在场的县主管领导和各有关部门的同志，均认为成立统一的市场管理委员会进行联合管理和统一执法，非常有必要。

4. 对集贸市场究竟应该管什么

这次专项整治中，取缔无照经营是一项重要内容，各地均把取缔无照经营者的数量作为整治工作的一项成就。但在地方工作的同志，更多关注的是今后如何切实加强对市场的日常监管。领取营业执照，是获得进入市场经营的基本资格。领照是通过各项行政审批，工商部门称之为审核各项前置条件。前置条件好几十项，有些人办不下来，干脆就不办。多数办了证的，也并不意味着日后就能守法经营。正如有人比喻的那样，缺少了马路上的信号指挥系统，开车的都有驾照也一样造成交通瘫痪。市场准入管理并不能取代市场的日常管理。随着市场数量的增多和其规模的不断扩大，目前工商部门对市场的全面管理已力不从心，正逐步缩减为执法管理，而且只能通过巡查方式进行。有效的巡查是同巡查的频率、检查手段、处罚力度等结合在一起的。违规经营者目前被查获的概率很低，即使被查获，受到的处罚也不足以使其倾家荡产。如何将日常的市场管理、行业管理、行业协会的自律和行政执法结合起来，始终是集贸市场的管理难题。

5. 如何支持集贸市场的建设和发展

集贸市场在发展中已明显呈现企业化经营的趋势。尤其是在人口密度较大和产品集散规模较大的地区，投资集贸市场可以获得稳定的收益，如果和房地产结合起来，获利则更大，因而越来越获得投资者的青睐。但也并非所有的集贸市场都有条件实行企业化管理和经营。在农村及一部分经济尚不发达的城乡结合地带，集贸市场仍带有很大的公益性质。这类集贸市场无论对支持当地经济发展还是为城乡居民提供生活方便，都不可或缺，给予一定的扶持非常有必要。在基层的同志都希望政府能有一些积极的政策措施，对这类市场给予培育。不少人认为，培育这类市场，一方面应适当放宽对商贩进入市场的前置审批条件，另一方面也要切实解决市场建设的资金来源。工商部门收取的市场管理费，按规定应用于市场建设和服务，但近年来所收取的管理费绝大多数不是上缴国家就是进入地方财政，或用于补充自身的行政开支缺口，只有极少部分返回市场。实行“办管分离”后，工商部门只是履行行政执法，基本退出了日常管理，市场管理费究竟该不该继续收、由谁收、如何使用？目前的做法普遍认为是光收费不管理，值得研究。

6. 如何关注市场的纽带作用

集贸市场的大批涌现，是商品经济发展的必然现象。集贸市场是联系生产者和消费者的纽带。小型市场的主要功能是为居民提供方便。规模较大的市场，通过各种信息的迅速传递，往往对经济发展具有很大的带动作用。市场还将不断派生出各种加工、包装、运输、餐饮、住宿、娱乐等服务业，已成为低成本就业的重要场所。市场的建设、管理和必要的整治，必须考虑对多方面的影响。安徽省在整治工作中，十分注意宣传和引导，对一些无照经营者进行劝导，督促、帮助补办手续，而不是简单取缔，既教育了经营者，又稳定了市场，很受群众欢迎。有些地方则打击当头，引导不能及时跟上，不仅造成市场萧条，还使不少产业受到冲击。在把握政策和执法力度上，由于认识不同等因素的影响，存在着一定的差异，所产生的效果也不一样。

（2002年6月）

安徽省集贸市场专项整治工作情况调查

——集贸市场专项整顿调查报告之二

武　文

2002年6月4日我们赴安徽省的肥西、舒城和无为等地，就集贸市场专项整治工作进行了为期一周的调研，情况如下。

一、基本情况

1. 安徽省

国务院办公厅《关于开展集贸市场专项整治工作的通知》（国办发〔2002〕15号文件）发布以后，安徽省下发了《贯彻国务院办公厅<关于开展集贸市场专项整治工作的通知>的通知》（皖政办〔2002〕17号），将集贸市场专项整治的时间确定为2002年3～8月。其中：3月下旬至4月上旬为调查摸底阶段，主要是对集贸市场整体状况进行调查摸底，分析存在的问题，研究制定具体的整治工作方案；4月上旬至8月中旬为集中整治阶段，主要是针对集贸市场存在的突出问题和人民群众关注的热点、焦点和难点问题，采取相应措施；8月下旬为检查总结阶段，主要是在各地区自查的基础上，由“省整顿和规范市场经济秩序领导小组”责成省工商局等部门组成检查组，对各地的集中整治情况进行抽查。

3月以来，安徽省在“省整顿和规范市场经济秩序领导小组”的统一领导下，由省工商行政管理局牵头，会同省经贸委、省公安厅、省国税局、省地税局、省质量技术监督局、省药品监管局、省卫生厅、省农委等有关部门，按照全面检查、突出重点、严格监管、完善制度、标本兼治的要求，结合本地实际情况，重点整治了假冒伪劣、偷税漏税及社会

武　文：时任农业部农村经济研究中心副研究员。

治安等问题比较严重的集贸市场，重点查处了市场内与工农业生产和消费者日常生活密切相关的各类假冒伪劣食品、中药材、农副产品、重要工农业生产资料、汽车（摩托车）零配件、家用电器、建筑装饰材料等商品。

整治工作包括5个专项整治行动：一是4月27日组织开展的肉食品市场整治“零点行动”；二是4月1日至6月30日开展的农资市场打假专项行动；三是4月15日至5月31日开展的集贸市场经营主体资格清理整治行动；四是4月10日至6月30日开展的集贸市场广告专项整治行动；五是对集贸市场重点商品商标所开展的专项整治行动。

截至5月18日，全省共查处销售假冒伪劣商品案件2296件，检查各类市场2916个，查处违法经营主体15861个，销毁假冒伪劣物品价值934万元。

通过专项整治，集贸市场中销售假冒伪劣商品的违法活动得到了有效遏制，市场税收征管工作得到了加强，市场监管制度得到了完善，市场秩序进一步好转，人民群众普遍感到满意。

2. 肥西县

肥西县辖31个乡镇，拥有各类集贸市场、专业市场、批发市场达65个。城乡农贸市场的占地面积为370526平方米，建筑面积为220310平方米。2001年度的市场成交额达7.5亿元，相当于社会商品零售总额的31.2%。

3月以来，肥西县认真贯彻落实国务院和省政府开展集贸市场专项整治决定精神，先后五次召开专题会议研究部署，并制定了详细的工作方案。专项整治以来，全县相继开展了“打假护农保春耕”、“清理无照经营”、“成品油市场专项整治”、“集贸市场广告专项整治”、“扫黄打非集中行动”和“集贸市场重点商品商标专项整治”等6个专项行动。截至6月5日，全县共出动执法人员1230人次，车辆80台次，检查企业和个体工商户2984个，检查加油站43家；共立案查处27件，案值达51万多元；共查处违章违法经营主体135个，收缴不合格杆秤65根，收缴并销毁假冒伪劣商品价值达30多万元。

通过专项整治活动，集贸市场的无照率降低了，假冒伪劣商品减少了，经营者行为逐步规范了，市场秩序有了明显好转。

3. 舒城县

舒城县于3月份成立了集贸市场专项整治领导小组，4月份制定了专项整治工作方案。整治范围涉及“全县各类工农业生产资料、日用消费品、农副产品及建筑装饰材料等商品交易市场”。整治的重点地区为“县城城关市场和县际周边市场以及存在一定问题的乡镇市场”。整治的重点对象包括六个方面：一是农资市场；二是肉食品市场；三是夏季饮料市场；四是建筑材料装饰市场；五是日用消费品市场；六是集贸市场的开办单位和经营主体。

专项整治活动取得了明显成效：一是商品流通环节进一步畅通，有效地遏制了假冒伪劣商品的违法经销活动；二是市场秩序进一步好转；三是发展环境进一步优化。

4. 无为县

无为县共有各类市场79处，其中综合类市场45处，农副产品市场18处，工业品市场16处。场内拥有企业和个体工商户7438家，年成交额达12.34亿元。

4月初，无为县成立了专项整治工作领导小组，分管县长任组长，成员涉及工商、经贸、技监、卫生、农委、公安、国税、地税等部门。4月28日，县政府下发了专项整治工作实施方案，明确了整治工作的时间、范围、重点、方法和步骤。5月23日，召开了全县79处集贸市场开办单位负责人会议，专题部署了专项整治工作的实施意见。

截至6月初，全县已开展了四个方面的专项整治工作：一是开展对集贸市场经营主体资格清理整治，把好市场准入关；二是按照省里的统一部署，参加4月27日的“零点行动”；三是开展“红盾护农保春耕”活动，集中力量对300多户农资网点进行“地毯式”检查；四是强化对城乡户外广告整治力度。

通过专项整治，取得了明显成效。一是吸引了投资；二是强化了市场管理；三是提高了商品流通的运营效率。

二、存在问题

1. 市场建设中民间投资不足

在肥西县调查时发现，当地政府近些年来一直在鼓励、支持社会团体和个人多渠道筹资兴建市场，并出台了一些优惠政策，但效果并不理想。在肥西的65个市场中，只有4家系由民间投资兴办。民间投资不足的原因主要有四：一是民间的闲散资金大多用于经商、办企业，不愿意或很少用于兴建市场、经营市场；二是民间投资兴建的市场普遍存在规模小、档次低、设施简陋等问题；三是市场主办者管理不规范、服务不到位，往往因摊位费、卫生费等费用过重，导致人去场空；四是选址不当，布局不合理，造成有场无市。

2. 经营成本太高

据肥西县工商局介绍，2001年全县65个集贸市场的市场管理费达60多万元，个体管理费达510多万元，每个摊位的平均月租约100多元。工商局的陆局长甚至认为，工商部门建一个集贸市场只要5年即可收回投资，如果再考虑到地税和国税，那么集贸市场的经营者要负担的成本可能是相当高的。

另据调查，在舒城县舒茶镇，从事蔬菜经营一般一年要交1000多元的摊位费和管理费，占到毛收入的15%。在舒城县的飞霞集贸市场，每个工商户（非门面房）每月要交摊位费120多元，管理费60多元。

3. 工商部门管不过来

肥西县工商系统共有430多人，其中公务员163人。按乡镇分配，每镇不足14人；按市场分配，每个市场2～3人。如果在每个市场都派驻工作人员，再考虑到机关内部必要的勤杂人员，那么工商部门好像有点管不过来。从实际情况来看，也只是由工商小分队实行“巡查制”而非“派驻制”。这意味着，为了加强市场管理，维持正常的交易秩序，由市场主办单位和经营者组织形成的“市场管委会”等组织形式似乎确有存在的必要。

舒城县南港镇工商分局共有17人，其中8人为公务员。这个分局要管辖6个片（即6个镇），每片可用人力不足3人，无法常驻市场，也只能实行“巡查制”。在名义上，工商、税务和公安的有关人员是“集贸市场办”的组成人员，但实际上，集贸市场的日常管理“主要靠市场自己的管理人员”。

4. 进入市场的手续复杂

据肥西县三河镇于镇长介绍，在进行专项整治之前，有25%～30%的商户属于无照经营。他解释说，并非这些人不想办照，而是因为手续太繁杂，有的工商户把全部手续办下来会有20多个“小本子”（证）。

5. 条块矛盾

三河镇的于镇长介绍说，在市场管理方面会存在条块分割问题。由于工商、税务等部门实行垂直领导，都拥有独立的执法权，再加上与镇政府在级别上相当，所以都自搞一套，而不需要通过镇政府。从理论上讲，镇政府要对本辖区内各方面的工作负总责、负全责，这就要求它能够综合、协调各部门力量，完成相应的职能，但镇政府却没有权力和手段对有关部门进行控制。他建议由镇政府领导牵头组成“联合执法管委会”，负责履行相关的组织、协调职能。但县工商局的陆局长当即表示反对，认为这样有可能导致地方保护主义。

不过，也有条块关系较为融洽的地区。以无为县刘渡镇为例，这个镇的木材市场是全国四大木材市场之一，在1996年被国家统计局统计进入“全国之最”。这个市场有一个“市场管委会”，除从事木材经营的业主外，成员还包括工商、税务、公安、林业、航运等多个部门。与三河镇不同的是，刘渡镇的镇政府“有能力”协调各部门间的关系。当然，与三河镇不同的是，刘渡镇的镇政府每年可以从工商管理费中提取10%（数额为10万～50万元不等）作为办公经费。

6. 税赋评定方法有待改进

目前，由于绝大多数集贸市场的交易没有票证记录，诱使经营户记假账或者根本就不记账，这给查账征税、以票控税带来很大的难度，极易引发偷、漏税和税赋不公等现象的发生。反过来，由于经营户要缴纳税负的多少全凭征管员个人评判（当然评税时也要经过调查），所以也容易导致征税的随意性和腐败行为的产生。

三、几点认识

1. 市场建设发生了深刻变化

以肥西县为例，该县的市场建设呈现出以下几个特点：一是市场建设从单一集贸市场向包括各类市场在内的市场体系转变。以县城为枢纽、以乡镇为基础、以集贸市场为主体、以专业市场为依托的，功能比较齐全、设施比较完备的农村市场体系雏形正在形成。二是市场主体从单一向多元化转变。过去的市场主体基本上是农民和手工业者，而现在却形成包括农民、个体工商户、私营企业、国有、集体企业等在内的多种市场主体并存的局面。三是市场规模与功能从小而简向多功能、大规模、高档次转变。如三河商城、杨桂塘、小庙大庙堂市场的年成交额均超过亿元。

2. 市场建设时考虑了农民的利益

舒城县在较大的集贸市场设立了“农民自产自销区”，免收市场管理费，为农民进入集贸市场提供了良好的环境。

肥西县为农民进入集贸市场打开“绿色通道”：一是对农民进入市场提供“三减两免”优惠政策，即前三年免收市场管理费和摊位费，后两年费用减半；二是对离土不离乡的农民进入市场优先安排摊位，免费接受政策法规、信息与服务。

3. 整治是为了更好地发展

中央要求各地对集贸市场进行专项整治的决策是完全正确的。但是，在实践中要辩证地看待专项整治这一工作。要知道，整治不是最终目的，整治是为了更好地发展。

肥西县的张副县长（兼专项整治领导组组长）认为，要正确处理专项整治与市场发展之间的关系。肥西县坚持了“一手抓整治，一手抓发展”的观点。从目前情况来看，集贸市场资金短缺，水、路、环卫等基础设施较为落后，因此当前的主要矛盾是如何培育和发展集贸市场的问题。

舒城县的高副县长（兼专项整治领导组组长）表示，他们在专项整治时做到了几个结合：一是整治与发展相结合。主要是通过整治强化诚信意识。二是有形与无形相结合。既要对有形的集贸市场进行整顿，也要研究网上交易的管理问题。三是引导与打击相结合。既要打击不法行为，也要进行宣传教育，保护合法经营。

无为县在专项整治中，坚持了四个结合：一是整治与法律法规宣传相结合；二是整治与打击违法违规经营、查处大要案相结合；三是整治与规范市场经济秩序相结合；四是整治与提高监管水平相结合。

（2002年6月）

浙江、陕西集贸市场专项整治工作情况调查

——集贸市场专项整顿调查报告之三

陈美球　杨晓东

一、浙江省工商部门对集贸市场专项整治工作的看法

2002年6月12日，就当前集贸市场专项整治工作，我们与浙江省工商行政管理局市场管理处的两位处长进行座谈。两位处长介绍了浙江省开展集贸市场专项整治工作的基本情况，并谈了他们个人对此项工作的一些看法。

1. 基本情况

浙江省目前有各类市场4278个，其中农贸市场1711个，专业市场2567个。有国家整治重点两个：义务小商品城和绍兴轻纺城。确定了省级整治重点六个（含两个国家重点）：义务小商城、绍兴轻纺城、台州日用品市场、杭州环北小市场、温州商贸城、宁波轻纺城；另外，还有地（市）级重点47个，县级重点150个。

至6月5日，整治工作共查获各类案件22025件，总值16459万元，罚没款1291万元，移送司法机关案件11件。通过近两个月的整治，取得了“假冒伪劣得到有效遏制，税收征管更加到位，市场主体更加合法，监管制度更加完善，经济秩序更加规范”的成效。

检查中发现的主要问题包括：主体资格管理不规范，无证市场、无证照经营、超范围经营现象较为普遍；存在销售假冒伪劣现象；“三无”商品普遍，商品标注混乱，明码标价率低；总代理、总经销、特约经销、专营、专卖等手续不清、不全；市场交易较为混乱。

陈美球：现任江西农业大学国土资源与环境学院院长、教授。
杨晓东：国家发改委城市和小城镇改革发展中心原规划处处长。

2. 对整治工作的一些看法

（1）“四顶帽子”不切合浙江实际。浙江省集贸市场发展早、进步快，现已改变了传统集市贸易的内涵，经营者由个体户发展到经销企业和厂家直销；经销模式已由地摊发展成展示式；交易方式由现货交易发展到合同交易、电话交易，甚至网上交易；交易格局由本地扩展到全国、全球，仅义务小商品市场，每天就有几千外国人来订货交易。市场的经营与管理已明确分开，文件中“偷税漏税的特区，假冒伪劣商品的集散地，藏污纳垢的庇护所，执法部门进不去的‘独立王国’”，在浙江并不明显。有些问题并不是集贸市场本身能够解决的，与整个经济运行环境有关。如偷税漏税，目前整个社会纳税体系尚未健全，按交易额纳税的条件和时机还远远没有成熟。在浙江，集贸市场定额税征收制度还是比较完善的，分三等九级，按行业和区位确定税额，经营户也能接受。

（2）完全取缔“无证经营”不太现实。特别是在偏远山区和城乡结合部，不少集贸市场是为了居民的方便而自发形成的，有的每天只是上午10点以前有市，有的每逢农历三、六、九成集，即使形成了一定规模的固定摊位，摊位的转让也是非常频繁，根本不可能实现持证经营。因为一登记就涉及收费，对于已是微利的经营者而言，不堪负担。

（3）市场经营户素质有待进一步提高，一时还达不到适应高标准规范的经营要求。比如，品牌意识并不强，不少假冒产品，质量并不伪劣，认为低价位销售，是物有所值；还有商品、商标等相关知识贫乏，对自己经营的商品了解不多，盲目低质低价竞争，对进货不能严格把关，没能力实行进货验货制度。

（4）全部实现“明码标价”存在较大困难。在当前商品价格评估机制尚未健全的情况下，集贸市场商品的价格更是难以明确。一是“讨价还价”已成为集贸市场交易的特征；二是“一天一个价”，集贸市场的价格是依行情不断变化的，当一个新产品问世后，价格很高，但随着类似产品的增多，价格会逐渐下降；三是“薄利多销”是集贸市场的特点，零售与批发之间的价格相差很大，不同批发量，价格也是不同。

（5）相关法规建设滞后。什么是伪劣产品？对于各类商品，还没有一个标准。比如旧彩电、电脑的拼装，是否属于伪劣产品，给予取缔，不允许这一行业的存在？但是旧彩电、电脑，价格低，有市场需求。

二、陕西省集贸市场管理者和经营户对专项整治工作的看法

2002年6月5～7日，我们在西安市周边的集贸市场和一些小城镇的集贸市场走访了经营户和市场管理者，他们谈到了集贸市场专项整治工作中存在的一些问题。

1. 名为整治，实为收费

在对西安市东郊呼家庙蔬菜批发市场的访谈中了解到，市场管委会5月份对市场进行了一次大的治理整顿，清理了市场门口的摊位，将市场的流动摊位变为固定摊位，市场秩序有了一定的改善。但与此同时，个体经营户的经营成本也提高了，5月之前一个蔬菜摊位（3轮车的车位大小）是按天收取5元的费用，6月份改为按月一次性收取200元的费用，使经营户一个月增加了50元以上的费用。有些甚至翻番，如访谈一个卖西瓜的经营户，5月份时一天收5元，这个月收到10元。

2. 执法部门管理不规范、行为粗暴

对马路市场和流动摊贩需要进行严格的管理是很有必要的，但执法部门检查、管理往往是突击性的，缺乏日常管理，中央有什么重要的通知，地方就有大的行动，而且一味地采取训斥、没收的方式。比如这次市场整治，执法部门就加强了对马路市场和流动摊贩的管理，呼家庙蔬菜批发市场管委会就突击取缔了门口的摊贩。在西安市的访谈中，一个姓王的蔬菜个体户告诉我们，他在靠近居民小区的马路边买蔬菜，市管部门过来就把车子装走了，对市场门口的摊贩也是采取踢摊子、没收秤盘的方式。碰巧的是，我们在去市场的路上，看到一辆大卡车，有十几个带红袖章的人在沿路装商店门口的广告牌，其中一个人指着广告牌大声地说："把它装上来。"其执法行为的粗暴，由此可见一斑。

3. 部门利益驱动，执法部门上路拦车收费

一些执法部门出于部门利益考虑，利用各种方式变相收费。在对泾

阳县云阳蔬菜批发市场的调查中了解到，该市场是一个辐射西北五省、年交易额达4亿元的大型蔬菜批发市场，成为带动农民致富、促进地方经济发展的龙头。但是，市场活了，各执法部门也来收费了，反映较为集中的是“上路拦车收费和罚款”。上路收费的有交警、农机监理、地税和路征等部门，有些部门在收费的同时，还要罚款；有些不该上路收费的部门也上路收费，如地税部门上路收取车船使用税。这些部门收费少者50元，多者500元、600元，交管部门收费甚至达到500～3000元，有些部门甚至在拦车的同时，还要强行订阅报刊以及购买书籍等，搞得农民苦不堪言。当地流行的一句话是“农民一个草帽子顶着十几个大盖帽”，正好反映了农民的状况。执法部门拦车对市场交易冲击很大，不拦车时日交易额50万元左右，拦车时降至20万元。有些蔬菜种植户不敢到市场交易，只得在田间地头与运输户交易，反而造成国家税收的流失。

究其原因，一是执法部门滥用职权。如交管部门只能收养路费，不能罚款却罚款；地税部门无权上路拦车，却拦车；交警只能查车辆违章、超载等。二是这些职能部门有任务指标，为了完成创收任务，只有上路收费，甚至有些部门需要盖楼，缺乏资金，就通过上路罚款来筹集建设资金。

4. 市场整治使得一些下岗职工再下岗

在宝鸡党校门口有一个小商品市场，经营户中大多是下岗职工，这些人员通过做生意来维持家计。这次市场整治取缔了马路中央的市场，管理部门又没有提供更多的摊位，有些市场进入门槛较高，下岗职工又要养活自己，还要带娃，没多少钱，进不去市场，无事可干。这些人员三五成群的在街头巷尾打扑克，戏称为“全市人民打红桃四”。

5. 工商部门办市场，既当裁判员，又当运动员

西安市呼家庙蔬菜批发市场是由新城区劳动服务公司负责经营和管理，而这家公司是工商部门的一个下属公司，在税、费和摊位费的收缴上统一收取，虽然方便了经营户，但经营户却不知各项费用应交纳多少，缺乏透明度，为此，也影响执法部门的公正执法。

三、几点建议

经营户和市场管理者们提到的问题应引起我们的思考，我们建议：

1. 降低农民进入市场的门槛

城市化进程是社会发展的必然趋势，政府要对农民进入城市务工经商给予更多的支持，打开城市大门，让农民在城市中寻找就业的机会。这次市场整治，应取消一些不合理的收费，而不是提高费用，要切实减轻农民进城从事市场经营的成本。

2. 规范执法部门的行为

一是执法部门要树立法制意识，明确自己的职责，要知道哪些是应该管的，如维护市场公平竞争，查处假冒伪劣商品等；哪些是超过权限不应该管的，如地税部门上路拦车，强行订报纸等。二是要树立为人民服务的思想，要急经营户之所急，想经营户之所想，要将人民赋予的权利，用在为经营户的服务上。三是执法部门对违规经营户应以教育为主，不能动辄罚款、没收器具，减少粗暴执法行为的发生。四是上级不能对执法部门下达任务指标，避免为完成任务而滥用职权的行为。

3. 政企分开，增加执法管理的透明度

工商部门不能既当执法者，又当市场经营者，应将市场经营权通过招投标的形式交由企业来经营和管理，自身应做好“裁判员”的职责，避免执法的不公正行为。

4. 在发展中规范，在规范中发展

市场整治的最终目的是通过规范市场，来繁荣市场，促进市场健康有序发展，尤其对于农村集贸市场，关系到大量农民进城经商就业问题，是农民增收的重要途径，不应按过高标准要求，应根据当地实际，在不影响农民进城的前提下，逐步规范。市场管理是个长期的过程，不能时紧时松，要常抓不懈，要在发展中规范，在规范中发展。

（2002年6月）

陕西关中一景：乡镇“七站八所”不管用，农民自己搞专业化服务

乔润令

改革开放以来，政府一直就为建立农村社会化服务体系进行探索，机构设了不少，县里有各个局、办，乡镇有“七站八所”，但效果并不明显。相反，农民的创造也许更有价值。

一、向农民提供专业化、社会化服务，乡镇政府无能为力

陕西农村的调查情况是，原有的乡镇“七站八所”已不复存在。眉县、岐山县的蔡家坡镇、汤峪镇，阎良区的关山镇原来都设有农机站、种子站等为农服务的机构，但效果并不好。

蔡家坡镇的镇长介绍说：“原来的这些机构人不少，但独立做的事情不多，一般是上传下达，搞些统计。为农业农民服务的事，小的服务没法干，农村住的分散；大的如推广新技术、动员农民种果搞大棚，都是县镇领导亲自抓，我们直接请外面的人来，他们跟着跑跑腿。有机构就要吃饭，上面不给钱，我又养不起。前年镇里财政归县上管的时候都取消了。现在我们成立了农技服务中心，配合政府工作中心，如推广良种和技术。要说农民需要什么服务就能提供什么服务，那根本不可能，一来没钱，要向农民收服务费，问题就多了，二来也没有那么多的人手。”

关山镇的镇长说：“我们列入综合改革试点后，进行了机构改革，成立农技推广中心。2003年开始帮助农民大面积种植甜瓜，组织农民实行无害标准化生产，并建立了镇有站、村有员、组有骨干的甜瓜农技培

乔润令：国家发改委城市和小城镇改革发展中心副主任、硕士。

训网络。现在县里有几大服务中心，镇里也有一个，我们是试点镇，要是探讨政府建立支农服务体系，我认为现在的机构还不行，可以说是大事干不了，小事也干不了，但是还不能没有。”

二、自己的事情自己解决，农民的服务花钱少、方便又管用

政府做不好、做不了的事情，并不意味着农民自己也不行。在我们访问的岐山县堰河村，如果你没有时间或者没有劳力照顾你的那几亩地，用不着担心，几乎所有的庄稼活都可以雇佣专门的服务队来帮着干。而且分工非常细致，有专门负责播种的，一亩地只要花30元钱就有人帮你开播下种。还有专管收割的，而且收割的每道工序还可以细分。比如玉米成熟后，花10元钱就可以雇人把玉米棒子全部拿下；再花10元钱，就会有专门的收割能手把地里的玉米秆割倒、打捆并堆放在田埂上；再用10元钱，负责翻地的人可以把土地重新翻整，为下一轮下种做好准备。当然，雇主的要求也不含糊，老农对修整自己田地的要求，如同少妇整理自己心爱的家一样，受雇人也非常明白，几十元钱花出去后，双方一般都很满意。

春播下种，只要愿意，农户不出村就可以买到有保证的好种子、好化肥，因为本村里就有专门卖种子、化肥的。本村没有临近的村子也会有，当地人称之为种子专业户、化肥专业户，专门从外面购种、购化肥回来再卖给村民，赚取差价。一般是村民需要什么种子、化肥或者农药，他们就能提供什么，从二氨、尿素、氢氨、复合肥，到玉米、小麦、五谷杂粮种子，不能说应有尽有，但基本可以满足需要。如果有特殊需求，代人购买也可以。村民说的好，“方便，要什么就有什么，还可靠”。由于是乡里乡亲，人跑不了，脸面不能丢，生意还要做，所以种子、化肥专业户的种子化肥质量一般都有保证，价格村民也能接受。

庄稼长不好、蔬菜果品患虫害、养的牛羊不见膘，也不用跑到县城里求人，临近大一些的村里就有悬壶济农的庄稼医生、牲口大夫。镇里的干部说，这些人医术也不一定有多高，但要价也不高，村民能承受，他们实践经验非常丰富，一般的问题都能解决，村民很欢迎。宝鸡市体

改办的一位同志说："村里的土医生有的自己就种过地、养过牲畜，见多识广，实践经验非常丰富，了解当地的病虫害，有许多省钱的土办法，农民花钱不多，但管用。他们就生活在庄稼和牲畜中，随叫随到，比城里的技术人员更能解决农民随时出现的实际问题。"

如果庄稼需要喷洒农药，农户也不需要花几千元钱购置一套专门设备，村里有专门的服务专业户。老张是该村村民，30多岁，一副精明的样子，高中毕业，他花了7000多元购买了包括小拖拉机在内的农药喷洒设备，最扎眼的是那一大堆盘起来的塑料管子，据说有100多米长，拖拉机开不进去的时候，就拉管子进地里喷撒，很管用。他的服务既管配药也管喷洒，每亩地30～50元钱不等，一年能忙上2～3个月。他说："村里每户就几亩地，大家都不值得专门花几千元钱购买一年只用一两次的设备，买了又不能干别的，可是人们又都需要机械喷洒农药，现在已经没人手工干这个活了。我买了这套机械，收费不高，比他们自己费时费力费钱忙活还合算，所以活不少，忙的时候都顾不过来。我的收入也可以，要不就不干了。"老张说，他的活计不止这个，自己的地还要种，有时候还干些别的。

与以上的服务相比，秋收时收购粮食、买卖农副产品的经纪人、小商小贩、运销专业户就更多了。特别是产品紧俏的时候，不知从哪里一下子就冒出那么多的买卖人，根本就用不着农户操心，种的少的一下子可以全部买断，产量多的，有人把大买家直接领到地里。当然，产品销路不好的时候，这些人也就销声匿迹了。

三、专业服务进家庭，市场的办法很精彩

与农民生产过程中的专业化服务相比，生活中的服务也许更为引人注目。一个婚丧嫁娶，一个盖房子，是农村中最重要的大事。以往人们都要请亲戚朋友帮忙，不仅事情和活计干的不专业，而且劳时费神，过后还要回请帮忙的亲朋，钱并没有少花。现在，在岐山县彪角村，这一切都不需要了。婚宴的时候，你可以请专业服务人员，一般是本村或临村的4～5人组成，负责做饭、布置宴会厅、端盘子、招待客人。村里的

李老汉讲："以前办大事的时候，请村里人帮忙，帮忙的人想着早点吃饭，还有临时一下子有事走了，老是弄不好。现在请几个人，每人10元钱管饭，他们专门干这个，不会误事。"

办丧事，从购买丧葬用品、招待相关人员，到操办葬礼仪式、葬礼乐队的吹奏，都有本村或临村的专业队提供服务。全部加起来有200~300元钱（包括吃饭）就能打发了。据说在凤翔县就连帮忙哭坟的专业人员都能雇到。更有甚者，就连保存逝者尸体，也有专门的服务。人故去后存放七天，是当地习俗，这在天气炎热的夏天，不是一件容易的事情。目光敏锐的农民没有放过这个机会，有人不知从那里购置了一台大而长的冰柜，与一般存放冰激凌、雪糕的冰柜有所不同，这是专门存放尸体的冰柜，通上电可以让逝者尸体保存七天以至更长时间，花30元钱就可以了，生意还颇为兴旺。宝鸡市发改委的一位同志说："以前机关干部回家乡办丧事，一忙半个多月，花钱费力，回来后累得半死不活。去年我回家办丧事，连买东西都有专门的人，总共花了几百元钱就办完回来了，一点没操心。"

盖房子亦然。从图纸、备料到泥瓦活、房屋建好后的装修，专门的服务队伍都可以供人选择，而且什么样的房子都可以建，可以全包，也可以分包。更有甚者，在与彪角村不远的另外一个村，有一户人家专门购买了一台小型挖掘机，据说花了1.2万多元，专门为盖房子的人家挖地基，还为入土下葬的人家挖墓坑，挖一次100~200元。令人大开眼界的是，村庄里大凡有一家购买几千元或上万元专业设备形成专业服务后，附近几个村子不会再有人投资购买第二套。农民的市场意识由此可见一斑。

专业服务也使许多人的命运发生了变化。堰河村有一位老太太，以前在家里经常遭到媳妇的白眼，不受欢迎，但老太太也有一技之长，她做的岐山臊子面非常好吃，在村里很有些名气。现在派上了用场，村里大凡有人家待客办事，都要请她去帮助做臊子面。服务之后，不仅客人赞赏有加，还能大吃一顿，为家里贡献20元钱，一年收入几百元钱没问题。媳妇变得尊重有加，自己也活出了价值。

提供专业服务的是什么人呢？全部是当地村民。一个姓王的29岁村民说："他90年代就外出打工，什么都干过，现在带着一个小工程队在当地城乡帮人盖房子，一般是松散的结合，没活干自己的事，有事则合之，包工不包料，价格合理，都很守信用。为什么？一是竞争也很激烈，你不干别人干。二是乡村里干活，都熟悉，如果一次失败了，就没有下次了。在费用方面，如盖房、婚丧嫁娶请人到底需要多少钱，街坊邻里、村与村之间都有参照，大家都明白。而且交易也不需要合同，全部是口头交易。"

专业服务的发展也自发的形成了市场。在蔡家坡镇长途汽车站的一角，每天就聚集着不少等待受雇和寻找服务的交易者。除了为种庄稼提供专业服务的人之外，还有专门为你通抽水马桶的，20元一次；有为你修电路换灯头的，花上5～10元钱就可以解决问题；还有人专门为你打扫房屋，掏出20元钱让房子焕然一新，迎接亲朋好友为孙子过生日。

镇里的一位下派干部说："现在的年轻人农活不太会干，也不想干，用力不小，赚钱不多。过去的农民常说，没事干点活，干活就是整整地之类，其实也不一定需要，只是不能让自己闲着，现在人们常说的一句话是，没事赚点钱。没事是指几亩地用不了多少时间就干完了。"这样，人们想办法赚钱便成就了农村的专业化服务。

四、专业化服务市场能做，政府应该干什么——几点建议

从关中农民的实践看，依靠市场，建立专业化、社会化服务体系，是完全可能的。那么，政府应该干什么？我们与当地的镇干部、村民和专业户探讨了三个问题。

一是专业户怕什么。在调查中，几乎所有的专业户共同的看法是：他们现在干得不错，农民满意，自己也满意，最怕政府来管。对他们来说，政府一管（如让他们规范发展、升级上档），就意味着挂牌登记，交钱纳税，小本生意的服务，根本无法承受。所举出的例子是乡村医生，原来干得很好，解决农民的小病小疾，后来由县卫生局管上以后，就不好干了。建议政府放水养鱼，少干预、多服务。

二是政府能干什么。根据我们的调查，县镇两极吃财政饭的支农服

务机构，受资金、技术、人才的限制，大事的确干不了；由于人手少、农民分散，搞服务成本高，农民随时碰到的小问题也解决不了。下一步，县镇的相关机构应当转变职能，走向市场，把为农村专业户服务作为重点，把具体为农服务的事情交给专业户。

三是农民需要什么。调查中农民讲得最多的是“一事一议”难以实行，村里的水、电、路、公共的农田灌溉水利设施都需要整治。因此，政府可以把自己建立社会化服务体系的精力和相关资金，转向解决农村的公共基础设施。

（2004年11月）

加快建设郊区都市型工业园，推动农村集体资产股份化

——上海市金山区枫泾镇农民土地等集体资产入股的股份合作制模式探索

文　辉　郭建民

枫泾镇位于金山区西北部，是上海市的西南门户，上海市重点建设的“一城九镇”之一。面积91.6平方公里，2008年常住人口6.3万人，其中外来人口1万人，实现GDP43亿元，全口径财政收入10.8亿元，地方可支配财政收入3.9亿元。全镇由城镇建设区、商贸旅游区、市级枫泾工业区和现代农业区四大板块构成，形成了以汽车和汽车零部件、纺织服装及机械制造、新材料机电设备和黄酒酿造及食品业为主的四大工业。第三产业主要是依托服装城和服装机械城发展商贸服务，依托国家4A级旅游区新沪上八景之一的“枫泾古镇”发展旅游业。

20世纪90年代末，上海市开始探索发展郊区都市型工业，并于2003年开始启动郊区都市型工业园区试点。枫泾镇从2004年开始，就积极开展以农民土地等集体资产入股的股份合作制探索，发展都市型工业。2005年，金山区枫泾镇都市型工业园被列为上海市第二批郊区都市型工业园试点，对进一步加快利用农村集体建设用地，增加农民财产性收入，提高农民工资性收入带来了发展机会。

一、郊区都市型工业园简介

根据上海市经济委员会、上海市城市规划管理局、上海市房地产资源管理局《关于规范本市郊区都市型工业园规划建设的指导意见（试

文　辉：国家发改委城市和小城镇改革发展中心规划研究部主任、副研究员、硕士。
郭建民：国家发改委城市和小城镇改革发展中心原规划处博士。

行）》的提法，郊区都市型工业园主要是利用镇、村集体经济组织运行的集体资产，通过以农民集体资产或以土地为合作条件入股等模式集中建设标准厂房，将农民的土地转化为促进产业发展的厂房资产，吸引中小企业入驻，促进和扩大郊区居民就业，用长效机制保障农民和镇村获取稳定的土地和厂房租赁收益，推进农民就业非农化、郊区农民市民化，使郊区居民真正实现安居乐业。

郊区都市型工业园，不仅为中小企业提供了发展空间，而且降低了发展成本。工业企业以租赁的形式租用标准厂房，减少了购买土地和建设厂房的固定投入，有利于企业将资金用于扩大再生产和加大研发投入。同时，拓宽了中小企业发展的筹资渠道，为其提供配套的金融支持。

郊区都市型工业园面积一般在20～30公顷左右，分期建设推进，容积率原则上不低于1。一般紧邻市级工业园区，能够共享基础设施配套。

二、农村集体资产股份化是工业园的基础

农村集体资产股份化合作制是建设郊区都市型工业园的基础。由当地政府、村委会和村民三方共同投资入股建设都市型工业园区，大致比例为70%：22%：8%，并由镇政府托管，通过将农民的土地使用权转化为财产性收入的形式，允许农民入股的运作模式，使农民从工业园的利润中获得固定回报，解决当地农民长期稳定收益，也让农民能够享受到土地上涨的增值收益。全镇23个行政村中有19个行政村参与了投资，投资方式包括集体投资、集体及农户入股相结合、农户入股等。其中，农民出资人数达到105户，共出资485.5万元。

按照以“保障农民受益，盘整存量土地，扩大农民就业”为目标，采用政府主管、所属公司开发和管理的模式。枫泾都市型工业园分A区、B区两块，分别由上海村联企业发展有限公司和上海振枫经济发展有限公司开发建设，开发和管理模式为“五统一共”，即由枫泾镇人民政府统一征地、统一规划、统一设计、统一建造、统一管理，由镇、村二级共同招商，体现了“高效、简洁、经济、实用、健全”的特点。

三、在工业园实施农村集体资产股份化的效果

1. 促进了村级集体经济发展，保证了农民长期稳定收入

村级集体和农民利用自己的土地，配合上海郊区都市型工业园区的建设，成立股份公司自主开发招商引资，一方面村集体仍然保留土地的所有权，以出租标准厂房的形式获得稳定的租金收入，另一方面能够得到股份分红，享受土地今后上涨的增值收益，大大增加了村级集体财产性收入，同时还拓展了就业渠道，提高了农民工资性收入。以村联公司为例，该公司于2004年开始运作，2006年6月工程全部竣工，占地面积124.36亩，建造标准厂房15幢，总建筑面积为36058平方米，由原兴塔镇的9个村参与投资建设。现厂房已全部出租，生产正常，较好地促进了村级集体经济发展和农民长期稳定增收。2008年，实现产值8230万元，税收323万元，租金收入327万元。平均每个股东村可支配收入增加33万元，约占全年可支配收入的40%；企业税收镇财政实得部分五年内归股东村集体所有，平均每个股东村每年有近40万元税收政策奖励；农户入股资金按8%给予固定回报，每年投资收益42万元。2009年1～11月，共签约厂房12幢，实现税收954万元、产值1.4亿元。全年应收租金614万元，截止11月20日，已收进租金418万元，到期租金收取率100%。可见，农民土地集体资产入股成为增加农民财产性收入的重要途径。

2. 拓宽了农民就业渠道，增加了农民工资性收入

截止2009年11月，枫泾镇A、B两个园区占地面积约259亩，总投资1.5亿元，建有标准厂房34幢，总建筑面积约12万平方米。引进企业24家，承租厂房27幢，占总数的79.4%，落户企业近30家。这些企业多以中小型机电加工、包装和服装制造业为主，属于劳动密集型产业，为镇及周边地区富余劳力和失地农民提供了就业机会。2009年上半年，枫泾镇A、B两个园区中承租厂房企业吸纳本地劳动力440人，来沪务工人员 319名。工资性收入已成为本地农民的主要收入来源。2008年农民人均纯收入11088元，其中，家庭经营收入增加2727元，占25%；工资性收入7029元，占63%；转移性收入934元，占8.4%；财产性收入398元，占3.6%。

四、相关建议

（1）加大村级集体经济收益的比例。目前收益分配的主要做法是将租金部分留在股份公司，企业税收部分留在村集体，按照固定收益给入股农民分成。将来在股份公司完成了基础工程设施款结算和贷款偿还完后，要扩大村级集体经济的收入比例，将租金部分也按比例给村集体留成。

（2）扩大村集体分红透明度。村集体经济目前主要是通过完善村级基础设施和村集体公用事业等形式补偿给村民。未来要考虑不但要让农民获取财产性、工资性收入，更要为农民解决养老保险、城镇保险、出租收益分红和土地使用补偿等长远保障。

（3）控制产业选择的风险，以便将农村集体资产充分转化为促进产业发展的有效资产，保障镇村集体和农民长期收益来源。从产业选择上看，重点导入耗能低、科技含量高、产值高、效益好、税负率高的企业入驻，尽可能地引入可再生能源产业、外资、名企名商以及配送、轻工相结合的企业。这样不但能扩大就业，也能保证厂房的租金收入，更要注重落户企业可持续发展的空间，以科学发展观的高度发展壮大村级经济。

（2009年12月）

第四篇
城乡关系

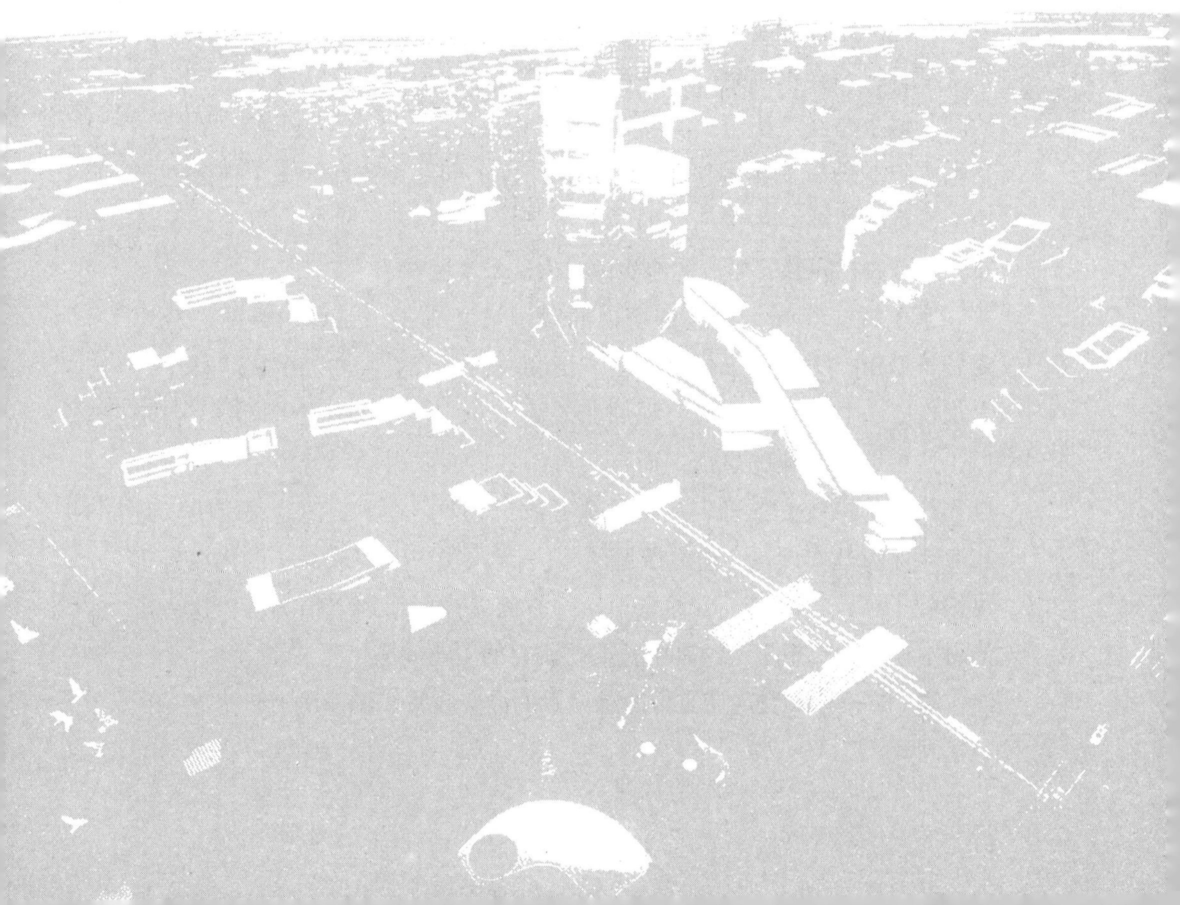

著名专家学者谈城乡关系

在2002年1月23日的专家座谈会上，中银集团首席经济学家曹远征，天则研究所理事长茅于轼研究员、所长张曙光研究员，社科院农村所所长张晓山研究员，北京大学社会学系刘世定教授、中国经济研究中心宋国青教授，社会科学院人口所所长蔡昉研究员，中国土地勘测规划院黄小虎研究员等学者，就中国农村中长期面临的重大问题进行了座谈。会议由中国小城镇改革发展中心主任李铁和白南生研究员主持。对于当前的城乡关系，学者们发表了自己的看法。

曹远征：要重视对中国基本国情的判断。我们到底处于什么发展阶段，这个问题很重要。别人说我们是发达国家，特别是申奥成功和上海亚太经合组织会议以后，有些海外人士以为中国已成发达国家了，农村的问题似乎已经解决了。其实不然，中国占人口大多数的仍然是农民，其根本问题仍是工业化和城市化问题，这个问题无论在政策上还是在舆论上，都很重要。中国面临的基本情况是什么？我们的发展处于什么阶段？还有农村问题，要清醒地认识我们的基本国情。

茅于轼：我同意曹远征所说的对国情要有一个基本的判断。政府太偏重城市，太疏忽农村，到小城镇和农村去看看，它们的破烂样子让人很伤心，与北京、上海、深圳的差距太大。北京修国家大剧院、世纪坛，这种锦上添花的事情一而再、再而三，而农村的可怜样子一直没有进入政府的视线。不稳定威胁从哪里来，这个问题不想清楚很可怕。政权应该保障基本人权，遣返所谓的 “三无人员”，对农民工的人权侵害可怕到了极点。政府一方面害怕，一方面又在做增加害怕的事，这一点值得掌权者认真想想。这是中长期要研究的主要问题。

蔡　昉：有人说现在实行的是偏右的社会政策、偏左的意识形态。社会政策的效果往往导致劫贫济富，比如大量的教育投资都花在高等教育上，实际上是补贴了富人，基础教育、农村教育则所得甚少。对于农村的问题，政府需要转变思维方式。阿玛蒂亚·森说，世界不能简单地分成这样、那样，美国应反思阿富汗的贫穷与自己有没有关系。现在城乡差距拉大，城里人富，农民贫穷，不能忽略了穷人也会联合起来威胁国家稳定。

张曙光：中国20年来发生了极大变化，主要在城市和发达地区，农村和内地有变化，但变化不如城市大，城市欣欣向荣，农村凋敝，反差更强烈。改革20年，从农村开始，得到实惠的是城市，而不是农村。出现上述现象的基本根源在于农民人数多，农民又是弱势群体，其权利只受到侵犯，没有受到保护。而政府保护农民权利的方式也有问题，农民有困难，政府就来管，农民越是困难，政府控制就越加强，越是加强就越是困难。在现有体制下，政府管的方式往往适得其反。这是一个恶性循环，必须对此有一个清醒的认识。

蔡　昉：前一段有兴趣想一想“文化大革命”对改革开放后经济发展的影响。很长时间讲增长问题，大劫难后往往跟随着一个快速的经济增长，为什么？奥尔森说，利益集团行动对国家不利，大灾难后利益集团没有了，经济就能快速增长，这种说法不太好。灾难之后，经济起点低，在其他条件一样的条件下，经济增长就快。但恢复性增长的条件是物质资本遭到破坏，人力资本没有被破坏。比如日本、德国战后经济增长快，原因是其人力资本、企业家精神没有遭到破坏。中国“文化大革命”后的人力资本破坏得很严重，为什么“文革”后经济增长快呢？

经济增长快有一个物质资本与人力资本的适当比例，有一个常态比例与均衡增长相关。物质资本的生产与人力资本的生产不一样，物质资本生产需要投入物质资本与人力资本，而人力资本的生产最主要靠人力资本，其恢复要慢得多。所以，增长快的往往不是人力资本遭到严重破坏的部门。“文革”中，农民的人力资本相对受破坏少，农民的人力资本相对丰裕，物质资本和人力资本的比例比较有利，因此，“文革”后经济的增长，很长时间主要靠农村的农业和非农产业两部门的增长。

80年代末90年代初，有个转折点，好的指标先上升后下降，不好的指标先下降后上升。政府的政策是劫富济贫，城乡差距就在那之后拉开。当时压一下城市非国有经济，城市损失不大。90年代后，城市非国有经济很快恢复，经济增长变成三部门增长，即农村经济、城市国有经济、城市非国有经济。在这三大部门中，有利的物质资本与人力资本的比例开始转到了城市非国有经济部门，城市非国有经济不仅可以吸收好的物质资本，同时又有吸收人力资本的能力，这样就既吸收国有企业最好的人力资本，又吸收农村的人力资本。由此，在经济增长的三大部门中，增长的亮点转到了城市非国有经济，压是压不住的。长期看，出路仍是非国有经济，而农村所有的资源都在流失，尤其是人力资本。

我们由此得出一个判断，WTO时代，有关制度上的调整变化对农村有很多不利，粮食作物无比较优势，经济作物也没有比较优势，乡镇企业的劳动密集程度高一些，有点比较优势，但这只是少数企业。农村经济表面上没有特别好的地方，增加收入的机会少，在WTO框架下还在继续走90年代的工业化过程。工业化过程是个痛苦的过程，国有企业有国家保护，不管它是快死还是慢死，问题不大。下岗问题被夸大了，下岗职工刚下岗不习惯，与政府闹，过几年他们总得想办法。实际失业率比登记失业率要低，有些人拿了登记失业保险、下岗补贴，但都有活干。不要以为写着登记失业就真的失业了。非国有经济吸引了最好的人力资本和物质资本，唯一可挣钱的就在此。农村经济不可避免要凋敝下去，这是工业化的代价。我反对政府以扭曲价格的方式来保护农业。工业化调整成本总要摊在农民身上，这里有个数量悖论，即人数最多的群体最没有谈判能力。现在用扭曲价格的方式来保护农业，是从保护城里人利益出发，达到保护弱小的小农的目的，但最终结果，农民并没得到多少好处。

乔润令 整理

（2002年1月）

农民收入、就业与城市化

——著名专家学者谈农村中长期问题

在2002年1月23日的座谈会上，中银集团首席经济学家曹远征，天则研究所理事长茅于轼研究员、所长张曙光研究员，社科院农村所所长张晓山研究员，北京大学社会学系刘世定教授、中国经济研究中心宋国青教授，社会科学院人口所所长蔡昉研究员，中国土地勘测规划院黄小虎研究员等学者，对中国农村中长期面临的农民收入、就业与城市化，农业保护、水资源与农村教育，农民与政府等重大问题进行了座谈。会议由小城镇中心主任李铁和白南生研究员主持。专家学者谈农村中长期问题的主要观点如下。

曹远征：农民收入是个中长期问题。现在谈减负，税费改革，以江苏为例，费改税后，人均税负100元，城里人的税负是不是也有100元？在这种情况下，解决农民收入问题有两种思路：一是减少农民税负，这涉及农村的稳定问题；二是提高农民收入，好像这只能是国家财政拨款问题，别无他法。这两种思路怎么选择是一个没有完全明确的问题。村民直选是不是走到头了，村长也要办公、吃饭，小农户的边际产出低，村民直选还要走到哪？

还有乡镇企业问题。要提高农民收入就要实行工业化，让农民进城，增加就业机会。乡镇企业走到一个说不清的地位，对乡镇企业有下面几种看法：一是乡镇企业规模太小，在WTO框架下，它的竞争力较弱。二是“村村冒烟，家家点火”式的乡镇企业对基础设施需求太大。乡镇企业对外部环境需求大，应该适度集约化。三是乡镇企业在城市化进程中的作用并不明显。总而言之，鼓励的方向与出来的东西不一样。乡镇企业如何发展，与城市化如何结合是个大问题。

张曙光：农民负担与农民的机会有很大关系。即使农民负担减轻，对农村会产生什么影响？税费与其说是农民实在的负担，还不如说是农民发泄不满的渠道，根本的问题是农民缺少机会。要增加农民进一步发展的机会。

曹远征：有一个大趋势，在工业化过程中，农民注定要牺牲，我们应该考虑怎么去保护他们。

蔡　昉：一个经济如果没有形成一个严格的二元结构，实现转变是个均衡的过程，我们国家先控制这种二元结构几十年，改革后再强化它20年。农民穷过，也富过几天，享受过保护价，但没有改变这样一个严格的二元结构。

白南生：就业、收入和城市化是联系在一起的。一户农民只有3～5亩地，农产品价格对他们没有刺激。

张曙光：关于城市化问题，人地比例无法改变，在这个基本约束下，采取什么办法？农民太多，有两种解决方法，一是少生少育，二是实行城市化。城市化要放开，农民就业难，城市政府一系列政策又在限制农民，完全站在城市人口的立场上制定政策。北京市2001年取消了一些行业限制，但加上人口劳动力素质的约束，规定某些行业必须初中以上，但农村劳动力80%是初中以下，说是取消限制，实际上是限制更严了。外地人在北京投资连续三年交税80万元，雇佣100人，才有北京户口。贫民窟没什么了不起。城市的政策围绕城市居民，既然可以侵害农村居民，就可以侵害城市居民。城市犯罪率高是政策的结果。就事论事永远解决不了问题，把这些问题联系起来才可能有一个好的解决。农村政策能否考虑将长短期结合，政策的依据是什么，理论上怎么做，现实又怎么变通，只有这样才会有一些更好的结果。

茅于轼：城市人口占30%，农村人口占70%，70%的人产出给30%的人吃，农民收入增加不可能快，农产品越多越害农民，大量投资农民更倒霉。需求一定，农产品物价指数下降，价格上不去，根本方法是让农民进城，科学种田的前提是让农民出来。出来后的问题是到城里有工作机会。城里有没有工作机会？不能说没有，但比较有限。农民工找工作较难，从他们的经历中可以看出城市打工的困难。这当中有好多原因，最重要的原因是城市政府对私营经济的种种刁难。有能力吸收就业的是民办企业。有人认为民办企业的困难是没有资本，这个看法是有问题的。从民办企业的发展历史看，1992年以后发展速度很快，占了半边天下，他们的资本是老百姓自己筹的，不是政府给的。民办企业活力很强，筹资渠道多，缺少的是政府的帮助，多余的是政府的阻碍。

我搞理论研究，自己也实践。我们在城里办了个保姆学校，学校培训一两个月，形态就变了，只要有毕业生就能分配出去。我们给学员贷款做学费，等他们上班后再还钱。培训费用是每月400元，一般培训1～2个月，培训一个月出来后工资一般是400元，培训两个月出来后的工资一般是800元。但这个学校很难办，我跑了很多趟跑不下来。天则所的公司年检要交1000元盖章费。天则所上次改个名字花了5000元的贿赂。凯恩斯的理论没看见政府的作用，政府一捣乱，就没法办企业。

宋国青：我一直在搞中国中长期的基本预算，基本想法是人地比例、城市化。算一些数字就很清楚，从1983年、1984年起，粮食每年增长2%差不多，现在来看，增产一般是增加了库存，全社会库存增长，这几年在消灭库存，粮价一直在跌。农业净产值每年增长3%，经济增长率是7%，这样，劳动力需每年转移4%，4亿的劳动力每年转移1600万，不转移这么多，农民收入就下降。劳动力不是要不要转移，而是要讲转移速度。1997年以后劳动力转移的较快，出现了一些宏观政策问题。

小城镇战略实在搞不得，街道、马路是变不回农田的，不知社会学家是怎么得出小城镇战略。我们研究的最后结论是发展大城市，实现城市化只能放开土地管制，在沿海地区一个挨一个建城市。

放开土地管制有一个好处，可以减少腐败的发生，现在的好多问题都是“解决”出来的。如果把地方政府解散，就不会有地方政府的腐败，很多问题越解决越多，越解决越可怕，贪官都说自己是为人民服务的。应该相信市场，不要相信好人，让地方竞争，不再批土地，谁爱占谁占，骗也可以，但不能抢。大家竞争，城市化就起来了。把地全放开，就起这样一个作用。

刘世定：番禺市政府大楼4亿元，占地1.5万亩，非常浪费土地。我赞成搞大城市，初期是多占土地，长期是节约土地。有些账政府就算不清，设一些部门来阻止占地。让政府调整这个思维很难。

农村中长期发展要和城市化联系在一起，要有一个明确的城市化思路。沿海出现超大型的城市群、城市圈。区域差距包括小城镇问题，在发达地区，小城镇会成为一个大城市的过渡形态。

曹远征：珠江三角洲、长江三角洲已经成为一个个城市圈。

刘世定：从农村发展看，会出现更大规模城市聚集的动力。城市聚集有一个内在机制。80年代，乡镇企业依托村委会成为小城镇发展的动力，现在情况已经改变，乡镇企业改制完成，成为私有企业，这会产生更强的聚集动力。“民进公退”，把股权改成债权后退出。城市化内在推进机制发生了较大变化。大规模城市圈、城市带会出现问题，如户籍制度。户籍制度和它所包含的就业、社会保障、教育等一套问题，这个问题在北京这样的大城市表现得强一些，在新兴工业区不是很强，要把城市化的各种问题连起来考虑。

白南生：丰台区以保证教学质量为名，关闭了一批比较差的民办学校，只保留了六所合格的民办学校，导致很多农民工的子女失学。这些农民工的子女上公立的学校，要交赞助费、借读费，问题是很多孩子根本上不起这样的学校。

张曙光：湖南有一个县在广东一个地方就有几万人，小孩子上学无法解决，他们就办“跟读小学”。但“跟读小学”没进入教育系统，条件差，当地政府只允许但不承认，这同户籍歧视是联系在一起的。

乔润令　顾善松 整理

（2002年2月）

促进城乡协调发展

何宇鹏　袁崇法

统筹城乡经济社会发展，是十六大提出的全面建设小康社会的一项重要任务，三中全会又进一步将其提到新的经济社会发展观的高度，充分说明了党中央对这一问题的高度重视。我们认为，统筹城乡经济社会发展，就是要使城乡居民的收入差距趋于缩小而不是扩大，城乡人均公共品的占有趋于合理而不是向城市过度倾斜，城乡居民所享有的公共权利（农村人口向城市迁徙、自由择业和农村集体土地进入一级市场平等交易）应趋于对等。因此，必须进一步打破二元经济结构体制，消除影响市场体制发挥积极作用的制度性障碍，改变公共财政的分配结构，加大对农村的转移支付和公共品投入。

一、当前城乡协调发展面临的问题

近年来，国家采取了一系列的政策措施，包括增发国债投资用于农村基础设施改造、扩大税费改革试点减轻农民负担、直接补贴粮食主产区农民收入、清理农民工进城的体制障碍和大力发展小城镇、改革农村卫生、教育体制等，统筹城乡经济社会发展。但是，总体上看，城乡协调发展的差距并没有缩小，而是呈不断扩大的趋势。

从城乡收入差距看，2002年，城乡收入差距首次突破3：1，扩大到3.1：1，远高于多数国家1.5：1的比例。按照“十五”计划安排，城镇居民人均可支配收入和农村居民人均纯收入都保持5%的年均增长速度，这样，“十五”期末城乡居民的绝对收入差距，将由2000年的4027元进一

何宇鹏：国家发改委城市和小城镇改革发展中心原副主任。
袁崇法：国家发改委城市和小城镇改革发展中心原副主任。

步扩大到2005年的5139元，但相对收入差距仍将保持2000年2.8：1的比例。实际情况是，“十五”前两年，城镇居民人均可支配收入增长都在农村居民人均纯收入增长的2倍以上。2003年前三季度，城乡收入增速差距仍保持在2倍水平。以此计算，则“十五”期末城乡收入差距将至少继续扩大到3.5：1左右。

城乡收入差距扩大，从根本上说，是我国城镇化落后于工业化、农业就业结构调整慢于产值结构调整的结果。尤其是“九五”以来，农业对农民收入增长贡献降低，1998~2000年间，农民来自种植业的收入共减少100多元；乡镇企业带动非农就业能力下降，乡镇企业平均每年减少就业77万人，虽然2002年乡镇企业就业人数有恢复性增长，但仍比1996年低220万人，使非农收入增长越来越单一地倚赖外出打工劳务报酬贡献；农村劳动力转移速度减缓，在农业产值不断下降的情况下，农业剩余劳动力数量不减反增，2002年与1996年相比，农业从业人数增加了2050万人，比例保持在50%不变，相当于减少农民人均纯收入100多元。但是，在存在大量廉价农村劳动力寻求就业的情况下，近年城镇居民工资性收入增长却远高于经济增长速度。以2002年为例，城镇居民工资性收入增长19%，高于经济增长11个百分点。这种有悖常理的现象可能（至少是在一些劳动力密集型行业）部分表明，二元体制不但对城市人口形成了很强的就业保护作用，而且还形成了一块高于劳动力市场价格的福利工资。在这种体制下，我国城市经济增长方式有背离劳动力比较优势而趋向资本密集的趋势。看来，推进城镇化、扩大非农就业到了体制上的攻坚阶段。

从城乡居民消费支出差距看，城乡消费支出差距（3.3：1）比收入差距更大（3.1：1）。2002年，农村居民人均（现金）消费支出仅相当于城市的30%（24%），甚至只相当于城市最低收入户的77%（62%）。如果说城乡收入差距在10年以上，那么消费差距至少在15年以上，表明实际上的城乡居民生活质量差距比统计上的收入差距显示得还要大。

在公共物品和社会资源的占有上，也体现出极大的城乡不平衡。在卫生、教育、社会保障等公共物品上，较少的城镇人口分享了较多的资源。作为结果，城镇人口平均预期寿命为75.21岁，农村为69.55岁，相差

5.66岁；城镇劳动力人均受教育年限为13年多，农村为7年多，相差6年；城镇居民被各类医疗保障覆盖的比例达52.2%，农村为9.9%，相差40多个百分点。在投资上，农村固定资产投资总量只相当于城市的1/4，如果按人均计算，农村固定资产投资只相当于城市的1/7。在财政和信贷资金上，2002年，财政支农支出占财政总支出的7.7%，仅相当于农业增加值占GDP比重的一半；农业和乡镇企业短期贷款仅占短期贷款的18%，相当于国有企业短期贷款量的1/3，与农业和乡镇企业对国民经济的贡献地位不相对称。

城乡居民享有的公共权利不对等。一是农村人口向城市流动和择业的权利还没有完全实现。尽管中央政策已明确在小城镇放开户籍制度，但各类城镇对跨地区流动就业的农民进城的户籍限制仍然没有取消，特别是容纳就业能力更大的城市，对农民工择业的范围还存在种种限制；即使农民工进城有了工作，但由于收入水平较低，也无法举家进城定居。二是农村集体土地不能直接进入一级市场，致使在城乡土地交换过程中，农民不能合理分享土地增值收益。改革开放20多年来，城市新增建设用地达到上亿亩，但并没有带来相应的农村人口转移。三是农民被排除在城市福利制度之外。2002年，城镇居民人均来自单位和社会的转移性支付达2003元（占其可支配收入的26%），比农村居民转移性收入（占其纯收入的4%）高近20倍。

二、推进城镇化发展任务十分艰巨

2002年，在我国的GDP总额中，农业增加值比重为14.5%，而农业就业比重高达50.0%。由于农村劳动力事实上并没有达到充分就业，这意味着，当前我国城乡发展失衡的焦点是农村劳动力和农业人口转移滞后。实现城乡均衡发展，必须使农业就业人员减少35.5个百分点，即减少2.6亿的农业就业人口（大于一般所说的需转移1.5亿农村劳动力的概念）。静态地，按照“九五”时期平均每年新增641万个就业机会（全部用于非农转移）计算，实现城乡均衡发展，需要41年；按照每年新增1000万个就业机会计算，也需要26年。动态地看，则需要更长的时间。

第一，转移农村劳动力、创造和扩大非农就业机会将是一个长期过程。从2001年起，按照“十五”计划每年转移800万农村劳动力的安排计算，现有的1.5亿农业剩余劳动力需要19年才能转移完。但是，目前我国经济增长创造的新增就业机会每年总共才600多万，实现“十五”计划的农村劳动力转移目标，增长方式面临巨大挑战。

第二，城镇化将是一个长期的过程。按城镇化每年以1个百分点递增计算，2020年，我国城镇化水平将达到56%左右。届时我国的总人口将达到14.4亿～14.8亿，城市人口要达到8亿以上。按现行统计方式计算，2000年，我国的城市化率为36%，城镇人口为4.6亿，其中具有城镇户籍的人口仅3亿人，有1亿多流动人口，绝大部分是农民工。考虑到城镇人口自然增长中，农民工的人口自然增长不在城市，应计算在农村。因此，到2020年，需转移的农村人口将在4亿人以上，其中需转移的农村劳动力将达到2亿多（剔除已转移的1亿人）。平均每年需要转移的农村人口有2000多万，转移的劳动力1000万。城镇化的任务比扩大非农就业的任务更加艰巨。

第三，农业就业和农村人口在相当长时期内还将维持庞大的数量。即便2020年能够实现56%的城镇化水平，农村人口仍将维持在6亿多的数量。像发达国家那样，用补贴的办法支持农业价格和农民收入，不切实际。

因此，协调城乡发展，将是我国经济社会发展长期面临的艰巨任务。要从我国国情出发，在公平对待、循序渐进、缩小差距、稳定社会的原则下，逐步解决问题。

三、统筹城乡经济社会发展的思路和对策

在上述背景下，当前协调城乡发展，一是要重点解决农村非农产业的发展和农业结构调整，提高农民收入，只有农民收入稳定增长，农民非农就业稳定增加，才能为农民进城定居创造条件，才能改善农民消费结构，扩大内需。二是加大各级政府对农业和农村公共物品的投入，改善农业的外部环境和农村的生产生活条件，缩小城乡福利水平的差距，

这是防止农村凋敝、稳定农村社会的必要手段。三是要赋予农民与城镇居民对等的权利，使农民可以自由进城择业定居，农村集体土地可以平等交换，生产要素按市场规律在城乡自由流动，降低推进城镇化过程中的制度性障碍。

在制定政策过程中要特别注意，一是要把当前增加农民收入的问题放到城镇化和扩大非农就业的长期目标中去解决，采取提价、补贴等支持政策，对农民增收短期内有效。但由于农业人口庞大，难以持续。二是公共品投资要着重改善农业生产条件和技术基础，提高农业竞争力；改善农村投资和生活环境，提高农村自我发展的能力；提高农民的教育和健康素质，加强农民的进城就业能力和生产经营能力。三是要从稳定经济社会的大局出发，给农民以城市居民同样的公共权利，使他们有同样的机会去选择自身的发展和城镇化进程。

具体的政策建议如下。

第一，加快农村人口和劳动力转移，提高城镇化水平。进一步贯彻落实《国务院办公厅关于做好农民进城务工就业管理和服务的通知》，取消对农民工进城的各种歧视和限制，改善进城农民工的生产和生活条件，帮助他们解决进城务工就业中遇到的各种实际困难，抓紧研究落实对农民工的各项就业培训；积极探索推进大中城市的户籍制度改革，取消各种保护城市的就业政策，以及限制农村劳动力流动政策，加快城乡劳动力市场的一体化，实现城乡统筹就业。

第二，制定促进农村中小企业发展的税收、金融和投资的支持措施。取消对民营经济的行业限制和投资规模要求；研究制定对农村农产品加工工业支持的减免税政策措施；对农村生产能力达到一定规模的中小企业的环保、安全设施投资，国家开发银行应在不限制所有制的条件下，给予中长期低息贷款支持；不得采取技术歧视，支持中小企业选择与密集劳动相结合的适用技术；政府关闭“十五小”应给予投资者补偿，并应有鼓励和扶持改造、并购、转产、迁移等积极的配套措施；适当放宽中小企业的贷款利差。引导和促进乡镇企业向小城镇集中，将农村工业化和城镇化结合起来，提高农村城镇化水平。

第三，农村集体土地征用制度改革。严禁以各种形式非法占用农地；允许农村集体建设用地、农民宅基地进入土地一级市场，按规划参与城镇开发建设；试行土地出让金制度改革，取消一次性出让金征收办法，农村集体土地转为国有建设用地，政府可收取土地转让所得税，并按年度永久征收建设用地使用税；政府用于公益项目的土地必须按市场价格向农民征用，并由政府和农村集体组织共同安排好失地农民的就业和社会保障。

第四，改革农村税制和对农民补贴方式。应尽快实行城乡统一的税制，逐步取消农业税，对农民和城市居民以同等标准开征所得税，并探索开征农村非农用地的不动产税。按照“国家主安全，农民主效益”的原则，深化粮食流通和贸易体制改革，完善国家粮食储备制度，使农民能够真正按照市场原则来安排种植结构；对主产区农民的收入支持，由按保护价收购改为实行直接补贴；进一步减轻农民负担，取消农业税。

第五，增加对农业基础设施和农村生活设施投入，改善农业生产条件和农民生活条件。按照公共财政原则，采取财政投入、补贴、贴息等多种方式，逐步增加对农业和农村公共设施建设的投入。投入的重点包括加强农产品品种体系、市场信息体系和质量标准体系建设，农村道路、通讯、饮水、医疗卫生设施建设等。

第六，大力发展农村教育和医疗卫生事业，加快农村人力资本积累。改革现有的农村教育和卫生医疗体制，探索建立一套与市场经济相适应的新的农村教育和卫生医疗体系；增加对农村教育和卫生医疗事业投资，投资重点包括发展农村基础教育、职业教育和技能培训、支持公共卫生和预防保健、建立医疗保障体系等。

（2003年11月）

小城镇发展和改革试点座谈会发言摘要

2004年7月8～9日，国家发改委发展规划司和小城镇改革发展中心，在北京共同举办了“小城镇发展改革试点工作座谈会”。国家发改委副主任朱之鑫同志在会上做了题为《用科学发展观指导小城镇试点健康发展》的重要讲话（已以国家发展和改革委员会文件形式印发各地）。会后，国家发改委主任马凯同志、副主任王春正和朱之鑫同志对《小城镇发展改革试点工作座谈会发言摘要》均做了重要批示。现将批示内容和座谈会发言摘要摘登如下。

一、试点所取得的经验

浙江龙港镇的书记介绍，“建镇初期龙港只有5个小渔村、6000人口，人均收入401元。我们在全国率先改革户籍管理制度，敞开大门联合农民造城，鼓励农民自理口粮进城，自建住宅落户，迅速集聚了人口。现城区15万多人中有10万多人是来自周边先富裕起来的农民。我们最早搞的土地有偿使用制度的改革，对收取的大部分资金又投入到新的基础设施和工业配套设施建设，从而形成良性循环投资机制，解决了小城镇资金问题。1995年6月进入综合改革试点镇，利用改革试点的政策，改革了行政管理体制，精简了机构人员，建立了镇级金库，争取到了县级经济审批和管理权，除了一些国有企业外，镇域范围内企业全部实行了属地管理，形成了城镇建设多元化的投资体制，把民间资本引入教育等社会领域，进一步深化了户籍管理制度改革。改革试点十年，我镇的财政收入达到了4.02亿元，居民人均收入6667元，人口已经达到20万，已经成为了小城市”。

河南固始县陈淋子镇书记鄢圆满说："我们地处贫困地区，2000年财政收入才333万元。其实我们就干了两件事，一个是把所有竞争性的基础设施领域全部放开，让市场来做。凡是民间能办的让民间办，凡是企业能办的让企业办，凡是外商能办的让外商办，敢于将最值钱的东西卖出去，办法是'四权'拍卖。三年时间内，共吸纳社会资金和引进项目资金近2亿多元。我们还在土地上做文章，竹木大市场占地260多亩，如果靠征地解决，容易侵害农民利益，资金需求过大，建成后市场进入门槛很高。我们采用将农民土地承包权转为市场收益权的做法，价格是每亩地每年900斤水稻钱，被竹木业主们抢租一空，仅省外客商就达34家。农民有900斤水稻钱做底，加上在市场上打工，收入稳定很满意。政府也满意，一年税收30多万元。几年来，镇区面积由0.5平方公里扩大3平方公里，GDP增长到2.16亿元，比改革试点前增长了45.9%；财政收入增长了425万元，比试点前增长了27.6%，常住居民达2万人"。

二、应付上级的达标考核：小城镇政府不堪重负

参会的书记镇长都反映，指标考核的范围越来越广。各地考核的内容除了GDP、招商引资、农业产业结构调整、财政收入、农民人均纯收入、城镇建设、安全生产等之外，几乎每个条条部门都有相应的达标要求，包括了政治、经济、文化各领域。考核的内容越来越具体。安徽的镇长讲："在考核我们的基础设施指标的25分中，建制镇的资金投入不少于300万元，乡不少于200万元，完成者得8分，每超过100万元加0.5分。小城镇至少要有一条城市型道路，并有完善的供水、排水、绿化、路灯、人行道、管线工程、路边楼房等，符合条件者得6分，每新增100米长道路加2分。供水普及率达到98%，给2分，每2000人一座公共厕所得3分，有专业停车场加2分。有环卫队伍及设备和垃圾堆放场的，增4分。一票否决的领域也越来越多，除计划生育、社会治安综合治理、财政收入、保证教师工资发放外，从上访告状（信访责任查究制）、化解乡镇债务、破坏投资环境、行政经费超支，逐渐扩大到了农民负担、招商引资、违法用地、消防安全、矿山环境与安全等。河南一小城镇一票否决

的领域多达13项，包括法轮功、烧玉米秸秆、小炼钢、小煤窑等。”

河南的镇长讲：“小城镇建设实行目标管理，层层签订目标责任书，全年确定33项具体建设目标，逐项落实到人，落实具体的开工、竣工时间。实行月督察、月通报制度，每项工程的进度，要求在每月25日前，以书面形式上报到县小城镇建设指挥部。县长组织流动办公会，对全县小城镇建设情况进行督察，县人大、县政协也分别组织一次视察，未完成指标者分别轻重，实行通报批评、不予提拔直至撤销职务。”江苏一小城镇书记说：“我们有明确规定：自今年起，完不成指标给黄牌警告，连续两年完不成指标提出调整意见。”

完成达标考核的任务成了镇里的主要工作。安徽某镇的党委书记说：“我们现在的工作主要分四块，首先财政增收，我有800多人涉及财政收入，这个事要不要帽子无所谓，你本身不搞好，就没有帽子。第二稳定，而且是最操心的。第三是应付各种达标检查，最后才是自谋发展。”浙江某镇书记认为：“管理体制恐怕还得要改。80、90年代前期环境宽松，基层创造出许多改革发展经验，现在一级压一级，压得很死，下面喘不过气来，小城镇发展应有一个更宽松的环境。”

三、政府管理体制改革：急需深化

河南的镇长说：“权力日益集中于上，工作不断下放于基层，凡农村有收入，有潜力的税种、税源都被上级财政拿走了，但工作却被层层压到了基层，发展经济、城镇建设、社会治安、防灾救灾、环境保护、教育卫生、社会保障，哪个都不能少，而涨工资、达标、一票否决、‘摘乌纱帽’的事情不断增加，哪件事情不需要机构、人员和经费，我们能使的钱就这么多，怎么办事？”

河北唐山某镇书记说：“我们那个镇区，环保局设立一个环保处，交警队设立交警中队，但是他不管交通，他光管罚钱，说你们这儿遍地是黄金。他不指挥交通，红绿灯是我们自己装上，但是红绿灯不能指挥交通。有些交通设施你也投不起，你投了以后，他也不帮着管。环保部门，他是收你环保的污染费，真正的环保，需要建污水处理场，需要建垃圾处理场，他并不给你投资一分钱。这些职能部门，实际上他们是以收费为主。”吉林一镇长讲：“现在好事条条都拿走了，工商、税务、规划，还有一些能收点钱的环保、安全、土地，也全拿走了，剩下的等于说是破烂，就是这么一个情况。”

河南的一位镇长说：“税收与财政是最重要的指标，但是市里设在镇里的税务所我管不了，每年他完成了自己的任务后就不管我的了，前年（2002年）我的税收任务没完成，我又没有权收税，只好求他们，给了10万元钱，才帮我完成了任务。”河南另一镇长说：“小炼钢，这是国家大的范围，这是你县里建设局和工商局的问题，我一个都管不了，但责任都弄到我身上，叫属地负责，出个事马上一票否决你，这不公平。”

安徽黄山市一个镇的书记说：“我们省马上定下来，乡镇财政县里管，而且要管到预算外，这样的话小城镇发展就属于被动地位。再一个小城镇的各个功能，依法行政部门，逐步‘上划’，教育在上划，卫生在上划，等等。这些部门都在上划，整个政策导向是乡镇政府今后要作为乡公所，对镇的这块在体制上给你弱化，镇的体制弱化以后，影响小城镇的发展。现在发展的环境越来越差，我认为，要么你就撤销镇的建制，不撤就赋予它相应的职能，现在这样既是一级政府，又没有相应职能，干着真难受。”

浙江柳市镇书记讲：“我们改革的一些措施，实际上还没有完全到位，而且也很难到位。真正有权的是县一级政府，我们作为一个镇，在县一级很接近的地方，你想要分到多少的权利，是不大可能的。中央文件到地方，一级一级在变味，而到位之后又重新往回收。比如教育，浙江省发文件，实行垂直管理，所有的中小学校长都收到市教委去了，但学校的债务、职责还是我们的。规划也是这样，任何一级政府都讲规划是龙头，既然不是县一级的行政的区划，你就不能单独做规划。土地更不能说了，这次政策又来了一个，县一级土地局局长都要垂直管理。我们也想通了，好多事情还得靠关系，不要讲什么权力，能够争取实惠就可以了。”

四、形象工程、政绩工程：问题不少

河南、安徽、吉林、陕西的同志们都谈到了小城镇形象和政绩工程。有的比照大中城市的广场建广场；有的沿街两侧盖2～3层楼样式的一堵墙；有的把城镇沿街的房屋全部涂成朱赤色；有的铲除了天然山水，建起假山假水的农民公园；有的人畜饮水都困难，却建起了耗水量极大的喷泉花园广场；有的小城镇在街灯上做文章，一条街一个样。另一方面，与城镇居民的生活直接相关的基础设施很少受领导关注。

北京的同志讲："2002年北京33个重点镇除了路、电和电讯设施较齐全外，已建集中供水工程的仅8个镇，其余25个采用自备井、机井或岩石井供水；排水通过明沟、暗沟自然排放，雨污合流，没有污水处理厂。垃圾大多都没有经过处理而露天堆放，或是进行简单的焚烧与填埋。"

河南的镇长说，他们省有一个县城的高中投资5000万元，建了一座教学硬件在洛阳、郑州甚至北京都少见的花园式学校。大礼堂、计算机房、阶梯教室、花坛、操场，各种文体器械一应俱全。据说建此学校是要让农村孩子能够上与北京、上海的孩子一样的学校。但大部分学生都是附近城市有钱人子女，当地农民的孩子因收费太高不能上。百姓讲："这是政府花钱为外面城里人建的学校。"

安徽的同志讲，六安地区的一个镇为了加强城镇管理，2002年出台新政策，取缔原有街头大量跑的脚踏三轮车、机动三轮车，全面升级上档为小轿车和小型面包车。小三轮，千元一辆，一元钱起步，围绕在市场周围和街头巷尾，拉货也拉人，每月交管理费30元，每天纯收入20～30元不等。对于农民就业来说，成本不高，容易进入，不仅吸纳了三四百人的就业人口，还带动了沿街的小吃、小喝、小食品等大排档经营，每天街道上人来人往，热闹非凡。取缔小三轮后，以往街头小车乱行、摊点不规整的情况不见了，但是为小三轮服务的100多家小排挡也没有了，热闹非凡的街头情景不见了，人气消失了，只留下十几辆5万元以上的小轿车和冷冷清清的街道。由于市场萧条，有的难以为继，有的干脆转行。

陕西的一位镇长讲到：许多西部地区的小城镇虽然建得比较气派，但除了逢年过节偶尔出现繁荣的景象外，大多数时候还是冷清，中看不中用，不能给新居民带来就业机会。一些兼做小本生意的农民，想摆个小摊，但只能到政府建的市场，租用柜台和各种管理费太多，无法承受。想搬回农村，土地被当地政府征走，回去还是无业人员。

五、户籍制度改革：农民不愿进城和进不了城

小城镇户籍管理放开后，农民进镇出现了两种情况：东南沿海的农民不愿进城，中西部的农民进不了城。

浙江温州一个镇的书记讲："现在的户籍制度，农民进城没有问题，小孩要读书在上海买房子，在北京买房子，都可以，关键是把户口改成柳市的非农户口，有什么意义，农民怎么想，你又不安排工作给我，子女上学多交一笔学费。政治权利没有问题，半年以上就有选举权，一年以上就有被选举权，选举权按不按户口，我们自愿，你如果愿意回江西，上海选举也可以，愿意在我们这里选举也行，以前大部分回到本地区选举。现在企业很多老板都看到这个问题，他原来管理常住人口不愿意管，现在愿意管了，自己如果选人大代表的话，我这个企业里面4000人，跟你这个企业里100人，就可以多3900票。但是财产的分配权就没有那么容易了，农民依附土地，他离开土地就什么都没有，土地派生出一系列的利益和问题，在村里面项目好办，他有地就有分配权，转移到城镇取消了分配权，他肯定不行。如果把农村的土地，或者由土地派生出来的农民所属的经济权股份化，农民有他的经济权，走到哪里都有，就好转移了。"

中西部地区如河南秣陵镇书记所言："农村进城务工是为了挣钱，家里有地心不慌。他们不愿意进城，为啥？我家里有地，城镇也不管我，我在这边可以经商挣钱，家里也不管我这边，我成了自由人，进退比较方便。所以他不愿意进来。像计划生育，他到镇之后，办成城镇居民，一是收费标准高了，二是城里计划生育管的还严。我们镇里也没有像样的企业，现在就是政府的干部稳定一点，进来以后都要把家属搬过

来。在企业打工，市场上做买卖的人不少，但都不稳定，赚些小钱，没有稳定的就业机会，收入也不稳定，村里又有房子，他肯定不进来。”

浙江宁波泗门镇的镇长说得明白：“农民是否进小城镇，不完全取决于户籍制度，而是取决于进来后有没有经济效益、有没有事干、有没有钱赚、有没有饭吃，政府有没有足够的财力解决进镇农民的社保和一部分人的低保问题。”

六、几点建议和希望

座谈会上书记镇长们提出了一些建议和希望，主要有以下几点。

一是请求发改委继续加强指导，最好每年召开一次例会，交流经验，了解中央精神，多组织一些学习交流培训活动，开阔眼界，指导试点工作，使试点工作更健康、更快速发展。

二是要加大落实中央11号文件的力度，保持试点的连续性，完善城镇的政府职能。现在小城镇有责无权，职能不完善，城管、财政、环保、土地等方面受到严重制约。

三是要研究达标考核与政府职能转变问题，政府不能什么都管，结合落实新的发展观，改变目前这种达标考核办法，推进政府职能的转变。

四是资金项目上能否给予倾斜，多给些项目支持。试点镇可以承担一些试点、示范项目建设。希望有一些资金支持试点小城镇的经济社会发展规划和农民工的培训，“我们要求不高，但最好是有点实的支持”。

乔润令　整理

（2004年7月）

立足贫困县县情 抓好新农村建设

顾惠芳

2008年4月中旬，国家发改委小城镇改革发展中心，就陕西的社会主义新农村建设问题，对陕西省武功县进行了调研。陕西省武功县地处关中平原腹地，毗邻国家杨凌农业高新技术产业示范区。全县总面积397.8平方公里，人口42.2万人，耕地41.8万亩。2007年，全县生产总值30.2亿元，地方财政收入3030.8万元，农民人均纯收入2950元，属省定贫困县。

我们在调研中发现，武功县虽然是一个贫困县，但是，在推进社会主义新农村建设过程中，因地制宜，不搞花架子，不搞政绩工程，认真地按照中央有关文件精神，采取办实事的做法，解决农村生产和生活中的实际问题，为老百姓干了一些实事，深得农民的欢迎。

一、以农业为龙头，带动特色经济的发展

1. 稳定发展优质高效粮食产业

武功县委县政府立足本县优越的水利灌溉等自然条件，围绕“提高单产，稳定总产”的目标，积极实施以渠、井、路、方田建设为主的农业综合开发和土地复垦项目工程，大力发展优质小麦、高效玉米。近两年，累计改造中低产田20000亩，新增耕地1600亩。依托杨凌农科城，大力推广良种良方，建立了10万亩小麦良种繁育基地，近年全县粮食总产稳定在25万吨左右。

2. 大力发展循环经济和绿色农业

县委、县政府采取设立农业发展基金、行政推动等形式，在全县7个

顾惠芳：国家发改委城市和小城镇改革发展中心总经济师、副研究员、硕士。

乡镇发展设施蔬菜专业村12个，设施大棚1850个，中棚300个。借鉴外地经验，大力推广“粮、畜、菜、沼”四位一体循环农业发展模式，先后建立了瘦肉型猪、高产奶牛等生态养殖小区。例如，总投资400多万元、占地140亩的武功镇聂村生态养殖小区，目前建有猪舍22座，养殖效益大幅提升。该县大庄镇贺家村设施大棚里的圣女果，一亩地年纯收入0.8万元，是种植粮食作物收益的10倍。

3. 精心培育“一村一品”产业新亮点

武功县委、县政府大力发展“一村一品”特色经济，以示范村为基地，采取“公司+合作社+农户”的模式，引导扶持农村妇女从事手织布生产。目前，已发展了以贞元镇南可村为代表的手织布专业村63个，从业人员达7000余人，年收入900多万元，人均增收1300多元，“苏惠”牌手织布生产工艺成为国家制定行业标准的依据。另外，全县坚持采取新技术、新工艺、新模式，改造提升传统产品，培育形成了麻花、锅盔、食醋、制刷、地热养殖、辣蒜、草编工艺等“一村一品”产业。坚持以品牌提升效益，包装注册了“苏蕙”和“若兰”手织布、“志峰”大锅盔、“韩林”麻花、“老君” 食醋等品牌，引导农户走小区化布局，规模化生产，品牌化经营。手织布产业通过南可村农民组织的“黄土风情”模特队的表演和展示，在全国享有知名度。知名品牌带来了显著的经济效益，该县大庄镇的北韩麻花，品牌经营后的售价由每根0.18元涨到现在的1元，倪家大锅盔由24元涨到48元，整整翻了一番。据统计，目前全县建成省级“一村一品”示范村11个，人均纯收入3500元以上，其中“一村一品”产业贡献额为2750元。

4. 坚持提高农业技术含量

在省、市政府的支持下，该县与杨凌示范区签订了合作建设陕西现代农业示范县的协议，创新建立了大学（专家）+基地+农户的科技推广模式。县政府每年专门列支10万～50万元，聘请西北农林科技大学10位专家教授为首席科技顾问，建立了畜禽养殖、良种繁育、绿色蔬菜、苗木花卉等十大专家示范基地，定期进行技术培训和指导。依托杨凌职业技术学院武功分校，积极实施农民教育“百千万工程”。制定外出考察学习规划，先后组织干部群众赴江苏华西村、山东寿光县以及省内先进地区，通过“走出去，请进来”，学习传授农业实用技术和经营理念，为新农村建设和产业结构调整提供技术支撑。2007年，累计推广使用技术，转化科技成果53项，培训农民2.86万人次。

5. 积极培育农产品精深加工龙头企业

全县充分发挥专业合作社组织、协会和农民经纪人队伍的作用，大力发展农产品加工业。目前，围绕优质粮食、设施蔬菜、辣蒜、奶畜制品和“一村一品”产业，在全县培育形成了以神果股份公司为龙头的奶畜产业链，以华龙集团为龙头的粮食深加工产业链，以陕西正大公司和养猪业合作社为龙头的生猪繁育屠宰加工产业链，以陕西女皇果蔬厂为龙头的水果、蔬菜冷藏加工产业链以及一批“一村一品”产业群，初步构建了县域市场农业的新格局。

二、加大农村基础设施投入，抓好农村精神文明建设

1. 加大乡村道路建设

该县利用国家投资通村公路建设的政策机遇，采取多元化投资的办法，重点抓了乡村路网建设。2007年，全县共完成投资1.3亿元投资乡村道路，投资总额是当年县财政收入的4倍。目前，通村道路宽度均在5米以上，厚度达到18公分。坚持修路、管护、绿化，公交线路同步同网，成立了道路执法监察大队，组建了160名护林员和208名道路保洁员队伍，实行垃圾定点堆埋，创新建立了“护路，护树，保洁”三位一体的道路管理长效机制。

2. 切实改善农村人居环境

县里积极实施电网改造、集中供水、沼气利用、宽带信息网络、警铃入户等配套设施建设。目前，全县206个村全部完成电网改造。农村新合疗参合率达到93.1%，建成户用沼气池3100口，实现了调频广播全覆盖和有限电视村村通。84个示范村都有了文化广场、卫生室、警务室和连锁超市，农民群众过上了和城里人一样的新生活。

3. 大力推广乡村精神文明建设

全县近年来开展丰富多彩的群众性精神文化活动，利用流动舞台车

定期送文化下乡，在行政村每月为群众免费放映一场数字电影。鼓励支持农家书屋、秧歌锣鼓队、书画协会、秦腔自乐班等群众文化组织自娱自乐，服务群众。结合“八荣八耻”教育，广泛开展了“十大孝子”、“好媳妇”等群众性精神文明创建活动，在全县倡导形成了“健康向上，文明诚信，邻里和睦，恪守公德”的社会新风尚。

三、加强组织领导，确保各项政策的落实

1. 选派乡镇干部驻村工作

2007年初，结合转变乡镇职能，推进新农村建设，在全县开展了乡镇干部“驻基层、强组织、促发展”活动。在选派干部上因村因人而异，把干部特长和所驻村实际结合起来，注重把乡镇机关的能人确定为后备干部派驻村上，长期工作，并配备安装了电脑、固定电话和必要的办公设施。在管理制度上，实行了动态考核淘汰办法，每年淘汰10%驻村干部。又配套出台了村级干部管理办法和村干部激励保障机制，提高村干部工资补贴标准，为优秀村干部办理养老、医疗和工伤保险，最大限度地调动村级干部的积极性。目前，全县112个行政村，共派驻了281名乡镇干部。

2. 完善联合督促落实的机制

县委、县政府从有关部门抽调专人组成县联合督查室，从工作力量、经费保障和规范化建设上给予倾斜，使督查工作具备了统一、高效、便捷的特点和优势，并综合采取了督查专报、督促整改、考核通报、戒勉谈话、媒体曝光、组织处理等措施，充分发挥督查工作的权威性，使之成为各级干部转变作风、促进落实的强大动力。

3. 建立科学公正的考核评价机制

县委、县政府修订完善全县目标管理责任制动态考核和奖惩办法，将示范村建设、农业产业化、基础设施建设、乡风文明等纳入考核之列，严格实行季考核、季讲评制度，现场兑现奖罚。2007年以来，全县累计拿出170多万元用于平时奖励，年终奖励额达到300多万元，现场交罚金11万多元。同时，坚持把督查和工作实绩考核的结果与干部选用相

结合，一把尺子量干部。注重在驻村干部和一线工作中选人用人，变“伯乐相马”为“赛场赛马”。今年以来，经过了一线实绩考核，已有近30名工作成绩突出的驻村干部提拔到上一级领导岗位。

（2008年4月）

科学发展在温江

——成都温江区万春镇统筹城乡发展的探索

乔润令

如何落实统筹城乡，成都市温江区在工业反哺农业、城市支持农村、对农村农民多予少取放活方面，进行了大胆探索。以发展带动改革，从项目开发的实施政策入手，着手建立健全以工促农、以城带乡的政策体系和体制机制，促进公共财政向“三农”倾斜、公共设施向农村延伸、公共服务向农民覆盖、现代文明向农村传播，取得了明显成效。城乡经济快速发展，城乡收入差距明显缩小，从就业、社保到管理，二元体制正在被打破。农民分享到了工业化、城镇化的成果，也充分享受到土地等财产权益所带来的收入。

一、城乡资源互补：让农民分享工业化的成果

温江，是四川农家乐的发源地，一个个花木葱茏的农家小院，培育起了20世纪90年代流行的农户经营模式。近年来，当地政府通过城乡一体化的巨大平台，以“政府引导、企业运作、农民参与”的开发模式，成功地引进了成都置信公司的“国色天乡主题乐园”项目。以前一家一户的农家乐发展模式，一跃而变为国际标准规划设计，城乡资源互补，一、三产业互融互通，公司化运作，产业化发展，农民、企业、政府多赢的高层次的旅游文化项目。

该项目融汇了中外建筑文化、园林文化、餐饮文化、休闲文化和娱乐文化的精髓，是“情景互动”游憩方式与商业区结合为一体的体验式游乐主题公园，把生态建设、文化建设和旅游产业发展紧密结合在一

乔润令：国家发改委城市和小城镇改革发展中心副主任、硕士。

起。项目2007年一年就接待游客400多万人次，营业收入3亿元，仅为万春镇政府贡献的地税收入就有2000多万元。

重大旅游项目也改变了这片土地上农民的命运。在2004年以前，万春镇还是一个纯粹农业化的乡镇。从2004年“国色天乡”旅游地产项目悄然进驻万春并逐渐成形，经过两年多的建设，最终建成国色天乡主题乐园。在这一过程中，项目建设促进了土地流转和农民集中，带来的大量就业机会使当地农民很快完成了身份转变。据统计，在国色天乡乐园内部的1230余名工作人员中，有1000多人都是当地人。

该项目的入驻给周围的农民带来了巨大商机，人气的急增拉动了当地服务业的发展。刚刚过去的冬天虽是游乐园的淡季，可国色天乡依旧门庭若市，周末每天接待2万～3万人次，就连平时也有上万人次。一到节假日，在国色天乡乐园方圆十公里范围内的农家乐、宾馆，都需要提前三天预订，小老板们赚得盆满钵满，而周围卖小吃、卖副食、洗车的农民也乐翻了天。

在国色天乡等项目的带动下，当地具有劳动能力的农民基本上实现了非农全就业，充分分享了大项目、工业化的成果。

二、集中居住，让农民分享城镇化的成果

为从根本上解决“三农”问题，温江针对农村人多地少和大部分农民从事二、三产业的实际，打破原有的行政区域界限，有组织分层次地引导农民向城镇转移、向农村新型社区集中。万春镇已经完成了城镇规划和10个农村新型社区布点规划，目前已建成6个集中居住区，新建住房面积45万平方米，总投资3.35亿元，入住农户2917户8170人，大大加快了城乡一体化的进程。

一是促进了农村居民向城市居民转变。大批农民从土地中解放出来，汇集到城镇经商、打工，转变为城市居民和工人，使城镇居住人口增加到了1.9万人。仅仅三年时间，万春就完成了从温江北部乡镇到城市副中心的转变，一座崭新的小城市取代了过去破旧的万春老街。如今，万春镇的城镇道路、电力、天然气、自来水、地下管网等基础设施建

设，已经实现了与主城区基础设施的“大并网”和无缝对接，城镇化水平进一步提高。

二是促进了土地的集约利用。通过集中安置，整理出农村集体建设用地3000亩，扣除420亩集中居住区建设用地，净节约土地2580亩，节约了农民农村集体建设用地，促进了土地规模流转，为引进大项目、土地的规模经营以及农民获得财产性收益创造了条件。

三是农村居民开始分享与城市一样的公共服务。集中居住区的建设，使政府能够把有限的资源集中用于居住区的配套建设，建成的花乡民居、大同上郡一期、南岳小区、协华小区、长石小区等农民集中居住区设施完善，配套的银行、电信、医院、市场，以及电力、公安派出所、配气站、政务中心等设施应有尽有，农村小区所享有的公共设施和服务已经与城市无异。

三、深化改革，让农民从自己的财产权利中获得收益

工业化和城镇化催生了农村集体产权制度的改革。温江借鉴国企改革的经验，将农村集体资产股份化、农村集体土地股权化，将股权量化到人。如率先试点的天乡路社区将宅基地使用权确权到人，将2298亩土地按每一厘一股的标准将股权全部量化到个人，集体不占股份；1921万元的集体资产以每股1元量化到每一位社区成员。资产股又分为人口股和农龄股，农龄股18岁以上才有，占资产总额的20%；人口股社区成员都有，占资产总额的80%。

通过明晰农村集体产权、农村股份合作这一平台，解决了束缚农民发展的诸多体制障碍。

一是土地可以直接与项目对接，促进了土地的规模经营、工业化产出，提高了土地利用效率，农民增加了股权收入。天乡路合作社将集中起来的土地以每亩每年600公斤大米的价格，租给国色天香旅游项目1448亩，同时受让企业每年每亩另给合作社75公斤大米作为协调费；另有400亩以同样的价格流转给4位花木大户，一亩地的租金收入是1800元，这笔钱作为土地股红利返给社员。

二是创新农村经济运行机制，集体资产经营收入增加，保障了农民的财产权益和由此创造的经济利益。天乡路合作社将3.6万平方米的集体商铺统一租给金川公司经营，自己还成立了一家从事建筑、绿化、建材销售、物业管理的卫鑫公司，社区农民就业率达到93%。仅2007年，天乡路合作社的总收益就达760多万元，除付给社员收益外，合作社净收益111.3万元。2008年该社区人均纯收入达到7760元。

三是为农民进行农用地使用权、农村房屋抵押贷款的试验开辟了道路。到目前为止，温江以土地使用权、农房、林地及附着物抵押贷款已有16宗，贷款余额2005万元，这是具有破冰意义的探索。

四、公共资源向农村延伸，让农民分享政府的公共服务

随着产业的发展，政府的税收和土地收入有了大幅度增加。统筹城乡有了条件，温江区把以前只在城市实施的公共职能向农村延伸，在全省率先大规模推进政府公共职能城乡全覆盖。

一是推动规划、建设、教育、劳动社保、城管、环卫等公共管理部门的职能向农村延伸，试点探索建立了村级公共服务和社会管理配套设施建设的分类供给、经费保障、统筹建设、民主管理和人才队伍建设五大机制，初步形成了统筹城乡发展的管理体制。万春镇投资600余万元，新建和改建了一批村（社区）活动中心，配套建立了便民服务全程代理站。2008年，仅万春镇服务大厅和村（社区）活动中心为群众办理各类事务53220件，限时办结率达100%。

二是统筹整合全区教育资源，完成了新一轮校点布局规划，完成了对全镇中小学的优化调整和规范化、标准化建设工作；在全省率先实现义务教育阶段零收费。

三是完成了对全镇卫生院所的优化调整和规范化、标准化建设工作；初步构建起了覆盖城乡的卫生信息网络，全面推进公立卫生机构标准化、规范化建设。加快构建三级公共文化基础设施网络，实施了“一公里文化圈”建设工程。

四是同步推进了市镇规划区内的管线下地工作和全镇范围内的自来

水、天然气、排污等管网与温江主城区的“大并网”工作。采用公司化的运作方式，对城乡绿化、道路保洁、垃圾清运、公共设施维护实施统一管理。万春镇在全市率先全面开展农村生活垃圾集中收运处理，建立“户集、村（社区）收、镇（街）运、区处理”的管理运行模式，建成垃圾中转站100个，配备清扫保洁员130人，垃圾清运车100余辆。

（2009年5月）

天津市城乡建设用地增减挂钩试点工作经验介绍

王俊沣　黄　跃

2005年下半年开始，天津市政府结合本地区实际，积极探索了以宅基地换房办法建设示范小城镇，推进社会主义新农村建设的新模式。并以此全面推动土地挂钩试点工作。天津市“宅基地换房”提出后，得到了国家有关部门的支持。国家发改委先后批准天津东丽区、津南区，华明镇等2区14镇为全国发展改革试点城市和小城镇。国土资源部将天津列为全国第一批城镇建设用地增减挂钩试点城市，并先后下达了4491公顷的土地周转指标。

一、基本情况

1. 提出背景

据统计，天津市2005年有涉农乡、镇137个，村庄3840个，农村地区城镇化水平仅为56.24%。存在的主要问题：一是小城镇和村庄规模普遍偏小，村庄人均建设用地大，人口密度低，用地不集约，降低了土地利用效率。镇均人口7674人，人均建设用地247平方米；村均人口1107人，人均建设用地256平方米。二是各种设施水平较低，公共服务设施和基础设施配套不完善。三是污水随处排放、垃圾随处堆放现象普遍，影响投资吸引力与社会的可持续发展。四是农村地区城镇化面临着资金和土地的双重约束。

2. 探索思路

2005年8月，天津市提出了以宅基地换房建设小城镇和新农村的新

王俊沣：国家发改委城市和小城镇改革发展中心发展改革试点处处长、博士。

黄　跃：国家发改委城市和小城镇改革发展中心发展改革试点处副研究员、硕士。

思路。所谓宅基地换房，是在国家政策框架内，坚持承包责任制不变、可耕种土地不减、尊重农民意愿的原则，高水平规划、设计和建设有特色、适于产业聚集的生态宜居新型小城镇。农民按照规定的置换标准，以宅基地换取小城镇的住宅，迁入小城镇居住。农民原有宅基地统一组织整理复耕，实现耕地占补平衡。在规划建设的新型小城镇，除了规划农民还迁住宅小区外，还要规划出一块可供市场开发出让的土地，通过土地出让获得的收入来平衡小城镇的建设资金。通过宅基地换房，实现农民向城镇集中，工业向产业园区集中，耕地向种植大户集中，农民由第一产业转向第二、三产业。

3. 实施进程

从2005年底到2012年5月，天津市政府先后批准了四批43个宅基地换房试点，共涉及641个村、34.4万户、100万人，规划建设农民住宅5400万平方米，概算总投资2800亿元。目前已开工3400万平方米，现已竣工近2000万平方米，累计完成投资1091亿元，40万农民喜迁新居，完成土地复垦2052公顷，其中第一、第二批1433公顷土地周转指标已全部归还。

4. 取得阶段成果

天津市通过宅基地换房这一实践，初步达到了集约节约利用土地、节约能源资源、增加就业岗位、增加农民收入、使农民享受到城市生活、逐步缩小城乡差别等效果。同时，在农村土地流转制度、小城镇社会管理体制、城镇管理方式、集体经济组织形式、综合执法体制、社会保障制度、建设投融资方式和三区统筹联动发展等8个方面进行了创新。

二、主要做法

1. 坚持科学规划

在规划编制中，天津市各试点单位充分考虑经济社会和人的全面发展需要，科学划分居住、服务、产业等功能区，形成布局特色。在建筑设计上，运用先进的设计理念，建筑造型、外沿风格要新颖、美观、协调、统一，形成鲜明的建筑特色。同时，注重历史文化遗存的保护，寻找文化的根，挖掘文化的源，形成各具特色的鲜明个性。

2. 探索循环经济发展模式

小城镇建设遵循“减量化、再利用、资源化”原则，主要探索了五种模式：一是探索规模，使用太阳能、中水回用等循环经济发展模式；二是按循环经济模式建设小城镇工业生态园及农业生态园；三是大力推进沼气和秸秆燃气循环生产模式；四是确立循环经济再生资源回收利用模式；五是建立循环经济评价指标体系。例如，华明镇作为全市第一个循环经济试点小城镇，为农民住宅安装了9000套太阳能热水器；实行雨污分流，中水回收；规划建设了16平方公里的农业生态园和7.3平方公里的工业生态园。

3. 保护农民利益

通过宅基地换房促进土地更有效的集约利用，吸引人口和产业的集聚，形成集聚效应和规模经济，大力提升小城镇配套环境，大幅度提高土地出让的总收益，进而提高农民收入。天津市政府明确规定小城镇土地出让政府收益部分全部返还，用于农民安置住宅和公建的建设。另外，请农民参与宅基地换房的全部过程，凡涉及农民利益的事都要由农民自己做主。这些制度从根本上维护了农民的利益。比如，华明镇为确保不让一户农民因经济原因搬不了家，制定了人均30平方米的置换标准，老少三代的家庭可以选择两套住宅，搬迁农民给予一次性补贴等政策，农民满意度达到95%以上。

4. 重视土地复耕

在天津，凡是没有完成任务的，市里不再下达新增建设用地指标，也不再批准新的试点小城镇。比如，华明、小站镇已整理复垦宅基地947公顷，超额完成581公顷的挂钩周转指标。在华明镇复垦地上，已建成427座二代阳光节能温室，主要进行无公害蔬菜、水果、花卉生产。

5. 城乡公共品统筹供给

农民进入小城镇集中居住，能享受到和城市一样的公共品服务，真正实现了农村公共设施供给、人口城镇化、资金筹集、创造就业和生活方式改造的五位一体。据统计，自2006～2011年，仅天津市发改委就用预算内资金3.6亿元支持小城镇的教育、卫生、医疗等城乡公共品建设，为农民的日常生活提供便捷服务，得到了群众的拥护。

6. 实施管理创新

随着以宅基地换房办法建设示范小城镇试点工作的不断推进，数十万农民将由分散的村落集中到新型小城镇居住，生产生活方式发生了巨大变化，同时，也带来了小城镇管理体制和机制的深刻变革。天津以华明等镇为试点，实施了小城镇管理制度创新的探索，主要包括小城镇管理体制创新、社区管理机制创新、小城镇管理方式创新、农民就业制度创新、社会保障制度创新和集体经济组织形式创新等，均收到很好的效果。

7. “三区”联动统筹发展

在示范小城镇的基础上，天津市政府不断丰富发展其内涵，提出了坚持以示范小城镇建设为龙头，全面推进农民居住社区、示范工业园区、农业产业园区，“三区”统筹联动发展的工作思路，进一步加快农村人口向小城镇集中、工业向园区集中、农业向设施农业集中，从根本上解决农村现代农业、农民就业和农民社会保障等一系列问题。

8. 精心策划组织

天津市政府由主要领导亲自抓，成立了由发改委、农委、建委、规划、国土等部门组成的工作班子，负责组织推进全市宅基地换房工作；各有关区县都成立了强有力的领导小组，一把手挂帅，成立工程现场指挥部，搭建投融资平台；试点所在镇村主要领导当成大事来抓，抽调得力人员组成工作班子，形成了市、区县、乡镇、村联动的工作格局。

三、工作中的几个关键环节

1. 土地平衡

天津市按照国土资源部挂钩试点工作的要求，所有试点在申报前必须编制土地整理复垦实施规划，必须算好土地平衡账。建新区新增的建设用地必须通过以宅基地换房，农民迁移到新建小城镇居住，把布局分散、数量很大、使用效率很低的农民宅基地集中起来，统一整理复耕来归还国土部土地周转指标，土地平衡账达不到要求的不批准试点。

2. 资金平衡

天津市在规划建设新的小城镇时，适当留出用于商业开发的土地，随着人口的集中和城镇规模的扩大，小城镇可供商业开发的土地会大幅增值，通过“招、拍、挂”的方式，取得的土地增值收益用于平衡解决小城镇农民住宅和公共设施建设的资金需求。这样在促进土地集约化的同时，也创新了小城镇建设投融资模式。如华明镇试点，用于小城镇建设资金约40亿元，实现了小城镇建设的资金平衡。

3. 群众满意

将尊重农民意愿，坚持群众参与的原则贯彻始终。首先是换房，农民自己申请，要自愿，征地补偿分配、置换标准制定、房屋测量、房型选择等环节，让农民自主选择、自主决策；其次是自愿整理好自己的宅基地，要有法律手续，要签协议；第三是以村民代表大会的形式广泛听取群众意见和建议，达不到95%赞成、5%不反对的村，不批试点；第四是对人员界定、房屋测量、评估认定、新房分配等情况都要张榜公布，维护好农民切身利益。

4. 规范操作

天津市发改委牵头出台了示范小城镇一系列规范性意见。以此为基础，2009年，天津市政府颁布了《天津市以宅基地换房建设示范小城镇管理办法》第18号令，并已正式施行。该办法包括规划管理、土地管理、融资管理、置换管理、审批程序、建设管理、城镇管理、法律责任等主要内容。通过法律法规，进一步规范了挂钩试点工作，为小城镇建设提供了制度化保障，促进了天津市小城镇建设由点到面全面展开。

（2012年5月）

创新农村土地使用制度　推进城乡统筹发展

——浙江省嘉善县姚庄镇试点经验介绍

王俊沣　叶伟春

姚庄镇位于浙江省嘉兴市嘉善县东北部，处于长三角经济区的中心位置，东与上海市相连，西北与江苏省隔河相望，是浙江接轨上海的"桥头堡"。全镇区域面积75平方公里，辖18个行政村和4个社区居委会，户籍人口4万人，新居民（指户籍不在姚庄的常住人口）2.8万人。2011年全镇实现生产总值50.05亿元，工农业总产值240亿元，财政总收入5.23亿元。是第三批全国发展改革试点城镇和浙江省首批27个小城市培育试点之一。

2008年以来，姚庄镇紧密结合沿海发达地区实际，牢牢抓住农村改革发展的关键环节，创新农村土地使用制度，积极开展"两分两换"试点和农房改造集聚；同步推进户籍制度改革，着力加快人口集聚，不断提高土地集约利用水平，基本构建了城乡一体发展新格局。2010年6月，姚庄镇农房改造集聚一期——桃源新邨社区正式建成，2012年5月，已有816户3200多名农村居民入住城乡一体新社区。通过对集聚农户原有宅基地复垦和附属土地整理，盘活土地688亩。

一、姚庄镇的主要做法

1. 坚持做到摸清家底，努力体现农村的真实性

姚庄镇采取发放调查表、座谈会、上门核查等方式，一方面摸清了镇域内农户的数量、户均合法户型建筑面积、户均生产性服务用房面积、户均宅基地面积、户均人口等情况。另一方面，摸准了绝大多数农

王俊沣：国家发改委城市和小城镇改革发展中心发展改革试点处处长、博士。
叶伟春：国家发改委城市和小城镇改革发展中心发展改革试点处助理研究员、硕士。

民对试点工作表示赞成、自愿置换且集聚居住到新社区的基本心态。并根据农民需求，结合农民旧有的生产生活习惯等因素，集聚新社区设计了户型面积分别为121平方米、82平方米、66平方米的三种标准公寓房和占地面积分别为85平方米、75平方米、60平方米的三种复式公寓房，配套了既可用于文体娱乐又可置办“红白事”的多功能用房等公共设施。

2. 坚持做到合理布局，努力体现规划的科学性

姚庄镇政府修编了《姚庄镇域总体规划》和《姚庄镇土地利用总体规划》，将镇域规划为商贸居住区、工业功能区和现代农业产业区三大区块。在商贸居住区中，规划建设“1+2”城乡一体新社区，其中主中心规划建设1个占地1.2平方公里的市镇型新社区，副中心规划建设2个集镇型新社区，按照“一次整体规划、分期分批建设、逐步完善功能”的总体要求，分期开发建设。目前，主中心一期占地350亩的桃源新邨社区已经建成入住。

3. 坚持做到慎研政策，努力体现政策的平衡性

姚庄镇坚持正确处理好“政府可承受、农民可接受、工作可推进”三者之间的关系，坚持农民自愿置换原则，在反复论证基础上形成了《姚庄镇农村住房置换城镇房产实施办法（试行）》。农户按照这个办法进行置换，标准公寓房安置以户均180平方米（两套住房）计算，建筑安装成本约为18万元，补助和集聚奖励户均17万元，置换农户只需支付1万~2万元左右。选择复式公寓房的农户户均只需支付7万~8万元左右。农户支出成本较轻，易于接受。同时农户可根据自身需要和经济实力，自主选择标准公寓房和复式公寓房进行置换。

4. 坚持做到统筹建设，努力体现工程的优良性

姚庄镇成立了注册资金1亿元的姚庄新市镇投资开发有限公司，作为农房改造集聚项目的运作主体，承担项目的建设、投融资、宅基地复垦等工作。同时根据“统一规划、统一设计、统一建设、统一监管、统一结算”的建设要求，按照“整体置换+零星置换”相结合、置换户与拆迁房统一进新社区集聚、置换协议签订后必须先腾空并拆除旧房、置换户委托新市镇公司代建复式公寓房等方式推进建设，减少了不必要的矛盾。

5. 坚持做到算好细账，努力体现测算的客观性

姚庄镇一方面做好投入的测算。整个“1+2”新社区测算总投入为15亿~18亿元之间，包括前期工程费、“两房”和公建配套用房建设费、基础设施费、财务费和不可预见的费用。另一方面做好收益的测算。整个试点项目建设完成后，可以盘活的2000余亩土地一部分用于工业开发建设、一部分用于城市建设和商业开发，整个项目净收益在17亿元左右。总体上，投入与收益基本平衡。

6. 坚持做到用心管理，努力体现管理的科学性

姚庄镇对已建成的一期桃源新邨社区，鉴于入住居民经济身份、政治身份、社会身份的特殊性，深入研究桃源新邨这种界于传统农村社区和城市社区之间的过渡性社区的管理工作，采取“政府主导+社区自治”相结合的管理模式，于2010年1月建立“1+3”社区组织框架，即建立社区党总支和社区管委会、党员议事会和居民议事会，加强对社区的管理服务，确保了社区居民安居乐业、社区和谐稳定。

二、取得的效果

从姚庄镇已经实施的农房改造集聚工作实践来看，取得了很好的效果，主要表现在以下几个方面。

1. 自愿至上，受到了全镇广大农民欢迎

姚庄镇始终坚持农民自愿这条底线，合理把握“改革推进的力度、政府的承受度、农民的接受度、建设推进的速度” 四个度的有机结合，找到政策的平衡点，推出了让各方都可接受的政策，让农民根据自身需求来自愿置换，不搞“一刀切”，不强行置换，真正与征地拆迁分开，避免了推进中的诸多矛盾纠纷，也让农民真正得到了实惠，深受农民欢迎。一期自愿报名1230户，二期自愿预报名1500余户。

2. 复垦到位，提高了土地综合利用水平

在新社区建设推进时，姚庄镇以城乡建设用地增减挂钩试点为契机，不断盘活土地资源，及时将置换户的农村住房、非住宅房及附属物等全部拆除，按照“田成方、路成格、林成网、进出水沟渠配套”等要求，高标准、高质量开展土地复垦，复垦后的土地由所在村流转给黄桃、蘑菇、芦笋等规模经营户经营，形成了全国最大的万亩鲜食黄桃等特色农业生产基地，推进了现代农业的发展。同时，通过土地复垦项目，完成土地增减平衡1032亩，其中1/3用于农房改造集聚新社区建设，2/3用于工业项目和城市建设，有效破解了土地要素瓶颈制约，提高了土地综合利用水平。

3. 改革户籍，提升了居民管理服务水平

姚庄镇紧密结合农房改造集聚的进度，积极探索“农民带地进城”的户籍制度改革。对已进新社区的816户农户，在行政村登记的基础上，在社区再次进行户籍登记，明确置换农户“权利两地共享、义务两地共担”，建立了居民“双向”管理服务制度。按照“生活原则上以社区为主、生产原则上以原行政村为主”的模式，高标准完善社区管理服务功能设施，满足社区居民的生活需求，原行政村统一建立“一站式”便民服务室，落实专人服务置换农户，确保了居民生产生活井然有序。

4. 各方认可，形成了可学可推工作模式

到目前为止，姚庄镇的试点接待了新疆维吾尔自治区党政代表团、江苏省党政代表团、山西省党政代表团等全国除西藏外1200余个团队超过5万人次的参观考察，被央视《焦点访谈》等各级媒体报道。国土资源部、中农办、国家发改委等八部门联合对姚庄镇推进农房改造集聚和城乡建设用地增减挂钩进行了实地调研，认为模式贴近实际，符合农民意愿，切实可行。

（2012年6月）

第五篇
城乡社会

警察故事：财政制度和收支两条线

白南生　王　冉

中国小城镇改革发展中心从2003年开始，就小城镇政府管理职能问题开展了调查。其中，于2002年11月到2003年10月在全国六大区的12个镇的调查中，我们也调查了12个公安分局/派出所和3个刑警中队/刑侦中队。我们了解到一些关于警察的情况，这些情况促使我们思考一些问题。其中时常引起我们讨论的一个问题是：传媒经常报道恶警事件，民众也对警察多有微词。那么，究竟是那么多的警察良心都坏了，还是什么地方的制度出了问题呢？

一、案例

麻镇地处西南喀斯特地貌丘陵浅山区。全镇21000人，少数民族超过90%，人均纯收入1458元。集镇人口12000人，包括非农业人口5600人，暂住人口5000人，日均人流量达4000人。

麻镇派出所的职能范围很广，包括治安、刑侦、禁毒、国家安全保卫、村政管理、铁路护路、巡警业务、户籍管理，等等。除经侦和监管外，几乎涉及公安局的所有业务。实际工作量最大的是治安管理和治安防范，占50%～60%；刑事案件侦查占20%～30%；然后就是应付各种检查，规范过程中的文字工作。

派出所现有干警10人，其中4人是公务员，经过全省统一组织的公务员考试，警服由省厅发，并授衔。其余6人是事业编，过去是合同制警察，1996～1997年参加过县里组织的公务员考试，警服要县局花钱。现

白南生：国家发改委城市和小城镇改革发展中心原研究员。

王　冉：国家统计局住户调查办公室副主任科员。

在，大家工作上都一样，工资也没有差别。干警工资由县局发，这几年基本没有拖欠（1996～1998年时曾有拖欠）。编制外人员有治安联防队（名义上由镇政府综治办管）3人，主要是巡逻和查夜，平时就是值班、听电话，赶场天由民警带着上街巡逻。按照县政府的标准，本镇联防队应设10人，其中县政府出2.5人的工资（300元/人），镇政府管2.5人的工资，另外5人由派出所负责；由于缺钱，现在只有3人，县政府出2.5人，派出所补0.5人。还有一个临时工，是个小姑娘，孤儿，原来派出所资助她读书，初中毕业之后帮着派出所做饭。

问题是，除了工资外，没有任何列入计划内的工作经费和办案经费。水电费、办公费、通讯费、汽油费、车辆维修、差旅费以及接待兄弟办案单位的费用等，按以往经验，派出所一年需要支出7万元。这些经费从哪里来呢？

过去有规费收入：治安联防费，主要是收商铺的钱，5～30元/月，每月能收3000～4000元，用于治安联防队，1996～1997年联防队共14人；特行管理费，30～200元/月不等，当时特行少，每月收入近2000元，上交。这些现在都不收了。只有一项外来人口暂住证，5元/年，全上交。据说有一个返还比例，具体是多少不知道，似乎从来没有返还过，因为钱太少了。虽然外来人口有5000多人，办证的仅600人左右（来投资办厂的人及所雇用的外来劳工，按照优惠政策，只登记不收费）。

罚没收入：集镇上的特殊行业较多，有卖淫嫖娼，过去能罚6万～7万元，（我们去调查的）当年旺季的两个月罚了1万元左右。当地赌博不多，农民穷，这几年没有聚众赌博的。对有吸毒史的人和发廊、出租屋的年轻人，每个季度强制尿检，如果查出是阳性，就通知县禁毒大队来处理。没有线索怀疑的，一般不查。上个月查了4个发廊女，有2个是阳性。

罚款时，开行政案件处罚决定书，当事人如无异议，拿裁决书去指定银行交罚款。银行划拨到县财政。财政扣12%（用于教育基金和见义勇为基金）后返还县公安局，县局再返还一半（即总额的44%）到派出所的账上，并通知派出所。

平时花钱，有些必须用现金，多数是打条子赊账，比如加油站。账上有了钱，派出所就去欠款单位开发票，拿发票到县局报账。比如账上拨到4000元，加油站欠款9000元，只能先开2000元的发票，还要留2000元用于交水电费等不能赊账的支出。

我们去调查时，现任所长刚到任一个多月。接管派出所时，从账本上看，过去一年需支出7万元，罚没款返还仅3万元左右。欠款这么多，如何处理？其他人告诉所长：有人会主动拿钱给派出所，表示赞助。派出所说不收，但是别人执意要给，于是告诉这人派出所欠谁多少账，他就去帮着结了。或者是，派出所欠某人5000元，罚没款返还后，还了2000元，剩下3000元就算赞助了。“这样做，总会对公平办案有影响，但只是小事，比如改户口。真有刑事案件时，还是要讲原则。”

上级有些事规定很苛刻，比如档案管理达标，要求有专门的房间（上不着天，下不着地）、专门的铁皮档案专柜、档案盒、目录、空调、专用的档案电脑，共要花费1.2万元。但是，上级不给任何钱，领档案盒还要花钱，没有办法，只好找关系好的私人老板赞助。

有时干警为办案垫支差旅费长期得不到报销。现任所长原在刑侦队工作，1998年破了一个公路持枪抢劫案，所长为此去了一趟广西，加油、住宿共花了2070元。案子破了，但没抓到人，一直没给报销。直到2003年4月抓到人，局里才报了那2070元。

派出所有2部汽车，1部吉普车，1部昌河面包车。这是一个老家在本镇的副省长向省厅打招呼送的。还有5部摩托车，也不是买的，是“三无”暂扣的，估计是赃物，车主也不敢来要，现在用它来下乡。干警夏装只发一套，每天晚上洗，白天穿，膝盖和屁股处都磨白了，没有换洗的。

最令人吃惊的是，作为公安工作必备的警械，也要基层花钱买。除枪支以外，所有的警械包括手铐、警绳、警棍、防刺背心（1000元左右）、防刺手套等，都要派出所自己花钱到省厅买。防弹背心要2000多元，根本买不起。整个派出所只有3副手铐，其中1副还是所长从刑侦队带来的。警察执行公务，器材差，受了伤，医药报销还成问题。

所长说：想起来辛酸，觉得对不起干警，剥削干警。他们平均每天要干10～12小时，没有节假日，本来工资不多，还东扣西扣，700多元的工资只能拿到500多元，现在就有人要求辞职不干了。

这个案例是否太特殊了？

麻镇派出所案例所反映出来的经费问题以及解决经费可能带来的对正常警务活动的干扰，到底是普遍现象，还仅仅是个别的极端案例呢？就我们跑过的12镇而言，麻镇派出所所反映出来的问题是普遍存在的。

二、思考

那么，经费来源方式对组织行为有怎样的影响呢？

一个组织的经费来源方式（路径）在很大程度上影响甚至决定着这个组织的行为。

不同的经济社会政治体制会产生不同的行政机构设置，但是警察的存在大概是这些不同体制之间共性最强的特点之一。维护治安是不同体制的社会都需要的。警察作为公器，是现代政府的共识。

然而我们吃惊地发现，在基层，在乡镇：

警察大多没有办公经费和办案经费！

有些地方，警察只能领到部分工资！

不少地方，财政并不负担警察作为治安权力象征的警服！

很多地方，警察要自己挣钱购买警械！

几乎使人感到时光倒退到……

之所以成立一个行使公共职能的组织，一定是社会有某种公共需求，而这种需求不能简单地通过市场或企业组织来满足。于是，社会用公共财政来维持这个公共组织，并赋予其某种必要的权力，以保证它行使设定的公共职能。如果在制度设计上使这个组织利用其权力得到的规费收入和罚没款与该组织的可支配支出挂钩，很可能出现的一个结果是：这种收支挂钩将导致组织行为的异化。如果将制度设计成该公共组织靠公共财政无法维持其正常活动，那么组织行为异化的出现就几乎是不可避免的了。尤其是被赋予执法权力的部门，如公安系统、工商行政管理系统等，行为异化的后果尤其严重。

地处中南的一位派出所所长说：财政体制不改变，经费不保证，规范办案、公正办案很难做到。偷窃案、家庭案，要鉴定，比如物价鉴定（被窃物价数）、DNA检验等。没有鉴定，法院认为缺少证据，交由办案单位出具相关证明。但是，派出所连工资都不能保证，哪有钱去做鉴定，工作的积极性和创造性很难发挥。真正困扰我们的，不是治安怎么乱，而是经费怎么解决。比如一个小案，采取教育的办法，能树立公安的威信。但是为了解决经费，不能不罚款，结果给群众造成公安只知道要钱的坏印象。其实干公安，谁不知道应该干实事、干好事？谁没有进取心？过去一个警察管一大片，治安能保证，就是因为办案清楚，有罪犯就打击。希望能像教师一样，派出所的工资完全由上面管。

设立公安系统，是为了维持社会秩序，公安派出所的主要任务是加强安全防范工作和严格治安管理，民警的职责之一是“查禁黄赌毒等社会丑恶现象”。然而，由于现实中乡镇派出所的经费来源主要靠罚没款，而罚没项目主要是黄赌毒，如果彻底杜绝黄赌毒，日后的经费如何解决呢？无论如何，不能设计出这样一种鼓励“培养税基”的组织制度：职能设计要求打击非法活动，如果非法活动减少经费来源也就枯竭了。

三、收支短路

东北的一位公安分局局长说：财政给市（县级）局上交400万元的任务。公安又没有企业，又不生产，哪来的钱？只能靠罚。还强调警民关系，怎么能好？（谈到下村罚款时）我就是本地村里出来的，心里真是……中央领导在一次会上说，公安系统的钱要由财政出，不能靠罚款。几年下来，“皇粮”没吃上，口粮都快断了。罚款不是为了治安，是为了创收。应该是公安找财政要钱。现在整反了，财政从公安要钱，是极大弊病。公安又不是企业，只能去罚款，造成警民关系紧张。

我想，上级部门大概不会有意设计这种导致职能异化的财政制度。更可能的情况，在“分灶吃饭”的现有财政制度下，由于基层财政严重吃紧，只好动员所有机关积极创收，已经顾不得那个机关是否有条件创收，是不是执法机构。

当然，他们采取了防范措施。其中最重要的一条就是“收支两条线”。收到钱不上缴，是制度不允许的，要受到严厉惩罚。

真的收支两条线，应该是收支不挂钩。现在通行的收支两条线，是假收支两条线。所有收的费（规费收入和罚没款），如数交上去，不交就要被追究。有的省还专门成立了收费局。之后，财政再按一定比例返还。可能是为了鼓励积极创收，所以在制定预算时就不是根据实际需要划拨经费，少划拨甚至不划拨。

这种收支两条线，实质是变相的承包制。先交上去，扣一部分，再发下来，就正当了。未返还的比例，等于交了管理费。这实际上是一种收支短路。

这样做，可能工作上省事了。那么谁去管组织行为呢？谁去关心机构职能呢？如果光考虑财政负担而机构职能可以忽略不计，当初为什么要设这个机构呢？

收支短路的情况不是最近刚出现的。改革以来，经常发现有一部分急于先解决的问题无法单独解决。由于几乎所有国家管的人都纳入同一种身份等级供养体系，牵一发而动全身。低工资情况下，要给税务干部涨工资、要给警察涨工资，身份相同的人动辄几千万上亿，很难动，结果慢慢形成各系统自己逐步解决的现实。其直接结果，就是收入短路：有直接收入的单位/系统，过手现金多的单位/系统，自己解决工资福利，自己盖房。这也是导致社会上多数人认为社会分配不公平的一个原因。

好的制度培养好人，恶的制度制造恶人。

近些年，我们经常看到不良制度“逼良为娼”的过程。现在的一些制度让好人处于巨大的良心冲突中，除非不做工作，要工作就要做一些或者合法不合理或者合理不合道德规范的事。比如教育，不设法多收费就无法维持教学；比如医院，不开大药房就无法维持运转。逼着有良心的人向现实妥协，逆学习过程。

最糟糕的是，这种制度把不得已干的人和真正坏的人混在一起。比如公安系统，如果是真正的收支两条线，敲诈勒索的恶警就能凸现出来。但是现在警察的正常办公经费、办案经费甚至警服警械都得靠自己置办，靠规费收入和罚没收入的返还。在一些地区有罚没款的任务，其他的地区虽然没有任务，但制度设计成离开了罚没款机构就没法运转。

不罚款，不靠赞助，连基本治安工作都无法开展。

郑镇何村有3名女性出去打工，在外受骗，被广东一卖淫组织强迫卖淫。2002年底，这3个女孩打电话到家里求救。于是，家长到派出所报案，要求派出所与受害人家属同赴广东救人。但是，派出所经费困难，而且案件也是属地管理，于是表示可以打电话给广东警方帮助解决这一问题。家长很着急，说：你们需要多少钱，我们出。派出所不能要钱，最后决定：2名家长代表和2名干警一起开车去广东。最后，跑了几个地方，救助成功，用车将被害人接回。家长非常感谢，还送锦旗。但所长心情很不好，毕竟办案还要花受害人的钱。这一路上，家属共花费近4000元。另外，车跑了几千公里，一个车胎接近报废，家长愿意出钱换新的，所长坚持没让。这样的所长是有良心的。

华北的一位派出所所长说：罚没款主要是赌和黄。2004年，各项便民措施出来，严格执法，按程序办事，比过去收费更加困难。过去抓赌，可以追赌；现在强调现场抓赌，跑的人就说没赌，没办法罚。这样下去，如果财政不解决经费，公安工作很难维持。让人用罚没款过日子，非出问题不可。

如果制度保障警察的工作经费，规费收入和罚没款上缴且不以任何形式返还，不得接受任何形式的赞助，那些有良心的干警会拥护的。在这种制度下，鱼肉乡里的恶警就很扎眼，不会像现在一样可以混迹在不得已去罚款的干警之中。

其实邓小平1980年的一段话讲得很清楚："我们过去发生的各种错误，固然与某些领导人的思想、作风有关，但是组织制度、工作制度方面的问题更重要。这些方面的制度好可以使坏人无法任意横行，制度不好可以使好人无法充分做好事，甚至会走向反面……不是说个人没有责任，而是说领导制度、组织制度问题更带有根本性、全局性、稳定性和长期性。"①

---

①《邓小平文选》第二卷。

四、小结

为了维护社会治安，必须赋予警察必要的权威和执法权。为了保证这些权力被充分有效地利用于安全防范和治安管理职能，而不被滥用，有必要保障公安机关的财政拨款，包括足额薪金、办公经费、办案经费和警服警械警车等必要装备；实行真正的收支两条线，规费收入和治安管理处罚上缴财政，而且不与财政对公安系统的任何拨款挂钩。

（2004年4月）

影响中国农村的中长期问题

——农村中长期研究课题研讨会综述

2001年12月27日，中国小城镇改革发展中心召开我国农村中长期课题研究座谈会，会议由中国小城镇改革发展中心主任李铁、研究员白南生主持，国务院发展研究中心农村部部长韩俊、中科院农业政策研究中心主任黄季焜、社科院经济所副所长朱玲、北京大学中国经济研究中心教授姚洋、天则经济研究所执行理事盛洪、体改研究会副会长石小敏、副秘书长温铁军、农业部农村经济研究中心市场流通室主任何宇鹏等出席了会议，专家们从经济学角度提出了我国农村面临的几个中长期问题。

一、土地问题

土地制度问题涉及土地承包制、土地供给、城乡土地关系，并与农村社会保障联系起来。

温铁军指出，在农村的所有制度中，土地制度的问题最大。他认为土地只要流动，就会形成规模、产生效益的逻辑是错误的。如在农业产业化问题上强调公司+农户，似乎工商企业与负效益农业的相结合就解决农业问题的逻辑是错误的。大企业的兴趣在于得到土地，占领日益稀缺的土地资源，得到资金，在股市上赚钱，而不是投入农业。

黄季焜提出，应研究20年后土地数量应是什么样子，韩国、日本做了很多努力，土地供给还是扩大不了，一直在下降。而我们的政策在扩大土地供给时成本高，因此未来的政策就不是怎样扩大土地了，而是建立农业合作组织问题。

关于土地承包问题，姚洋认为，《土地承包法》是一种过渡性法律。现在是自然村或村民小组拥有土地，问题是国家尊重不尊重农民既定的权利。这实际上是村民整体与国家的关系，是管理的问题，不能把所有的问题都归结为土地问题。李铁也指出，这是国家治理结构问题，我国有五级政府，任何一级都代表国家，而美国的州、县政府都不能代表国家。《土地承包法》主要是针对反租倒包过程中侵犯农民利益的现象，反对两田制更多的是考虑道德评价问题。

二、农村的组织问题

农村的组织化问题，不仅涉及乡村两级政权，还涉及反垄断组织、公共财政问题。

石小敏认为，目前关注农村是从稳定出发的，可持续发展是和可持续改革、稳定、创新相联系的，所以农村最稀缺的不是土地，而是组织。一个好的政策必须有一个有利益相关的主体来贯彻，只有由真正的组织来实施，才能有效果。好的组织必须是符合双方的利益，是一个能上下对接的东西，好的组织有经济稳定、调节纠纷的功能。能和政府相协调的主体是谁呢？现在党、政、群组织在农村已处于半瘫痪状态。乡镇合并后，没有组织的村庄，会有什么组织出现？真正意义上的村级自治是在贫困地区，因为上面派不下来村长，村长的选出是利益双方博弈的结果。姚洋指出，在村内可以搞出民主，但村与村搞不成民主的现象，可称之为“孤岛民主”，村民主是对抗不了国家的。因此，存在如何形成农民真正的组织，而且与国家的利益相一致的问题，可培育类似的组织，使好的政策有承载体。盛洪提出，政治组织也是经济组织，基层政权有无存在的可能性？如何填补真空？农村有丰富的组织资源，农村在传统上有家族制度，可起一定的作用，如提供小范围内的公共服务，进行道德教育，如长老会类似的组织。还有很多的传统可以利用，如过去的文化调解人。现在农村有同学会、台会等，也可解决部分问题。所以要正视这些资源，利用这些资源，使政权与这种组织有一个结合。

姚洋认为，其实农村苛政猛于虎完全是一个财政问题。政府深入农村是计划年代的理念，现在政府只有收税和计划生育的功能，要研究如何解决各级政府财政的问题。

何宇鹏提出，要研究需要什么组织来完成什么功能。乡镇政府有收钱粮、稳定的功能，要研究政府经济功能消失后，今后政府有什么功能。如果乡村教育不存在，乡政府有无存在的可能，这种说法值得研究。再如加入WTO后，在解决贸易争端时，政府可用特殊保护（但现在不能用了）、一般补贴（用于补贴别的国家，一般也不用）、反倾销措施，而反倾销措施必须由生产者提出，并要求达到生产者的25%的人数提出，因此必须要有协会的成立。如果没有葱农、蒜农等组织，今后就无法解决大葱、大蒜类似的贸易问题。现在外国指责我们的组织是政府组织，而不是自发的协会，应研究如何在短期内建立起适应WTO的组织，解决谁去应诉问题。白南生也指出，现在国外协会排队状告我国，就是因为我国不去应诉，他们一打一赢。我国不去应诉的原因是各个单位占该产品的份额低，国有企业也都不去，希望“搭便车”。

李铁提出，中长期要研究如何成立真正的协会组织，研究如何建立解决争端的组织机制。用国营垄断的办法来化解外国农产品进入引发的各种矛盾，违背我国加入WTO的初衷，反而会强化农产品流通中传统组织的制约作用。应按照协会的方式，允许国有粮食流通商和民营粮商作为会员共同参与农产品进出口的谈判，只有这样，才能打破垄断，有效地反馈国内对国际农产品市场的需求信息。

温铁军指出，农村的组织制度问题还涉及发展专业化合作、社区合作问题，要研究农村的垄断问题，如何打破垄断。在农村，生产资料部门是垄断的，能产生合作效益的都是垄断的，负效益的农业是形不成合作的。如关闭“十五小”，大的方向是正确的，但背后隐含着深层次的问题。山西关闭小煤窑后，煤价上涨，只有省级部门垄断销售，造成垄断部门都发了，地方政府发了，但原来的打工者没有收入，农村没有煤了，农村的生活用煤供给产生了问题。再如农村信用社，其实也是公司+农户，应注意研究。韩俊也指出，大公司也是一种组织，大公司进入农业、占地，在国际上还没有成功的案例。

三、农村的公共财政问题

黄季焜提出，现在的财政问题，是政府功能问题产生的，要研究政府的功能问题。20年后，中国政府的功能是什么，可能管什么，要研究过渡到以后（管教育、安全、公共设施）的状况。现在政府什么都干，要取消某级政府，是取消不了的。盛洪认为，由于设立了乡政府，才产生收税问题，由此形成了恶性循环。白南生指出，政府的财政功能在异化，实际上是为了自己的生存。

韩俊指出，乡镇财政面临着危机，根源在体制上。现在80%的乡镇都是赤字，所以要多收税。国务院发展研究中心调查了12个乡，每个乡平均预算内财政收入150万元，供养人数500人，一年支出需600万元，“三提五统”不够用，就要借款。如餐馆要收农业特产税、农业税等要平摊、要举债（国务院发展研究中心调查的16个县，平均每镇负债250万元，每个镇干部都有借债的任务），要多收农民的钱。乡镇的日子为什么这么难？有专家分析，一是乡镇教育支出大，一个乡教师有300人，而乡政府只有30多人，“七站八所”有60~70人。二是分税制改革中把财权划分清楚了，但事权并没有划分清楚。中央对地方很重视，但转移支付制度不合理，体现在城乡教育支出的不合理。安徽的税费改革方案中，很多地方是从账面上减负，把农村各种集资打得很高，算在农民负担基数上，等待用转移支付的钱发工资。分税制还造成地方财政对农业的投入减少，但账面上却不是这样，因此根源在体制上。另外，由于就业难，使人越来越往行政部门挤，行政部门的人越来越多。地方政府就是收钱的政府，没法提供公共品。

白南生认为，农村公共财政问题还涉及乡、村两级治理成本问题。要研究国家是否在用高成本干不值得干的事，执行不值得的功能，有没有经济的办法？我国过去为什么能用低成本维持民族的统一？农村那么多的功能是如何实现的？过去很多超出一家一户解决不了的问题是用很低的成本解决的，而且很精巧，如老人问题、纠纷问题、围田问题。

四、就业问题

黄季焜的研究思路是现在农业人口占总人口的40%～50%，20年后，只占10%，所以农民就业是最大的问题，如何转化劳动力，涉及很多问题。据农业部杜鹰测算，2001～2005年是劳动力供给最多的时期，“十五”以后会下降。朱玲也认为，在农村中长期问题中，就业问题是最大的。现代经济学不仅要研究经济本身，还要注意社会学，把社会和经济研究联系起来。如现在要研究风险管理，特别是贫困人口的风险，要挖一个渠道，使贫困者的声音得以反映。加入WTO后，要注意运用WTO的减用条款来解决问题。

研究就业问题要与城镇化、中小企业发展、农村社会保障问题联系起来。

白南生预计，城镇化在下一阶段将有一个飞跃，因为“需求创造需求、就业创造就业”，会自我滚动发展。如果城镇化进程慢，意味着财富和效益的失去。何宇鹏指出，城镇化的方式很多，每种方式都可以研究。每种方式面临的制度障碍是什么？小城镇建设缺少资金，农民的汇款中有无资金投入工业、小城镇建设？怎样集中汇款，怎样投入，国家对小城镇的政策是否有资金的支持？现在是有政策，无具体的办法。

姚洋指出，20年的改革后，农村的社会保障水平在下降，城市的社会保障体系越来越健全，城乡在这方面的差距越来越大，这更吸引农民入城打工。韩俊认为，就业问题涉及县域经济，发展县域经济最根本是要加快工业化。就业问题中最重要的问题是劳动力跨地区流动与沉淀，农村通过邮局汇回来的钱比财政收入还多。民工打工也存在问题，一是收费太多；二是用收容遣返形式进行管理，是违宪的；三是民工子女教育存在问题。

五、农村金融问题

韩俊指出，农村存在县域资金流向城市、上市公司的问题，贫困地区的资金外流更严重，表现为当地的金融机构不良贷款少。农村有对资金的需求，但没有金融机构，没有金融的支持。温铁军指出，从现在热点的问题往回推，就会发现很多需研究的问题。1988年农业银行试行内部企业化管理，就发现资金不愿意下乡；农业合作基金会，上升到县、乡就形成政府的小金库；要研究现行政策背后隐藏的深层次问题，如银行商业化运作的方向是对的，但如何给农户提供生活性贷款成为问题，农村每年3000多亿元资金净流出，只能出现高利贷，2001年60%的信贷都是生活性借贷。姚洋提出，要研究过去农村的金融问题是怎样解决的。

六、农业结构调整问题

黄季焜估计，20年后农业产值将占8%，比现在的产值要低，要研究哪些农业将保持下来。

韩俊提出，要注意粮食的后续问题。如早稻与晚稻的差价很小，晚稻是优质稻，由计划调节，是亏损的；早稻由市场调节，粮食部门很愿意经营。如粮食放开问题，一个国家有些地区放开，有些地区不放开，是不合理的。再如财政资金消耗在流通环节太多了，有3000多亿元。

关于入世后农业结构调整问题，何宇鹏指出，农业问题并不是WTO带来的，是早就存在的。WTO对农业的影响，在短期内影响不大，长期利大于弊，但取决于农业政策的改革，入世后必须改善农业政策。他分析，加入WTO，大米完成配额肯定没问题；对小麦的影响小，因为常年进口就有1000万吨，配额只有900万吨，但近两年进口少，近期可能有一些问题；对玉米的影响较大，这几年，玉米是长期出口问题，库存多，补贴出口大；大豆与油料应放在一起研究，因为原来的关税不配套，大豆和豆油的税率不同，进口大豆对我们是有利的；农业加工品会出现问题，反过来会影响种植业，如棉花，近几年积压太多，价格低于国际市场，进口也进不来，出口取决于纺织品，受美国的影响。

窦　红 整理

（2002年1月）

著名专家学者谈

——非经济视野中的“三农”问题

在2002年1月12日的座谈会上，清华大学教授秦晖、孙立平、郭于华，北京大学教授王汉生、社科院研究员黄平、《炎黄春秋》杂志社主编吴思、农研中心副研究员何宇鹏等学者，从社会学的角度探讨了农村中长期面临的重大问题。会议由中国小城镇改革发展中心主任李铁和白南生研究员主持。学者们的主要观点如下。

一、当前农村问题的关键是什么

秦　晖：农民问题说简单其实也很简单，无非是农民数量要少些，农民权利要提高些。人口数量减少有个时间问题。一般将农民权利这个敏感的词换成国民待遇。农民权利问题是一切农民问题的核心，回避它，一切事情都会搞坏。各项工作不是建立在尊重农民权利基础上，一定会出问题。如很多合同只约束农民，农民很害怕。农村社区缺乏活力是个问题，各项工作集中在增加社区活力上，肯定会出问题。因为大一统意识强，不允许其活跃，传统社区不应回避。公民待遇如何取得，还要有一套制度。如果让这些社区自力更生，就是让其自生自灭。

二、当前“三农”问题的新特点

孙立平：还有一点应该考虑，90年代以来面临的“三农”问题与80年代面临的“三农”问题不同。80年代是生活必需品时代，90年代是生活耐用品时代。80年代农民能够通过提供粮食把城乡连接起来，90年代后，农民被彻底甩到社会发展之外。80年代，城里人的钱大部分购买农产品，成为农民收入，购买工业品，形成一个循环。城乡虽然有差别，但仍处于同一个社会。90年代后，耐用消费品与农民提供的产品没什么关系，农民提供的商品粮，对城里人没什么影响。农业越来越不成为一个产业，农民被甩到社会之外。现在的城市同国外市场、与国际接轨，粮价降低，农民被彻底甩开。“三农”问题面临的背景不同了。

三、关于国家治理农村社会的方式

郭于华的研究结果说明了农村问题与整个国家治理农村社会的方式有极大关系。她认为，国家在近50年对农村的治理中，基本上是以运动的方式来治理农村社会的，社会不是常规化运作，而是注重造势，这能否解决农村社会的问题？农村衰败是长期社会不公正造成的。怕出事，怕造反，关注农民只是为了抽取农村资源，而不是真正从农民自身利益出发关注农民。孙立平指出，几十年来，国家希望农民干的只有三件事：一是别闹事；二是养活几亿城里人口；三是出劳动力。

四、关于农村社会矛盾

王汉生：河北省曾做纠纷大排查，发现40多万个纠纷，75%是干群纠纷。2001年农民抗议的数量在中国历史上第一次超过全部抗议数量的50%。

秦晖等：吃财政饭的人数很可观，其扩张速度与农民、工商等的承载能力有关联。正因为农民完全没有自卫能力，“狼群”才会膨胀。农村的问题是一个综合的事情。就乡镇一级而言，收的很多税费是为了政绩，在很多地区成为一种灾难，很多地方财政的80%～90%用于小城镇建设，本来是造福于人民的小城镇反而成了人民的负担。乡镇一级承担的多是上级指派的任务。近几年强调回避制、轮换制，官员的短期行为越来越厉害。

李　铁：历史上的回避制是在政府职能比较简单的时候采用，主要在县一级，目的在于强化中央对地方的控制；现在，县一级并不严格要求，乡镇要求很严格，书记、镇长一般只有一个本地的。

白南生和秦晖：回避不回避主要取决于什么制度。应该是不回避的，因为本社区的人会更好地为本社区负责。如果回避得厉害的话，权力来自上面，问题就会很大。如三年自然灾害时期，问题严重的地区的负责人一般是外地人。新中国成立后老区本地人当官多，新区大多是南下干部，形成事实上的回避制。这与历史上的回避制不同。回避制使得这些干部与地方脱节，唯上级是从特别厉害，这种制度危害很大。

李铁和白南生：干群矛盾是农村非常尖锐的矛盾。其实，问题不在基层，在上面，在体制。要弄清楚那些问题是从上面下来的，还是体制产生的，是不是基层的事情。基层改革必须从上面开始。一类事情足够多，就肯定有制度问题，而不是哪个人的问题。要重视制度创新。

五、“三农”问题是否会演变成社会冲突

孙立平和黄平：农民贫困与社会冲突的逻辑关系需要研究。从历史上看，农民运动都不是农民活不下去的时候，大多是农村中的乡绅受不了压迫。农民运动兴起前，国家面临危机，要化解危机就要抽取资源，到老百姓那儿抽，农民就往山里跑，社区解体。于是国家只好向有钱人抽钱，下层官吏、民间精英就孕育着不满。现在的情况不同了，一是农民往城里跑，二是信息化使得割据时代结束，农民运动几乎不可能成功。另一方面，要使农民考虑进城改善自己的生活。如果农民没有组织起来的话，只能产生一些社会治安问题。

李　铁：在政权保持强势的状态下，不仅能对付犯罪，也能对付大规模社会冲突，它能保持控制。农民运动失败是国家的控制力没有丧失的结果。政府失效会导致很多问题发生。要考虑到底是政府失效还是农民自身出问题，历史上所有问题发生的根本原因在于政府完全失效。

秦　晖：政府失效很难说，有些问题是有效政府造成的。用统一的标准来套是有问题的。从汉武帝到王莽，西汉的统治在不断强化。西汉末年，财政非常集中，而东汉中期后，政府财政不能运作，但二者都灭亡了。

孙立平： 要把控制力量和基础力量截然分开，这两个东西不是一回事。中国是基础能力较弱，控制能力较强，政府往往能对付大规模社会冲突，但不一定能消灭犯罪。恐怖主义是力量均衡被打破的结果。海湾战争、科索沃战争、阿富汗战争，美国人死于敌手的几乎没有，这是人类历史上从没有过的，力量均衡被打破了，恐怖主义就产生了。再看国家与农民的关系，二者之间的力量是不均衡的。

学者们都认为，由“三农”问题而引发的社会冲突现在是以治安形式出现，但这仅仅是开始，若干年后，政府在这个方面将面临巨大的挑战。现在，政府、学者担心农村不稳定，会产生误导。农民的大规模社会冲突还不是现实的威胁，但造成社会的不稳定则是可能的。

六、可否撤销乡镇一级政府，由社区自治组织取而代之

王汉生： 从社会学来讲，农村社会与国家关系问题，理论研究与实证研究都很关注。无论是代理理论，还是精英控制，其核心问题都是庞大的国家机关如何与分散的农村进行有效的连接。农村问题在体制变化即实行村民自治后，如果政权组织退到县一级，小城镇成为国家和农村社会的连接点，发生的作用会越来越大。在农民负担、费用难收、缩小机构等问题中，小城镇在未来权力构建中扮演的角色到底是什么？应该设计一个什么样的权力结构？这个问题理论与实践上的意义都是不容置疑的。村民自治不是在很多地方成为主流，还受到很大控制。真正是农民选举出来的村委会，往往与镇有矛盾。同时，选举出来的村长与委派的村支书大多有矛盾，镇如何起到控制作用值得考虑。如果让镇回到1949年之前成为一个公所是否有问题？关系到一个基本的安定问题。

不管是否取消乡镇，面对农村众多人口，总有一个国家权力与乡村连接的问题。必须有一个中间阶层，介于国家和农民之间，过去有乡绅，新的干部群体是否能起这样的作用。从士绅、乡绅到现在的县政府，直接面对农村，其载体是什么或如何培育。

吴　思： 乡镇设置机构的逻辑是什么？其实镇是否取消不是一个理想问题，因人设事，机构压一段又胀起来，关键是要解决农村的精英集

团如何吃饭。

孙立平：机构扩张的逻辑又是什么，人和事之间的关系是什么，要办事，人就扩张，现在政府功能太多，要减人，就要减功能，事一少，人就少了。事减少，人也跟着减少，但事实上是不是这个逻辑？可能是人为地把事弄没了，人还是没不了。

白南生：也有另一方面，组织为了完成功能而异化的问题。一种问题是吃饭问题，还有一种类似于建一座桥收费，为了保证所收费用不被贪污，就要在操作上互相制约，增加人手，收费的人多了以后，需要更多的钱来养活，是否还要建另一座桥或收费站呢？

李　铁：农村的机构这十几年来变化很大，人民公社取消后，改乡、撤区、并镇，说明这个结构是可以动的，其变动的可能性较大。可以让村民自治延伸到乡，乡公所起沟通县与村的作用。当然，如果取消乡镇，把权力放到县一级，实行“四级体制”，对发达地区很多收入上千万的镇来说，会把自己的公共税收上缴到县级政府所在地，事实上是维护了旧体制，也限制了这些最能吸收人的最有发展潜力的小城镇的活力。而对于广大中西部地区规模较小的小城镇，基本上是行政性的功能，是否应该保留镇又是一类问题。

七、农民自治组织如何发展

秦　晖：政府干预不能增加农民的自主职能，而是压抑其自主职能。农民的自主能力很强，浙江对组织资源从不承认到承认，如其老人会修家谱，刚开始叫修村治，当地的正规组织已经融入民间组织。大一统传统总对其不放心，总想消灭于萌芽。社区不是永恒的，许多社区已死亡，没有必要让其复苏。应当考虑在新的环境下如移民社会、城市社区、发达地区，如何使农民组织起来，如何形成自治组织。政府当然要进行规范，把住最低的法律界限，不允许黑社会存在。

李　铁：黑社会有一个如何界定的问题。如果光是单纯的黑社会组织，铲除并不困难，问题是黑社会背后的势力。在有些地方，当地政府说你是黑社会你就是黑社会，说你不是黑社会你就不是黑社会。很多黑社会打不下去，其背后都有地方政府的人在撑腰。

白南生：关键是政府把公共的治安机构管好。

秦　晖：社区组织建设，有两个取向，一是希望社区承担责任，二是缩小社区的权力。政府对社区的控制加强，社区在权利丧失的同时责任增大，导致畸形。最早的居委会有社区的影子，其工作人员不是国家干部。原始的社区概念天然和自治联系在一起，这种社区不是国家基层组织。改革前，很多地方只有生产队，没有自然村，当生产队解体后，这些地方就没有任何公共组织形式存在了。

李　铁：村治组织不会家族化，但会宗族化。很多械斗都是村干部组织起来的。政府很多功能是不明确的，如果不管村里的宅基地划分、邻里纠纷，把这些交由村治组织管理，政府只管收税和公共事务，问题就简单了，要明确政府的职能。

孙立平：农民组织是农民表达自己利益的组织。问题是这些组织究竟如何建，自上而下或自下而上，我个人不太同意自下而上。我前几年做一个希望工程的项目，有人批评这个组织是官办的，不是民办的，我们看到有很多离退休干部来发挥余热，但这些人的立场是有变化的，他们要努力增强这些组织的独立性。中国民间组织发展，现实的途径是自上而下。农民虽然有这种要求，但农民受到的训练远不能建立组织。可以从官办开始，政治局委员当协会主席也可以。不应把官办和民办相比较，而应把官办和没有比较。

吴　思：村民之间合作的一些基本的联系或合作功能是一直存在的。民众生活中的日常联系一直存在，一旦需要立刻出现。一些不大不小事情如打官司，需要合作。但有些事情如公民权如何保障，这些事是政府应该做的。历代农民需要农协，目的很简单，短期性很强。清朝，乡绅帮农民与县官交涉，减轻负担。现在，百姓找有官方身份的人，如退休官员来帮其出头解决问题。

黄　平：我在日本农村看到的很多协会。日本农协很多，这些协会在20世纪50～60年代，都是技术性的，现在逐渐变成具有号召性的带有政治性的组织。

八、农村社区如何才能可持续发展

黄 平：要关注农村社区问题，国家宏观政策即使一直延伸到乡村，还是宏观，这中间还有社区。在中国，很多乡村社区虽然不富裕，但很有凝聚力，村庄治理的很好。邻里的信任交换关系，不等值也不等价，是一种等义交换。一些原来的资源仍在起作用，如一些老人协会等，有些则没有凝聚力衰败了，这些是中观的。这套社区资源如何进入人们的思维，需要挖掘。

农民负担之外还要注意几个方面：一是社区认同问题。凝聚农村社区的东西到底是什么？村庄再建设究竟是什么在起凝聚作用，税费是直接体现出来的，还有没有其他什么东西？二是生态环境（包括自然生态与人文生态）。贵州有一地区，既有城市职工、企业职工、本地农民，又有外来农民，本地农民盖了高楼，外来农民搭了很多棚子，但没有水、电、气，生态环境很差，人们的精神状态和社区凝聚力也很差。这种情况今后在中国会越来越普遍。放长眼光看，能源的因素很重要，生态因素很重要。既要考虑到能源使用，又要考虑生态问题，否则，会导致农村的衰败。一个日本的传统农村，50年代年轻人大量离开，有一个年轻人留下来，动员了5000多户中的4000多户加入他的网络，干一些垃圾回收、能源再利用之类的事，他们的生态系统是全日本最好的，社区也很有活力。可见，生态系统可以形成一种新的社区凝聚力。

所以，政府财政负担重、农民收入下降、社区认同危机、生态环境恶化等几个因素都是造成农村衰落的原因。如果认同没有，生态破坏严重，即使官员不贪，机构不膨胀，农村也会衰落的。

乡村重建不一定要搞最好、最现代的东西，而要搞最适合的东西。社会重建应该找到适合当地情况又能激活当地资源的东西，当然外来的东西是必要的。但是对于乡村社区来说，不是简单地给它一个东西，外来的东西要把它内部各个点连起来激活。

乔润令　窦 红　顾善松 整理

（2002年1月）

农民负担重：原因、思考与建议

——河南农村调研报告之四

乔润令

此次河南农村调研，农村的现实情况迫使我们思考一个问题：农民负担问题，实际上并不是农民本身的问题，表面上是农民收入增长缓慢和乡村两极的乱收费、乱摊派所导致，其实不然，其根本的深层原因有以下三条。

一、财政体制不合理

这大概是所见到的县及乡村干部的共识。偃师市顾县镇镇长的话说得明白："权力日益集中于上，工作不断下放于基层。"这是很有代表性的。凡农村有收入、有潜力的税种、税源都被中央、省、市全部或大比例上解了，但工作却被层层压到了基层、发展经济、城镇建设、计划生育、社会治安、防灾救灾、环境保护、教育卫生、文体卫生、社会保障，哪个都不能少。而一票否决、摘"乌纱帽"的事情不断增加，哪件事情都需要机构和人员。财权与事权不统一，县和乡镇的可支配财力太少，他们只好加大预算外资金的征收力度，乱收费、乱摊派由此而出。

当然，来自中央、省、市直接的或间接的转移支付返还到农村的资金，也还是不少的，如水利、农业、生态建设、防洪、救灾、修路、粮食收购，等等。大账算下来，对于富裕县和中等县来说远不及上解的多，如新乡县、辉县市；但对于贫困县来说，返还的有时比上解的要多，如长垣县2000年就是如此。尽管县长并不情愿承认这一点，但是几笔账算下来，的确如此。因为是专款专用，大部分服务于农业生产，我

乔润令：国家发改委城市和小城镇改革发展中心副主任、硕士。

们把新乡市长垣县2000年向上争取的费用开列如下：

争取支农资金187万元，扶持了冬枣基地建设。

争取技改资金50万元，扶持了电厂的技术改造。

争取粮食消化挂账补助资金133万元。

争取黄河滩区安全建设资金1623万元，完成了避水连台土方196万方，防汛撤退道路28.5公里，桥梁两座。

争取抗旱应急工程资金50万元，打井50眼，解决了4200万人的饮水问题。

争取水土保持资金70万元，治理水土流失12平方公里。

争取节水灌溉资金150万元。

上述资金算下来总共有2409万元。一年2000多万元，对于一个贫困县来说，不可谓不多，难怪许多贫困县都不愿意脱贫。资金虽投了下去（至少在文件上是如此），效益如何，尚未可知。但由于农业产品效益低下，也无法直接转化为农民的现实收益。

另一方面，有些要来的资金并没有用于和增加农民收入直接相关的领域，采取变通和暗箱操作的办法，挪做他用的也屡屡见诸报端。

二、县与乡级政府部门机构重叠臃肿、冗官冗员太多

人头费太多，县级政府的正税满足不了需求，采取的措施有二：鼓励各部门创收，增加各部门收费的范围与力度。如长垣县就鼓励单位办实业、个人搞第二职业，结果肯定是乱收费蜂起。此其一。还有就是加大与乡镇财政分成的比例，如偃师市顾县镇镇长就讲，“县与镇的财政关系3～4年就调整一次，调整一次镇里就少一块收入”，而乡镇财政开支不够，便寻找名目向村里和农民直接摊派，造成乱摊派。大体而言，在我们调查的近10个县里，一般是县里的有权的部门以乱收费为主，乡镇一级没有什么执法权，主要是乱摊派。

这同我们政府管理经济和社会的方式直接相关。调查中我们深深地感到，在河南农村基层，政府包打天下的氛围十分浓厚，也许是历史文化传统积累深厚的缘故吧。用政府行政权力推动经济发展、管理社会，

必然导致行政机构和人员的膨胀。这种具有浓厚计划经济和中国历史上行政权力控制社会传统色彩的政府职能和行为方式如果不改变，那么，农民负担是难以减轻的。

减轻农民负担，意味着利益关系的重新洗牌，这涉及一个剥夺谁的利益问题。如果剥夺农民利益，农民的利益已经被剥夺了，如果剥夺既得利益者的利益，我们的基层政权又如何巩固？在市场经济条件下，政府如何管理农村社会，照搬西方肯定不行，恢复传统也不是出路，需要进行制度创新。

三、教育开支庞大

目前，教育开支已经成了吃饭财政中重要的一部分，从河南的调查情况来看，每个县和乡镇用于教育的开支大体上占可支配财力的60%～70%，而且属于吃饭财政中人头费的硬开支。随着社会对人才的需求不断升级，农村对教育的需求也日益提高，教育费用也就随之不断上升。

财政体制不合理、县乡两级机构叠床架屋、冗官冗员太多、教育开支庞大是导致近几年农民负担日益加重的根本原因。上述三个方面是彼此联系的，一环紧扣一环，构成了一个压在农民头上的循环系统。

解决农民负担问题，必须首先解决农村的“三乱”问题，而要从根本上解决“三乱”问题，必须转变思维方式，从整体上解决互相联系的上述三大问题。在农村财税体制、县及乡镇政府管理体制、农村教育体制方面同时进行制度创新、政策创新、管理创新，特别要注意三者之间的相互联系、改革的相互配套。这也许是农村税费改革的题中应有之义。如果不从上述三个方面同时进行大力度的配套改革，仅仅在某个方面进行突破，如税费、抑或转移支付，只会造成“按下葫芦浮起瓢”的结果。

（2001年9月）

安徽农村卫生一瞥

王　冉

目前，农村卫生问题主要分成三块：一是医疗服务；二是农村的公共卫生，主要是防疫和保健；三是农村医疗保障，即我们现在所倡导建立的新型农村合作医疗制度。农村卫生问题现在情况如何？中国小城镇改革发展中心调研组于2004年3月28日～4月7日在安徽的合肥市、宣城市和黄山市的部分区、镇进行了调查。现分别就农村医疗服务、公共卫生和合作医疗的现状、问题和政策建议阐述如下。

一、现状

1. 农村医疗服务

在安徽省，从农村医疗服务的供给方来看，目前不仅有乡镇卫生院，还有村卫生室和各种私人诊所，以及民营医院、县里或省里的综合性医院。在肥东县撮镇，每个村有卫生室，镇上有一家乡镇卫生院，还有十几家私人诊所，老百姓有时还直接上肥东县和合肥市去看病。用肥东县撮镇镇长的话来说，目前农村的卫生资源实际上是过剩的，缺医少药不再是主要问题。

由于农村医疗市场竞争激烈，卫生院的生存和发展随之成为一个问题。据安徽省卫生厅的同志介绍，全省的乡镇卫生院共有1800多个，1/3是比较好的，1/3是维持的，1/3是需要帮扶的。从我们对宣城市宣州区和黄山市屯溪区的调查看，卫生院的经营状况也存在“三个1/3”的格局，即1/3运行较好，1/3中等，1/3较差。乡镇卫生院属于财政差额拨款单位，

王　冉：中国小城镇改革发展中心原实习生。

但实际运行中财政拨款主要用于退休人员的工资和防保补贴，卫生院还是主要依靠业务收入。如宣城市宣州区，整个区里对农村卫生的投入是170万元，其中100万元是发放给退休人员的工资，还有50万元是对防保的补贴，卫生院说是差额拨款，其实无异于自收自支。而对于医疗服务，一般农民小病去村卫生室或私人诊所，大病直接去县里或省里的医院。因此乡镇卫生院业务收入也不理想，床位利用率很低，一般床位利用率达到10%就不错了。

2. 农村公共卫生

在安徽省，除了一个县单设了防疫保健站之外，其余地方的农村计划免疫（即五苗，白百破、卡介苗、脊灰糖丸、麻疹和乙肝）和妇幼保健都是由乡镇卫生院承担。对于乡镇卫生院，不管经营状况如何，每个卫生院都有3～5人从事防保。从事防保的人员由财政发放补贴。计划免疫和妇幼保健不是免费提供的，一般都收取一定的费用。如在宣城市宣州区有一个基本保偿制度，小孩出生以后交72元，包打“五苗”，出现问题，政府赔偿。

另外，安徽省在地方还设有地方病防治站（血防站），专门防治血吸虫病。对于血防站的人员，财政只保证国家规定的基本工资，其余靠自己挣。

3. 新型的农村合作医疗

这次安徽之行，我们一共走访了4个乡镇，其中1个正在尝试恢复新型的合作医疗；1个目前虽然没有合作医疗，但是在1997年试图恢复过，但仅维持了2年；另外2个自70年代合作医疗解体后，就没有再恢复过。从调查的情况来看，合作医疗的发展形势不容乐观。

肥东县撮镇在全县率先搞了合作医疗，从2003年9月1日开始运作。由于肥东县还不是国家的试点县，因此还拿不到国家给每个农民补贴的10元钱。现在，撮镇合作医疗的覆盖率达到80%，最高赔付额5000元，2003年共报销了47人。筹资的方式为每个农民交10元，县里和镇里各配套5元，目前共筹到资金26万元。不过，合作医疗运行还不到一年，收支已经不能平衡，现在估计亏30%。

宣州区水阳镇曾在1997年恢复过合作医疗。当时也是国家出的文件，说让搞。筹资的方式为老百姓每年8元，村里2元，政府3元，老百姓自愿参加。第一年还好，后来自愿参加的人越来越少，最多的时候曾达到1万多人，最后只有几百人，搞了两年就垮了。

二、问题解析

1. 乡镇卫生院的发展与防保如何兼顾

一部分乡镇卫生院面临生存危机，需要进一步的改革。但是，地方政府的改革趋向与目前的卫生管理体制存在一定的冲突。对于1/3经营绩效较差的卫生院，地方政府积极主张卖掉。在宣城市宣州区，当地政府已经变相地卖掉了一家经营不好的卫生院，并且透露，卫生院很容易找到买主。但是，根据卫生部的精神，原则上不准卖卫生院，对卫生院改制不支持、不鼓励，而且要求每个乡镇必须保留一个卫生院。卫生部还要求，乡镇卫生院不得向医院模式方向发展，要搞好基本医疗。可是，如果只搞基本医疗，卫生院就难以生存，而且基本医疗的概念本身也不清楚。

乡镇卫生院应不应该卖？乡镇卫生院能不能卖？我们需要相应地回答两个问题：第一，是不是由于承担防保，所以导致乡镇卫生院经营绩效不佳？第二，农村防保是不是必须由乡镇卫生院来承担？

从调查来看，答案都是否定的。我们简单地从上述提到的宣州区卖掉的一家卫生院说起。这家卫生院卖掉后，防保职能也一并移交给了买主，政府的防保补贴也相应地给他。但是，卖掉前后，卫生院的职能没变，经营绩效却发生了很大的转变，防保工作也做得不错。诚然，这只是一个孤立的案例。不过，从小城镇中心近两年来对浙江、湖北、河北、陕西等其他省份的农村卫生情况的调查来看，卫生院的绩效与其是否承担防保并不相关。陕西一乡镇有3家卫生院，性质分别为全民、集体和民营，其中集体性质的卫生院承担防保。对于全民所有制的卫生院，财政拨款最多，又不承担防保，但是经营绩效最差。另外，防保也不定非要乡镇卫生院承担不可，可以单独成立防保站，也可以交给民营医院运作。

因此，乡镇卫生院经营状况不好，不是因为防保，而是源于自身的管理体制和激励机制。卫生院现在的职能主要是三项：医疗服务、防保和部分的监管职能。除了医疗服务可及性较差的贫困地区，医疗服务都可由市场解决，相应地，只要防保和部分监管职能能够找到替代的方式进行良性运作，卫生院的改制也是可行的。

2. 新型合作医疗如何保持可持续发展

目前，中央财政对中西部除市区以外参加新型农村合作医疗农民平均每年每人补助10元，同时要求各级地方政府也相应地提供资金支持，这为合作医疗的重建提供了有利条件。不过，农村合作医疗要保持可持续发展，从我们的调查看，还有两个重要的问题要解决。

一是农民参加合作医疗的积极性。在公社时代，生产队掌握着收入分配权，在自上而下要求推广这一制度的形势下，生产队一般在进行年终个人收入分配前，直接从社员收入中扣除合作医疗费上缴大队，从而避开了挨门挨户收费的难题。目前，新型的合作医疗采取的是自愿参加的原则，但是根据卫生部等部门1997年对2960户农民的调查，有近1/3（897）不愿意参加合作医疗。现在即使在政府的强力宣传之下，将农村合作医疗启动起来，但如果农民不能持续地参与，合作医疗也会夭折，宣州区水阳镇就是明证。

二是合作医疗的科学管理和监督。目前，合作医疗大多由政府组织和经营。但是，相应的工作人员很少是专门的保险人才，管理和理赔也不够专业，很难制定出科学的筹资和报销水平。肥东县撮镇的合作医疗之所以运行不到一年，就出现收支不能平衡，主要的原因就是没有制定出科学的报销水平。另外，对于合作医疗的监督，目前也存在制度漏洞。

三、政策建议

1. 单设全额拨款的防保站

随着卫生院改革的逐步深化，已有相当的省份和地方实行了卫生院和防保站分设的办法，小城镇中心调查组近两年在浙江、湖北、河北等省份都有见过，并且运行良好。除了医疗服务可及性较差的贫困地区，单设全额拨款的防保站，既有利于卫生院的改革，也有利于防保工作。另外，在公共卫生这一块，在县以上都设有专门的疾控中心和妇幼保健院，但是到乡镇就断了腿，在乡镇设立防保站也符合当前公共卫生的体制。

2. 新型的合作医疗要慎行

农村合作医疗本身存在一定的制度缺陷，而这种缺陷在现有的合作医疗制度框架之内很难得到根本的解决。相比之下，直接设立政府或非政府医疗救济基金来扶助贫困人群，可能是更为经济可行的办法，不过这并未经过严格的验证，还需要我们更加深入的研究。

（2004年5月）

农业保护、水资源与农村教育

——著名专家学者谈农村中长期问题

在2002年1月23日的座谈会上，对于农业生产、水资源与农村教育问题，学者们发表了自己的看法。

一、关于农业生产与政府保护

曹远征：中国农村问题无外乎是农业生产、农民身份、农民收入等问题，这几个问题虽然搅在一块，但也不尽相同。中国农村劳动力边际产出低，趋于零甚至为负值，从这个角度看粮食问题是什么问题，中国的农业在经济上还有没有意义。财政保护是多数人保护少数人，这在中国农村显然不行。与此相关的问题是，农业劳动力产出为什么这么低下？中国小农户的产出有限，如果想提高农业的劳动生产率，土地就很重要。在土地流转中，所有权不能流转，那使用权能不能流转？这个问题与社会保障体系、工业化进程相关。粮食产量的波动不大，但农产品售出量波动很大，对价格相当敏感。有人认为小农户不完全依赖于商品粮售出，价格高的时候就多卖，价格低的时候就不卖，但实际反映并不是这样。南方地区的就业机会多，价格变化后，产出变化不大，而北方地区的变化就较大。

农产品市场化交易也是个大问题。1993年以后，粮食收购放开又收回，最后又放开，反复了好几次，至少有一点，究竟是什么原因导致这种反复的出现，这当中总有一些规律性的东西。国家政策总有一种取向，它应该是收敛性的，但目前的许多政策是发散性的。农产品流通体制改革是个大问题，棉花一放开，棉价下跌，“两白一黑”的新疆就会出问题，政策如何选择值得研究。

白南生：农产品价格真正影响的是种粮50亩、100亩的农户，一般小农户无所谓。

茅于轼：大家可以估计到入世后农业的前景，粮食进口会增加。前几年出口不正常，进口在2000万吨左右，今后可能增加到2500～2800吨。粮价低与政策有关系，总怕粮食不够吃，犯了粮食恐惧症，政府的很多政策从这出发，入世后农业调整很困难。对“保护”二字要重新认识，保护的应该是受损害的人，让其重新就业，要特别注意这一点。

白南生：保护农业实际上是保护城里人的粮食，不是保护农民。

蔡　昉：撇开这种保护不说，长期靠发展，短期要靠农民来承担成本。保护农民，农村干部不要就不要，要就由国家拿钱。

二、关于农业区域布局与水资源

曹远征：农业生产布局牵扯到国土整治问题。东南沿海搞经济作物，中北部地区产粮食，粮食产区向北方转移，但中北部地区没有水，这样的布局对中国不利。粮食生产对自然环境的要求很高，水和其他方面的改造就很重要。

白南生：80年代后，黄淮海平原整治，该地区从缺粮地区变为粮食输出地区，但该地区地下水位下降得很厉害。

曹远征：如果水价成本化，北方地区生产的粮食就会很贵。南水北调有没有起到灌溉作用？

宋国青：北方缺水，南水北调保城市，但水的总量是一定的，华北地区一年缺几百亿上千亿吨的水，引600公里外的一吨水投资是30元，引1000公里的投资是100元还是50元就不知道了。现有的几个大工程的成本账净是瞎胡算，必要性讲得很多，可行性报告很短。如果调600亿吨水，一吨水投资50元，总投资就是30000亿元，非把全国人民拖垮拖死。把南水北调的钱拿来就可以睡大觉，买粮食吃。现在农业用水每吨3分钱，如果每吨水3毛钱，足以把全国农业改成喷灌，就不用调水了。

茅于轼：点子上的原因是计划经济不跟你算账，缺水就调水，缺电就调电。“以粮为纲”就是可行性分析。

曹远征：应该研究农业发展、农业布局与基础设施建设的关系。上述几个问题有些是老问题没有解决，有些是新问题，有些是老问题的新表现。我看上述几个问题是中长期问题。

三、关于农村教育

茅于轼：考察中国东西部教育水平差距，15～60岁平均受教育年龄，西部远远低于东部，且差距在扩大。中国地区差距扩大与教育差距有关系。应该花大钱在教育上，现在国家有2万多亿元的钱投出去搞项目，如果把这些钱做教育贷款，让个人借，学校就活了，有钱租房子、请教师。只要有人去学了，投资就有效，不管还不还，只要是有效的投资就要投。这是解决当前教育问题的一个好办法，这些钱花出去都是有效的，这些窟窿都能填上。教育投资不可能是不可逆的，既解决了农民教育，又解决了总需求不足问题。贷款有个条件，不能借钱去炒股票。

曹远征：西部地区应该投在教育上，这样效果较好。

蔡　昉：投在教育上效果比较明显，投在生态上效果不明显。

肖　梦：90年代以来，农民的受教育程度是上升还是下降，这直接牵扯到国民经济的可持续发展。我对发达地区的情况特别持怀疑态度。以浙江为例，2001年“十一”我回插队的那个村子，80年代末盖的房子，屋顶现在还没封。孩子读书的小学是民国23年（1934年）盖的，完全破烂不堪。卫生院里的医生是“文革”时下去的一批医生、当年的右派，屋顶全能看见天，农民无处看病。但公共财政好的苏南地区，确实能保证学校运行好，花钱雇最好的老师。浙江的私营经济发达的地区，路不行，公共设施差的厉害。浙西的公共设施原来很好，现在破的一塌糊涂。要考察发达地区不同的发展办法。中部地区如湖北，改革前，一直是较好的一部分，但80年代开始衰弱，90年代就已经惨淡了。

刘世定：有些地方通过卖地来完成普六、普九的。

肖　梦：农村教育状况到底怎么样？有一种呼声很高，认为学校太多太滥，养活了太多不合格的民办教师。

乔润令　顾善松　整理

（2002年2月）

“非典”防治、农民流动和政府管理

白南生　何宇鹏　袁崇法

大规模农民流动就业，是我国经济中的独特现象和走向城镇化的过渡途径。据统计，目前我国有1.2亿流动人口，其中农民工9400多万，跨省流动的4200多万。今后相当长的一段时间，农民进城务工就业，将呈不可逆转的增加趋势。在当前抗击“非典”的斗争中，切实做好农民工的疫病防治和生产生活安置工作，对防止疫情扩散和保护农民利益，具有重要意义。从短期看，各地、各部门要紧急动员，认真贯彻“三就地”原则，采取针对性措施，保证正常的生产生活秩序。从长期看，要根据国务院办公厅2003年初出台的《关于做好农民进城务工就业管理和服务工作的通知》精神，尽快制定和完善包括农民工疫病防治在内的流动人口管理政策和实施办法，把解决日益增加的与农民工相关问题的工作由应急处理转向日常管理。

4月20日以后，在中央的领导下，各地采取有力措施，加强了“非典”防治工作。目前，全国疫情趋于平缓，抗击“非典”的斗争取得了阶段性胜利。但是，在医学上尚未确定有效的防疫措施和诊治手段前，随着夏收的到来和“非典”对有关产业可能造成负面影响的延续，农民流动增加和疫情扩散的不确定性隐患依然存在。从统计上看，有两个现象值得特别注意。一是在北京疫情整体上得到控制的情况下，农民工感染病例近日呈增加趋势，已占新增病例的首位。二是在全国农村未发生大规模感染的情况下，河北确诊和疑似病例中，农民和农民工占1/3，在患者人群中比例最高。因此，加强对流动人口的属地管理和防疫服务，

白南生：国家发改委城市和小城镇改革发展中心原研究员。
何宇鹏：国家发改委城市和小城镇改革发展中心原副主任。
袁崇法：国家发改委城市和小城镇改革发展中心原副主任。

是下一阶段“非典”防控的重点，是夺取抗击“非典”斗争最终胜利的关键。

一、农民流动和“非典”防治的有关政策措施分析

从农民工跨省流动的输入地看，近2/3的农民工流入了珠江三角洲、长江三角洲和京津地区。其中，广东占35.5%，苏浙沪占17%，京津占10%。广东和京津是受“非典”影响严重的地区。从农民工从事的行业看，70%以上的农民工集中在工业、商饮服业和建筑业。其中，工业占28%，商饮服业占25%，建筑业占20.5%。商饮服业是受“非典”影响严重的行业。从农民工跨省流动的输出地看，60%的农民工来自中部农业大省。其中，四川占16%，安徽占10%，湖南占10%，江西占9%，河南占7%，湖北占7%。这些地方是需要关注的重点地区。据目前的不完全统计，全国共有返乡农民工约800万，其中400万因农忙季节性返乡，400万因“非典”被迫返乡。河北因农民工返乡成为受“非典”影响较严重的省份。

在医学上尚未确定有效的防疫措施和诊治手段前，控制疫病源头、切断传播渠道，仍是防范“非典”向广大农村地区扩散的最有效途径。目前，在中央“三就地”原则指导下，各地采取了有力措施，对稳定农民工队伍、防止疫病扩散起到了重要作用。但是，在“非典”隐患没有消除的情况下，“非典”的连续性影响不可低估。尤其是对吸纳大量农民工就业的非国有中小企业，在已采取的一系列诸如免税、降费、减租等稳定行业发展政策基础上，还要采取稳定就业的相关政策措施，防止中小企业因“非典”影响可能带来的新一轮减员和农民工继续返乡。对北京市的分析表明，“非典”对不同行业的影响并不一样，因此对不同行业的民工影响也不一样。根据我们的调查，行业受影响情况大致如下。

——基本未受影响的，如受雇于基本未受“非典”影响的制造业、建筑业、日常生活消费品零售业、住家的家政服务员，甚至需要加班加点的，如医疗卫生用品制造业等。

——受到较大影响的，如营业额大幅减少的旅游业、餐饮业、旅馆

业、生活服务业、交通运输业、商业等。

——基本停业的，如处于完全关门或基本关门状态的餐饮业、美容美发洗浴等生活服务业、家政服务小时工、上门推销员等。

——被政府或相关管理部门明文规定停止营业的，如小区装修业、娱乐业、网吧、小商品市场等。

——未受影响行业，民工就业基本也没有出现问题。在基本停业或完全停业的行业中，民工受到的影响也并不相同：

因居住方式不同：由雇主提供居住条件的，尤其是集中居住的，受影响较小，如餐饮业民工；散居在小区中的，受影响较大，如从事集市贸易和小商品批零的民工，有的还留在北京，有的已经返乡；没有固定住处的，尤其是小区家庭装修业民工，平时大多数借住在被装修的住宅中，一旦停业，大多没有自己的住处。据估计，北京从事家装的7万～8万外地民工，多已返回家乡。

因报酬方式不同：有固定工资（或固定工资加奖金）的，如餐饮业，停业期间员工损失不大，雇主负担较大；日工资制或计件工资制的，如家庭装修业、家政服务小时工，停业期间员工完全或几乎完全没有收入，只出不入，而雇主负担较轻；自就业的，如从事集市贸易和小商品批零的民工，需要更多地考虑成本问题。

因不同隶属关系，得到防疫的方式不同：有工作单位的民工（如工厂、建筑公司、商店、餐厅等），首先可以从工作单位得到防疫的信息和服务，发生问题也可以得到比较及时的反映；而没有工作单位的（如零散的装修队、小商贩、家政服务员等），往往只有从社区得到防疫的信息和服务。在现行条件下，对后者的管理和服务难度更大。

从以上民工分类来看，稳住民工主要考虑两种情况：其一，停业尤其是政府或主管部门要求停业而没有收入者：如果停业时间较长，只出不进，民工很难稳定，尤其是没有稳定居住地的民工更难稳定。其二，停业或基本停业但雇主发工资者：停业期间企业只出不进，主要负担由雇主承担，稳定与否的关键也在雇主的支付能力和支付意愿。

为此，可以考虑的短期措施是：对前者，应考虑对民工给予适当补偿，如按期发放生活补助等，在不增加“非典”传染可能的情况下，可以考虑利用这段时间做一些必要的培训；对后者，由于没有营业额，减免税几乎没有作用，可以考虑动员物业业主适当降低租金，并由政府给部分难以维系的企业以适当补贴或临时贷款，用于发放员工工资。

随着北京“非典”发病率的下降，可能会出现民工返城。如何使民工的返城不成为“非典”发病率反弹的一个因素，应当考虑：从各地目前发病率看，民工返城本身带来大规模“非典”流行可能性不大，但是要高度重视交通运输工具的防范措施，要求检查所有乘客的体温等，并逐人登记，尽量减少移动过程带来的“非典”传染。

对此，防疫措施是：从交通工具的源头对进入城市的民工做体检和登记，之后基于居住地负责制的长期防疫宣传和防疫措施。居住条件方面，尽快制定有强制约束力的民工居住标准，改善那些不符合防疫要求规范的居住条件。

二、减少流动短期可能对农业产生的不利影响和对策措施

“候鸟式”的农民工流动，对当年农村劳动力在不同部门之间配置的季节性影响很大。目前，夏收将至，农业生产的季节用工需求大量增加，但是大规模农民工返乡，又会增加农村“非典”防疫的不确定性。从这一特点出发，在当前抗击“非典”的斗争中，需要妥善处理就地和流动、防治和生产的关系。

一是夏收的短期用工问题。目前返乡的农民工800万左右，其中400万人因“非典”影响被迫返乡，400万人因夏收临时返乡。按正常情况，还将有大批农民返乡，否则夏收将受到严重影响。以河南为例，正常年景600万跨区流动的农民工大都要返乡收麦。如果多半农民留在城里，那么将有1200万亩小麦面临不能及时收割的危险。

二是夏收中的跨区机械作业问题。由南至北的跨区联合收割，是我国北方夏收的重要方式。因受“非典”影响，不少地方对人员流动都做了严格的规定。据河南省农机部门介绍，2002年的夏收期间，全省共投入5.5万台联合收割机、191万台拖拉机、75万台机动脱粒机，跨区作业覆盖全省18个市的所有小麦生产县，共完成小麦机收面积6160万亩，机收

水平达到85.6%。但就收割机的保有量来看，全省只拥有3.6万台，尚有40%的机具依靠外省农民跨区作业。如果这部分农具得不到保障，将有2600万亩小麦的收割受到影响。

三是新疆棉区的问题。新疆是目前少数几个没有发生“非典”疫情的地区。为防止“非典”西进，哈密地区已把进入新疆的公路通道作为“非典”防治的重点，严防死守。但收棉季节将至，而新疆收棉主要靠每年数十万以河南民工为主的摘棉大军为主要劳动力。如果摘棉大军不能进入，将严重影响新疆的棉花收获。

四是农产品流通问题。为阻绝“非典”向广大农村地区扩散传播，各地在交通要道纷纷设卡，对过往的人员及车辆进行检查和消毒。在执行这些防范性措施中，也出现了一些不应有的现象，值得注意，如随意滞留车辆及人员，假借检查搭车收费或罚款等，由此也给当前的季节性农产品购销活动带来了一定影响。如河南中牟正值大蒜收获期，由于到处设卡，出行不便，运输成本增加，使收购商大大减少，蒜价由往年的每斤0.5元下降到0.1元。该县的西瓜也已开始上市，但郑州市的一些地方禁止瓜农进城，100多辆运瓜车被滞留在郑州市外不能及时销售，瓜农们叫苦不迭。眼下也是山东莱州湾的扇贝收获期，由于通往疫区的人员及车辆受到管制，按合同销往河北的扇贝不能发货，急得大批渔民到政府上访。随着季节的变化，越来越多的农产品即将陆续上市，其中很多是应时的季节性鲜活产品，历来都是边收边卖，或者靠运销商到地头看货并及时收购运走。不少鲜活品滞存一天甚至数小时就会导致质量发生很大的变化，从而造成价格下落、需求变化、合同纠纷等，最终给农民带来损失。

在各项防范措施还必须继续实行相当一段时间的情况下，建议有关省区、部门加紧协调，尽早采取各种行之有效的措施，保证农业生产的正常秩序和季节性农产品的及时流通，保护农民的利益和保障市场的繁荣，以避免引发新的矛盾。

三、农民工流动和城市政府管理的一些长期问题思考

随着城乡一体化进程的加快，侵犯农民权利、拖欠农民工资、缺

乏劳动保护、增加进城负担等一系列问题，一次又一次摆在我们面前。当前抗击“非典”的斗争，再次暴露出包括防疫服务在内的外来就业民工的属地管理上长期存在的一些问题。2003年初，国务院办公厅出台了《关于做好农民进城务工就业管理和服务工作的通知》，要求各地、各部门尽快制定和完善包括农民工疫病防治在内的流动人口管理政策和实施办法。这个《通知》虽然并非是针对随后爆发的“非典”危机的，但它要求把解决日益增加的与农民工相关问题的工作由应急处理转向日常管理的精神，却对城市化过程中可能出现的各类问题有着高度的预见性和现实的指导性。

由于我国人口增长的特征，城镇劳动力供给增加将持续到2006年，农村劳动力供给增加将持续到2015年。因此，“十五”以后，农村劳动力安置将是城乡经济发展和扩大就业面临的最主要问题。北京、上海等特大城市，劳动者不仅相对短缺，而且会发生绝对数量的下降。根据第五次人口普查资料计算，如果没有人口流动，北京城市居民劳动年龄人口在2001～2005年的五年间会增加16.9万人，在2006～2010年的五年间将减少26.3万人，在2011～2015年的五年间将再减少52.9万人。上海城市居民的平均年龄（37.8岁）比北京又高2.2岁，城市劳动者绝对数量的下降更显著。根据第五次人口普查资料计算，如果没有人口流动，上海城市居民劳动年龄人口在2001～2005年的五年间会增加13.7万人，在2006～2010年的五年间将减少55.4万人，在2011～2015年的五年间将进一步减少94.0万人。当然，大城市希望补充高素质的人才。然而，一个城市的社会需求、社会分工是多样化的，世界上再好的城市也不可能想象全部由大学或硕士、博士毕业生组成。农村人口的城市化是一个不以人们意志为转移的历史进程，而且这一逐步加快的进程已经现实地来到我们眼前。城市从现在起，认真研究、积极试验、积累经验，帮助进城劳动力更快地、更少痛苦地完成再社会化，为大规模的城市化做准备，时间已然并不充裕。

根据目前情况，建议以《国务院办公厅关于做好农民进城务工就业管理和服务工作的通知》为指导，从公共卫生入手，加快研究和制定农民工属地管理的具体政策措施。至少有两方面的工作是既有短期意义又有长期意义的：

——制定有强制约束力的民工居住标准，不仅包括集中居住的职工宿舍和工地工棚，而且包括散居在城乡结合部的进城务工经商者；同时探讨、评估不同的可能居住方式。

——建立包括民工在内的属地化管理的公共卫生体系，各项防疫、保健工作及其统计应以实际常住人口为工作范围，不以户口划界；建立针对民工的切实可行的包括医疗保险在内的社会保障制度。

（2003年5月）

农民工供给将出现结构性短缺

张同升　何宇鹏

农村剩余劳动力数量究竟有多少，农村劳动力转移在多大程度上还能继续为中国经济增长提供具有价格优势的人力资源，是一个事关国民经济全局和国家经济竞争力的重要课题。利用《中国统计年鉴》、《中国农村统计年鉴》和《中国人口统计年鉴》的最新统计数据，我们对这一课题进行了研究。研究发现，2005年，我国农村剩余劳动力数量在1.15亿人左右。尽管在总量上农村剩余劳动力仍然具有无限供给的特征，但从人口结构上分析，40岁以下的可转移农村剩余劳动力只有6500万人，其中21～30岁的只有700多万人。这种情况表明，我国劳动力供求形势今后将面临总量过剩和结构短缺的双重矛盾，农村劳动力无限供给的趋势接近结束。

一、农村劳动力剩余数量的估计

首先，我们利用几种主要的计量方法，对中国农村剩余劳动力的数量进行了估算（见表1和图1）。估算结果表明：

第一，2005年，中国农村剩余劳动力的数量基本上在1.0亿～1.3亿人之间，农村剩余劳动力占乡村从业人员的比例为20%～26%。取其均值，为1.15亿人。这与农业部认为中国农业实际需要劳动力约1.7亿人[①]，农村剩余劳动力还有1.3亿人的判断基本一致。

张同升：国家发改委城市和小城镇改革发展中心原政策研究处博士。

何宇鹏：国家发改委城市和小城镇改革发展中心原副主任。

① 2005年中国农业劳动力3.0亿人－农业实际需要的劳动力1.7亿人= 农村剩余劳动力1.3亿人。

表1　　不同方法计算的农村剩余劳动力数量　　单位：万人

年份	方法一	方法二	方法三	方法四	方法五	
					300日/年	269日/年
1990	17318.1	11076.0	15117.1	16701.2		
1991	18412.3	12108.7	15816.7	17249.1		
1992	18668.7	12579.2	15738.5	17014.0		
1993	16547.1	12275.0	15115.2	16248.7		
1994	14886.4	11330.1	14485.9	15506.1		
1995	14140.6	10485.5	13928.9	14851.7		
1996	14342.6	9997.8	13547.6	14377.2		
1997	14991.5	10403.8	13770.1	14461.0		
1998	15995.3	10597.2	13505.3	14089.0		
1999	17595.4	11149.6	13664.5	14141.1		
2000	18087.2	11534.0	13603.4	13900.1		
2001	17594.2	11633.7	13329.6	13502.1		
2002	17318.4	11678.2	13000.9	13053.9		
2003	15965.3	11420.2	12542.6	12484.9		
2004	13607.8	10339.2	11739.3	11640.1	15195.2	13420.7
2005	13480.3	9652.12	10881.2	10761.2	12824.3	10847.7

注：①农村剩余劳动力数量的计算公式为：农村剩余劳动力=农业劳动力数量－农业劳动力的实际需要量。其中关键是计算农业劳动力的实际需要量（国家统计局农调队，2002）。②方法一：农户收益最大化法（刘建进，1997；王红玲，1998）；方法二：产业结构差值法（王玲等，2004）；方法三：有效耕地劳动比例法（胡鞍钢，1997）；方法四：资源劳动需求法（陈扬乐，2001）；方法五：农业技术需要法（托马斯·罗斯基、罗伯特·米德，1997）。

第二，不论使用何种方法推算，20世纪90年代以来，中国农村剩余劳动力的总量呈现波动性下降趋势。1992～1996年为一个较明显的减少阶段，农村剩余劳动力从1992年的1.8亿人减少到1996年的1.4亿人；2000年以后为另一个较为明显的下降阶段，农村剩余劳动力从2000年的1.8亿人减少到2005年的1.3亿人，平均每年递减1000万人①。这表明，2000年以

① 不同计算方法的模拟结果之间虽然存在着较为明显的差异，但并不会影响总体趋势的判断。在此取各种计算结果中的最大值来判断。

来，国民经济的快速增长、工业化和城镇化水平的不断提高，推动了农村劳动力的转移进程不断加快。

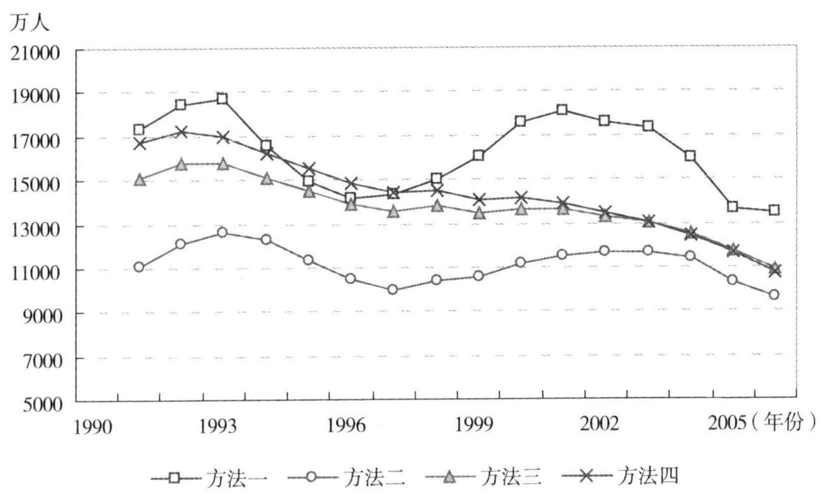

图1　中国农村剩余劳动力的数量变化

二、农村剩余劳动力结构的判断

农村剩余劳动力不等同于农民工的供给量。为了解农村可供给的农民工的潜在数量，需要根据农村转移劳动力的年龄和性别结构特点，分析农村剩余劳动力的年龄和性别结构。

我们利用2005年全国1%人口抽样调查数据中的“全国乡村分年龄、性别人口数据”，提取出农业人口中劳动年龄人口的年龄分布，并把乡村从业人员按照年龄划分为4个组别。根据国家统计局农调总队的调查数据，把2.04亿农村转移劳动力也划分为相同的组别，并进行比较（见表2）。

从农村转移劳动力的情况来看，2005年，全国农村转移劳动力2.04亿人。40岁以下的青壮年劳动力有17248万人，占农村转移劳动力总数的84.5%。其中，又以21～30岁“黄金年龄”段的劳动力占多数，这一年龄段转移出去的劳动力总共有8777万人，占农村转移劳动力总数的43.0%，占40岁以下转移劳动力的50.9%。40岁以上的转移劳动力有3164万人，仅占农村转移劳动力总数的15.5%。

表2　　2005年乡村劳动力资源的年龄构成　　单位：万人

年龄组	乡村从业人员		农村转移劳动力		农村未转移劳动力		农村剩余劳动力
	人数	百分比（%）	人数	百分比（%）	人数	百分比（%）	按1.15亿算
16～20岁	7111.9	14.1	3735.3	18.3	3376.6	11.3	1295.4
21～30岁	10651.1	21.1	8777.0	43.0	1874.1	6.3	719.0
31～40岁	16503.3	32.8	4735.5	23.2	11767.8	39.3	4514.7
40岁以上	16121.0	32.0	3163.8	15.5	12957.1	43.2	4970.9
合　计	50387.3	100.0	20411.7	100.0	29975.6	100.0	11500.0

注：①各年龄段的乡村劳动年龄人口是按照全国1.31%的抽样率反推后又补充了全国1.72%的净漏登率，然后根据全国农业人口与乡村人口的比例1.304215换算后得出；②2005年农村转移劳动力为农村非农从业人员数（《中国农村统计年鉴2006》）。在此假定农村转移的劳动力与农村外出务工人员的年龄结构相同（国家统计局农调总队2004年抽样调查数据）；③根据表1所列几种方案，农村剩余劳动力的估算值大概在1.0亿～1.3亿人，在此取其均值1.15亿人，并假定其年龄结构与农村未转移劳动力的年龄结构相同。

从农村剩余劳动力的情况来看，2005年，全国农村尚未转移的劳动力有近3亿人，其中，剩余劳动力为1.15亿人。31岁以上的剩余劳动力有9486万人，占农村剩余劳动力总数的82.5%。其中，40岁以上年龄段的剩余劳动力有4971万人，占农村剩余劳动力总数的43.2%，占31岁以上剩余劳动力的52.4%。30岁以下的剩余劳动力只有2014万人，其中，21～30岁"黄金年龄"段的剩余劳动力仅有719万人，只占农村剩余劳动力总数的6.3%。也就是说，农村剩余劳动力中真正可供给外出务工的大概只有6500多万人。这一数字具有以下几点内涵。

（1）从年龄特征来看，外出农民工主要是40岁以下的劳动力，而近几年来，农村外出务工人员的平均年龄有逐步上升的趋势，从2001年的27.8岁上升到2004年的28.6岁，30岁以上的农民工所占比重提高了3.8个百分点，说明中国的农村劳动力除了季节性的流动以外，还具有代际流动的特征。对于40岁以上也即1966年"文革"以前出生的剩余劳动力，由于受到的教育较少，又少有一技之能，外出务工需要培训的成本很高。同时，经验数据表明，年龄与流动距离呈负相关关系，即年龄越大越倾向于近距离流动，年龄越小则越倾向于远距离流动[①]，40岁以上的乡村

① 农业部关于农村劳动力外出打工情况的调查表明，2004年，在本县外出就业的劳动力平均年龄为36.8岁，在县外省内就业的劳动力平均年龄为30.6岁，跨省流动就业的打工者平均年龄只有28.1岁。

劳动力更多地倾向于留在本地，因此这部分人的转移难度相当大。而这部分人所占比重较大（43.2%），数量较多（约5000万人），已经明显过剩。与此同时，30岁以下的年轻劳动力剩余却已不多，尤其是21～25岁的劳动力几乎转移完毕。如果目前的这种转移状况继续保持下去，则不仅城镇的企业发展会出现用工短缺，农业的持续发展也将会面临着严峻考验。

（2）从性别特征来看，外出务工人员中女性大约占1/3，也即6800万人（2.04亿×1/3），男性农民工占绝大多数。从农村未转移劳动力的年龄结构来看，16～20岁以及21～30岁年龄段的剩余劳动力所占比重非常少，分别只占11.3%和6.3%。纺织业、制鞋业、玩具制造、服装加工、电子装配等劳动密集型行业对女工尤其是18～25岁的年轻女工需求最大，而农村这一年龄段的女性劳动力已经基本全部转移出去。25～30岁的乡村女性劳动力又受到生育周期和家庭因素的影响，转移能力受到限制。也就是说，考虑到制度、生理和家庭制约等方面的原因，农村实际能转移出去的女性剩余劳动力非常少，这也加剧了城镇非农产业女工短缺的现象。

（3）从地域特征来看，根据我们以往的研究，2005年，河南、四川、安徽、重庆、湖南、湖北、广西、贵州、江西9省市的流出人口占跨省流动人口的98%，其中长江流域的四川、重庆、湖北、湖南、安徽、江西6省市以及中部地区的河南省共占85%，是乡村劳动力输出的主要省份，而黑龙江、吉林、辽宁、山西、陕西、甘肃、宁夏、青海、新疆等北方各省跨省流动就业的农民工数量较少，仅占跨省流动人口的8%。这也意味着，从空间分布角度看，今后农民工潜在的供给源主要集中在北方各省。

（4）从行业特征来看，外出就业的农民工主要以制造业和建筑业为主。劳动和社会保障部2005年快速调查显示，农民工在制造业、建筑业、住宿餐饮业、批发零售业、居民服务和其他服务业的就业比重分别为27%、26%、11%、12%和9%。从乡村从业人员的行业分布来看，农业、工业和建筑业的就业比重分别达到59.5%、11.9%和7.3%，而在交通运输业、批发零售贸易餐饮业的就业比重分别只有3.1%和5.8%。农村劳动力在第三产业和服务业方面的就业比重还不高。

以往的相关研究只是从总量上进行分析，认为中国的农村剩余劳动力在总量上是过剩的。我们从年龄结构、性别结构、地域特点及行业分布等角度进行细致分析，认为中国农村剩余劳动力在结构上是短缺的。从短期来看，农村剩余劳动力出现结构性供给不足是正常的，随着信息的不断传播、劳动力外出年龄的逐渐上升、产业在地区间的拓展转移，这种状况会逐步得到缓解。但是，从长期来看，这的确是一个需要引起特别注意的问题。

三、政策性建议

2002～2005年，中国的GDP、工业化和城镇化的增长速度分别达到15%、2.15%和3.22%，而这一时期，中国农村的外出务工劳动力数量年均递增700万人。也就是说，一方面，如果保持目前中国的工业化、城镇化和经济增长对就业的带动作用，则现有的可供给的6500万剩余劳动力只需不到十年便可转移完毕，劳动力市场不再是“无限供给”；另一方面，可供给农民工的年龄和地域差异又使得劳动力的市场供给呈现结构性短缺。但是，应该看到，如果采取的政策得当，多角度多渠道地挖掘现有的农村剩余劳动力，还是可以化解这一挑战的。

1. 加强农民工组织培训力度，健全就业信息服务功能

各级政府应把帮助农村富余劳动力转移就业作为公共服务的重要内容，依托社会力量，统筹规划，加强组织，大力发展农民工的职业技能培训，提高农民工外出就业的能力。

目前我国没有一个全国性的劳动力供求信息网络，劳动力输出较少的地区公共就业信息服务渠道更为有限，无法使劳动力配置达到最佳。政府应支持在劳动力输出较少的地区建立用工信息平台。

2. 走新型工业化道路，促进农村劳动力就地转移就业

鉴于劳动力输出地中40岁以上乡村劳动力数量众多，外出转移难度较大，农村经济发展的复苏和特定人群（女工）生理特征等方面原因，可考虑积极发展农业产业化经营，鼓励农村中小企业向小城镇集中，发展县域经济，支持外出务工人员到小城镇创业和居住。引导东部地区劳动密集强度高的产业向中西部地区转移。

3. 放宽企业用工年龄，稳定城镇现有的农民工供给

可考虑延长劳动密集型行业农民工的工作年限，放宽企业的用工年龄。要求农民工输入地政府转变观念和管理方式，逐步健全覆盖农民工的城市公共服务体系，使得处于代际转换的中老年农民工和处于黄金年龄段完成生育后的女工也能够在城镇中稳定下来，避免劳动力大量回流造成城镇产业无人支撑的局面。

4. 重视发展服务业和农村第三产业，增强对农民工的吸纳能力

农村外出务工劳动力及留在农村的劳动力在服务业和农村第三产业方面的就业比重并不高，而这些行业都是吸纳就业能力很强的行业，如按等量投资计算，第三产业可容纳的劳动力比工业多2～3倍。今后应该进一步培育发展商品市场、生产要素市场和中介服务，积极支持、鼓励和合理引导农民进镇入区，发展餐饮、商贸、旅游、交通运输等多种所有制的服务业，推进社区服务产业化，充分发挥它们在活跃市场、增加就业方面的作用。

（2007年8月）

第六篇

农民收入与农业发展

关于农民增收问题的几点思考

何宇鹏

不断增加农民收入，是“十五”经济工作的主要任务，也是全面建设小康社会的重要内容。按照“十五”计划城镇居民人均可支配收入和农村居民人均纯收入年均增长5%左右的预期目标，到“十五”期末，城镇居民人均可支配收入和农村居民人均纯收入将分别达到8015元和2876元。假定城乡居民收入同步增长，2005年，城乡居民相对收入差距不会发生改变，依然保持着与2000年2.79∶1相同的比例。但城乡居民绝对收入差距将进一步扩大，由2000年的4027元上升到2005年的5139元。

但是，由于城乡经济发展的不平衡性，城镇居民人均可支配收入增长实际快于农村居民人均纯收入增长，导致城乡居民相对收入差距仍将继续扩大。2001年、2002年，城乡居民收入实际增速分别为8.5%和4.2%、13.4%和4.8%，两年城乡居民相对收入差距分别继续扩大到2.90∶1和3.11∶1。由于城镇居民人均可支配收入年均增速相当于农村居民人均纯收入年均增速的2倍多，2002年，城乡居民绝对收入差距已达5227元，超过了期末预期差距88元。

值得注意的是，按照总体小康的16个基本监测指标测算，2000年，农村居民人均纯收入是三个未达标的指标之一。2000年，农民人均纯收入（按1990年不变价计算）为1066元，相当于小康标准1200元的89%。这一状况至今没有得到根本性改变；2002年，农民人均纯收入为2476元，按1990年不变价计算，约合1164元，相当于小康标准的97%。由此可见，增加农民收入，不仅是缩小城乡差距的重要实现手段，也是农村由实现总体小康尽快过渡到全面建设小康的必经之路，是经济工作的难点和重点。

何宇鹏：国家发改委城市和小城镇改革发展中心原副主任。

上述分析表明，按照以往的办法增加农民收入，虽然对农民增收不是没有作用，但对实现统筹城乡发展、全面建设小康的目标，却难有显著效果。增加农民收入，必须有新的思路。

一、推进城镇化进程，扩大非农就业，是增加农民收入的关键

从收入来源（见表1）和产业结构（见表2）角度看，农村改革以来，家庭经营收入和第一产业收入增长速度不断下降，从“七五”起，即开始低于工资性收入和二、三产业的增长速度，且增速差距不断扩大。从对收入增长的贡献份额看，二、三产业从“八五”起超过了第一产业，工资性收入从“九五”起超过了家庭经营收入，成为农民增收的主要贡献因素。根据国家统计局的分析，近年来，外出务工收入快速增长又是工资性收入增长的主要因素。说明中国农村发展已进入这样一个阶段，家庭经营以外的社会就业、农业以外的非农就业，对农民增收已经起到主导性作用。

表1　从来源看农民收入增长　单位：%

年 份	农民人均纯收入	工资性收入	家庭经营收入	财产性收入	转移性收入
实际增长率					
1981～1985	14.2	-8.8	34.5		4.2
1986～1990	3.0	5.2	3.3		-8.0
1991～1995	4.3	6.4	3.1		1.2
1996～2000	4.8	11.9	2.3	-0.6	4.0
2001	4.2	9.1	1.5	3.5	10.7
贡献份额					
1981～1985	100.0	-21.9	119.1		2.8
1986～1990	100.0	33.4	82.6		-16.1
1991～1995	100.0	31.8	53.3		1.1
1996～2000	100.0	64.8	32.5	-0.3	3.0
2001	100.0	67.2	22.2	1.7	8.9

资料来源：《中国统计年鉴》。

表2　　从产业看农民收入增长　　单位：%

年　份	农民人均纯收入	生产性纯收入	第一产业纯收入	第二产业纯收入	第三产业纯收入	非生产性纯收入
实际增长率						
1981～1985	14.2	15.2	13.2	0.0	14.0	4.5
1986～1990	3.0	3.7	2.8	10.0	4.9	−8.3
1991～1995	4.3	3.8	0.9	16.9	6.7	12.7
1996～2000	4.8	4.9	−0.1	8.5	18.4	2.2
2001	4.2	4.0	2.7	8.1	2.8	8.0
贡献份额						
1981～1985	100.0	96.9	71.6	15.3	10.0	3.1
1986～1990	100.0	116.8	70.7	28.6	17.4	−16.8
1991～1995	100.0	85.2	14.8	52.1	18.2	14.8
1996～2000	100.0	97.3	−0.9	35.1	63.1	2.7
2001	100.0	89.5	32.5	41.8	15.1	10.5

资料来源：《中国统计年鉴》。

据研究，假设“十五”时期（其他条件不变）农民收入能够保持“九五”工资性收入年均增长12%的速度，或来自二、三产业的收入能够达到年均分别增长10%和20%的速度，那么，2005年，农村居民人均纯收入将达到3050元或3518元，年均增速为6.1%或9.3%，这将大大缓解目前农民增收困难的局面。问题在于，在现行的制度安排和政策框架下，乡镇企业和外出务工释放的非农就业能量已被吸纳殆尽，新增就业空间再次变得狭小起来，致使农民继续通过非农就业增收面临新的困难。2001年，农村劳动力转移数量为614万人，比2000年减少了565万人，农民工资性收入和来自二、三产业的收入增速低于“九五”平均水平。农村劳动力转移数量和农民收入增长速度也低于“十五”计划年均800万人和5%的预期目标。开局不利，不仅使得实现城乡统筹发展的中长期目标变得困难，也使得实现“十五”计划阶段目标形势变得严峻。

因此，“十五”期间，特别是未来三年内农民收入能否实现较快增长，主要取决于非农就业的发展，取决于影响农村人口和劳动力流动的各种不利因素在多大程度上被消除。“十六大”确定的加快城镇化进程战略为扫清限制农民流动和非农就业的制度障碍奠定了基础，关键是如何制定与城镇化战略相匹配、有利于扩大非农就业的政策措施。除了继续深化户籍制度改革、加强对进城务工农民的管理服务、进一步整合城乡劳动力市场等措施外，在宏观经济政策上制定有利于发展中小企业、非公经济和第三产业的有效措施，将是扩大非农就业的关键。研究表明，目前的贷款政策是限制非公中小企业扩大就业的瓶颈。2000年，非公经济吸纳的非农就业已占60%，但银行短期贷款只占10%。长期以来，农口部门呼吁的是要给中小企业（乡镇企业）优惠利率，促进其发展，但这与商业银行的运作规则并不相符，因而难以操作。实际上，中小企业发展短缺的不一定是优惠条件，而是启动资金。如果给予商业银行以更大的利差，可能既较好地解决中小企业的资金需求，又较好地解决商业银行防范风险的要求，增加的就业规模，可能如同当初乡镇企业异军突起一样，是计划做不到的。

二、发育要素市场，增加财产性收入对农民增收的贡献

长期以来，财产性收入在农村居民人均收入中的份额仅占2%左右，“九五”时期，对农民增收为负贡献，反映出农村土地和资本市场发育滞后，直接限制了生产要素对农民收入的贡献作用。要素市场发育滞后，不仅造成了地区之间生产结构趋同、比较优势难以发挥，不利于加速农业结构尤其是主产区农业结构调整，而且使得农村劳动力流动这一特定现象长期化，不利于人口的城镇化，不利于扩大第三产业就业。这里要正确处理稳定和完善土地承包关系与加快农户土地承包经营权的流转问题。重点研究解决保护耕地和城镇发展用地、土地征用和合理补偿、转让方式和资金使用、抵押等收益手段和生产等保障手段之间的关系。这个问题不解决，城镇化战略、扩大非农就业和增加农民收入的目标就难以落实，解决得不好，又会危及农村稳定。可以采取试点的办法，在部分地区先行试验，总结经验，逐步推广。

在发育土地要素市场上，必须澄清的一个认识问题是，增加城镇化所需的土地供给并不等于减少农村耕地保有量。认为城镇化必然减少耕

地实际上是一种误解，原因在于把农村土地等同于耕地。经验表明，城镇化不但不会减少耕地供给，反而会使农村土地利用更加有效。不少人都把近年耕地减少归因于建设用地增加，是一种对数据的误读。据国土资源部统计，在过去4年里，全国因建设占用、生态退耕、农业结构调整和灾害毁损等共减少耕地5161万亩，同期通过开垦荒地、土地复垦整理补充耕地2467万亩，增减相抵，全国耕地面积净减少2694万亩。这通常被用做城镇化推进和耕地减少之间矛盾的主要依据。问题在于，过去4年年均建设占用耕地仅276万亩，而复垦耕地年均达617万亩，复垦耕地超过减少耕地259万亩。耕地减少的真正原因是，4年中全国因农业结构调整和生态退耕共减少3451万亩。如果没有城镇化过程中土地整理带来的增加耕地，耕地净减数量还会增加。耕地减少，是退耕还林等政策的结果，是政策预设的结果，不必为此惊慌。这部分减少的耕地仍为农业用地，没有破坏耕作层，也不会对粮食生产能力造成太大影响。

土地使用中存在的真正的问题是，城镇化政策如果没有配套措施，农村流动人口在城里沉淀不下来，在农村的宅基地又退不出来，将会影响城乡土地使用效率。如果按照城镇化率10年达到45%的水平，转移2亿农村人口，按人均120平方米建设用地计算，需要提供3600万亩土地，每年360万亩土地。而目前农村人均占用建设用地平均300～400平方米。2亿人转移出来，同时解决好村庄整治规划，及时退宅还田，至少可增加6000万亩耕地。而农村劳动力如果继续处于流动状态，农村人均建设用地就减不下来，这才构成对土地资源的重复使用。

所以，完善土地制度的关键是通过发育要素市场增加城镇化所需的土地供给。从另一方面看，3600万亩耕地转为非农用地的土地利用价值按一次性出让每亩最低5万元，可创造1.8万亿元的土地收益。如果这笔费用直接补偿给失地农民，可一揽子解决农民的社保和就业问题，国家还可以获得相应的税收。前提是必须要考虑土地征用制度的改革。从解决城镇化用地入手，探索农村集体土地流转制度的改革，根本的问题是要把好处给农民，这也是未来农民收入通过土地所用权的转换获益的重要手段。沿海地区农村经济的发展、农民收入的增加，不可低估土地收益的因素。把土地转让收益直接给予农民，可有以下积极后果。一是限制各级政府滥占耕地，当前低价征用土地是导致耕地过度滥占的根本原因。二是可促进中西部农村地区的发展，沿海和大城市郊区土地价格的升高，必然促使要素流向地价偏低的中西部地区。三是农民可直接从土地变性中受益，只要制定合理的土地出让政策，并把短期交易变为长期的交易行为，变一次性买卖为出租等方式，既遏制了政府的短期行为，也使农民长期获益。四是可以缓解政府和失地农民的矛盾，有利于政府形象的树立。

三、城镇化和经济增长、产业发展之间的关系

城镇化不足，使得农村消费市场发展滞后于农民收入增长。据测算，当前农村居民人均纯收入相当于1990年时城镇居民可支配收入水平，但消费仅相当于城镇1986年时的水平。农民增收缓慢，又导致农村消费市场萎缩。1990～2000年，农村居民消费占居民最终消费的比重由56.3%下降到45.2%，农村消费品零售额占全社会消费品零售额的比重由48.5%下降到38.2%，均下降了10个百分点以上。农村消费市场低迷，是内需不足和难以扩大的主要原因，也制约了整个经济的增长。许多研究都注意到了90年代以来企业尤其是乡镇企业资金增密和技术替代劳动的趋向。但是，这一趋向很可能与两个市场有关。在国内市场启而不动的情况下，企业生产在很大程度上对出口的依赖增强，这从我国经济的对外依存度不断提高能够部分得到验证。由于对国际市场的依赖，产品的技术要求不断提高，强化了资本需求和技术导向。在这种情况下，我国经济增长和产业发展就会越来越受制于国际经济周期波动。要平衡这种影响，首先应启动农村消费市场，使我国经济能相对独立于世界经济而持续高速发展。但是，启动农村市场，却不能仅在农村内部进行，而需在统筹城乡发展的范围进行。农民留在农村，消费市场很难启动。因为拉动消费不仅仅靠增加收入，还靠生活方式的转变。如果限于在农村内启动内需，一是需要大量的基础设施配套投入，才能改善消费条件，如电视机的普及，且效果不一定显著。二是农村的生活方式决定了许多消费品用不了，如洗衣机、电冰箱，即便收入提高了，农民也很难把钱投

到这些我国有优势的产品消费上。三是新的消费形式推广难，通讯资讯这些新兴产业产品由于在农村用处不大，很快又会面临与传统制造业一样的困境，转向国外寻求市场。因此，城镇化关系还不仅是农民增收问题，它也关系到国内市场的扩大。如果能把农民流动就业变为所在地的固定就业，由于人口集聚会对产品包括食品和住所产生需求，以制造业为主的传统工业和建筑业甚至农业也许能生成新的发展空间，对市场和就业重新产生带动作用，起到就业带动就业、需求创造需求的作用。

（2003年3月）

新一轮农业谈判的减让模式和我国的选择

何宇鹏

目前，WTO新一轮农业谈判已进入确定减让模式的关键阶段。按照预定的日程安排，WTO农业委员会将于3月25～31日在日内瓦召开特别会议，并应于3月31日前完成减让模式谈判，从而为9月10～14日在墨西哥坎昆举行的WTO第五次部长级会议铺平道路。为此，WTO农业委员会特别会议主席哈宾森于2月13日提出了“新一轮农业谈判减让模式草案（第一稿）”（以下简称“主席草案”），以促进减让模式谈判能够如期结束。总体上看，“主席草案”的减让模式建议对我国限制农产品进口作用不大，对我国扩大农产品出口影响甚小，不利于我国农村经济政策中调整农业结构战略的实施和提高农民收入目标的实现。对此，应予以高度重视。

一、市场准入

“主席草案”在关税减让模式上的建议（见表1），达不到我国要求的大幅度减税效果，与我国利益相去甚远，应基本不予采纳。但在给发展中国家权利划定“战略性产品”上的建议，对我国保护大宗农产品进口有一定的缓冲作用，应予以支持。

关税减让公式是最不能接受的。这是因为：

从总体上看，我国约束关税税率偏低。到2004年，平均计算的农产品关税税率为17%。

何宇鹏：国家发改委城市和小城镇改革发展中心原副主任。

表1 “主席草案”在市场准入减让模式上的建议

内容	发达国家	发展中国家
关税	1. T>90%，平均削减60%，最低削减45% 2. 15%<T≤90%，平均削减50%，最低削减35% 3. T≤15%，平均削减40%，最低削减25%	1. T>120%，平均削减40%，最低削减30% 2. 20%<T≤120%，平均削减33%，最低削减23% 3. T≤20%，平均削减27%，最低削减17% 4. 可确定X%的农产品为战略性产品，约束关税平均削减10%，最低削减5%
关税配额	1. 关税配额量提高到国内消费量（1999~2001年平均水平）的10% 2. 最多有1/4的配额产品可选择配额量定在其国内消费量的8%，但另外相同数量的配额产品需将配额量扩大到12%	1. 关税配额量提高到国内消费量（1999~2001年平均水平）的6.6% 2. 最多有1/4的配额产品可选择配额量定在其国内消费量的5%，但另外相同数量的配额产品需将配额量扩大到8% 3. 战略性产品无需增加配额量
特殊保障	在实施期结束或实施期结束2年后取消特殊保障措施	原来已经成为特殊保障措施保护的产品，或选择用一般方法降税的战略产品，可使用新的特殊保障措施
实施期	5年，平均削减	10年，平均削减

注：T=约束关税。

从结构上看，我国关税税率多分布于较低区间。税率超过20%的农产品仅占所有农产品的45%，超过30%的仅占12%。关税分散程度低，离散度仅为11%。关税高峰不高，最高关税税率只有80%。

从进出口贸易上看，我国进口产品关税税率已经较低，而扩大出口却面临着较高的关税高峰。在我国进口产品（1998~2000年平均）中，78目农产品（占全部农产品类型的8%）进口占全部农产品进口的90%，其中关税税率在9%以下的产品超过一半（53.9%），关税税率在19%以下的产品约占八成（79.5%），关税税率在29%以下的产品已占96%。而我国有出口竞争优势的产品却面临着畸高无比的高峰关税，其中发达国家关税高峰为：牛肉192%、羊肉134%、猪肉168%、禽肉140%、其他肉类90%、水果和蔬菜120%。

从保护或促进贸易的手段上看，由于我国关税总体水平较低，还将面临进一步削减，因此用关税手段保护国内农业免于进口冲击的可能性不大，效果也不一定显著。经验表明，对关税产品如大豆，限制进口的主要手段是非关税措施；对关税配额产品如玉米，限制进口的主要手段是配额管理办法和附加条件。但其他国家的高峰关税如果减不下来，对我国扩大优势农产品出口却有明显的不利影响。

采取不同的减税公式，对我国农产品进口基本不发生影响，但对我国农产品出口有很大影响。采取与乌拉圭回合思路接近的“主席草案”减税，或采取积极的、类似东京回合的瑞士公式（以25为系数）减税，我国的农产品税率分别将降到10.7%和8.5%，税率相差2个百分点，对进口的影响不会有很大区别；但日本、韩国、欧盟等我国的主要农产品出口国的税率各自分别下降为21.2%和7.6%、39.2%和12.5%、14.6%和9.2%，相差在5～20个百分点，尤其是瑞士公式对降低关税分散程度和高峰关税作用显著，对我国扩大出口具有很强的政策意义。在这种情况下，我国应与美国、凯恩思集团国家加强接触，以实质性推进农产品贸易自由化为理由，坚持用瑞士公式降税。建议发达国家采用24为系数，发展中国家采用36为系数，分别减税。实际上，即便最终采取50为系数降税，效果也比“主席草案”对我有利。

关税配额方案基本可以接受。由于我国多数配额产品占消费的比重已超过了发展中国家6.6%的比例，这一方案意味着在下一个实施期内，我国大多数配额产品的配额量可以保持2004年水平不变。从国内农业结构调整的角度看，粮、棉、糖配额产品的种植面积大，种植结构调整也需要一定时间，改革方案不宜过急。

特殊保障措施应尽快取消，尤其不能允许发达国家在实施期结束2年后才取消。由于日本、韩国过去几年对我国蔬菜产品出口采用的就是类似特殊保障措施的保护手段，其他国家也可能诉诸同样措施限制我国农产品出口，对此应坚决要求取消。

对赋权发展中国家划定X%的产品为“战略性产品”的建议应大力支持。“主席草案”对战略性产品规定了两种保护方法，一是采用较小的幅度降税，平均削减10%，最低削减5%，但不能使用特殊保障措施；二是采用和税率一致的降税幅度，但进口增加时，允许使用新的特殊保障措施。根据我国农产品关税结构特征，应采用第二种办法。在划定战略产品时，应优先考虑食用植物油。这是因为，从2006年起，我国食用植物油将退出配额产品，实行9%的单一关税管理；我国食用植物油与国际市场的价差比油料作物与国际市场的价差大，存在着大量进口的潜在可能；进口油料可把加工增值部分留在国内，对减少饲料进口也有好处；尤其是，特殊保障措施是以最近的进口量/消费量或国际价格/国内价格为基础实施的，我国近年油料作物进口已经很多，基数太大，不利于援引特殊保障措施。由此引申的推论是，在确定战略性物品上，要考虑产品的链条，以正确决定保护哪种产品最合适。

二、出口竞争

“主席草案”虽然建议最终取消出口补贴，但在削减进度和削减时间上与我国的建议尚有较大差距（见表2）。由于出口补贴对我国主要农产品尤其是园艺产品和肉类产品的出口有一定影响，所以最终取消出口补贴对我扩大农产品出口有实质性意义。同时由于我国不能使用出口补贴，取消出口补贴的时间表又可成为我国要求加快其他方面如关税减让改革的要价条件。

表2　“主席草案”在出口补贴减让模式上的建议

内容	发达国家	发展中国家
出口补贴	1. 对于至少50%的出口补贴产品，5年内逐步削减其补贴支出和数量，每年削减幅度为上一年补贴支出和数量的30%，或每年的补贴支出和数量为上一年的70%，第6年开始时削减为0 2. 对于余下的至多50%的出口补贴产品，9年内逐步削减其补贴支出和数量，每年削减幅度为上一年补贴支出和数量的25%，或每年的补贴支出和数量为上一年的75%，第10年开始时削减为0	1. 对于至少50%的出口补贴产品，10年内逐步削减其补贴支出和数量，每年削减幅度为上一年补贴支出和数量的25%，或每年的补贴支出和数量为上一年的75%，第11年开始时削减为0 2. 对于余下的至多50%的出口补贴产品，12年内逐步削减其补贴支出和数量，每年削减幅度为上一年补贴支出和数量的20%，或每年的补贴支出和数量为上一年的80%，第13年开始时削减为0

如果确定关税减让为我国要求改革的优先领域，则在出口补贴的减让进度上可做适当调整。一是发达国家6年取消出口补贴，每年平均削减。二是提高“主席草案”的减让系数，由目前的0.3和0.25分别提高到0.5和0.45，使得大幅度的减让提前发生。三是9年取消出口补贴，但在首年或2～3年内，取消优先改革部门如活动物、蛋类及蔬菜和水果的出口补贴。这既照顾了我国优势产品的出口（也可考虑取消对我国进口可能产生影响的酒和烟草的出口补贴），又避免了发达国家补贴数量最大的粮食类产

品和补贴支出最多的肉类和奶产品一时难以完全取消补贴的尴尬。

除出口补贴外，“主席草案”建议以纪律而非削减的办法来约束出口信贷，并给予了发展中国家更多的灵活性。尽管我国提出的是削减建议，但应视为试探性建议。虽然目前我国农产品并无使用出口信贷，但从实际操作的可能看，我国以此替代出口补贴，消化国内粮食库存，还是能够利用的。如采用削减方案，由于我国基期出口信贷为零，意味着我国今后不再能够使用出口信贷。在粮食援助上，“主席草案”建议援助必须是捐助形式，与我国立场基本相同。在出口限制和出口税问题上，我国不必再主动表态。

三、国内支持

由于入世承诺中的特殊安排，在新一轮谈判中，我国要守住国内支持不做进一步减让的底线，同时，以此为讨价还价的条件。从“主席草案”的建议（见表3）看，我国可以做到不再进一步减让国内支持。但要其他成员实现黄、蓝箱措施的全部削减，也不现实。可以“主席草案”建议为基准条件，协调立场，要求深化关税改革。

表3　“主席草案”在国内支持减让模式上的建议

内容	发达国家	发展中国家
绿箱	维持《农业协定》绿箱政策条款，可能时做适当修订	维持《农业协定》绿箱政策条款，可能时作适当修订
蓝箱	1. 以1999～2001年平均水平对蓝箱封顶 2. 约束封顶水平并在5年内削减50% 3. 计入黄箱中的现行综合支持量	10年削减33%。
黄箱	1. 5年削减60% 2. 单项农产品支持不得超过1999～2001年平均水平	10年削减40%。
微量允许	5%的微量允许，5年内每年减少0.5个百分点	1. 维持10%的微量允许 2. 可将特定产品的负支持记入为非特定产品的支持

四、新加入成员

“主席草案”建议，新加入成员可以在原承诺实施期结束两年后，开始新一轮减让，时间表随之相应调整。我国应争取使这个建议变为现实。

（2003年3月）

欧盟农业政策改革和WTO农业谈判新走向

何宇鹏

2003年6月26日，欧盟决定全面改革《共同农业政策》（CAP）。这次改革，将改变欧盟对农业的传统支持方式，影响欧盟在WTO农业谈判中的策略。对此，我国应予以高度关注。

一、欧盟农业政策改革的背景

目前，欧盟的农业支持仍以价格支持手段为主，干预价格发挥着市场地板价的保护作用。生产得越多，意味着补贴的数量可能越大。在这种情况下，来自内外两方面的压力，都要求欧盟对现行的农业政策做出改变。内部压力使欧盟东扩将增加农业预算开支，外部压力是WTO谈判要求继续削减扭曲贸易的国内支持方式。

从内部看，2004年，欧盟将从现在的15国扩大为25国，增加耕地3800万公顷，约相当于现在欧盟15国耕地的30%，主要农产品产量将增加20%～30%左右。如果继续按现行方式补贴，势必大大提高欧盟的农业预算开支。农业预算目前已占欧盟开支的50%，引起了其他部门的不满，再行增加，财政难度很大。

从外部看，乌拉圭回合以后，欧盟在农业政策改革的进度上不如美国快，使得欧盟的农业国内支持仍然以“黄箱”（价格支持，占欧盟国内支持开支的54%）和“蓝箱”（基于农田面积或牲畜头数的收入支持，占欧盟国内支持开支的23%）为主，而非以“绿箱”为主（不扭曲贸易的支持手段，占欧盟国内支持开支的22%），结果是欧盟的黄蓝箱开支占到

何宇鹏：国家发改委城市和小城镇改革发展中心原副主任。

了OECD国家的64%[①]，这使得欧盟在农业谈判中处于相当不利的减让地位。同时，欧盟过多地以农业的“多功能性”或“非贸易关注”为其价格支持和边境保护政策辩护，也引起了许多国家的不满，这也使得欧盟在农业谈判中常常处于孤立无援的尴尬境地。

二、欧盟农业政策改革的内容

为应付欧盟东扩带来的农业预算开支增加的压力，同时改变欧盟在WTO农业谈判中的僵硬立场，欧盟必须对《共同农业政策》进行改革。这次欧盟农业政策改革，概括起来，有以下几个特点。一是在农业保护手段上从农产品价格支持向农民收入安定过渡，用与产量脱钩的收入支持政策逐步替代价格支持政策。二是在发展策略上从传统的农业增产政策向内容广泛的农村发展计划过渡，并制定了符合农村发展计划的具体规定，作为农民获得收入支持的基准条件。三是为避免结构调整的大起大落，对过渡政策实施做了相应的灵活安排。四是建立财政约束机制，保证到2013年农业预算不超过预定目标。

1. 以单一农场支付实现直接收入支持，推动农业生产的市场化

改革后，将以单一农场支付（single farm payment）取代各种产品的市场协定，使农场获得的直接支付与产量脱钩。原则上，农民将获得根据2000～2002年为参考期，这一时期直接支付为参考量的单一农场支付。新的支付办法将于2005年生效。如成员国需要过渡，应不迟于2007年执行这一办法。为减少弃耕或其他风险，如果成员国政府认为有必要，可以在种植业、牛肉、羊肉和谷物烘干等部门，部分地保留与产量挂钩的支持措施。此外，奶产品改革完成后，将于2008年纳入单一农场支付。

2. 加强农村发展，建立可持续农业发展模式

改革农产品价格支持办法后，欧盟将扩大对农村发展的支持。内容包括对食品卫生安全和质量的关注，引导农民按欧盟立法制定的严格标准进行生产，以及提高动物福利标准等。满足这些要求的农民将获得新

① 比较而言，美国相对成功地实现了国内支持手段的转换。“黄箱”和“蓝箱”开支分别仅占国内支持的10%和4%，“绿箱”开支高达84%，结果美国的黄蓝箱开支仅占OECD国家的6%。

的收入机会。在5年期内，参加提高农产品质量计划的农场，可获得最高3000欧元的支付；参加按标准进行生产计划的农场，可获得最高10000欧元的支付；参加提高动物福利的农场，可获得每个畜牧单位最高500欧元的支付。农村发展改革计划于2005年生效，但各成员国在执行上可以自主决定。

农村发展计划的经费来源，将来自对直接支付超过5000欧元大农场的调节。2005年减少3%，2006年减少4%，2007～2013年，每年减少5%。5%的调节率将产生每年12亿欧元的额外农村发展计划资金。

3. 市场安定的特别措施

为减缓单一农场支付造成的农产品市场波动，欧盟还在谷类、蛋白质作物、能量作物、硬质麦、淀粉薯类、干饲料、大米、坚果、奶产品等部门采取了一些特别安定措施，主要是部分地保留了干预价格，或支持的最大面积。另外，橄榄油、烟草和棉花部门改革的方案，将于2003年秋季提出。

三、欧盟改革对WTO农业谈判的含义

欧盟农业政策改革能否对推动WTO农业谈判产生实质性影响，还很难说。这是因为，这次改革涉及的是国内支持政策，并未涵盖贸易政策。但是，正如欧盟农业专员费舍勒所说，改革增加了欧盟农业谈判的筹码。欧盟农业政策改革后，最显著的特征是将原来难以削减的黄蓝箱措施，通过单一农场支付办法，转化成了绿箱政策，这使得欧盟在国内支持的减让上有了更大的空间。同时，农村发展计划的加强，可能使欧盟借助更高的动植物卫生标准、环境标准和生产方法标准等，而不仅是依靠关税措施，限制农产品进口。欧盟很可能利用国内支持的大幅度减让，换取在农产品进出口措施方面较小的减让，或其他部门的利益。由于国内支持对贸易的影响相对而言是间接的，因而减让并不能使我国从中直接受益。相反，欧盟的高关税和苛刻的动植物卫生措施，使得我国加入WTO后对欧盟的农产品出口不升反降；居高不下的出口补贴，对我扩大畜产品和园艺产品出口，具有竞争性影响。因此，坚持用瑞士公式

减税和取消出口补贴，仍是我国在农业谈判中应采取的基本立场，不能因欧盟国内支持政策的改革而动摇。在进出口措施减让基本原则不变的情况下，从策略上讲，可以采取提高瑞士公式减税系数的办法和适当延长出口补贴取消时间或在相关部门（如水果和蔬菜部门）优先改革的办法[①]。

四、欧美农业政策改革对我国的启示

为应付农业贸易自由化的趋势和正在进行的WTO农业谈判，美国于1996年、欧盟于2003年分别对其农业政策都进行了改革。欧美农业政策改革对我国最大的启示是，今后农业政策的制定，将不能再仅仅立足于国内生产和消费的平衡，而必须面向国际分工和贸易的新格局。这也是我国农业结构战略性调整能否取得突破性进展的国际市场大背景。其次，在农业政策制定上，要顺应贸易自由化趋势，根据WTO规则及其变化走向，未雨绸缪，主动出击，而不能观望等待，消极应战。经验表明，美国农业政策调整得早，因而在农业谈判中比欧盟主动。欧盟竭力想守住价格支持，并煞费苦心地推出了“蓝箱”政策，但最终还是要放弃传统的支持手段。第三，农业政策的制定应更加具有互动性，具有对外开放的敏感性。比如欧盟农村发展计划的出台，对我国农产品出口提出了新的要求，对此，应在我农产品市场信息体系、质量安全体系和检验检测体系中有所体现。

（2003年7月）

① 参见何宇鹏《新一轮农业谈判的减让模式和我国的选择》一文。

一个养猪场老板的甜酸苦辣

窦　红

最近我们在湖北乡镇进行农村调研时，走访了潜江市张金镇来新良种猪场。该场是一家种猪繁育场，繁育“杜长大”二元种猪，把种猪卖给镇上饲养“杜长大”三元杂交猪的猪场，也销售到外镇。张金镇近几年在农业结构调整中，把创农副产品优质品牌作为主攻方向，重点普及“杜长大”三元杂交猪。该场是三元猪的种源基地，2001年预计销售50头种猪，产品供不应求。由该场推广的三元猪这个品种吃得少、长得快、价钱好，经潜江市在深圳的窗口企业卖到深圳、香港市场，很受欢迎，每斤可卖到3.5元，而平常品种的猪每斤只能卖2.7元。一般讲，农户自家养猪，4斤饲料出1斤肉，在猪场养猪，3.7斤饲料出1斤肉，而饲养三元猪，3斤饲料出1斤肉，如果农户饲养100头，可以少支出饲料费3000～4000元。像该猪场这样规模的小养殖企业，如种鸡场、鱼苗场，镇上有30多家，规模虽小，但抓住了产业化生产的某一环节，引进新品种，加大科技含量，上联农业科技单位，下联农户，为农业产业化的发展打下很好的基础。

来新场的老板叫王来新，原来在镇文化站工作，因收入少，到深圳打工，开阔了眼界，获得了信息，回家自己创业。谈起养猪的苦，老板娘指着猪场里的家说：“我们全家现在都吃住在猪场，原来在镇上工作下了班，就没事了，现在全天想的都是养猪。”王来新没种过田，没养过猪，他不断请教老农，照着书本做，就是为了减低成本，获得利润。现在他让孩子看电视中的技术讲座，学喂猪，做他的助手，有机会还要把他送到农业大学学习，子承父业。正像镇长所说的：“现在农民没文

窦　红：国家发改委城市和小城镇改革发展中心研究员、硕士。

化，发不了财。”靠着辛苦和技术，他的事业不断发展，猪场建立5年，规模翻了5倍。老板娘原来在镇农机站工作，每年的收入约有5000元，现在她可收入10000元。

张金镇有很多人在深圳打工，深圳就有一条张金街，但只有20多个张金人从深圳回来创业。王来新认为其中的原因是内地经济环境不好，经济不活跃。这主要由以下几个方面造成。

1. 领导的水平不高

王来新认为省、市、镇各级领导让农民致富的心情非常迫切，但不知道怎样让农民致富，总体思路不是很具体、完善，专业水平不高，对怎样达到预期效果无从下手，只能做一些宣传、发动工作。他说：“深圳当官、当老板的业务水平较高，他们不像内地的干部那样讲排场，小车进、小车出，他们的领导就是技术权威。他们研究产品都是世袭制，儿子、孙子都在研究，产品和技术不断完善，追求名牌效益。而我们内地的领导、场长们搞一段就调走了，没有持续性。当领导的首先要有真才实学，才能领导大家。”

2. 缺乏信息

王来新说：“在深圳，如做服装，是外国老板直接下订单，而内地必须经过‘窗口’，深圳信息量大，早茶、晚茶时都有信息，而内地同行业很难交流。”刚创业时，是省畜牧局提供给他种猪，他养好后送到畜牧局去卖，久而久之，建立了很好的关系。现在他与华中农业大学、省畜牧局有联系，荆州畜牧局的朋友有时给他提供信息，介绍他参加会议，但由于没有资金，他都没去，靠他们给他寄材料。现在他的销售渠道、信息都是靠私人关系，无偿提供给他。荆州畜牧局有一个服务实体，有打假、服务等功能，与他没有什么联系。王来新表示：“我们还是信任政府办的服务实体，希望能为我们提供直接、快速的服务。”

3. 缺乏资金

张金镇只有来新种猪场一家繁育二元种猪，但风险大，购一头猪就得花费3000元，固定资产占用大，缺少流动资金，没有钱买饲料，猪就可能饿死。王来新说：“我感觉自己有能力、有信息、有市场，我的三元猪的市场可以维持20年，但是就是没有资金扩大规模。”原因一是贷不到款。银行贷款实行终身追究制，“由你担保、由你负责”，银行的信贷员对他说：“银行钱多得是，我也信任你，但我多一事不如少一事，我不能用我的饭票来给你贷款。”据农户反映，1997年以前，银行贷款要多少，就能贷多少，1999年后，银行终止了贷款。镇上的干部补充说，潜江市的企业和农户贷不到款，还因为张金镇的幸福集团在银行有几亿元的坏账，造成省金融部门对潜江市实行金融封锁，别的县市还勉强可以得到一些贷款。二是银行把专业户和养殖企业也作为农户，一户只贷2000元。这个数字对专业户来说还不够一天用的。三是所有的贷款都需要抵押，没有信用贷款。像王来新的猪场这样小规模的企业，没有什么资产值得抵押；贷款的手续非常烦琐，而猪场需要钱的时候要得非常急；虽可以找教师担保，用一个教师的工资卡担保，可贷3000元，但一般教师都不愿意担保，而且银行规定的还款期固定，一年内必须在11月30日以前还，即使在10月贷的款，也必须在11月30日前还。贷款无路，现在猪场的维持都是靠向亲戚朋友借钱，靠的是相互的感情和信任。借钱也约定利息，应急时1元钱一个月2分利息，长期的是1分利息。王来新的妹妹在深圳打工，每月都寄钱给他。现在他已向亲朋好友借了20万元，每年的利息支出就有2万元，如果向银行借，就可以少付许多利息，用于扩大生产。就是这样，他的猪场5年规模也翻了5倍，设想如果有资金支持，规模会翻几倍呢？“没有资金，看好的项目也无法上。”张金镇幸福猪场的老板惋惜地告诉我们，他曾打算饲养一种羊，1亩耕地种上草，可饲养15只羊，每只羊可赚100元，1亩地就可以赚1500元。但由于买小羊的费用高，他没有资金购买，只得放弃。

4. 来自各方面的束缚

王来新曾到外村发展养猪场，承包了一片农地30年，是村集体用地，据说原来种过庄稼，但现在是荒地，经村代表同意签字，与村集体签了合同，每年交承包费。他在承包的土地上做了院墙，在里面盖了几间猪舍。土地部门知道后，认为这些建筑是违章建筑，订立的合同无效，要罚款十几万元，他无钱交罚款，拖延未交。第二次土地部门决定罚他5万元，他也没交。第三次以文件的形式下来，罚款2万元，土地部门还起诉到法院，法院下达了判决书，要求执行，如不执行，罚款还要算利息。他找到镇政府、潜江市领导，与部门协调，现在事情还没有结果。猪场办不成了，还惹了一身官司。

5. 税费重

“农业产业结构不调整，农业就是一条死路。”王来新说：“传统的种植业，搞得好可以保本，搞不好就亏，80%都亏本。不改革，农民确实没有出路，社会就不稳定。让交税费，农民交不出，感到没有出路，干群关系紧张就有这方面的原因。”王来新的猪场占地10亩，每年光是这10亩地就要交3000元的税费，包括农业税、“三提五统”和水费，他还被告之是免交农业特产税。据镇领导反映，农业特产税对农业结构调整和产业化经营影响大，1990年该镇的农业特产税只有6000元，现在已达到160万元，农民对农业特产税的意见很大，也是影响干群关系的一个原因。此外就是部门收费，如镇上的兽医站，在农民或猪场卖猪时，每头猪收2.70元的防疫检疫费，但不做检疫工作。一年发放一次防疫合格证，每次收215元，但很少做防疫和服务工作。农民们抱怨：“现在各部门都在抓收入，只收钱，不干活。”

小小的种猪场，让王来新品尝着苦辣酸甜，但他看准了路：“农业产业化势在必行，越早越好。”他很想知道上面对支持农业产业化有什么政策，多次想给上面写信。他认为自己现在干的事不仅是在养家糊口，而且是在干事业，“如果连我们都搞不好，对老百姓养猪是个打击”。

（2001年10月）

年终盘点：支农新政策下的农民收入

——陕西关中农村调查

乔润令

2004年以来，中央实施了包括降低农业税率、对种粮农民实行直补、放开粮食收购等一系列扶植农业生产新政策，这些政策的实施效果如何？2004年11月，我们对陕西关中地区的临潼、岐山、阎良、眉县进行了调研，情况如下。

一、农民种粮收入普遍增加

根据各县统计局农调队的抽样调查统计，2004年1～9月份四县农民收入都有不同程度增加。如阎良农民人均现金收入2435元，较2003年同期2065元增加370元，增长了17.9%；再如临潼农民人均现金收入为2076.63元，比2003年同期增长221.63元，增幅达11.95%。

农民收入增加，增在何处？四个县的情况表明，增加的部分更多的来自家庭经营中的种植业和养殖业。如阎良前三季度现金收入的2435元中，家庭经营收入就占了1560元，比2003年增长了10.9%，其中家庭经营中的一产1177元，较2003年同期的900元，增长了30.8%。临潼的情况也表明，前三季度，农民家庭经营收入为人均1337.43元，较2003年同期增加225.65元，增长了20.30%，其中，出售农产品所得现金收入为761.50元，较2003年增加318.56元，增长了71.2%。

二、价格上涨是收入增加的主要来源，但也增加了产粮支出

农民种粮收入增加的主要原因是粮食价格上涨。如新丰镇的张老汉

乔润令：国家发改委城市和小城镇改革发展中心副主任、硕士。

家有近5亩地，种粮食和蔬菜，前三季度出售小麦270公斤左右，比2003年同期减少了30公斤左右，减少了大约10%，但得到的现金为400多元，比2003年反而增加了100多元，增幅达到了30%多。主要原因是小麦价格上涨，从1.06元/公斤上涨到1.66元/公斤，每公斤上涨5～6毛钱，而且持续了一个多季度。同时，张老汉抓住玉米涨价到1.18元/公斤（比2003年同期涨了0.07元/公斤）的机会，把库存的200多公斤玉米卖了，又赚了一笔。

但是，农民生产费用的增加， 使得农民靠种粮卖粮和税费减免及直补带来的收入增长大打折扣。据临潼调查，前三季度，抽样的80户农民家庭经营费用人均支出395.15元，比2003年同期增加111.75元，增长了39.43%。费用增加主要是第一产业费用增加，前三季度第一产业费用支出348.21元，比2003年同比增长35.97%。新丰镇经营化肥农药的商家说："今年（2004年）的尿素、氢氨、复合肥等化肥最高上涨40%，因为价格高，农民的化肥使用量比去年减少了，幸亏陕西今年的雨水多，成就了近年来少有的好年景。种子去年3元一斤，今年到了5～6元/斤；敌敌畏、杀虫剂等农药上涨30%左右；水价基本稳定；电价也有小幅上扬，该镇的南王村1度电比去年上涨了5分钱。"

南王村种粮的李老汉讲："我们用的化肥、农药，还有雇人忙农活、农机修理，平常价格还可以，都是在最需要的时候，价格最贵。可是没办法，庄稼不能等呀，多少钱也得用。"临潼农调队的调查显示，"前三季度农民现金支出为2188.72元，较去年同期增加了511.34元，增长30.48%，主要原因是农业生产资料价格和食品价格上涨"。

当地农调队的队长分析说，2004年预计临潼农民人均纯收入为2840元，比2003年的2662元增加178元，增幅达6.7%；家庭经营性收入预计为1620元，比2003年人均增加110元，增长7%。他说，单看毛收入，2004年粮食价格上涨和减税直补，农民人均增收200元左右，但扣除生产资料多支出的费用，预计农业纯收入人均也就是增加70元左右，不会再多。

三、基层干部认为：新政策的政治效应大于经济效应

一年来，新政策的效果如何？我们调查的四个镇干部都有一些自己的看法。新丰镇镇长的话具有代表性："根据我们镇的情况，粮食直补与农业税率下调，其政治导向意义大于经济意义。农民今年种粮收入的增加主要是价格上涨。新政策有助于解决向农民收费问题，能解决一部分农民的负担问题，但解决不了农民的增收问题。"

从调查的情况看，农业税费的减免以及粮食直补减少了农民的支出，但对农民收入的直接影响还是有限的。如临潼区落实粮食直补资金417.87万元，平均每亩补贴5.33元，农民人均受益7.46元。全区良种补贴2000亩，共2.6万元；地膜玉米补贴23万元；温饱工程补贴18万元；补贴农机具150台，共15万元；减免农业税303万元，人均减免5.4元；通过减免和补贴政策，使全区农民人均受益14元。户县26.4万农业人口，人均所得16.10元，阎良区关山镇人均18.13元。

虽然直接的经济收益如此，但政治意义确实很大。岐山县蔡家坡镇的一镇长说：今年一系列支农新政策下来后，省市县又有不少相关的政策，我们现在凡涉及向农民收税费、使用土地等问题都非常小心，侵害农民利益的事少多了，但也遇到不少问题。今年我们搞连片大棚，十几户都同意了，只有中间一户不同意，过去的办法又不能用，结果好事没搞成。最后他自嘲地说："现在的乡镇干部干坏事（侵害农民利益的事）放不开手脚，干好事也放不开手脚。"

另外一个县主管农业的副县长，在饭桌上闲聊的话与座谈会上的发言有所不同。他认为：今年的支农新政策对农业发展的意义不能估计过高，关键是新政策出台和粮价上涨同步，农民的积极性主要是种粮食能卖个好价钱。农民现在完全是利益导向，一亩地补贴的10多元钱，还不如他一天做买卖打工的收入，明年要是粮价下来了，光有税费减免和粮食直补，农民种田不会有今年这么大的积极性。

四、农民的认识：增加收入还要靠打工做买卖

2004年农民种粮的积极性的确是前所未有的。临潼区由于非农产业比较发达，外出打工者多，前几年种粮不赚钱，土地的抛荒现象严重。如韩欲乡的一个村民组抛荒面积达300亩，在小金、东岳、土桥等乡镇个人买卖的荒山，荒地开发者甚少，抛荒的却有千亩之多。但今年不同了，有大约50%的抛荒者和打工者回家种地，粮经比例也发生了变化，前几年是6：4，今年达到了7：3。眉县山区的营头乡，原来种粮40亩的户就算是最高的，可今年最高的一下子种了240亩。在阎良区关山镇，以前的土地别人多占一点少占一点人们都不很在乎，今年农民们对地界格外的重视，为此还增加了不少矛盾。

农民的种粮积极性能否持续呢？关山镇自由市场出售农副产品的几个农民七嘴八舌地说："要是明年的粮食价格好，肯定要多种一些。"另一位农民讲了前几年的一件事，当时苹果市场销路好，农民大种苹果，他的地几乎都种了苹果树。但后来苹果卖到一斤才2毛多钱，比蔬菜还便宜，他一下子就砍掉不少果树。小农的几亩地随时都可以改种粮食、蔬菜或苹果，问及以后种什么，他说："什么赚钱种什么，要看能不能卖一个好价钱。不过，种什么都不如人家打工做买卖的。"最后还补充了一句："种地发不了财。"

今年农民的实际生活又如何？赵老汉56岁，是岐山县虢玉村村民，属村里的中上等收入家庭，10亩地今年主要种小麦，也兼种了一些杂粮、棉花、油菜和红薯。产小麦9000余斤，农业税减免加粮食直补，合计每亩10元收入，但肥料、农药投入由去年的60元/亩，增加到今年的80～90元/亩，种粮成本增加了20～30元/亩。赵老汉讲，村里人每户10亩8亩土地，忙活不了几天就干完了。他一家5口，老伴管家，还养着4头猪，小儿子上学，2个大孩子一个在天津当厨师，一个在深圳电子厂做工，每人一年收入差不多1万元，每人带回家3000元左右。10亩地他前后没用3个月就收拾完了，他主要的工作和收入来源于卖大饼（陕西岐山著名的锅盔），自家粮食全部加工成大饼到镇上出售，有时还买别人家的粮食用来加工。一年毛收入1万元左右，纯收入在6000～7000元。另一项

活计是替别人种地，老赵有全套种地设备，每年代人种地，一亩地30元钱，不算成本一年可收入4000多元。去年老汉花5万元给儿子盖起了结婚用的房子，说再干两年结婚的费用也就有了。老汉说："光种地不行，村里头我这个家过的还可以，全靠我卖大饼和给人种地，儿女打工挣的不少，可花钱花的太厉害。"

五、几点建议

从调查情况看，对农民种粮积极性高，市场价格起了决定作用。随着农民负担的逐步减轻，特别是粮食购销体制市场化后，国家的宏观支持政策应当适时的从以前直接作用于粮食购销企业或者现在的直补农民，转向调控市场，形成国家调控市场，由市场价格引导农民保持种粮积极性。

即使农民有种粮的积极性，但陕西的农民一年25%的时间就可以干完地里的活，不在非农上找出路，收入还是难以提高。"无工商不富"，这个道理农民太明白了。因此，支持小城镇和非农产业发展、推进城镇化，不仅需要稳定政策，还应体现在如金融、土地、资金、税费以及充实小城镇政府职能等的具体政策支持上。

（2004年11月）

旧债不去，新债又来

——四川省粮食直补情况调研

窦 红

2004年，中央为保护和调动粮产区农民种粮的积极性，确保国家粮食安全，对农民粮食生产进行直接补贴。我们到粮食主产省四川对粮食直补情况进行了调研。

2004年，四川省按照中央把通过流通环节的间接补贴改为对种粮农民的直接补贴的决定，将5.22亿元的粮食直接补贴，在4月底前按计税面积平均每亩补贴9.74元，一次性兑现给了农户，受惠农民达6559.77万人。

那么，粮食直补资金从哪里来呢？按财政部要求，2004年13个粮食主产省区对农民兑现财政直补资金100亿元，直补资金从粮食风险基金中开支。有的主产省粮食风险基金不足，有缺口的，由中央财政借款解决，所借资金在三年后逐步归还。据有关报道，3月24日中央财政已将73亿元借款拨到13个粮食主产省的省级粮食风险基金专户，并要求省级财政部门将中央借款连同地方配套资金一起在3月底4月初拨至县级粮食风险基金专户，为向农民兑付直补资金提供资金保障。

在四川，粮食直补资金主要来源于省粮食风险基金，规模为全省粮食风险基金总规模的40%。按省现行粮食风险基金包干体制，县级粮食风险基金用于直接补贴有缺口的，经县政府向市政府申请，由市政府向省政府申请向中央财政借款解决，还款责任由申请借款的县政府承担。

在四川我们了解到，一些地方通过粮食风险基金解决粮食直补问题无法做到。在遂宁市射洪县，粮食直补的资金来源是县粮食风险资金的50%，不足的部分可以向上级财政借款。射洪县的粮食直补资金需要687

窦 红：国家发改委城市和小城镇改革发展中心研究员、硕士。

万元，而县粮食风险资金有912万元，按50%的比例，只能拿出450万元用于直补，不足的200多万元由县政府向上级财政借款。遂宁市汇总各县借款，为此共向省财政借款2500万元，还款责任由申请借款的县政府承担，如果这借款不能偿还，遂宁市将直接扣各借款县政府的支出拨款。县干部们反映，粮食直补又给射洪县带来一笔负债，目前地方财政真是“旧债不去，新债又来”。

因为目前正在进行中的农村税费改革，在一定程度上削减了粮食主产省的地方财政收入，使地方政府的还债能力下降。2001年底，射洪县乡镇债务总额为2.45亿元，2002年开始进行农村税费改革，两年来按照“锁定旧债、控制新债、逐年化解”的原则，通过各种还债途径化解了债务1.3亿元，但余下的1.15亿元债务，基本上是当年为完成普及九年制义务教育和乡村油路等公益性事业而形成的。2004年四川省又下调农业税3个百分点，暂停征收历年欠税，射洪县级以下政府财政收入相应减少，就是调减后的农业税征收难度也加大，今年只收到了应缴税款的80%，低于往年90%的比例。射洪县按规定将上级的转移支付资金及时足额分配落实到乡镇，不搞截流、占用、挪用转移支付资金强制抵顶乡镇历年陈欠、基建款等，全额用于乡镇有关社会事业、村组织运转和农村中小学开支后，就没有资金用来还债。现在很多县的乡镇干部穷于应付债主，逃避债主，严重影响基层政府的运转，干部们反映，旧债不去，怎么干新事？

此外，长期以来，粮食风险基金缺口对粮食主产省份的地方政府来说压力巨大。据有关报告显示，粮食风险基金目前中央、省财政与市、县财政分别负担76%和24%，虽然市县比例不高，但是绝对额比较大，有些地区粮食风险基金配套额已经占当年财政收入10%～20%。在有的产粮区已形成“粮食大县，财政穷县”的固定模式，有的地方政府甚至通过向银行借款，用于粮食风险资金配套。现在用粮食风险资金实行粮食直补，不足部分可以向上级政府借，那么地方政府为建立粮食风险基金所欠下的配套资金借款如何解决？今后几年所需的粮食风险资金配套资金如何解决？

目前，财政税源日渐减少的产粮地区政府不仅失去了部分农业税来源，还要支付直补资金。可见，粮食直补政策加剧了这些地方财政的缺口。一项让种粮农民受惠的粮食直补政策，一年就让粮食主产省又背上了73亿元的新债务。根据中央的粮食直补计划，今后三年用于直补的资金还要增加，那就意味着地方政府债务还要增加。有的地方干部提出，党的直补政策好，但能维持多久呢？现实是财力必须要有承受能力，中央鼓励地方财政拨款进行直接补贴，还缺少具体的措施。

显然，粮食主产区直接补贴计划是在中央政府的直接指导、财政支持以及行政推动下进行的，现在基层政府为完成直补任务而借债，何异于当年为完成义务教育达标等任务而借债，只不过是债主不同，这次的债主是上级政府。如何还债呢？基层干部们表示， 寄希望于粮食流通体制的改革，能降低库存补贴。另一方面，对以往的旧账和欠上级政府的债，在不能再拖的时候向中央申请抵减政策。

看来，在国家继续实行扩大粮食直补的大环境下，粮食直接补贴是否会成为地方政府的财政包袱，主要取决于政策实施的具体方式。因此，建议中央政府要考虑粮食主产省份的财政承受能力，在补贴资金来源上，减少来自粮食主产省的投入，逐步实行“谁收粮，谁补贴”。可以采取的措施有：

（1）扩大转移支付，调整主产区和主销区粮食风险基金中的中央和地方资金配备比例，提高主产区粮食风险资金的中央转移支付资金比例。

（2）加快出台农村税费改革的配套措施，确保基层政府的正常运转。特别是加快清理乡镇债务，分清乡村债务性质、来源，对提供公共服务造成的合理债务负担，或由国债分批冲抵，或上级财政加大财政转移支付力度，或采取专项补助的形式帮助乡镇化解不良债务。尽快对农业税欠税暂停征收政策提出明确解决办法，改善基层政府的施政环境，确保地方政府财政收入。转变乡镇政府职能，由行政管理型为主向公共服务型转变。

（3）推进粮食流通企业的改革。加快国有粮食企业市场化改革，通过调整补贴政策，促使企业尽快销售处理老库存粮食，降低库存费用补贴，扩大粮食风险资金中用于粮食直补的资金。

（4）随着经济的发展和各项改革的深入，在冻结和缩减对流通费用补贴的同时，地方政府应逐步增加和落实对粮食风险基金的财政投入并提高用于粮食直接补贴的比重。

（2004年12月）

小土豆：关乎农民脱贫致富、维系国家粮食安全

——对我国马铃薯产业的调查报告

乔润令　叶伟春

在人们的传统观念中，马铃薯一直是蔬菜的一种。东北的土豆烩菜、山西的尖椒土豆丝、著名的土豆烧牛肉，都是归入蔬菜类的。然而，土豆其实不仅仅是蔬菜，它还是粮食的一种。目前，马铃薯已经成为继小麦、水稻、玉米之后人类的第四大粮食作物。小小土豆，不仅关乎农民脱贫致富，也维系着国家的粮食安全。因此，需要人们转变观念，重新发现马铃薯。最近我们对我国马铃薯产业发展的现状做了一番调查和梳理，现报告如下。

一、发展马铃薯产业可以有效增强我国粮食安全保障

马铃薯是粮、菜、饲、加工兼用型作物，适应性广、丰产性好、营养丰富、经济效益高，是21世纪人类最有价值的食物营养来源之一，也是世界人口的重要主食或副食。

马铃薯给人民生活提供了营养丰富的健康食物，除了富含优质碳水化合物外，还含有多种维生素、蛋白质和膳食纤维等其他营养，如马铃薯维生素C含量丰富（1个中等大小的马铃薯块就能提供1个成人1日所需维生素C的一半），单位面积蛋白质总量超过禾谷类，且脂肪含量极低。

目前，发展中国家的马铃薯平均摄入量不到欧洲和北美摄入量的1/4。我国三大粮食作物的平均单产均已高于世界平均水平，大幅度增产难度较大。而马铃薯单产比水稻、玉米、小麦、大豆高出1～3倍，每亩

乔润令：国家发改委城市和小城镇改革发展中心副主任、硕士。
叶伟春：国家发改委城市和小城镇改革发展中心发展改革试点处助理研究员、硕士。

实现的产值马铃薯分别比其他主要农作物高出1倍以上。

马铃薯是富含水分的块茎作种，它有利于干旱地区播后出苗，生长期对温度和水分的需求与当地自然气温和降雨同步，比其他作物能更好地利用自然资源。且薯类作物的经济产量是随着生育期的延长而逐步累积的，与种子作物不同，即使在生长期遭遇严重干旱，也不至于绝收。我国耕地面积的60%都是瘠薄的旱地、山坡地，这些地方非常适宜发展马铃薯种植。南方地区晚稻收获后有2亿多亩的冬闲田也可以用来种植马铃薯，这样就在不与主要粮食作物争地的同时，增加粮食产量。我国马铃薯的单产量也具有大幅增产的潜力。

二、发展马铃薯产业可以切实增加贫困地区农民收入

我国贫困地区主要分布于西部甘肃、宁夏、贵州、内蒙等十个省区，由于西部大部分地区地形、气候条件较恶劣，其他粮食作物难以生长，而薯类作物单产高、耐旱耐瘠薄，种植面积占全国的77%，成为这些地区人民赖以生存的主要粮食和经济收入作物。马铃薯加工业是中西部地区一个新的经济增长点。

以内蒙古中部的乌兰察布市为例，20世纪末贫困人口占全自治区贫困人口总数的1/3，农民广种薄收，年收入仅几百元。近几年，乌兰察布市市委、政府，发挥地区比较优势，把马铃薯作为全市农村牧区四大主导产业之一来培育，播种面积由1995年的10%提高到目前的50%左右；总产量40多亿公斤，占全市粮食总产的60%左右；可实现年总产值20多亿元，折合增加值达12亿元，占种植业总收入的52.8%，已成为乌兰察布市农民脱贫致富奔小康的支柱产业。

马铃薯在甘肃省粮食生产和农村经济发展中具有举足轻重的地位。2008年全省农民人均每年从马铃薯产业中获得纯收入160元，已建成马铃薯加工企业2000多家，年鲜薯加工能力达300多万吨，通过加工实现增值4.2亿元；2007年宁夏固原市人均马铃薯纯收入达450元以上，农民收入的1/4来自马铃薯，个别县超过800元。更为重要的是，马铃薯产业吸纳了近5000万农村劳动力和城镇200万就业人员，养育了西部30%的人口。

三、我国马铃薯产业发展的现状和优势

（1）种植面积扩大，产量增加。“十五”期间，我国马铃薯年均种植面积7015.9万亩，比“九五”期间增加787.2万亩，增幅12.64%。“十五”期间，年均鲜薯产量7019.6万吨，比“九五”期间增加1076.4万吨，增幅18.11%。目前我国已是世界马铃薯生产第一大国，2007年种植面积超过8500万亩，总产量8000多万吨，分别占世界种植面积和产量的1/4，亚洲种植面积和产量的60%和70%。

（2）新技术广泛应用。截至目前，全国各地30多个单位共育成并审定了280多个马铃薯新品种，形成了中薯、云薯、川芋、陇薯、甘农薯等新品种系列，但国家审定的不到50个且育成品种中绝大部分为鲜薯食用品种，加工专用品种少，品种类型、外观和品质难以满足市场需求。目前生产中大面积推广的品种仅有50多个。

（3）应用生物技术脱毒快繁技术日臻完善，病毒检测技术改进，种薯生产经营企业大量出现。全国年产脱毒组培苗1亿多万株，生产微型薯（原原种）为4亿粒左右。目前脱毒马铃薯的推广面积占总播种面积的20%左右，但优质种薯比例太低，不会超过10%。

（4）加工贮存能力不断提高。目前，我国马铃薯加工企业约5000家，其中规模化深加工企业近140家。全国精淀粉年加工能力200万吨左右，加工能力在1万吨以上的企业70余家，主要分布在北方的黑龙江、内蒙古、宁夏、甘肃和云贵等14个省区；薯片薯条年加工能力25万吨，加工企业近40家，主要分布在北京、哈尔滨、上海、广东、江苏等东部沿海大城市。

北方主产区建成了一批种薯贮藏库和商品薯贮藏库，贮藏总量占总产量的50%以上。近年来，各马铃薯主产区大力发展专业合作经济组织，2007年，全国马铃薯专业合作经济组织达300多个，订单生产面积超过1500万亩。

（5）国内市场消费需求不断增加。随着对马铃薯营养价值的发现，我国居民食品消费观念逐渐改变，年人均鲜薯消费量由2000年的14千克

迅速上升到2005年的31千克，增长了1倍多。近年来，我国马铃薯加工业对原料薯需求快速增加，2007年需加工1576万吨左右，缺口达1040万吨，占总需求量的66%。脱毒种薯的需求呈快速增长趋势，按2007年我国马铃薯种植面积，种薯缺口约400万吨。

（6）出口前景广阔。目前，世界马铃薯贸易主要发生在西欧和北美的发达国家之间。世界粮农组织数据显示，与1996年相比，2005年世界马铃薯贸易额由77.42亿美元增加到115.24亿美元，增幅48.85%。海关统计数据显示，2000～2006年，我国年均从美国、加拿大和欧盟进口冷冻制品和淀粉等进口马铃薯及产品85.6万吨，向马来西亚、俄罗斯、日本、韩国等周边地区出口种薯和商品薯等年均出口53.2万吨，出口额由2000年的0.11亿美元增长到2006年的0.91亿美元，年均增长42%。

我国周边的日本、韩国和东南亚国家，一直都是马铃薯种薯、食用鲜薯和马铃薯加工制品的进口国，也是我国马铃薯出口的潜在市场。与西欧、北美等主要马铃薯输出国相比，我国具有明显的区位优势和地理优势。

四、我国马铃薯产业发展面临的主要问题

（1）对发展马铃薯产业的重视不够。许多地方普遍认为马铃薯只是低附加值的农业产品，且不属于主要粮食产品，缺乏制定产业规划和引导农民种植的积极性；农民不愿意投入资金进行品种改良，金融机构在实际操作上也并不支持该类农业项目。

（2）缺乏高效优质配套栽培技术，生产水平低。大部分地区农民仍然采用传统的栽培模式，生产管理粗放、效率差。马铃薯贮藏基本以农户分散贮藏为主，设施简陋，贮藏量小，损耗大。

（3）马铃薯产业组织化程度低，市场竞争力弱。主产区农民收入过分依赖马铃薯产业，经济结构单一，风险承受能力差，极易导致“薯贱伤农”。加工产品单一、企业规模小、低水平重复建设、资源浪费和环境污染等问题突出，缺少现代化的生产附加值高产品的龙头企业，马铃薯加工业结构急需调整。

（4）马铃薯产业加工利用率低。加工产品主要以低附加值的马铃薯淀粉为主，高附加值的薯片、薯条和全粉等较少；适宜于加工用的品种匮乏，加工品种种植面积较小，难以满足各类加工需要；加工用原料用马铃薯贮藏能力小，贮藏技术落后。

（5）脱毒种薯的普及率不高。种薯生产落后，基本上处于一种自发的状态，75%以上的马铃薯栽培面积仍采用原始的留种方式，农民一般多采用相互引种、换种等措施维持低水平的生产，品种混杂、种薯退化成为马铃薯发展的主要制约因素。

（6）部分地区虽然基本形成了比较成熟的脱毒种薯繁殖技术体系，但由于长期资金投入不足，导致脱毒种薯的生产规模较小。2007年1000万吨左右种薯中脱毒种薯仅200万吨左右，其中完全达到国家脱毒标准的脱毒种薯在45万～50万吨之间，缺口很大。如果脱毒种薯普及率增加50%，每亩增产1500公斤，每年马铃薯将增产6000多万吨，农民增收480多亿元。

（7）政策扶持力度明显不足。目前国家对马铃薯的政策扶持力度明显不足，现有各种粮食补贴中都没有把马铃薯考虑在内。科技支撑体系薄弱，成果转化和技术普及率较低。种薯质量监控体系尚未健全，种薯质量难以保证。

五、对策建议

为了使小土豆真正成为农民脱贫致富、增强国家粮食安全保障的大产业，我们认为应该重新认识马铃薯，在政策方面给予支持。建议如下：

一是把马铃薯纳入我国粮食发展的政策支持范围，给予和其他粮食作物同样的补贴扶持。

二是对马铃薯脱毒种薯推广普及给予补贴。良种是提高马铃薯产量和品质的核心，使用优质脱毒种薯可增产30%左右。目前，农民对使用马铃薯良种认识高、热情高，但由于使用脱毒种薯每亩比普通种子要多支出150～200元，农民大面积使用良种缺少资金，加之马铃薯品种退化快，经济周期短，必须及时更新品种。因此，建议国家将脱毒种薯推广普及纳入良种补贴范围，促进优质脱毒种薯的大面积推广，实现增产增收。

三是对大型喷灌机给予农机具补贴。大型喷灌机的推广使用是提高马铃薯产量和效益的主要措施。目前，农民一家一户有愿望但无力购买。一些省、区已试行财政全额补贴政策，促进了现代农业装备的推广运用。建议国家将大型喷灌机纳入农机具补贴范围，促进马铃薯产业的快速健康发展。

四是对种薯企业给予补贴。种薯生产投入大，周期长，见效慢。为鼓励和扶持马铃薯种薯企业发展生产，建议国家给予种薯生产企业必要的补贴，以推进种薯繁育体系建设，促进马铃薯产业的整体升级。

五是对大型仓储室建设给予补贴。农民现有仓储条件烂薯率高，变质快，从收获到销售周期短。建议国家对马铃薯大型仓储室建设给予补贴，以支持农民改善仓储条件，延长销售时间，变一季销售为四季销售。

（2009年3月）

充分利用市场机制，加快玉米产业发展

——“大力发展玉米产业，建设中国玉米之乡”座谈会会议综述

2011年9月25日，国家发展改革委城市和小城镇改革发展中心和吉林省公主岭市人民政府在北京共同举办了“大力发展玉米产业，建设中国玉米之乡”座谈会。来自全国人大、国务院有关部门的相关负责同志和国内有关高校的著名专家学者参加了座谈会。基于公主岭市玉米产业发展实践，与会专家分别就玉米产业发展、政策导向、支持方法以及思路建议等主要内容展开了深入讨论。现将会议主要观点综述如下。

一、玉米产业发展的争论：支持与控制

与会专家一致认为，玉米产业发展事关中国粮食安全战略，应予以高度关注和支持。特别是在当前物价指数居高不下的背景下，更要清醒地认识到稳定物价与促进玉米产业发展、增加农民收入的关系。

物价上涨与玉米加工业发展关系不大。农业部政策法规司司长张红宇指出，食品价格、农产品价格以及粮食价格上涨的主要原因是需求偏紧、成本推动、热钱炒作和国际传导。针对玉米加工推动了物价上涨这一问题，国务院研究室副主任黄守宏认为，这个推断并不完全符合中国发展的基本现实。国务院研究室农村司司长叶兴庆则认为，一些发达国家在同等发展水平，农产品进出口平衡方面也发生了一些明显的变化，目前我国完全没必要过分担忧。同时也有专家分析了玉米价格上涨的正面效应，全国人大农业委员会副主任尹成杰、国务院发展研究中心副主任韩俊等认为，粮食价格上涨能促进种粮农民增收，也可以增加粮食主产区县市的财政收入，更有助于调动农民种粮积极性，要容忍玉米价格上涨。

玉米需求增加是未来社会发展的基本趋势，推动玉米加工业发展符合当前经济发展的要求。中国农业大学校长柯炳生、北京工商大学校长（前中国农业大学副校长）谭向勇认为，未来随着人口增加和经济发展，对粮食的需求会不断增加，而其中对玉米需求的增加会更快。目前国际市场和国内市场上，玉米价格超过小麦价格这一事实也验证了这一趋势。尹成杰、黄守宏等指出，要提高玉米的比较效益，就要发展玉米深加工，要充分认识玉米加工业发展的作用。中央财经领导小组办公室局长张冬科指出，当前我国玉米生产与发达国家相比还有较大的增产空间，随着科技的发展，玉米产业还有更大的发展前景。

玉米产业发展争论的深层矛盾。国家发改委城市和小城镇改革发展中心主任李铁认为，玉米等粮食深加工业的发展对宏观价格环境产生的影响，实际上映射出了一直很微妙的城乡关系。他指出，从新中国成立至今，我国城乡“剪刀差”的问题一直没有解决。对于发展玉米加工业的讨论，远不只是一个简单的玉米产业发展问题，它关乎“三农”问题，关乎宏观经济形势，关乎城乡社会的和谐发展。如果始终控制着粮食价格、农产品价格，那么农民增收谈何容易，城乡差别何时缩小，市场经济发展的深层次矛盾如何破解？

二、玉米产业发展的导向：政府与市场

与会专家分析了近年来我国玉米产业发展的政策走向。叶兴庆认为，仅根据短期的物价形势去制定玉米产业政策，会造成思维短视，所以要从宏观和战略的高度来重新思考玉米产业发展，要特别重视时机转化。韩俊指出，如果玉米产业发展政策不进行调整，那么未来玉米产业的发展难度很大。

玉米产业发展要充分利用市场作用。韩俊认为，发展玉米产业必须要靠市场和资本的力量，关键是形成有效的市场机制，促进资本参与玉米产业发展，培育集加工、贸易、物流于一体的大型产业集团，做大做强玉米加工企业。要充分发挥市场作用，创新投融资机制，吸引大型国有资本，甚至是引导私人资本投入玉米产业发展。李铁认为，市场化程

度不高是影响当前我国玉米产业发展的重要原因。

发挥政府对玉米产业发展的引导作用。玉米产业的发展离不开政府的引导，黄守宏、张冬科等提出，玉米产业发展需要国家宏观指导和宏观调控，并尽快建立对玉米等粮食主产区的利益补偿机制。黄守宏、张红宇等认为，制定玉米产业发展政策时需要按照加工产品的类型以及不同生产区域进行分类指导，绝不能搞“一刀切”。

三、玉米产业发展的对策：思路与建议

针对当前中国玉米产业发展中所面临的挑战和存在的问题，与会专家提出了促进中国玉米产业发展的思路和建议。

1. 促进玉米产业发展的建议

围绕着如何做大玉米产业，与会专家提出了自己的建议。一是坚持玉米价格市场形成机制。李铁提出，要允许玉米价格随行就市，按照市场需求调节玉米的生产，减少政府对玉米市场价格的控制；韩俊建议，要容忍玉米价格的上涨，并进一步提高玉米保护价收购价格。二是继续发展玉米加工工业。与会专家认为，玉米产业绝不能简单地控制，而要有针对性地进行支持。黄守宏等认为，要鼓励以玉米作为加工原料的食品深加工产业发展；尹成杰和国家发改委农经司司长高俊才提出，还要提高秸秆等玉米生产副产品的加工利用程度，并使此类企业享受农业产业化龙头企业扶持政策；韩俊建议，设立玉米产业发展基金来促进玉米产业发展。三是政府加大对玉米生产的扶持力度。韩俊、张红宇等专家提出，要完善对玉米主产区的转移支付力度，建立对玉米主产区的利益补偿机制；韩俊、高俊才提出，要增加中央政府对玉米主产区水利设施进行改造等农田基本建设投资力度。四是提高玉米综合生产能力。尹成杰、柯炳生等专家提出，要改善玉米主产区的水利、土壤等农田基础条件，提高玉米综合生产能力；增加对玉米科技投入的力度，在育种、栽培等环节要充分发挥科技作用，不断提高玉米单产水平。

2. 做强玉米产业的思路

与会专家认为，要从工业化、城镇化和农业现代化“三化”融合的

角度出发来拓展玉米产业发展的思路。李铁指出，公主岭市不能只重视玉米产业发展，还要重视城市的发展，要充分利用玉米资源优势，加大相关招商引资力度，做大做强玉米产业，推动城市发展。谭向勇为公主岭市围绕玉米资源优势拓展服务业发展空间开拓了思路，他建议以玉米发展为载体，从细节入手，充分利用吉林省现有的资源，融合会展、教育、文化、旅游、创意等产业形态，提升公主岭知名度。

徐勤贤　范　毅 整理

（2011年10月）

第七篇 经验借鉴

亚洲绿色城市化研究要点

万广华

日前，亚洲开发银行经济研究局、亚洲开发银行北京代表处和国家发改委城市和小城镇改革发展中心在北京联合发布了《2012年亚太地区关键指标——亚洲的绿色城市化》报告。亚洲开发银行通过监测亚洲地区的发展情况，每年发布亚洲各国和地区的重要经济社会发展数据，并围绕一个主题组织有关专家进行研究，推出《亚太地区关键指标》研究报告。2012年该报告的主题是“绿色城市化”，报告系统阐述了亚洲国家城市化发展及其对环境的影响，提出了亚洲国家推进绿色城市化的政策建议。我们认为，报告中指出的亚洲其他国家在促进城市化可持续发展方面的经验对我国有重要借鉴意义，报告的研究思路和方法、发布的数据指标及分析、提出的政策建议对我国“十二五”城镇化专项规划的研究和编制都具有一定的参考价值。现将报告的主要观点整理如下。

如今，亚洲城市人口增加史无前例，大量人群迅速移居到城市中，超大城市的数量不断攀升，人口密度极高。由于亚洲的城市化水平尚低，上述趋势仍将延续。亚洲城市化推动了亚洲的崛起，但同时也给该地区乃至全球带来了挑战和机遇，其中最显著的影响就是环境问题。

因此，亚洲必须遵循绿色城市化发展之路，制定有利于提高能效和保护资源的政策，促进新技术与可再生能源的使用。亚洲绿色城市政策必须适应由更多超大城市和卫星城市所组成的城市体系。此外，绿色城市化进程必须保护城市贫困人口，确保增长的普惠性和可持续性。

万广华：亚洲开发银行经济学家。

一、亚洲城市化进程具有独特性

从1980年到2010年，亚洲城市人口增长数量超过10亿人，高于其他地区的总和，预计到2040年还将有10亿人口加入城市居民的行列。这种大规模的城市化进程在中国、印度、巴基斯坦、印度尼西亚及孟加拉尤其显著。据最新估计，当前亚洲地区的城市居民几乎占全球城市居民的一半，其城市人口数量为欧洲地区的三倍以上，而欧洲的城市人口数量位居全球第二。

亚洲的城市化进程发展迅速，在短短61年内，中国的城市人口占比就从10%上升到了50%，而拉丁美洲历经了210年才完成这一进程，欧洲历经了150年，北美则是105年。预计亚洲地区的城市人口增速将继续超过其他任何地区。

亚洲城市化具有人口密度高、超级城市聚集的特点。目前，全球人口最稠密的三大城市（孟买、加尔各答、卡拉奇）都位于亚洲，全球10个人口最稠密城市中有8个在亚洲。2010年，全球23个超大城市（居住人口超过1000万的城市）中有12个在亚洲，占全球的一半以上。

亚洲城市化进程仍然任重道远，超大城市的数量和规模还会进一步扩张。2010年，亚洲各个国家最大城市人口占所有城市人口的比重仅有43%，而全球为52%。到2050年，亚洲城市化水平预计将达到63%，仍然低于67%的全球平均水平。因此，亚洲各城市的人口密度仍将上升，人口也会继续增加。到2025年，亚洲超大城市的数量将达到21个，全球将达到37个。

二、亚洲城市化进程将带来的巨大挑战

亚洲城市化惊人的规模、速度及人口密度将带来诸多挑战，城市犯罪率上升、贫民窟扩张、收入不平等加剧等问题可能会随之而来。最重要的是，这种空前的城市化进程将会加剧亚洲地区本已不堪重负的环境压力。《2012关键指标》主题报告将重点关注亚洲城市化进程中的污染与自然灾害的脆弱性问题。

上述亚洲城市化进程的独特性令上述挑战更为严峻，因为当前较低的城市化水平，表明亚洲城市化还有很长的路要走。快速城市化意味着调整或者学习的时间较少。超大城市数量的增加以及自身规模的不断扩大，造成管理上的难题，而高密度则令城市在自然灾害和疾病面前变得更加脆弱。要合理应对这些挑战，就要让绿色政策成为21世纪亚洲城市规划的核心。

洪灾脆弱性将随着城市化进程而加剧，到2025年，预计有4.1亿亚洲城市人口将受到海岸洪水的威胁。2010年，已有超过3亿人受到海岸洪水的威胁，约有2.5亿人可能遭受内陆洪水的侵袭，如2012年席卷曼谷的洪水。到2025年，后者的人数将增加到3.5亿人左右。在诸如达卡、胡志明市、天津等大城市中，一半以上的人口将遭受内陆洪水与海岸洪水的双重威胁。

全球人口最稠密的城市中有一半以上位于亚洲，据世界卫生组织称，在该地区每年有50万人死于空气污染。亚洲城市的空气污染明显高于全球其他地区，67%的亚洲城市（非亚洲城市仅为11%）未达到欧盟40$\mu g/m^3$的PM10空气质量标准，该标准用于衡量空气中的颗粒物污染状况。

2000～2008年间，与全球其他地区18%的增长相比，亚洲地区的人均温室气体排放量增长了97%，其中大部分排放量来自城市。此外，随着亚洲的不断增长，环境质量将进一步恶化。环境库兹涅茨曲线表明，随着收入增长，环境恶化水平会先升后降。基于这条曲线，亚洲仍处于CO_2与PM10曲线的上升一侧。按1990年价格计算，亚洲地区平均收入约为3900美元，远远低于文献中提供的“拐点”水平。以1995年价格计算，温室气体排放的拐点在19100～25100美元之间。

如果一如往常不加控制，到2050年，人均CO_2排放量将达到10.2吨，是2008年排放水平的三倍，从而给亚洲及全球带来灾难性后果。目前全球五大CO_2排放经济体中有三个位于亚洲，人均排放量也在以惊人的速度增长。

同时，亚洲地区在2010年有5.06亿贫民窟人口，占全球贫民窟总人数的61%以上。仅南亚就有亚洲地区38%的贫民窟人口。亚洲1/4的城市人口（约4.08亿人）无法享用基本的卫生设施。

尽管如此，但希望犹存，如果加以正确治理，城市群也能够协助改善环境。

环境库兹涅茨曲线并非铁律，城市化也能帮助改善环境。它能够推动服务业的发展，而服务业的污染水平通常会低于制造业；促使传统的制造业搬离大城市中心；更有效地利用自来水、基本卫生与固体废物处理等环境基础设施和服务；显著提高劳动生产率；推进绿色技术等的创新。与城市化紧密相关的还包括教育程度的提高、中产阶级的壮大以及出生率的下降，这些也会对资源利用及环境带来广泛的有利影响。

事实上，由于采用了更好的技术与政策，亚洲的城市化-环境曲线正随着时间的推移朝有利方向变化。在过去的20年中，亚洲的城市化-环境曲线一直在朝下、朝左移动，这意味着在相同的城市化水平下，排放量和污染都在减少，峰值将更快到来。从20世纪90年代到21世纪前10年，该曲线移动表明，人均PM10（40 $\mu g/m^3$）与CO_2排放量与预期相比分别下降了20%和27%。

三、亚洲绿色城市化政策

在绿色亚洲城市化战略中，综合考虑到亚洲城市化的速度与规模，节能减耗将成为第一要务。为了让该地区挖掘后来者优势，利用可再生能源和新技术、开拓新领域也至关重要。最后，亚洲的城市化必须保持普惠性和可持续性。

亚洲绿色城市化战略还应考虑到亚洲城市化的特殊模式。与美国和欧洲不同，亚洲的城市体系将更多地以超大城市加卫星城市为主要形式。在亚洲的城市化过程中，大量人口将聚集在相对较小的空间内，这样可以充分发挥在提供诸如自来水、卫生设施等基础服务时的规模经济。交通与通信技术变革使高效的公共交通体系成为可能，而这一体系将在亚洲城市化进程中起到至关重要的作用。

1. 提高效率与节约资源将降低现有的资源与能源消耗

价格合理化至关重要，价格要能体现全面的社会成本，高效地分配资源。为达到这一目标，可征收拥堵费和排放费（如新加坡），并取消效率低下的补贴（如印尼）。其他范例包括韩国征收碳税、菲律宾针对水电及其他公共设施采取递增阶梯定价等。

应及时出台规章和标准。这些措施可以纠正在空气、水、车辆及电器等方面市场失灵或协调失效的情况。政府可以借鉴印尼的做法，建设绿色工业区，帮助制造企业搬迁。完善的规章制度也有助于减少或防止城市无计划扩张。

使用快速公共交通，降低污染。卫星城市的快速连接可减轻超大城市枢纽的负担，提高城市生活质量。例如，中国的快速公交系统可减轻环境污染，印度在人口稠密城市修建地铁也大有帮助。

2. 利用可再生能源和新技术

各国可推进或采用环境保护及高效能源技术。例如，菲律宾和泰国利用垃圾发电厂来减轻污染，同时生成可再生能源；中国则通过进口或研发等方式获得绿色技术。

亚洲在城市规划中必须重点考虑环境问题。目前，中国正在试行以可再生能源作为新建卫星城市的主要能源。以优质铁路系统为主干、在有轨交通线上建设步行即可通达的小型卫星城市群，城市无序扩张问题可得到解决，同时摆脱对高速公路及干线公路的严重依赖，重振现有的城市中心。

采用替代能源及“智能”电网提高效率并减少排放。

3. 保护贫困人口，促进社会和谐和包容性

决策者应当加快建设能应对气候变化的城市。完成该项工作需要在安全区域修建房屋，让贫困人口能够承受住房费用，投资于排水基础设施，以及改善气象预报准确性。

在改善城市贫民窟现状方面必须取得进展。如给予贫民窟居民土地产权，发放与居住期限挂钩的住房券（其价值与居民在城市的居住期限相关联），为贫民窟地区提供基础设施服务。

4. 通过绿色财政、透明度及责任制，促进政策落实

公共财政应为绿色城市提供资金。完成该项工作需要拓宽税基和政府收入，增加地方城市政府更广泛、深入地进入资本市场的渠道，进而降低城市基础设施和公共服务的融资成本。

鼓励政府官员，保证透明度和责任感。这包括向公众和非政府机构披露城市政府在环境治理或保护方面的表现，举办全国性竞赛，鼓励“力争上游”，对优异表现予以奖励。

亚洲城市化进程在速度与规模上均不同于以往，同时也引发并面临着前所未有的挑战。如果管理得当，该进程同样可以释放出应对这些挑战的力量。亚洲的未来取决于利用最佳实践和政策创新来推进绿色城市化，借此确保城市居民和全球人口能够享受到更好的生活。

英文报告作者Guanghua Wan, Matthew Kahn

（2012年8月）

古都如何走向现代化

——以巴黎地区城市规划的实施为例

窦　红

20世纪50年代初期的法国，面临着全面建设问题，是全面规划，还是缺一个，补一个？法国政府提出了国土全面整治计划，原则是平衡部门之间、地区之间的发展。50年代法国面临粮食、交通等瓶颈问题，政府提出重点建设薄弱部门。经历20年的膨胀发展，到了70年代，地区不平衡问题突出，法国1/4的经济和人口集中在巴黎，也给古都巴黎带来住房和交通等各方面压力，面临着如何继续发展的选择。为此，法国政府采取了经济、人口下放政策，发展落后地区，平衡地区发展。巴黎地区的城市规划正是在这一背景下实施的。

一、巴黎地区的城市规划

巴黎曾是一个渔村，沿塞纳河两岸发展起来，486年建都，1594～1616年，在亨利四世时开始有规划地发展，1870年时已有170万人口，现在巴黎市的雏形已形成。1932年，法国通过法律提出了打破行政区划壁垒，根据区域开发的需要设立巴黎地区，对城市发展实行统一的区域规划。将巴黎地区定义为以巴黎圣母院为中心，方圆35公里之内的地域范围。根据城市建设用地现状，将各市镇的土地利用划分为城市化地区和非建设区，在非建设区严禁任何城市建设活动。

20世纪50年代，随着法国经济的膨胀发展，人口和经济越来越向巴黎市聚集，给巴黎市的古都保护、住房和交通等带来压力。1956年，《巴黎地区国土开发计划》提出降低巴黎市中心区密度、提高郊区密度

窦　红：国家发改委城市和小城镇改革发展中心研究员、硕士。

的观点，建议积极疏散中心区人口和不适宜在中心区发展的工业企业，在近郊区建设相对独立的大型住宅区，在城市建成区边缘建设卫星城。

为实施这一规划，1960 ~ 1965年巴黎市进行了大规模搬迁，工业搬到郊区和外省，明确巴黎市不再发展工业，提议建设为文化古都，加强保护。

第一步是在巴黎市郊区建立了9个副中心，有高层住宅区、商业区、金融服务区等，构成不同的功能，起到了逆城市化作用。

如在巴黎西郊，建有农产品集散地、仓库，避免大货车进入市区。巴黎拉德方斯中央商务区，始建于20世纪60年代，商业、金融、写字楼占地250万平方米，有1200个公司，超过12万的城市白领在这里工作、娱乐和生活。在城市建设上，巴黎人的观念是绝不破坏市区古老建筑，而现代化的建筑都在市区外围兴建。拉德方斯中央商务区建筑的整体感觉与市区截然不同，道路和广场极为宽阔，现代化的高楼大厦在道路两边拔地而起，造型别致，最西北处犹如凯旋门的建筑更是新区的象征，它与老凯旋门、香榭丽舍大街同在一条“皇家轴线”上。这样，以老凯旋门、香榭丽舍大街为标志的传统商业中心和以新凯旋门为标志的拉德方斯中央商务区分别代表巴黎经济的过去和现在，代表着古都巴黎正在走向现代化。

第二步是选择在巴黎市周边的省、城市，由国家投资建设了5个新城，疏散巴黎的经济和人口，解决巴黎的交通和住房问题。

早在1969年，法国政府为配合一系列巴黎新城的建设，建立了新城规划建设机构，称为公共事务管理局，旗下众多的规划师、建筑师联合来自世界各地的教授学者、行内专家、政府官员于1983年组织了欧洲大学城市规划与设计工作室，设于新城之一的塞尔吉市，进行新城的规划设计。

新城的规划理念是新城并不脱离巴黎而独立发展，而是与市区互为补充，并行发展，构成统一的城市体系。新城是就业、管辖、商业和文化服务等活动的场所，只在巴黎地区起次要作用。

5个新城与巴黎市的距离为25 ~ 30公里，最远的新城距离巴黎市只有33公里。为使新城拥有与巴黎便捷的交通路网，修建了高速铁路（轻轨铁路），铁路在巴黎城区进入地下，出了城就在地面上。在巴黎市区，步行5分钟之内就可以找到1个地铁口，高速铁路2分钟一趟，低价运营，保证5个新城的人快速进出巴黎市区，住在郊区半小时就能到市区，享受巴黎市区各种文化。

规划中每个新城的人口规模平均达到30万人，以便形成完善的文化生活服务设施和各种就业机会，更富生命力和吸引力。新城极力寻求就业、住宅和人口之间的平衡，不搞卧城和单一的工业城市，强调新城既有工业，又有办公楼、事务所和其他公共设施，以便为居民创造各种各样的就业机会。情报、通讯、行政管理、文化、商业和娱乐等设施被安排在了新城的中心区，使得新城居民能在工作、生活和文化娱乐方面享有与巴黎市区同等的水平。新城的房价也便宜，100万法郎可买带花园的房子，而在巴黎市区只能买一个套间。同时，新城充分利用大自然的美好风光，营造了优美的环境，吸引人口来定居。

这样，巴黎市、近郊副中心（新区）、远郊新城和郊区邻省城镇组成了今天巴黎大区的城市体系。法国的行政区划从上到下分为大区、省、乡三个级别，法国有22个大区、96个省、4个海外省，36000个乡。因此巴黎有两个概念，一是巴黎市，指市区，从巴黎圣母院旁的小岛开始，按环形分成20个街区，巴黎市区人口不到300万。二是大巴黎概念（巴黎大区），包含巴黎市、近郊的3个省、远郊的4个省，大巴黎人口1000万。大巴黎300万人口在市区、700万人口在郊区，这是政府引导的结果，即通过必要的政策引导与行政干预，大力发展大巴黎地区，保证巴黎市与周围地区的协调发展。

二、巴黎古都的保护

巴黎地区城市规划的实施，为古都巴黎的保护和发展创造了外部条件，另一方面，巴黎市区制定了保护古都免受破坏的严格措施，圈出历史文化保护范围，对全市建筑定下形式、高度、色彩，保护和开发都按照规则进行，成功地保存了巴黎古都的历史风貌，奠定了巴黎持续发展的基础。

法国政府极为重视历史文化遗产的保护。巴黎市把塞纳河两岸的中心部分定为历史街道，保存了大量19世纪以前的历史建筑和原物环境，既不拆除那些低矮老旧的建筑，也不拓宽狭窄的街道。塞纳河上有20多座桥，每座桥都有一段典故。同时围绕老城另建新区，使巴黎成为驰名世界的旅游胜地。

巴黎市限制建筑物的高度，在巴黎街头，多是六层建筑，横卧街头，街头两侧的建筑物或建筑群之间是4～5米宽的道路，很像北京的胡同，不过一般可以通汽车，使人感到非常亲切。除个别现代建筑以外，无论是历史古迹还是普通民宅，都在城市色彩规划部门的统一指导下，用亮丽而高雅的奶酪色粉刷了外墙，而很多建筑物的屋顶以及埃菲尔铁塔等则主要是由深灰色涂饰。因此，奶酪色与深灰色成为巴黎的标志色彩，奶酪色光感十足，据说可以改变巴黎人的心情。建筑外表5年粉刷一次，原则上由房主出钱，房主若无钱，可向政府申请补助，粉刷行动一般由物业公司统一组织。每座建筑物的窗外都有深灰色雕花铁栏杆，政府对栏杆向外突出的距离都有严格的规定，栏杆内鼓励种花，不允许堆杂物、晾衣服，否则城市警察会开罚单。

巴黎市政府对所有房屋的原貌均有监督政策，任何形式的修缮均不得影响房屋的外观。我们看到过一座位于中心区域正在改造中的旧房，它的内部几乎已经全部拆除，但是外立面却用脚手架保护着，不准变动。据说这里有个“说法”，建筑物的里边是属于房主的，但是沿街的外立面则归城市政府所有。如果有那位不懂规则的人将一幢17世纪的房屋改造成现代化建筑，那么他动工不到三天就会有官员找上门来，勒令其立刻恢复房屋外观，一切费用由其个人承担，还要缴纳巨额的罚款。如此严厉的政策之下，便没人再想打老房子的主意了，何况巴黎新区和新城的土地价格也具有相当的诱惑力。

巴黎市每个区的居住建筑几乎都有不同的特色，而这些特色基本都能保存下来。即使是修缮整片地区，许多建筑师在设计前都要做一番仔细的调查，一是调查现有建筑的状况，决定哪些要保留，哪些要改造，哪些要拆除重建，绝不大拆大建；二是考察本地段原有的建筑格局及建筑风貌，力图进行有根据的再创造，这样古都风貌得以保存和更新。所以当你漫步在塞纳河沿岸以及中心区的街道上，你见到的大片建筑都是“古都风貌”。

巴黎市对城市建设也经历了一个认识过程，有经验，也有失败。20世纪50年代，巴黎面临由于人口和经济聚集带来的住房、办公用房压力，为此巴黎计划在塞纳河沿岸及南部建一些高层建筑解决住房和办公问题，60年代曾在塞纳河畔建了20~30栋现代式高楼，后来发现这样会破坏巴黎古都风貌，意识到问题后，及时停止了新的建筑建设，并提出了建立新城的规划，以疏散人口。

三、巴黎新城的建设

巴黎的5座新城——塞尔吉、圣冈坦、马恩河、色那特和玛尔纳于20世纪70年代开始兴建。新城的建设目标是成为真正的城市中心，并具有和实现了以下四点目标。

1. 重建郊区——集中人口和服务

在新城的建设过程中，国家保证新城政策的连续性，政策上的连续性使新城建设能按计划有条不紊地进行。财政上的大力支持，负担了新城的大部分开发，同时政府下放权力到地方，使地方在新城建设中有自主权，充分发挥地方的建设积极性。

20世纪70年代以来，法国进行了经济结构的革命，由中央集权逐渐下放权力。30年前建新城时，为集聚人口和服务，法国政府采取了一些国家指令，并给予建城一定的补贴。如新城之一的塞尔吉市，位于巴黎郊区的朋多瓦尔省（属于巴黎大区），距巴黎30公里，目前有20万居民。1970年许多国营企业，听从国家的搬迁指令搬迁来此地，使该城集聚了一些企业。现在新城政府用经济杠杆来鼓励企业来新城，因为新城的财政来源多来自企业交的税。目前新城有9万工人，3700个企业，涉及了飞机制造，高速公路雷达制造，生命健康、精细化工、电子、汽车部件、银行保险业等产业。企业多数是中小企业，一些国际大企业也在此，如3M公司（专门生产医用胶带）、路易威登公司、著名的化妆品公司等。塞尔吉市的财政收入是1.5亿欧元，主要是企业交的税和国家的拨款（占20%）。

1999年，法国政府出台政策，建议一些乡进行合并，来聚集人口和服务，并设立专向拨款等方式进行鼓励，而不是用行政命令。

塞尔吉市就是由15个乡镇组成的，马恩河市由26个小镇组成，塞冈坦市由7个小镇组成。合并后，原来的小镇并没有消失，继续保留，建制并不取消，每个镇还有议会、镇长，也有公务员管理事物，镇的经费多来自居民。城镇联合体（新城）管理全市的规划、经济发展和一些镇不管的活动，如文体活动、社会活动。塞尔吉市的财政支出40%用于人员工资，其余用于还债、城市维护和公共设施建设。新城的公务员分散到各个镇进行管理，并不集中在新城中心区里工作，在新城中心区工作的公务员是一些技术性的公务员，如城市规划人员、秘书等。

合并也是各个镇自愿合并的，因为各个镇离得近，各镇人口不多，各自财力有限，公共设施合并建设，可以节约财力。他们认为，成立新城并不是削弱了镇的权力，而是一种资源的重新分配，如消防工作，各镇取消了各自的小消防队，成立了大消防队。如收集垃圾工作，合并前有的镇有队伍，而有的镇没有，合并后，使原来的服务队伍扩大了服务范围。如道路的维修、体育设施的建设，都因合并而节约了财力。成立新城，加强了镇与镇之间的协调，有利于整个地区的经济发展。

2. 减少巴黎市内交通——促进居民在新城就业和生活

在塞尔吉市内，可以看到道路一侧是高科技的企业，另一侧就是员工的住房，实现居民就业和生活的便捷。城内有欧洲著名的医学院，也是建新城时从巴黎搬过来的，还有中等餐饮技术学校，大量的教师、研究人员和学生在这里工作和学习。

在马恩河市，欧洲最大的迪斯尼乐园的建立，创造了各种就业机会，也给该市带来很大的收益。

塞冈坦市在70年代为创造就业机会，引进了第二产业，同时也注意绿地的保护，在道路两侧广植树木，隔离工业噪音。后来又意识到还要引进第三产业，使居住在新城的人，在新城居住、就业、生活，不用什么事都去巴黎，减少巴黎市的交通压力。在市内的一个居民小区，我们看到小区的商业区也相当热闹，据介绍，原来这个商业区相对封闭。

只有几家小商店，吸引不了外来人，纷纷倒闭。后来小区在路旁引进了新的物流形式——“冠军”超市，超市的引进并没有挤垮商业区的小商店，相反，超市带来的外来人流，也带来了小商店的繁荣，成为平衡现代产业和传统产业的一个典范。

3. 建立真正的城镇——布置商业、文化娱乐等生活设施

与“睡城”不同，新城不仅要创造就业机会，还要有文化设施。

塞尔吉市占地8000公顷，面积等于巴黎市区，但只有20万人口，聂瓦滋河穿城而过，自然环境非常好。原来的沼泽地被建成了水上休闲地，60%的建设资金由大区投入，30%省投入，10%是新城投入。市广场是人们集会、休闲的场所，有时变成露天演唱会，可聚集6万人。广场上特意修了一条路，号称是“龙脉”，站在这条路上，在天气晴朗的时候，可看到艾菲尔铁塔，拉近了新城居民与巴黎市的心理距离。这里传脉着文化，巴黎古都发展的脉络也在其间。

在塞冈坦市，城市社区居民出钱组织各种文化活动，城市的文化官员负责准备、协调工作。新城建有许多大学，文化气氛很浓。为了丰富市民生活，该市建立了博物馆，长期对市民免费开放，发挥文教功能。一是保留历史古迹。50年代这里曾是7个农庄，只有1000人，当年的小作坊、矿工的工作环境等都保留下来。二是做历史的记录，记录新城的建立过程，30年来城市的进化过程和人民生活的变化。三是作为成人阅读室，博物馆也举办各种商业性文化活动。

4. 成为城市和地区规划的典范——城市建设按规划进行

新城是在法国政府的城市体系规划下，按照各市的城镇建设规划建立的。70年代，由国家从农场主手中买地，搞了城市规划，把土地卖给开发商，由开发商开发再卖给个人。如塞冈坦市60年代开始准备建新城时，就成立了一个规划领导小组，由社会、规划、人口、建筑等专家组成。规划原则是提供好的居住条件，创造就业机会，吸引投资，平衡建筑与绿地，去巴黎市在30分钟内到达。

规划设计过程中，设计者还经常邀请居民参加设计方案的讨论并密切合作。从事新城规划和建设的人员，就是未来新城的居民，从而把新城的建设同建设者的切身利益联系在一起；新城的研究机构同时又是管理机构，有利于研究成果顺利实施。如塞尔吉市，欧洲大学城市规划与设计工作室在建城时就设于此，使该市成为城市规划/设计学科的重镇。该市还有城市发展研究所，为城市发展提供咨询。

在规划设计上，规划师和建筑师注意设计思想的革新，也对新城进行了细节的构思。

一是保留历史文化古迹。

建城的原则是建新不拆旧，政府买新地，建新房，古迹保留在其中，目的之一是培育城市的文化底蕴。在塞尔吉市，有一个保存完好的古村落，古村落现在还居住着人，还有12世纪修建的教堂，古村落周边的新式建筑在色彩和形式上也与古村落协调一致。在塞冈坦市，20世纪50年代，由于住房紧缺，需要大量的住房，国家在此修建了许多集体住房，但条件和设施不完善。由于建城的原则是建新不拆旧，所以该市50年代落后的房子、60年代以前的旧铁路现在也能见到。

二是修建有特色的廉租房，吸引人定居。

我们参观马恩河市的一处廉租房小区，两座高层楼体被做成了两面圆镜子的形状，前面有大草坪，环境优美，成为新城一景。另一处廉租房小区被做成了宫殿的形状，给人以住在宫殿中的良好感觉。廉租房可以买，也可以租，100平方米的租金每月大约是1000欧元，而在巴黎市区，1000欧元只能租一个20多平方米的房间。

三是建筑设计体现不同时期的社会理念。

塞冈坦市的建筑体现了20世纪70、80和90年代三个时期的设计思想和建筑理念。

70年代建的居民小区，由于新城人口年纪轻，有许多单身汉，住宅多为多层楼房，道路两侧预留空地，给人口的增长预留了空间。

80年代，建筑的设计思想是富人和穷人分开居住。为吸引人居住，该城请来设计大师来设计穷人的居住环境，我们参观的一个80年代建的廉租小区，巧克力色宫殿式建筑，环抱着一个蓝色湖面，景色优美。廉租小区的建筑多为多层建筑，可以居住很多人，汽车进入小区较为困难，一般在小区外都有停车场。为方便交通，该城专门开辟了公共交通道路。80年代，人们开始喜欢独栋别墅式建筑，也建设了一些以独栋楼为主体的小区。由于市内大公司很难融入当地社区，则大公司一般自己搞服务设施。

90年代，建筑的设计思想是富人与穷人共同居住，刻意缩小阶层差别。共同居住在一栋楼里的居民，有的人是低租金租的房、有的人是买的房，汽车也可以进入社区，每个社区都有绿地、小花园、青少年活动设施等可供居民交流的公共场所，人们在那里可以感受到生活的情趣，尤其是与人交流的乐趣。据说这样可以减少因无所事事等原因产生的社会问题甚至暴力倾向，每个人都可以享受良好的公共环境，从而达到社会的稳定和谐。

在规划的执行上，新城按照规划，分期建设，不搞一蹴而就。在塞冈坦市，我们路过一处工地，它是该城最后一个工地，它完工后，该城40年的工程建设将结束。40年来该市就是执行一张规划图纸来建设的，土地的用途是早已规划好的，但建筑风格是可以变化的，也使该市保留了各个时期的建筑风貌，增加了新城的历史文化气息。

古都如何走向现代化？巴黎给我们以很好的启示：适应经济社会发展要求，按照城市规划进行合理的保护与开发。

（2004年8月）

“促进城镇科学规划健康发展”高层国际研讨会会议综述

2007年8月中旬，由国家发改委小城镇改革发展中心和建设部城市科学研究会共同主办的“促进城镇科学规划健康发展高层国际研讨会”在北京召开。参加本次会议的代表有来自国家发展改革委、国土资源部和部分地方政府发展改革、建设、规划等部门的有关负责人员，也有来自国家发改委宏观院、中国规划研究院、清华大学、同济大学、浙江大学、北京规划院等国内重要的研究单位和院校的专家学者，会议也邀请了来自美国、印度等国家的国际规划专家。与会代表围绕“城镇科学规划”这一主题进行了深入的探讨，重点放在城镇空间规划的体制和方法的变革中。现将会议内容综述如下。

一、城镇化与城镇规划问题

与会专家认为，我国正处在城镇化加速发展时期，城镇规划编制要适应城镇化的需要，与时俱进，加快改革步伐。城镇化的核心内容是农村人口转变为城镇人口。因此，城镇规划应该围绕降低农民进城门槛这一城镇化的核心问题，提供必要设施和基本服务，统筹城乡发展。必须改变目前城镇空间规划偏重城镇建设的技术工程属性，突出政府的公共服务职能，从规划上落实以人为本的科学发展观，促进城镇化健康发展。

部分专家提出，与发达国家开始制定城镇规划时城镇化基本已经成熟的特征不同，我国的城镇规划是要安排城镇化快速增长期的城镇发展，这就加大了城镇规划编制的复杂性和不确定性。如英国1909年开始城镇规划的时候，城镇化水平已高达72%，进入了平稳发展的“成年期”。在这种城镇化水平下，城镇规划相对容易。有的专家提出，我国城镇化的发展变数较大，很难确切地预测今后的成长，从现在要开始做量体裁衣，难度很大。还有的专家提出，我国目前的规划宜粗不宜细，控制要根据需要宽严有度，不宜搞“一刀切”。

对于目前城镇发展中存在的一些问题，如土地占用过多、生态环境恶化、资源利用效率不高和城镇高标准建设等，多数专家认为，需要谨慎分析其形成原因，有的是制度问题，有的是技术问题，有的是管理问题，有的是发展阶段问题，不能简单地把它们归结为城镇化必然带来的弊端，更不能以此来否定城镇化战略。

对中国城镇化发展的速度，与会专家认识不尽一致。有的专家认为，目前城镇化速度过快，如果缺乏相应的产业支撑和服务供给，容易形成贫民窟。也有专家认为，恰恰要利用当前的黄金发展期，推进城镇化进程，加快转移农村人口，缩小城乡差距。这两种观点看似差异很大，但其关心的焦点相同，即经济增长方式能否为劳动力提供足够的就业岗位，政府职能转变能否为城镇人口提供必要的公共服务。这也是事关中国长期发展的关键问题。

二、城镇空间规划中存在的问题

与会专家提出，尽管改革开放以来我国城镇空间规划不断改进，对城镇发展起到了积极的推动作用，但城镇规划仍带有强烈的计划体制特征，难以适应城镇化快速发展的需要，难以体现政府配置公共资源、加强公共服务的职能。城镇空间规划体制及其编制、实施和监督程序，都到了非改不可的地步。

规划体制的部门分割影响到城镇规划的健康发展。大部分专家认为，目前我国各类规划政出多门，互不衔接，甚至相互冲突，已经严重影响了城镇健康发展。例如，经济社会发展规划更多的是执行上级政府五年规划的翻版，许多指标是上级政府压下来的，而不是根据地方实际情况而制定的。空间规划在地方大多是盲目扩张性的规划，很少考虑到经济社会发展的实际，对经济增长的指标和社会需求分析不足，对需要落实到空间规划实施的资源供给能力没有准确把握和分析，导致规划难以落实。土地利用总体规划则是按照上级政府下达的建设用地指标来制订，更是严重脱离了地方的发展需求。总的说来，经济社会发展规划缺乏指导性，空间总体规划和土地利用总体规划是互相矛盾的规划。这些规划之间的相互制约和脱离实际，使得规划的前瞻性和科学性很难得到体现。

规划受到地方政府利益的严重制约。一些专家指出，在地方利益驱动下，许多地方政府发展城镇、修编空间规划的目标是扩张土地、拓宽财源，而不是吸纳人口、提供服务。部分专家认为，在利益的驱动下，城镇空间规划的编制，没有起到科学预测和合理安排公共资源的作用，反而是迎合长官意志，一味扩张城镇土地，升级城镇建设。许多专家提出，无论出于何种利益驱动，目前的城镇发展模式都是不可持续的，必须从体制上约束地方政府和规划部门的利益驱动。

城镇空间规划重物质建设，轻对人的服务。大多数与会专家认为，目前我国城镇空间规划侧重于对城镇景观、道路、建筑等硬件设施的建设和布局，而对扩大就业、促进人口集聚、保护历史文化遗产、防灾减灾等政府应急管理一系列软件建设的关注不够。一些专家也提出，目前城镇各项规划中，没有充分重视外来进城务工就业的人口问题，也忽视了城镇内部贫富差距的问题。往往把规划的视觉目标对准了城镇的中心区域和行政办公区，对居民特别是外来人口的基本服务考虑甚少。对城镇人口生活和公共卫生基本需要的规划内容，还需要进一步加强。

城镇空间规划重视觉效果，轻服务内容。多数专家认为，由于我国城镇规划侧重物质建设，诸多意在体现政绩的、视觉效果明显的大广场、大马路、行政办公中心等工程项目，成为城镇规划的主要内容。事实上，这些工程项目的建设，往往都不能满足广大人民群众基本公共服务的需求。有的专家指出，城镇道路修建的标准在于增加汽车流量，而不是为满足居民出行方便的需求，导致马路越修越宽，居民出行却越来越难。有的专家指出，城镇景观工程的建设，突出的是城镇形象而非服务，与景观工程形成鲜明对照的是，老城区以及城乡结合部居民区的道路交通、垃圾处理、上下水等基本生活设施条件却没有得到改善，导致城镇建设内容与居民的服务需求相错位。

城镇空间规划标准过高，不利于降低城镇化成本。许多专家在发言中反映，空间规划标准过高，是我国城镇规划中存在的一个普遍问题。一部分城镇盲目追求建设标准“几十年不落后”，有些城市竞相规划“亚洲第一”甚至“世界第一”的标志项目，争当国际×××中心。建设的“高起点”和“高标准”，成为许多地方衡量城镇规划是否“高质量”的评价依据。这样的规划往往超出地方政府的财力，使得规划难以落实，也造成了地方政府公共资源的巨大浪费，加大了企业和居民集聚的负担，不利于城镇化进程的推进。

城镇空间规划标准单一，不利于城镇多样化发展。有些专家认为，我国现行的城镇建设规划标准，忽视了城镇的区位条件、发展水平、人口特点、产业类型、环境特征、资源能力、历史文脉等多种条件，要求自上而下地按照统一标准，制定规划，已经严重地影响到规划的有效实施，即使实施也会造成资源的严重浪费。有专家举例，在一些城镇，之所以规划难以落实，是因为规划标准太高，政府没有足够的资金实施规划要求的拆迁和建设，还要遭到居民的反对。一些规划标准不切合实际，也助长了地方政府在城镇发展中大拆大建的风气。

城镇空间规划修编变动频繁，规划实施监督缺位。多数专家认为，我国城镇规划修编变动频繁，有的城镇上一轮总体规划刚做完，新一轮修编工作就开始了；有的城镇甚至连续几年对总体规划进行大幅度调整；有的城镇领导一换，规划马上变动。专家们提出，由于计划体制的影响，我国规划的谋、断、行、督职能，集于政府一身，这就使规划决策陷入一个相对封闭的体系，立法机关和社会公众对规划缺乏有效的监督。在监督缺乏法律制度保障的前提下，作为政府职能部门的规划机构，坚持规划的能力被大大削弱。上述现象严重损害了城镇规划的法律严肃性和政府权威性，造成了公共资源的巨大浪费，不利于城镇长期发展。

城镇空间规划的学科参与机制不健全。许多专家指出，我国城镇空间规划偏重城镇扩展、城镇建设的特点，与以工程技术人员为主编制规划有关，缺少经济学、社会学、人口学、生态学、环境科学等社会自然科学和历史、文化、民俗等人文学科的参与，难以完整地体现规划的科学性。还有的专家强调，规划的编制公众参与不够，规划的内容与公众需求不衔接，造成公众普遍不关心规划，也难以监督规划实施的现象。

三、政策建议

会议上，专家们也就未来城镇空间规划的变革提出了许多好的建议，大致集中在以下几个方面。

（1）加快规划体制和方法变革，以科学发展观统领城镇规划。应尽快改变规划分立的体制，按照科学发展观的要求，运用多学科的方法，把经济社会发展规划、城镇空间总体规划和土地利用总体规划有机地结合起来。通过科学地判定城镇未来经济增长能力和统筹公共资源的供给能力，明确城镇经济和社会发展的目标，在此基础上，修编和完善城镇空间规划，使得规划的作用能够得以有效地发挥。

（2）城镇规划要强化公共服务，体现“以人为本”的发展理念。城镇规划应当将公众需求放在第一位，城镇工程建设要服务于居民需要，充分体现“以人为本”的发展理念。在城镇规划中，要把扩大就业和吸纳人口作为战略目标，把居民的公共服务如饮水、污水处理、垃圾处理、居住区道路、廉价（租）房屋、公共卫生、义务教育、公共安全和社会保障等作为重要内容。按照财力条件，将公共服务的内容具体落实在时间安排和空间分布上。

（3）城镇规划要把农民工工作放在更加突出的位置，引导城镇化健康发展。在城镇规划中，应将农民工作为常住人口纳入规划服务的范围，配套基础设施和公共服务，在设施和服务等方面与城镇居民一视同仁。在各类规划中，要重视对人的基本服务问题，特别是对农民和外来进城务工就业人口的服务。在经济社会发展规划中，应加强农民工职业培训、就业咨询、社会保障、子女教育和廉租房建设等方面的公共服务内容。空间规划要考虑到外来进城务工就业人口的生活和就业条件改善问题，要把这部分人口纳入空间规划的人口范畴。

（4）实施新的规划标准，促进城镇多样化发展。应当根据城镇在发展阶段、人口数量、产业结构、区位条件、资源环境和历史文化等方面的不同，实施有区别的规划标准。在规划办法中，应更多地制定原则，而不是规定得过细，特别是不应强制要求地方按照超前的规划标准制定规划，应允许地方政府按照自己经济发展的客观实际来制订符合当地居民生活要求和地方特点的规划，给地方的规划应该留有一定的弹性。

（5）建立城镇规划的公众参与机制，加强规划决策的民主化。应当尽快建立规划的公众参与机制，采取公示、听证、对话、信访等多种方式，实现规划的公众参与，在规划中充分反映居民需求。在有条件的城镇，成立法定的由政府有关部门、企业和市民代表组成的规划委员会，作为规划的审议机构。

（6）建立健全规划实施的监督机制，强化城镇规划的严肃性和连续性。应进一步加强对城镇规划实施的管理和监督，强化规划的严肃性和连续性。完善地方人民代表大会及其常委会对规划编制、实施、审查和监督的权力，保证规划全面、有效地实施。建立上级政府向下级政府派驻城镇规划督察员的制度，加强上级政府对规划实施的监督。进一步完善我国城镇规划法律体系，全面推进城镇规划依法行政，完善规划行政诉讼、行政复议、行政赔偿等制度。

窦 红 整理

（2007年9月）

关于完善我国土地利用规划的几点建议

陈美球

2006年笔者作为访问学者在加拿大哥伦比亚省研究土地利用规划，根据国外的经验，对完善我国土地利用规划提出五点建议。

一、明晰土地利用规划的战略目标，整理各部门各行业有关土地资源利用与生态环境保护的政策法规

世界规划经验表明，土地利用规划不是简单的一个规划方案，而是一系列与土地利用有关的政策法规的综合，除了土地利用规划方案，更主要的是通过诸如资源、环境部门的相关法规来共同约束。

如加拿大哥伦比亚省提出“土地是从子孙后代那里借来”的理念，把土地利用规划作为重要的社会经济可持续发展战略内容开始实施，并组建了资源与环境委员会，整理出各部门各行业有关土地资源利用与生态环境保护的政策法规，制定公布了《哥伦比亚省的可持续发展条例》、《可持续发展规划》、《社区参与》、《冲突协调》四个有关土地利用规划的全省纲要性文件，为全省各级、各地土地利用规划提出了基本要求，统一了努力的方向。针对我国土地资源基本国情，建议采取以下措施。

（1）在宏观上从耕地保护、建设用地利用率、生态环境保护等方面就我国土地资源可持续利用提出几个明确的战略目标和规划期间要实现的具体要求，并制定相应的政策法规，作为各部门在土地资源利用上的基本约束，同时为各部门的土地利用指明方向。

陈美球：江西农业大学国土资源与环境学院院长、教授。

（2）全面整理分散在各部门各行业有关土地资源利用与环境保护的政策法规，并对照土地资源可持续利用的战略目标，分门别类地进行总结。对于与战略目标相悖的政策规定，要在分析原因的基础上，提出改进意见。

二、科学界定我国土地利用总体规划体系的内在关系，完善用途管制制度

“指标控制”+“用途管制”是符合我国国情的土地利用总体规划基本模式。“人多地少”的土地国情客观上要求我们在耕地保有量、农用地转用等方面制定严格的控制指标，并加以层层落实；“用途管制”则是世界上成功的土地利用规划模式，但我国“用途管制”目前在技术上明确存在不足，实践可操作性差，收效甚微。澳大利亚维多利亚的《维多利亚规划条款》（VPPs），可以为我们提供一定的借鉴。比如，其用途分区比较灵活，更多的是允许使用，只规定少量的限制使用，采取二级分类，共分为6个一级区和32个二级区。其中，一级用途包括居住用地、工业用地区、商业用地区、农村用地区、公共用地区、特种用地区。利用用途分区控制土地的利用与开发，每种用途分区包括本区的目的及利用中的相关要求，并详细罗列了三种利用说明：一是不需要批准的用途，二是要求得到批准才可使用的用途，三是禁止使用的用途。

此外，还应该科学界定不同级别之间的内在联系。建议在我国现行土地利用总体规划的五个行政级别体系中，进一步明确“上级规划是下级规划的‘战略指导者’，而不是‘提供者’；下级规划既是上级规划的‘落实者’，更是当地社会经济可持续发展的‘保障者’”的关系。强调高层级规划要更多地体现政策指导和宏观约束，基层规划要更加突出地域特点和可操作性。

三、重视规划区域本身的土地利用实际冲突问题和促进就业

土地利用规划的实质就是协调社会经济中的各种用地矛盾。由于不

同区域的社会经济状况和自然资源条件不一样，在土地利用中表现出的冲突也就不一样，同时规划也不可能解决所有的土地利用问题。因此，“规划源于问题”是世界土地规划界的一个基本思路。

然而在我国土地利用规划体系中，主要内容是落实上级分解的各项规划指标，关注的只是宏观用地冲突，而忽视了规划区域本身的用地特征和具体的用地冲突，结果是各地的土地利用规划方案千篇一律，除了指标数据不同外，规划方案的结构与内容极为相似，与土地资源利用“地域分异”这一最基本的规律背道而驰。

因此，建议各地在编制土地利用规划时，除了要落实上级各项宏观调控指标外，更应树立旨在“协调当地用地冲突”的规划思想，认真研究规划区域内的社会经济发展与土地资源之间的关系，认清用地冲突的关键所在，探索解决冲突的方法途径，并最终通过规划方案来实现。

大多数国家在评价土地利用规划方案的社会经济效果时，就业岗位和全社会福利水平的变化是两个关键评估指标，而不是简单地追求GDP总量或增长率。我国已明确提出了建设和谐社会的战略目标，作为宏观调控重要手段的土地利用规划，应该在和谐社会建设中发挥重要作用，在强调经济发展速度的同时，更应充分考虑就业岗位和社会福利水平。

四、加强公众参与的制度化建设

公众参与是国际土地利用规划中的一条最基本原则。德国的技术合作公司把土地利用规划直接定义为“基于土地可持续利用的不同土地使用者的对话与谈判，是一个相互充分交流与合作的过程”，把公众参与视为土地利用规划的核心；美国的加利福尼亚，对一个规划委员会工作好坏的评价，不只是规划决策是否明智，还要看吸纳民众参与的多少；而在加拿大哥伦比亚省，则制定了《公众参与指南》，针对公众参与贯穿土地利用规划的整个过程做出了严格的规定。

虽然在土地利用规划编制过程中可能由于公众参与的对象很多，且大部分参与者缺乏相应的知识，需要花费很多时间向参与者解释相关的基本概念，延长了规划的编制过程。但规划方案在是公众广泛参与下形成的，这为规划的实施奠定了很好的基础，从某种程度看，是对规划实施中可能出现的各种矛盾提前进行了处理，甚至有“事半功倍”的效果。

公众参与在土地利用规划中的重要性，也得到了我国土地规划工作者的广泛认可，但远没有实现实质性的参与。各国规划实践证明，制度化建设是公众实质性参与的基本保证。如在加拿大哥伦比亚省的《公众参与指南》中，把土地利用规划的公众参与分为准备工作、规划构思、资料分析、方案设计、规划协商、规划审批和规划实施、监督与修改七个阶段，并对每个阶段的公众参与内容、形式、要求及成果做出了具体的规定。缺乏任何一个环节的公众参与，都被认为是不符合规范。我国应针对基本国情，制定公众参与的原则、程序、参与对象选择、参与方式、组织形式、协调机制、参与效果评价等制度，把公众参与作为一个必备工作内容贯穿于规划的整个过程。

五、加强规划实施的监督管理，推行适应性管理理念

“三分规划，七分实施”，实施和监督是土地利用规划的生命力和价值所在。加拿大哥伦比亚省土地利用规划实施的监督体系由相互联系的实施监督和效果监督两部分组成，实施监督每年一次评价，通过各个规划实施项目进展情况评判规划内容是否得到实施；效果监督评价是以实施评价为基础，每3～5年进行一次，通过区域内关键指标变化来评判规划实施是否能达到预期的社会、生态、经济目标。省政府和公众利益群体都参与土地利用规划的监督之中，其中省政府负责监督规划的实施及规划目标的落实。

部门间的监督由专门的委员会IAMC负责，定期讨论协商有关土地利用规划实施过程中的有关问题，负责建立土地利用规划实施的长期监督体系、监督规划的实施过程并协调部门与资源使用者之间的关系。公众利益群体参与涉及监督过程中各个环节。我国对土地利用规划的实施与跟踪没有得到应有重视，使规划的调控作用难以发挥。根据加拿大和世界各国的土地利用规划监督，有以下五个经验值得我们借鉴：一是重视

规划实施监督的同时，应重视规划效果监督，为规划的适时调整提供依据；二是土地利用规划涉及面广，其实施监督必须强调部门间的协作；三是规划的实施应具体落实在项目上，并指定责任部门和协作部门；四是必须充分吸纳公众的参与；五是要建设一套科学的监督体系，对评估时间、内容、指标、方法等做出统一的规范。

适应性管理（adaptive management）是当今世界为了协调科技进步与规划涉后关系的基本趋势，即根据科技的发展，及时调整规划方案，从而防止规划失灵。这是因为科学技术既提高了人类利用与保护土地的能力，也可能影响人类追求土地可持续的目标要求，这些都可能与当初的规划预测结果出现差异。建议加强我国在适应性管理方面的研究。

（2007年3月）

澳大利亚政府如何使用和管理私人土地

窦　红

澳大利亚是联邦制国家，联邦、州及市三级政府都拥有自己的土地，类型包括山川、河流、湖泊、森林等土地，公园、足球场等娱乐用地，医院、墓地、政府建筑用地等公共设施用地，这些土地都可称为政府所有。但不像中国的国有土地，澳大利亚还有很多山地、草原实际上没有主人。除此之外，大量的有市场价值的土地为私人所有，私人可以自由买卖、租赁。澳大利亚的每块土地不管公有私有，都有产权证书，土地的精确位置、大小、所有人一清二楚。土地每发生一次买卖，政府都要收一笔很可观的土地交易税，而且每年政府要请与政府无关的独立测量师按市场行情对每块房地产估价，按估价和给定的比例算出财产税，这个税收是政府财政的重要税源之一。以上澳大利亚土地制度的特点，是理解澳大利亚政府使用和管理私人土地方式的基础。

一、政府使用私人土地的方法

当政府因道路、机场等基础设施建设和公益事业建设需要使用公司、集团、个人等私人所有的土地时，通常有以下几种方式。

1. 租赁方式

即政府向地主租赁，租期有1～100年，土地拥有人与租赁人协议决定土地使用与占有，要写明租金、负有的责任、土地用途等。这种方式具有高度的法律保障，法庭可以执行，在租赁期间，地主也不能干扰租赁人。

窦　红：国家发改委城市和小城镇改革发展中心研究员、硕士。

2. 执照方式

即许可证，用于租赁不太重要的土地。这种方式法律执行度低，如政府想租一块地，用于堆放材料，就可以租赁邻近的一块地。

3. 协约方式

用于租用有特殊目的的土地使用权，如公用过道要通过私有的土地，可通过协约方式取得土地使用权。即使地主要卖掉土地，新的买主也要继承这个协约。

4. 强制征收方式

即政府征收私有土地。政府用地可以先用以上租赁等方式，最后才用强制征收方式。它一般是最后的途径，实际生活中这种方式很少使用。这种方式在法律程序上非常严格，要由议会通过，根据《土地征收法》进行征收。在征收程序上，要预先2个月给地主发布一个通知，告之征收意图和用途，即政府要根据法律来征收你的土地。在2个月内政府可与地主协议，是否可用购买的方式，并对土地价格进行评估，对同样一块地的评估价是一样的，评估价还要考虑该地未来的盈利能力，然后政府和私人对买一块地的价格进行协商，达成协议。如果2个月到期，双方没有谈成协议，政府就要在媒体上发出公报，要征收这块土地。市政府一般没有强制征收权，州政府有权强制征收。

政府需要征收私有土地时，一般采用公平的市场价格给予补偿。在发布征收通知的14天内，政府要公开价格，地主在3个月内进行要约，并提出期望的价格。地主可以在被征收的2年内提出赔偿条件，否则失去赔偿权利。

如果双方无法对价格达成协议，地主可在法庭上提出赔偿起诉，法庭的裁定依据一是公平的市场价，二是其他可加入的数目，如对地主生意的影响损失赔偿，如对有特别纪念性意义的赔偿（不能超过总价值的10%）。

对于被征收人的起诉费用，政府会资助他用于法律方面的花费。州立最高法院负责处理这类纠纷，它是独立的，它的裁定被各方认为是可接受的，公平的。

公共利益是如何界定的呢？澳大利亚立法规定，政府征收时，由议会决定什么是公共利益，也有例外的情况，由皇家指定或部门决定，如墓地和建公共设施。如果被征收者不满意，还可上诉。政府对一块地的公共利益会有公益证，一般情况下，当私人知道这块地的公益性时，一般不会与政府争这块地，也不会遇到私人不搬的情况。

政府为公共利益建设公共设施需要买私人的土地，如果私人不同意，也不能强行买。如果地主没有缴税，政府可拍卖该地，政府再和新的地主商谈卖地的事。对待那些不愿搬迁的“钉子户”，先强制拆，再补偿。如果不服，可以上诉，有特别法院规定最后价格。所有这些过程都要经过法律程序，是公开透明的，全在媒体上公开。

公众因土地问题对政府的不同意见，可上诉到法院。由于法院审理时间长，或其他原因（如这块土地的价格实在太贵了），政府会改变原来的建设计划。如1989年，昆士兰州政府想建一条高速路，将贯穿一片州政府拥有的森林区，州政府发出公告，向公众征求意见，森林区附近的居民不同意修，按照投票结果，反对票高于赞成票，15年后，新的高速路还没有建。关于开发与不开发一个地区，永远会有不同的意见，开发会挣钱，不开发能保护自然环境，政府的职能是平衡这两种意见。

政府需要卖地时，由市场拍卖价决定。当土地用于公益性建设时，政府的卖价可以稍低一些。在澳大利亚，从事公益性项目的企业怎样获得土地呢？一般由政府征收土地，再卖给企业，价格由企业与政府议定。如果同意政府的征收价，企业就以征收价买进土地，政府不买卖土地，不从中牟利。公共大型建筑、道路、管道等的建设和管理，一般由政府和私人企业合作，由私营企业负责经营。政府也可以征收一块地，用于道路建设，然后再租赁给私营公司经营，如50年租期。如果私营企业向外收费，政府会扣掉一部分，作为土地的费用。50年后，土地又收回到政府，这时道路就不收费了。

二、政府管理土地的方法

由于历史原因及特殊的政治经济条件，澳大利亚首都堪培拉的土地属国家所有，实施土地租用制度，租期最长99年，由国家规划部门和社会发展部门管理，其余土地管理均由州政府土地保护委员会负责管理。

澳大利亚政府管理土地的方式有两个特点。

1. 土地的用途为城市规划服务

按照城市规划，控制土地的用途。即使私人拥有的土地，也要根据城市规划，按照土地用途进行建设。如果改变土地用途，要向周边居民公开，要向政府申报，在增加一些条款后，经当地市政府规划审定后，再报州政府土地保护委员会审批，可以达到改变土地用途的目的。政府建立土地变更登记制度，私人之间的土地买卖，根据交易协议，就可以到州土地保护委员会进行变更登记，并取得合法土地所有权；市政府没有土地审批和变更登记的权力。在活动中，要遵守《土地转让法》、《财产租赁法》、《土地管理法》等法律。

如洛根市政府，依据城市规划纲要，8～10年对市区所有土地进行一次调查，居住地、绿地、工业用途用地等都进行调查，利用规划图和航拍实景图进行土地管理。该市20%的区域不能开发，是州政府法律不允许开发的。全市可以利用的土地被分割成每块600平方米的小块，共62000块地都注册了用途，在规划图中用不同的颜色代表不同用途的土地。每一块土地都有详细的资料，大部分的地块都是个人的，政府不控制土地买卖，但控制用途，土地改变用途，必须到政府申请。

政府有责任让私人知道土地的用途。如高压线下的土地，并不归政府所有，也卖给个人，但事先会告诉个人，现在这块地上有高压线，或将来会建高压线，一般会给你这块地20～30年以后的规划，让你考虑是否还买这块土地。如果政府在私有土地上建高压线，造成土地贬值，会给地主补偿。

政府制定土地用途和改变土地用途的决策是在一个很小的范围内进行，政策规定不能将保密性的东西泄露出去。城市建设按照规划进行，规划讲究功能分区，住宅区和工业区分开。开发商一般通过观察和分析，通过市场买到可能升值的土地。如果个人看重一块闲地或工业用途的土地，也可以申请盖住宅，政府会单独评估，也有可能批准你在那里居住。现有的工商用地里如果有居民住宅用地，这块地就有可能升值，这个居民就有可能卖掉土地，城市政府不能强迫这个居民迁离，可以用市场杠杆，使居民和厂商谈判，使居民很乐意地离开此地。因此有些人专门找这样有升值潜力的地块，低买高卖土地。

2. 土地数据库建设完善

澳大利亚各级政府的土地数据库建设十分完善，科技含量较高。如洛根市利用规划图和航拍实景图进行土地管理，每年都要对辖区范围内的土地进行变更调查，所采取的手段是航片调查与实地调查相结合，并及时录入数据库，及时更新，具有较强的实用性。规划图与航拍图相结合，改变用途的土地在不同时期的地图上可以看出变化。洛根市的航拍图非常精确，甚至可以看到私家游泳池。点击航拍图某一地块，可以看到一块地的详细信息，如地主、邮编、注册面积等，每个注册地块都有一个编码，在计算机里可以找到相关资料。如果个人买了一块地，要自己建房，必须向政府申请施工许可，才能动工，如果私自开工，完工后会收到罚款单。私人在建住宅时，政府会要求其住宅备有良好的上下水等基础设施，才能允许建设，扩建时也要通过政府允许。如果在政府的资料中，你的土地上没有游泳池或车库，而你私自新建了一个，在政府的航拍实景图上会发现，会受到罚款处罚。虽然你是地主，但在你的土地上有政府保护的一个树种，如果你私自砍伐，也是违法。

市政府有一个专门的部门与软件开发商合作完成土地信息的整合，信息是跨部门、跨州的，专业部门要整合这些信息，并进行沟通。如一份售地合同，合同中有专门的一页，用于交换信息，会交给州政府，数据就进行更新，意味着这块地有了新的主人。政府认为虽然土地管理的信息量大，工作量大，但这是一个长期受益的项目。

公众查询土地信息，要根据信息的性质来收费，一般信息越详细，收费越多。土地图纸可以公开购买，政府这样做不是通过收费来获利，而是平衡开支，政府提供的信息可供私人通过分析来预测未来。

三、澳大利亚土地管理方法给我们的启示

澳大利亚的土地辽阔、土地私有，与我国人多地少、土地公有和集体所有有着本质的不同，在学习他们的土地管理经验上，我们要立足国情。

1. 改革土地征用方式

目前在我国经济建设和城镇化过程中，农民向非农产业转移的趋势

越来越明显，如何解决他们的生活用地和就业用地问题，是一个非常重要的问题。与澳大利亚政府因公益事业征地不同，目前我国解决农民向非农转移的生活用地和就业用地问题都需要经过从农民手中征地过程。长期以来，土地的低价供给是我国产品价格低的因素之一，也是我国经济快速增长的因素之一。但也存在一些问题，一是中国面临由于耕地减少带来的粮食压力，严格控制土地供给，使我国基层政府反映最多的是经济发展受到土地的制约。二是我们的征地行为是计划行为，不是市场行为，征地价格不是市场价格，政府低买高卖，开发商从中渔利，农民享受不到土地开发的好处。三是中国的征地过程是政府和政府谈判、部门和部门的谈判，不是政府和农民之间的谈判，这些给地方政府又增加了压力。一方面不能强迫占地，不能引起农民上访，一方面又有改善居民生活、经济发展的压力，导致地方政府无所是从，不能从各方都受益的层次上促进经济社会的发展。

以上的差别是土地、政府管理体制、政府财政等一系列制度造成的，如目前政府财政体制，地方财政税收大部分要上缴上级财政，招商引资给地方造成环境压力，但不能通过当地政府的财政收入来弥补，引出征地过程中的种种问题。但是我们从澳大利亚政府使用私人土地方式中，可以借鉴经验。按照稳步推进城镇化、建设社会主义新农村的要求，加快征地制度改革步伐，缩小征地范围，完善补偿办法，拓展安置途径，规范征地程序。

一是积极探索多种形式的用地方法，保障农民的利益。如允许农村集体建设用地进入土地开发的一级市场，平等地参与建设用地的市场交易。政府监督和管理土地的用途，控制非农用地的转让进程。由于政府不能低价从农民手中获取土地，大大增加了政府的占地成本，可以有效地遏止政府占地的动机。

二是保护被征收人的合法权益。要建立健全土地征收法律和实施细则，保障土地的公平交易。特别是要做到征收过程的公开、透明、公平，在时间和费用上充分考虑被征收人的情况，确保被征收人充分的知情权、上诉权。要建立公平公正的土地评估机构，准确评估被征收土地的市场价值，根据中国的实际情况，补偿被征收人的损失。

三是促进各项基础设施按照市场化的方式建设、经营和管理。从客观上帮助政府缓解基础设施建设资金短缺的压力，使政府在基础设施建设管理的行为向长期化、制度化和市场化方向转变，从根本上扭转“以地生财”来进行所谓“经营城市”的导向。

2. 改善政府对土地的管理方式

一是按照城市规划，控制土地用途。澳大利亚虽然大部分土地私人拥有，但也不是私人可以在自己的土地上任意所为，也存在土地管理问题。任何人在土地上的行为都受到城市规划和公众的制约，如土地用途改变或在土地上建设一个建筑物时，会对一个地区产生影响，要看是否破坏了环境、是否构成对社区的侵犯、是否反映了公众的要求。当前，我国一些地方违反土地利用总体规划和城市规划，设立各种名目大量圈占土地，非法占地、违法供地等问题严重，土地市场管理的法律法规和各项制度未能有效落实，关键在于没有一个标准来判断一块土地是否应该改变用途，没有一个公开公平的程序来实施和监督这个过程。因此，我们要加强动态的土地宏观规划管理，抓紧研究适应我国未来城镇化进程和工业化发展用地政策，把保护耕地和促进土地资源的有效利用结合起来；还要建立土地管理的公众参与机制，让公众有充分的知情权、决策权和监督权。

二是提高政府管理土地的技术水平。为保护环境，澳大利亚各级政府建立详细、细致的土地档案，一旦出现变化，会有一系列管理措施。澳大利亚地籍信息系统中的基础资料，均是依靠高精度的遥感影像、GPS/ GIS数据采集系统采集而得，精度高、可靠性强，数据库是准实时或实时更新的。而我们的土地利用数据库，大多建立的是土地详查历史库，更新工作没有及时跟上，失去了其利用价值。提供准确而及时的土地基础信息，是土地管理信息系统的基本功能，也是为管理部门和社会公众服务的前提条件。因此，我们应充分借鉴澳大利亚的经验，加快以土地为核心的基础信息的采集、更新和建库进程，为土地管理信息化打好基础。

（2011年1月）

换地权益证

——香港土地制度研究报告之一

黄　跃

一、香港土地制度的历史背景

目前的香港包括香港岛、九龙半岛和新界地区三大部分，全境土地面积1097平方公里，总人口706万。自1842年香港岛和九龙半岛被无偿割让给英国政府后，这一带就一直处于不断开发之中。1898年，中英签订《展拓香港界址专条》，包括界限街以北、深圳河以南的新界被无偿出租给英国政府99年，新界才逐步得到开发。

20世纪60年代初，香港城市化进程取得突飞猛进的发展，人口的加速集聚导致土地资源日益紧张。当香港岛和南九龙的土地已经远远不能满足经济发展的需要时，香港就开始往今天的新界一带扩展，在此过程中也就遇到了征地的问题。值得一提的是，当时的新界与现今的大陆在基本的土地产权结构上还是有着非常重要的差别：1898年的《展拓香港界址专条》里规定，中国政府只是将新界土地出租而并非割让给英国政府，英国政府在接管新界时必须严格尊重土地上既成使用者的财产权利。换句话说，在新界，不仅仅是土地的使用权，就连土地的所有权也完全归属于原住居民，恰恰是这一点大大提升了香港政府在新界征地的成本。正是在这样的背景下，香港创造了换地权益证和允许私人变更土地用途的制度。

二、换地权益证的前身：政府公函中的用地发展权

所谓换地权益证，是指“香港政府于1960年1月至1983年3月9日期

黄　跃：国家发改委城市和小城镇改革发展中心发展改革试点处副研究员、硕士。

间，以函件形式发出的文件，提供现金以外的另一种补偿方法来收回私人土地，从而配合新界新市镇发展的需要”[①]。换地权益证上注明了政府于何年何月征收了多大面积、什么类型的私人土地，将来被征地方可以拿着它按照政府承诺的兑换比例换得一块由政府提供的土地。换言之，换地权益证是一种土地期权，它意味着被征地的主体可以在将来换得另一块它种用途的土地。

最早的换地权益证诞生于新界的元朗地区。1959年，在元朗这个古老的市镇里发了一次大水，很多河道被冲毁，大量农田被淹，港英政府必须重新改修河道以防止洪水的再次袭击，这其中需要征收一部分农田。但这对于当时的港英政府来说有不小的困难：如果是发展新市镇，修马路或者修学校，可以通过出售附近的商住用地收回前期垫支；而改修河道却不仅不能赚钱，还要往里投钱，算是一项需要政府净投入的工程。港英政府觉得暂时不想支付征地补偿款，于是给当地老百姓发了一封信：“今天不赔钱，但给一个权利，现在占你一块地，以后有好的地方了你可以按一定比率去换另一块地。”这封由政府发出的公函信就是换地权益证的前身，当时最初定下的农用地换建设用地的比率是5：1，但对于换到哪里去、换成什么用途，这封信也没有明说。

一年后，也就是1960年，第一批要求换地的人在今天香港的榆景湾（区位很不错）一带以5：1的比例换到了一块建设用地。

三、换地权益证的普及

自1960年后，为进一步推进新市镇建设，港英政府开始在新界大面积征收农地。一方面由于港英政府无力负担对这些土地的现金补偿，另一方面由于当时的新界村民更愿意采用实物土地而不是现金作为补偿的方式[②]。再加上港英政府为了规避支付现金赔偿过程中发生的长时间争拗

---

① 参见Roger Nissim（2009）关于换地权益证的介绍。新市镇类似于我们现在说的开发区、城市拓展区的概念。

② 有时候土地区位的独特性和排他性使得钱再多也没用。一次，香港政府为了征收一块地搞发展，去评估一间旧房子。厕所在外边，条件很差，只有一个老太太住在旧房子里。政府问这位老太太怎么补偿？老太太答到：“我生在这里，长在这里，您说该怎样补偿？”

和麻烦，最初偶然发端于元朗地区的换地权益证渐渐成为港英政府征地时对农民补偿的主要方式。

港英政府若要收地，必须先发收地通知，并告知其相应的补偿方式：一种是直接补现金，此补偿价是在参考农地市场价的基础之上再加10%；另一种是给你一张换地权益证。起初定下的农用地换建设用地的比例为5：1，但到后来很多人感觉不公平，于是调整为5：2[①]。建筑用地对建筑用地的换地比率则是1：1。农民在这个过程中有选择权，可以在现金补偿和换地权益证之间自由选择。他们一般都选择换地权益证，而不要现金补偿[②]。

四、换地权益证的交易

换地权益证的如下几大特征吸引了一大批香港地产商搜集和交易换地权益证，并由此形成了一个颇具规模的换地权益证二级交易市场。第一，港英政府承诺兑换的公信力较强。换地权益证是一种必须兑现的负债，港英政府每年必须从征得的土地中拿出一部分来让农民交换才能确保今后能够收到地，政府每年兑现权益证的行为增强了权益证持有者的信心。第二，换地的空间范围广泛。港英政府规定，拥有换地权益证的农民可以在全香港范围内交换政府提供的私用土地，这使得换地权益证的经济价值大大提高。第三，没有年期限制。除非自己满意的地块出现，换地权益证的持有者可以一直持有。一般来讲，换地权益证的持有年期越长，其经济价值就越高。第四，允许私人之间自由买卖，且无需缴纳印花税。

对于地产商来讲，能否通过换地权益证挣钱主要看两条，首先是看能否拿到实地。当时港英政府规定，换地的时候要求申请人首先要有足够面积的权益证。表1给出了一个面积折算的实例，甲申请人提交的是混

---

① Roger Nissim （2009）指出：“政府通过换地权益证收回的土地大部分属于农地，而换地比率是2平方英尺的建筑用地交换每5平方英尺收回的农地，建筑用地对建筑用地的换地比率则是1：1。”

② 在1967～1968的动荡年代和1972～1973的股灾时期，很多人对未来土地价值预期不稳，大量选择现金补偿。

合权益，其中农地权益按与住宅用地权益5：2的比例折算，住宅用地权益则按1：1的面积折算。通过换算，甲申请人所持有的四张换地权益证总面积与乙申请人所持有的两张换地权益证的总面积相同[①]。

表1　　换地权益证的面积折算　　单位：平方英尺

申请人	要约	应得面积	合计
甲申请人	A. 1000平方英尺的屋地权益，兑换比例1：1	1000	20000
	B. 25000平方英尺的农地权益，兑换比例5：2	10000	
	C. 9000平方英尺的农地权益，兑换比例5：2	3600	
	D. 13500平方英尺的农地权益，兑换比例5：2	5400	
乙申请人	E. 25000平方英尺的农地权益，兑换比例5：2	10000	20000
	F. 25000平方英尺的农地权益，兑换比例5：2	10000	

注：甲申请人提交的是混合权益，乙申请人则提交的是两批大量权益。

在面积相同的前提下，需要通过一个换算系统计算出两个申请人所持有的换地权益证的平均“年龄”，年龄较大者将优先拍得土地。具体的计算方法是“按有关换地权益书由发出日期至截标日期止之日数，乘以换地权益书可交换之土地面积”[②]。表2给出了甲乙两个申请人所持有的换地权益证总年龄，经过换算，乙申请人的权益龄期更长，因此，乙申请人将优先竞拍到土地。

表2　　换地权益证的龄期折算

申请人	应得面积（平方英尺）	龄期（日数）	换地权益龄期	换地权益龄期总数
甲申请人	A. 1000	2000	2 000 000	23 575 000
	B. 10000	1100	11 000 000	
	C. 3600	200	720 000	
	D. 5400	1825	9 855 000	
乙申请人	E. 10000	1993	19 930 000	23 580 000
	F. 10000	365	3 650 000	

①② 参见Roger Nissim（2009）对换地权益证兑比率、年期换算的介绍。

决定能否赚钱的第二条是看拿到地后需要补多少地价。拍到地后，申请人要查一张名为W的地价表（见表3），依据表中记录的相应土地市场价格计算每张权益证应该补多少地价。比如说，假设乙申请人的换地权益书E是1962年7月发放的，换地权益书F是1975年2月发放的，申请竞拍土地是在1981年5月，那么乙申请人为此所需补交的地价总额是10000①×（875②−10③）+10000×（875−80④）=1660万港币，相当于每亩补交了595.83万港币。

表3　　换地补差价参考表

换地权益书中列明的地价评估日期	地价（港元/平方英尺）
1. 1.1960 至31.12.1963	10
1. 1.1964 至31.12.1967	15
1. 1.1968 至30.6.1971	25
1. 7.1971 至31.12.1971	37
1. 1.1972 至30.6.1972	50
1. 7.1972 至31.12.1972	60
1. 1.1973 至31.7.1973	70
1. 8.1973 至31.12.1973	105
1. 1.1974 至30.6.1976	80
1. 7.1976 至31.12.1976	100
1. 1.1977 至30.6.1977	125
1. 7.1977 至31.12.1977	225
1. 1.1978 至30. 9.1978	240
1.10.1978 至31. 3.1979	325
1. 4.1979 至30. 9.1979	340
1.10.1979 至31. 3.1980	500
1. 4.1980 至30. 9.1980	550
1.10.1980 至31. 3.1981	800

① 换地权益证E的总面积为10000平方英尺。

② 1981年5月的市场平均价为每平方英尺875港币。

③ 1962年7月的市场平均价为每平方英尺10港币。

④ 1975年2月的市场平均价为每平方英尺80港币。

续表

换地权益书中列明的地价评估日期	地价（港元/平方英尺）
1. 4.1981 至30. 9.1981	875
1.10.1981 至31. 3.1982	1000
1. 4.1982 至30. 9.1982	750
1.10.1982 至8.3.1983	500

注：此表中的土地价格是港英政府根据新界不同地区不同土地的用途和发展密度，列出的经平整并已配套公共基础设施的土地的平均市场价值

五、换地权益证的退出

对农民而言，如果自己从政府手里换地，他们不仅需要和政府打交道，还需要和其他拥有换地权益证的农民竞争，而且也多因地块面积较小增加了协调换地的难度，所以很多人都选择将自己手中零散的换地权益证转卖给地产商。后来，随着换地权益证二级市场的成功，农民转卖换地权益证更加方便了，这就导致越来越多的换地权益证向香港四大地产商（分别是李嘉诚的长实集团、李兆基的恒基兆业、郭氏兄弟的新鸿基、郑裕彤的新世界集团）集中。虽然港英政府不愿意把区位较好的地拿出来兑现换地权益证，但由于换地权益证没有年期，持有者可以一直等待，所以最后的结果是四大地产商凭借着对换地权益证的垄断权，与港英政府讨价还价，逼迫着港英政府不断地拿出部分好地出来交换，四大地产商因此获益不少。过于集中的换地权益证对香港政府的供地市场产生了重要的影响，迫使港英政府采取行动停发并回收历史中遗留下来的换地权益证。

1960～1978年间，港英政府为推行新市镇计划累计发出的换地权益上升至约3600万平方英尺。为避免与日俱增的换地承诺影响未来的土地供应，1978年7月港英政府决定缩减换地权益证的发放数量，但因为之前承诺的农用地换建设用地5：2的比率不好随意更改，只好调整征地补偿的组合方式：在收地时，强制规定对农民50%的土地只能采用现金补偿，另外50%的土地仍可由农民在换地权益证和现金补偿之间自由选择。1983年3月，港英政府担心过量的换地权益书超过了未来存量土地的供应，正

式停发换地权益书。

根据Roger Nissim（2009）的介绍，英国土地委员会向中国政府承诺在1997年6月前赎回所有已发出的换地权益书。1983年以后，港英政府不断地回购换地权益证，到1995年底时，未赎回的土地已减至200万平方英尺以下[①]。这余下未兑现的换地权益证中，绝大部分都由香港四大地产商持有，少部分由小业权人持有，极小部分被遗失或不慎损毁。为了赶在香港回归前完成工作，1997年港英政府直接与四大地产商磋商共换地三宗，总计供出约150万平方英尺的土地。最后，港英政府于1996年12月制订《新界土地交换权利（赎回）条例》（1996年第40号），以现金形式强制赎回了余下的50万平方尺的换地权益书[②]。至此，换地权益证正式退出历史舞台。

（2011年1月）

---

① Roger Nissim（2009）介绍到，鉴于未赎回的换地权益证大量积压，加上房地产市场于80年代初暴跌，港英政府曾经引入过货币回收计划，吸引换地权益证持有人交回土地。在1984年3月9日的政府公告720号（附录C）中，政府规定多项与新界土地有关的交易，如土地租约修订补地价、延长建筑规约及短期租金等，可以用换地权益书代替支付现金。有少量的换地权益证就是通过这种方法被赎回，但当换地权益书的市值开始高于政府本身评估的货币价值，这种回收方式便逐渐被冷落了。

② 回购价格依权益证的年龄不同而有所差别。1973年香港股灾，香港著名地产商、北京大学名誉校董陈国钜先生以每平方英尺1块港币的价格购买了5万平方英尺的1962年的换地权益证，没过几年就有人出价每平方英尺30块港币要买他的换地权益证，陈先没卖。后来又人出到50块港币，卖了1万尺。后来出到80块，又卖了1万尺。再后来有人出到150块，就都卖掉了。据陈先生透漏，如果买了之后存起来一直不卖，等到后来政府回购，5万平方英尺的总价就等于10亿港币。也就是说，后来的港英政府对1962年的换地权益证的回购价是每平方英尺2万块港币，相当于陈先生最初收购价的2万倍。

允许私人申请土地用途转变

——香港土地制度研究报告之二

黄　跃

目前香港新界的土地管理制度中最重要的一部分，就是在一定条件下，私人可以向政府申请对自己所占有并使用的土地进行用途变更，包括由农地转为住宅用地。这一制度正式诞生于1984年，促成这项制度诞生的主要原因是如下两大方面。

第一，习惯法判案对土地这种私人产权的支持。在1984年以前，很多农民已经对港英政府在征地过程中的利益分配不满，农民认为政府低价收地、高价拍卖后独吞高昂的级差地租侵犯了他们的自由发展权，属于“官霸民产”。于是一批农民开始控告港英政府，在法庭上打官司，当时提出的理论依据是1898年的《展拓香港界址专条》，在这项由中国政府和英国政府签订的租地协议里，中国政府要求英国政府尊重原住居民的土地权利。新界的农民认为，以前的政府管理部门就没有在新界实施过什么土地用途管制，现在的港英政府也不应该限制自己对土地转变用途。当时的法院判决结果是：除了盖房子，不能限制农民将自有的农用地转作他用。于是，允许一部分农民私人申请将农用地转变为除住宅之外的其他用途的制度安排开始出现，但这只是作为整个香港当时土地管理制度的补充，并没有大规模铺开。

第二，迫于香港回归，中国政府对港英政府卖地规模的年度总量控制。1984年，中英两国政府讨论香港回归的安排。英国政府想给世界一个良好形象，决心在将香港归还给中国之前改善香港的经济。港英政府计划采取经济手段，在当时推行了一个叫做“玫瑰园计划”的新市政项目，通过修建诸如金马大桥和机场等重大基础设施来促进香港经济的繁荣。然而，实施这批项目总计需要投资2000亿港币，是一笔不小的

黄　跃：国家发改委城市和小城镇改革发展中心发展改革试点处副研究员、硕士。

数目。钱从哪里来？港英政府当年一方面要收购所有未兑现的换地权益证，另一方面又要大手笔地刺激经济，资金链格外的紧张。如果想推动“玫瑰园计划”，只能靠每年多卖一些新地。但当时中国政府的相关负责人认为，英国这样做是想把香港的储蓄花掉，相当于是今天港英政府请客，明天中国政府付钱。于是，中国政府要求英国政府答应，每年卖地规模不得超过50 公顷。就是这一条，逼着港英政府想到了允许私人转变土地用途的制度安排。因为这样的制度安排有两个好处：一是可以从批准用途变更中获得不少收入，用于推进新市镇建设；二是可以在确保每年50公顷的卖地规模不被突破。由私人完成农地向建设用地的转换不属于政府卖地的行为，所以也不会额外增加卖地规模。由此，经过一定程序，在一定条件下，私人可以转变土地用途的制度被当时的港英政府大规模采纳。

一、私人变更土地用途的程序

简单地说，港英政府决定是否批准一块土地变更用途的主要依据是，变更后存在规划意义上的社会净收益，即申请者必须证明新用途比旧用途更好。具体说来，私人申请用途变更的大致程序如下。

第一，申请用途变更的土地必需明确地归属于申请者。港英政府规定，用途变更的换地比率是1：1，这就意味着如果私人要变更1亩的土地用途，那么申请人就得事先拥有1亩的实物土地。这块土地的产权必须清楚地属于申请者，不能有任何产权纠纷。如果地产商想要完成土地用途的变更，它就得在申请之前完成对其他人土地的收购和补偿，彻底获得相应土地的财产权利。比如，在某一个位置很好的区域里有一所小学，过去放在那里非常合适，但是随着经济条件的变化，或许在小学所在地建起商业住宅更能满足当地人的需求。在同一块地上建小学的机会成本越来越高的前提下，为完成这块土地的用途转变，地产商就得先和修建小学的慈善机构或政府谈，重新给小学提供一个合适的位置并给予相应的补偿，在完成产权交割和拆迁复垦后，地产商才能以拿到的地申请土地用途变更。

第二，申请者需要证明用途变更会对社会带来净收益，并将计算结果递交给主管土地、交通、环境等总计20多个政府部门审批。譬如，如果要将一所学校的土地改为商住用地，交通部门会根据新增的人口和车位计算用途变更对公共交通造成的压力变化，如果这个压力过大，就需要减少车位。对于房产商来说，当然希望车位更多，因为这样房子就能够卖出好价钱，但如果要保留更多的停车位，就需要证明增加的车位不会影响公共交通。这就需要请交通方面的咨询专家进行实地调研，然后出具一份研究报告，陈述增加车位不会影响交通的理由。比交通部门更难对付的是环保部门，环保部门要求，阳光、空气、水等各项基础设施的承载能力都必须通过这些部门的审核。比如某一个地区规划可以住50万人，目前只有30万人，还有20万人的容纳能力，但这并不表示现在就已经形成了对50万人所形成的污水进行处理的能力，此时若要申请修建一个10万人的新区，必须考虑污水处理的基础设施是否达到了40万人的处理标准。总之，只有在专业部门认为各方面条件都足够的前提下才有可能获得用途变更的批准。

第三，需要公民代表的同意。港英政府认为，土地用途的变更具有很强的外部性，牵涉到方方面面的不同利益，因此，在决定是否进行土地用途转变的过程中必须让居民参与并讨论。香港的公民议事会制度是全世界最严格的，所有要求用途变更的人必须和当地其他居民或其代表进行沟通，牵涉到大大小小的讨论会至少有20次。而且，不是大部分人都同意就可以通过，还要看少数人的牺牲是不是太大。只要有人感觉到这种变更对自己不安全，就可以写信给政府，反对土地用途的变更。香港土地管理署在接收到这些意见后，会要求每一个专业部门给出相应的反馈意见，然后依据这些意见决定是否批准土地用途转变。

第四，申请者必须缴纳一笔用途变更费，才能正式按新用途使用土地。目前的香港土地管理制度规定，香港政府作为规划当局，允许租约人申请土地用途变更，但租约人必须缴纳一定数额的用途变更费，这一条实质上就为行政当局预留了一个征收土地增值税的权利。不同用途的土地有不同的价值，政府在收费时首先要确定用途变更前后的级差地租。一般来讲，新用途的地价以预期未来的市价为准，有土地拍卖市场提供的信息作为依据，但还没有开发的农地或者其他类别的土地价值只能估算。譬如，有一块10000平方英尺的农地，原值100万港币，如果转变成住宅用地，市场价是每平方英尺1000港币，扣除“三通一平”和拆迁安置的成本300万港币，那么这块地的净级差地租就是600万港币，这块地的用途变更费就得依据这600万港币净级差地租缴纳。缴纳多少呢？香港的做法是由私人或企业和政府谈判，没有固定的分成比例，政府一般默认给地产商20%。

二、香港马湾岛的土地用途变更案例

马湾岛面积约2平方公里，行政上属于香港荃湾区。1991年之前，该岛大部分是农地和未利用地，岛内的交通、水利、电力等基础设施很不完善，当地居民属于传统渔民，以捕鱼为生。

1991年，港英政府打算在离马湾岛很近的地方修建一座大桥，也就是现在的金马大桥。当地居民认为金马大桥建成后会带来很多噪音，影响他们捕鱼和正常作息，人们普遍反对。后来，该岛村民提议，除非政府同意在金马大桥接近马湾岛的地方设立一个车站，方便本地居民自由出行，否则反对该桥从马湾岛附近经过。港英政府则认为马湾岛过于偏僻，没有什么发展潜力，因而不愿设站。在这种双方各不相让的局面下，地产商陈国钜先生找到港英政府，说可以在不动用政府一分钱的前提下帮助政府获得村民的支持，前提条件是港英政府允许他对这个岛上的土地进行用途变更和开发。由于当时的港英政府把主要精力放在中心区域的发展上，无暇管理边缘地带，于是就答应了陈先生的要求。

陈先生争取到这个项目后，便开始积极争取当地农民的支持。因为企业没有强制征地的权利，陈先生只能以自己赚钱的能力和农民谈条件，他承诺给这些渔民盖很漂亮的新房子，并在这个岛上修建一个公共项目，改善村民的居住生活环境，从而尽量获得村民对整个马湾岛开发项目的支持。在收地过程中，陈先生也是费尽了苦心，他说：“开发商永远是商量，没有强制，只能出价。在马湾岛，如果说要别人搬迁，那可能一个都搬不了！”在做公众评议的时候，港英政府认为，不能仅仅因为修桥会给村民带来噪音而搬迁这些渔民，因为整个香港都有噪音。于是，陈先生想出要在这个小岛上建一个“诺亚方舟”主题公园。因为主题公园属于公共设施建设，港英政府因而同意给予陈先生变更土地用途的权利。在获得批准后，陈先生及时地完成了本地村民的搬迁和新居建设，然后将净地交给政府。政府统一变更用途后，再将原地交还给陈先生开发。

陈先生和港英政府谈定的用途变更费是5亿港币，前提是港英政府必须在小岛上修一个码头，并把路、电和水的基础设施都做好，否则就只给政府5000万港币。最后，港英政府修建了码头、路，陈先生投资了30亿港币开发马湾岛，其中有3亿帮助渔民修新房和搬迁，10亿修建“诺亚方舟”的主题公园，5亿用来缴纳土地用途变更费，还有一部分用于其他基础设施建设和地产的开发。

（2011年1月）

香港土地制度经验的启示

——香港土地制度研究报告之三

黄　跃

从一个角度看，当时的香港新界与现今大陆所有发展得比较快的大城市在城市化加速背景下所面临的基本困难是相似的：工业化、城市化带来的积聚和集中，大大提升了土地资源在不同用途之间的价值差异，面对这种差异，包括政府、农民、企业或其他利益集团在内的主体竞相凭借着自己的权力、知识和市场判断能力对日益丰厚的土地增值收益展开激烈地争夺。这其中真正的挑战在于，如何在确保农民作为土地主人的权利不被侵犯的前提下，实现尽可能高的土地价值，从而寻找到一个各方都可以接受的土地资源使用和级差收益的分配方式。

从现象上看，香港与大陆的土地制度在演变中开始有所分叉的地方，在于决定人们在争夺土地增值收益过程中是胜利还是失败、是能多拿还是只能少拿的竞争准则。在当时的香港，出价高者才能拿到农民的土地这一准则是被普遍采用的。不论你有多么大的权力，也不论你有多么老的资格，要拿地都得出价，否则是不行的。而且，这个价必须是农民心里认可的形式和水平，可以是非货币的换地权益证，也可以是新式洋楼或其他任何让农民感觉到有收益的公益项目。试想，如果当时的港英政府出不起足够的价格让农民自愿放弃一块耕地用于改修河道，元朗地区的河渠改良工程是无法顺利完成的；如果港英政府不尊重农民对实物土地的要求，承诺在未来给他们提供一块可交换的实地，政府部门精心谋划的新市镇计划永远也不可能落到地上；如果不能给予当地农民一个不吃亏的理由，香港金马大桥估计得从离马湾岛很远的地方绕过去；就算开发商再有钱，如果不能给当地老百

黄　跃：国家发改委城市和小城镇改革发展中心发展改革试点处副研究员、硕士。

姓一个腾换土地的理由，想要收取他们的土地仍然是相当困难的。然而，在当今的大陆各城市里，决定人们在竞争土地增值收益的过程中胜或败的准则却并非出价高者得，而是权力强者得，任何与权力沾点边的主体都有可能获得更高比例的土地增值收益。虽然我们的中央政府一直要求地方政府提升征地补偿标准，完善对失地农民的后续生活和就业保障，但始终没能跳开地方政府以其行政强制力从农民手里“低价拿地、高价卖出”的基本模式。当前，因我国地方政府公权力过于强大所导致的强拆强征农民土地和房屋、土地囤积、征而不用、以租代征等现象已经越来越普遍，由此而引发了大批失地农民因不满于征地补偿而争相上访的现象。

那么，为什么两地的竞争胜负准则存在如此巨大的差异呢？答案还得从土地的产权界定状态和执行力度中去找。著名产权经济学家阿尔钦（Alchian）在《帕尔格雷夫经济学大辞典》中指出，产权是由社会强制执行的对资源多种用途进行选择的权利。这一定义中的关键词是“社会强制执行”，对应到香港新界的土地制度，就是香港的民众及习惯法的判案传统对私人产权的充分尊重，这份尊重和法院的强制执行力构成了社会强制执行的主要内容。同时，阿尔钦还指出，理论上的产权状态要受真实世界里产权执行费用的影响，对应到香港的案例中，就是港英政府的公权力有可能受到诸如卖地总规模和资金链紧张的现实约束，从而弱化了它在竞争土地增值收益中的能力。试想，如果没有民众对自有财产的据理力争以及政府在运用公权力收地时所受到的牵绊，当年的港英政府或许不会采用换地权益证和允许私人转变土地用途这两种拿地成本更高的制度安排的。

基于以上认识，结合我国土地制度的基本情况，我们或许可以从香港土地制度的经验中得到如下启示：改革我国现存的征地体制，要从弱化地方政府的公权力、增强民众保护自有土地权利为基本切入点，分别在培育公民财产权、从严控制地方政府计划内的征地规模、严格约束地方政府以地借债这三大方面着力进行改革，渐渐地逼迫地方政府放权让利于民。

第一，培育农村居民对属于自己的土地的财产权利。香港之所以可以产生出换地权益证和允许私人申请用途转变的制度安排，关键原因还是当地的农民有着较硬的私人财产权。在这样强有力的私人财产权的约束下，港英政府只能在强行收地的成本和预期的收益之间做选择。如果农民不想要现金而只想拿实地，也只好给他们换一块地。如果农民想要自己完成土地的用途转变，也就只好稍微开个口子，允许他们有偿地完成转变。港英政府是绝对不可能像内地政府那样定一个补偿价，农民不接受就做思想工作，做不通思想工作就动用行政强制力的。所以，要让农民保护自己，最好的办法还是给予他们应有的财产权利，让他们自己据理力争。从这个角度看，培育农民土地的财产权利是对地方政府滥用公权力的最有力约束，中国有数量庞大的农民群体，只要中央政府在基本的政策层面确定“还权赋能”的基本原则并通过法律部门及时有效地给予保护，地方政府乱来的成本势必会大幅上升，各种因征地而起的官民纠纷和土地资源浪费的现象也必然会大幅减少。在这方面，成都市自2008年开始的产权制度改革，通过仔细丈量、确权评议，给予农民颁发由成都市政府签发的土地产权证书就是非常有益的探索。至少通过这一步，农民有了合法的依凭，当自己觉得在被征地过程中吃亏时可以用这份权利证明来讨个说法。此外，现实中也有不少农民的经济权利意识觉醒地较早，一些集体经济组织坚决反对地方政府的强制拆迁，而是要自行开发利用自己手中的土地。通过反复地较量，地方政府的征地动机是被有效地约束住了的。譬如广州和深圳的一些“城中村”，由于农民集体的力量很强硬，当地政府很难强拆，只好退而求其次，从一开始的默认，到后来不得不主动给予其合法化的地位。

第二，从严控制地方政府的计划内征地规模。正是由于香港回归前，中国政府对港英政府实行年卖地总量不得超过50公顷的约束，才逼迫港英政府创造出了允许私人申请土地用途变更的制度。在这一新的制度下，港英政府也是不亏的，因为它们既可以通过借用私营资本进行土地开发、搞经济建设，又可以从中收取到可观的用途变更费和税收收入。关于这一点，我们或许也可以从中学到一些经验。如果我们到下面去调查，就会发现全国各地没有一个不在抱怨土地指标越来越少的，为什么呢？因为它们都想寻求代价更低的用地发展模式，关键在于土地指标的争取没有明确的价格标准，几乎是免费的，能要到当然就多要，但在各地拿到土地指标后对土地的使用却又存在着不同程度的浪费。因此，改革就得从免费的土地指标分配方式下手，谁要都得出价，谁叫得厉害，谁就得出更高的价。或者，中央政府干脆从严控制地方政府计划内的用地指标和卖地规模，提升它们乱占滥征土地的成本。类似的经验在中国也是有迹可循的，自2005年开始的城乡建设用地增减挂钩的制度安排，就是各地在用地指标受到严格约束的困境下想出来的新用地方式和办法。有理由相信，如果可以继续从严控制计划内征地规模，逐步扩大挂钩指标的规模，并辅之以农村土地的确权和有效保护，地方政府乱征滥占的行为就有可能得到进一步地遏止。

第三，严格约束地方政府以地借债的行为。从香港的经验看，正是由于财政资金过于紧张，为降低当期资金投入的压力，港英政府才被逼迫着要采用换地权益证和允许私人申请土地用途转变的制度。换句话说，开发土地时的巨额资金投入成本是促成土地制度转变的一个重要约束条件。当前，中国地方政府在改革土地管理制度时的积极性或者说条件还不成熟的一个重要原因就是地方政府能够以土地做抵押方便地从银行申请到贷款资金，从而使得资金投入成本这一财务约束在制度上被软化了。最近新一轮4万亿投资放下去，又不知会产生出多少呆坏账出来。与其在出现坏账后处于被动地位，中央政府不如提前控制地方政府利用土地向银行借债的规模，这样或许会逼迫着地方政府采用类似允许农民或集体经济组织有偿申请土地用途变更的制度。或者也可以在将来出现大规模积压债务时，按照以减债换减征的思路，以缩减地方政府债务为优惠条件，逼迫地方政府缩减征地规模。

很多人会担心，在加强上述三条对地方的约束后，地方的财政收入会因此缩减，经济发展速度会因此而放慢。但是，香港及现存大陆体制内的大量经验表明，这种担心是多余的，主要的原因是：第一，如果地方政府采用了类似换地权益证那样的制度安排，是可以通过收取土地增值税来获益的。如果地方政府采用了类似允许私人申请用途变更的制度安排，是可以通过收到用途变更费来取得收入；第二，香港地产商陈先生对香港马湾岛的开发，北京市郑各庄村在集体土地上搞起的城市化，四川省成都市蛟龙集团在集体土地上建立起来的中小企业工业园区等等经验表明，脱离了传统的由政府主导的征地开发模式，土地照样可以利用得好，而且还有可能使用得更好。

（2011年1月）

日本和美国对“规模经营”、“公司农业”的法律限制

乔润令

在农业结构调整的过程中，很多地方都提出搞“规模经营”、“公司农业”，但要防止地方在这两个口号下推进公司直接进入生产领域，买地占田。这对农民来说，意味着土地的丧失，在无生计保障的情况下涌入城市或沦为公司这类“新地主”或“庄园主”的雇工。

美国的一些中国农村问题专家的研究表明，即使是在高度发达的日本和美国，国家和地方对公司进入农业生产领域在法律上也施加了严格的限制。

一、日本

日本从1946年的《土地改革法》开始所制定的一系列农业法律，都包含有维持小规模家庭农场的条款，限制公司和非农生产者拥有土地。

1946年的《土地改革法》规定，禁止城里人拥有土地。对不住在本村、不从事农业生产的本村地主所拥有但出租给农民的土地，政府强制收购；对居住在本村但却出租土地的地主，凡超过1公顷以上的出租土地，政府要强制收购。该法律对规模经营也进行了限制，规定3公顷以上的自耕农土地也必须强制收购。1952年的《农地法》对非本地居民拥有土地和每一农民最大土地拥有量也有严格限制。该法还规定，有地主出租给佃农的土地不能出售给外地人，并完全禁止各种形式的公司拥有土地。

从60 年代以后，日本的农业人口持续减少，农业人口老龄化加重，

乔润令：国家发改委城市和小城镇改革发展中心副主任、硕士。

日本有关农业的法律也发生了一些变化，开始允许一定程度的公司农业和规模经营。但是股份公司不得购买土地，小规模的合作社或公司也必须像自耕农家庭农场那样进行农业生产。1970年，日本修订《农地法》，废除了对农民农地拥有量上限和出租土地量的限制，允许农业公司从事农业生产经营活动。但其基本目标是鼓励家庭农场的发展，而不是鼓励公司规模经营。直到1999年的《食物、农业与农村基本法》和相关的文件中，才允许股份公司进入农业生产领域，鼓励规模经营。但这是在农业人口已经不足5%的情况下提出的。尽管如此，也附加了许多条件，如不得干扰现有的本地农民；以前必须是经营农业的公司；必须是农民自觉自愿的选择等。

二、美国

美国的俄克拉何马、密苏里等9个农业州，都有立法限制公司拥有农地或从事农业生产，原因是“禁止非家庭性的公司农业有助于保护公共利益，维护由家庭拥有土地和耕作的农业”。

这9个州的反公司农业法均鼓励拥有土地和从事农业生产的家庭公司发展。除注册的非营利机构、研究实验组织外，禁止其他任何公司从事农业生产。这9个州都规定，如有公司违法拥有农地，必须在1～5年内出售该农地。任何公民都有权起诉非法拥有土地的公司。

日本和美国限制公司农业、规模经营方面的经验非常重要。在日本，对非本地居民拥有土地和公司农业的法律限制，只是在农业人口大大减少之后才开始放松，但不能破坏小规模家庭经营的基本农业模式。即使是发达国家，也需要从法律上限制公司拥有农地和规模农业生产，以保护小农。

（2001年7月）

赴德国小城镇管理培训考察报告

顾惠芳

2000年6月12日至7月2日，中国小城镇改革发展中心组织了“小城镇管理培训团”在德国进行了历时21天的考察培训。在德期间，先后听取了有关政府官员和专家的讲课，还参观考察了德国欧芬巴赫、美茵兹、革柔斯格绕等小城市，重点了解了德国小城镇的管理体制、公共财务系统、规划实施及土地管理、人口管理等。

通过培训考察，大家都感到耳目一新，眼见为实，开阔了视野，受到了启发。现将培训考察情况报告如下。

一、德国小城镇概况

联邦德国由13个州和3个州级市组成。州辖较大的城市以及由较多小城市联合组成的地区。个别较大的州也分为几个大行区，如北莱茵州就划分为3个较大的行政区，行政区再辖地区。但一般来说，州下面辖地区和市。

联邦德国的权力结构有三个层次，即联邦、州和地方。联邦政府的主要功能就是做州和地方政府（包括县、镇、乡）不能做的事，如国防、外交等。基本法明确规定联邦管什么事，州管什么事，各自都按照宪法行事。联邦有国会和政府，州也有州议会和州政府。属于州做的事，主要有三方面，即科技、教育、文化、治安警察以及地方事务，这些事情由州立法。地方政府处理的事务主要包括：近距离公共交通、道路建设、供电、供水、供气、住房建设，建造和开办小学、中学、剧

顾惠芳：国家发改委城市和小城镇改革发展中心总经济师、副研究员、硕士。

场、博物馆、医院、体育场所、公共浴池以及成人教育青少年校外辅导设施等。县、镇不是州的下一级政权，地方有地方的看法、政策和生命力，根据本地需要制定本地的政策措施。县有县议会，乡镇也有议会，议员通过选举产生。

在德国，小城镇的根本任务是使居民的生活不断得到改善，使区域经济不断增长。镇政府的职能和任务：一是根据镇议会的决议执行财政预决算计划；二是制定规划，审定或申请建筑许可；三是建立生活保障系统和环境保护系统，如污水处理等；四是维护社会治安和秩序；五是户籍管理。镇政府工作任务中必须完成的任务是：建立生活保障系统和环境保护系统，建立学校，救灾。自愿完成的任务包括：建立体育活动场地，如足球场、儿童游乐场地；建立文化娱乐场所，如图书馆、博物馆、音乐厅等，可根据当地的财力状况决定建设与否。镇政府不存在管理企业的职能，不干预企业的任何经营活动，只为企业提供完善的生活保障系统和环境保护系统，创造良好的环境，依法收取税收。小城镇的工作任务是由两种人员的投入来完成的，一种是职业的，一种是自愿的。职业性的工作人员是镇政府的工作人员及当地公共设施的负责人；自愿性的工作由镇所在地的居民兼任，如消防队员全部由居民兼任，一旦发生火灾，队员们在几分钟内赶到现场，开展救火抢险工作。

德国小城镇的镇长在镇政府管理体制中起着十分重要的作用，任期10年，由镇议会选举产生。现在德国只有巴伐利亚和巴登符腾堡两个州由市民直选市县镇长。镇长要具备全面的行政管理、法律知识和较高的领导能力，否则很难“上岗”。镇长同时是镇议会的主席和行政管理机构的领导，决定行政管理机构的日常事务，提出各种动议、建议，确保城镇的发展和任务的完成。镇议会的议员数量按居民数量的一定比例确定，都建立规范的行政规则，按规运作，并建立专门不同领域的委员会和工作组，对项目进行调查研究和充分论证后，提交议会讨论决议。镇政府的运行制约于一个强有力的监督机制。既有镇议会的监督，又有上级政府的监督，更有当地居民的监督，如果居民认定镇政府处理公务不当，可向市县政府反映，也可越级向州高等行政法院申诉。

在必守夫斯海姆镇里，我们浏览了投资200多万马克、展品丰富精美的博物馆和投资400多万马克、实行计算机管理的图书馆；在沃海姆镇中，我们看到了气势壮观的安娜福兰克中学校园，绿茵如坪的足球场；在候赫海姆镇里，我们参观了设备先进、管理科学的污水处理站和车辆林立、规模宏大的消防队……这一切无不是德国人创造和智慧的结晶，无不折射出德国小城镇政府管理体制高效有序的光辉。我国乡镇政府机构臃肿，人员过多，职责不明，政企不分，管理不善，迫切需要按照政企分开、政事分开、转变职能、精简高效的原则和“小政府，大服务”的目标，健全和完善与小城镇规模和经济发展水平相适应的政府机构，建立起适应社会主义市场经济要求的小城镇政府管理体制。

二、德国小城镇土地规划政策及管理

德国对土地利用和城市发展规划非常重视。各级政府都设有专营规划的组织机构。从联邦政府到乡镇政府，从大中城市到小村镇，土地利用规划、城市发展规划和小区建设规划，都已相对完备，形成体系。

土地利用规划大体上分为四个层次：第一个层次是联邦一级的规划，主要负责制定大的区域规划和专业规划；第二个层次是州级规划和几个大的城市规划；第三个层次是地区一级的区域发展规划和景观规划；第四个层次是乡镇一级的土地利用规划和各级具体实施规划。

德国境内多山丘、少平原，小城镇建设与发展已有上百年历史，不少城镇和中心村依山傍水，城镇区域内交通便捷，商业繁华，文化教育和公益事业等各种服务设施齐全，绿化覆盖率高达40%，城镇面貌充分显示了人与大自然之间的和谐与统一。

从城镇建设规划的角度来看，小城镇建设规模必须事先科学地进行界定。我国小城镇具有数量大、分布广、形式多样、经济发展水平低的特殊性，小城镇建设用地规划应当符合我国的基本国情，做到既要与市（县）以上各级土地利用总体规划和各个专项建设用地规划相衔接，又要考虑城镇的地理位置和区域内的地形地貌、社会经济发展状况等客观因素。当前，首要是对小城镇的规模设置在空间和时间上做出科学的预测，在一个较长的时间内对小城镇区域发展规划范围予以科学界定。

德国小城镇区域用地规划相对稳定，少有变化，城镇建设也各具特色。这种做法有利于避免重复建设造成人为的浪费土地资源和经济损失，同时给子孙后代留下广阔的生活空间和丰富的物质基础。相比之下，我国小城镇建设的规划滞后现象严重，既缺少科学的长期规划，又缺少可行的近期规划，规划的变化频率大，规划的效率较低。一些人口稠密的城市，各乡镇政府所在地之间距离相近，集镇规划的设置和集镇内各项基础设施建设都各自为政，由于受经济条件制约，集镇功能较差，规模效益不明显，往往造成土地等多种资源的损耗。以发展的眼光看，乡镇行政区域可重新划定，规划建立中心镇、中心村，实行各种资源的优化组合，充分发挥现有资源优势，使小城镇建设健康有序地发展。就中心村建设而言，以德国莱茵兰-法尔茨州城镇及居民点划分为例，该州有163个中心镇（村），居住44万人，集约了2255小村庄的居民点，拥有220万人口。这种城镇及居民的空间布局，符合德国地多人少的实际情况。

城镇区域内各种基础设施应一次性科学规划到位，并具有实践性。小城镇是一个地域范围内政治、经济和文化的中心，其基本功能是不断满足居民对物质、文化生活的需求。因此，小城镇必须建有良好的服务体系和齐全的基础服务设施，做到社会效益、经济效益、生态效益相统一。由于在城镇局部规划上出现的偏差，在小城镇基础设施建设中，“头疼医头，脚疼医脚”的现象十分普遍，如交通道路的改扩频繁，致使道路两边的建筑物和构造物前建后拆，损失较大。德国小城镇建设规划期限一般为10年，因其规划具有扎实的民众基础和科学的决策依据，规划的蓝图清晰而稳定，并充分体现了规划的法律性和规划作用的连续性，符合小城镇发展的客观要求。

德国非常重视环境保护，制定了各种法规，有环境保护法、资源保护法、自然环境保护法、垃圾处理法，等等。我们参观了候赫海姆镇的污水处理站，美因兹市的垃圾处理中心，其运行机制和管理经验值得我们借鉴。如鼓励私人公司参与垃圾处理等公用事业，让市场机制自发调节。家庭的垃圾分类也颇为细致，设有专门的环境保护顾问教人们如何处理垃圾，提供给家庭免费的垃圾筒（限玻璃和纸），不分类的垃圾筒收费自然要高些。

三、德国小城镇的财政体制

1. 德国的财政制度

德国的联邦制政体，决定了财政的“联邦制”。其不仅表现在各级财政拥有相当大相对独立性和财权上的自主性，即中央和州及地方财政之间相对独立，而且全国没有统一的国家预算，各级财政都在法律规定的体制框架下制定本级预算，以收定支、自求平衡，上级财政不承担为下级财政弥补赤字的责任。每级财政都是真正相对独立的预算主体。其内容可以概括如下。

（1）明确划分事权。

在德国《基本法》中明确规定，联邦的任务主要是执行联邦法律、外交、联邦财政、高速公路和远程公路、航空交通、联邦中央银行、核能利用等；州政府的任务主要是全部的文化领域、社会保障和卫生保健、警察和司法管理、建设和维护州级公路等。除了有明确的联邦和州之间的职责分工外，双方也承担部分共同的任务，如沿海防护等。

（2）合理划分财政收支范围。

① 财政收入范围。德国各级政府，来自本级税制的收入占的比重较大。作为税收的补充，州和地方政府还有公共企事业盈利收入、发行债券收入和银行借款收入等，还有来自上级财政的转移支付收入。在划分收入范围上，既要保证中央财政的宏观调控主导地位，联邦通常掌握超出其提供全国性公共产品所需要的财力，其占整个国家财政收入的比重较高（如1994年财政报告数据，联邦、州和地方财政取得的税收收入占国家总税收收入的比重分别为47.1%、34.8%和12.5%，另5.6%上交欧盟）。又同时通过灵活多样的转移支付方式，对州财政进行转移支付补助。这种补助，联邦往往会附加必要的先决条件，从而体现联邦财政的意图。

德国执行着完整的分税制，在税收的划分上，具体如下：

A. 共享税种。包括工资和异地个人所得税、增值税和法人税。工资和异地个人所得税，联邦和州、地方财政各得42.5%、42.5%和15%；增值税联邦得63%（上交欧盟一部分），州得37%；法人税由联邦和州各得50%。以上分配比例每年略有调整。

B. 专享税种。

联邦：关税、消费税（如烟草税和矿物油税）、统一附加税等。

州：财产税、遗产和馈赠税、机动车税、地产转让税和赌场税。

县（市）（含乡镇）：工商税（联邦和州也获得一小部分）、地产税、地方消费税和奢侈品税，其中包括饮料税和犬税。

② 财政支出范围。与各级政府的事权相对应，联邦政府财政的支出主要是国防、外交、社会保障、海关、农业、能源、跨地区的高速公路以及州际公路、铁路等重大交通建设、公共债务、跨地区经济发展以及本级行政管理支出；州政府财政的支出主要是社会治安、大学费用和中小学教师工资、医疗、社会保障、住宅建设和城市规划、部分农业、本州公路、通讯、公共债务及本级行政管理支出；地方政府财政的支出主要是本地公共治安、中小学及职业高中的基础设施建设费用、医疗保健、社会保障、住房及城市规划、文化、地方性交通、通讯以及地方行政管理等经费开支。当然，一些支出项目在政府之间可能有交叉（如教育支出，属于州和地方财政共同承担的责任），但为避免扯皮，由法律明确规定：州财政负责大学的一切开支以及中小学教师的工资，地方财政负责中小学基础设施和日常维修。

（3）政府间的财政平衡（转移支付）。

完整的分税制并不能避免各联邦州的税收收入在数额上存在的明显差距，这样就产生了财力强和财力弱的联邦州，这种差别取决于联邦州的大小和不同的经济发展水平。为了使全联邦范围内居民生活水平相互接近，联邦采取协调措施，在财力强和财力弱的州之间进行财政平衡。通过税收分配，力图使各州的财力达到适当的平衡，而不是完全的平衡。平稳措施能使各州财力上的差距有所减小。财政平衡在基本法和联邦法律中都得到了规定。自德国统一以来，新联邦州与旧联邦州的财力差距不断拉大，为此，立法部门从1995年起，对财政平衡重新做出了规定。在此之前，每年在旧联邦之间须重新分配的税收额不到100亿马克，现在这一数额增长到550多亿马克，其中大部分是支援新联邦州的（原东德地区）。由于县市的税收不足以支持它完成任务，因此，州必须向县市提供财政拨款。这种地方性的财政平稳目的也在于平衡各县市之间不同的财力。

2. 德国小城镇的财政管理

联邦德国三级政府之间都实行完整的分税制财政体制。每一级财政都有属于本级政府的税种和分享比例明确的共享税种和财政支出范围。

（1）财政收入范围。德国小城镇的财政收入主要来自于税收收入。其收入构成主要是依据法律法规分为共享税和地方专享税，还有来自于劳资双方缴纳的保险金（包括医疗保险、养老保险、事故保险和失业保险）。有一些小城镇还有很小一部分收费收入。

（2）财政支出范围。根据事权和财权相结合的原则，德国小城镇的支出范围大致划分为行政管理支出、社会保障支出、自然环境保护支出、街道建设支出、卫生保健支出、食品监测支出和职业教育支出等，而且德国小城镇主要财政支出项目是行政管理支出。

（3）财政的运作。在德国，财政和税务是合二为一的，只是在其内部设立税务局，其财政收入与支出实行统一管理，统筹安排。联邦税、州税和共享税的征管，由按经济区划设立在各州内的660多个财政局负责，这些财政局由联邦和州财政共同管理，地方财政部门内设立的税务局只负责征收地方的专享税和以地方自留为主的营业税。

德国无论哪一级财政，都是依法办事，而且多年形成了一套完整的办法，州和乡镇一级财政，在预算的制订和预算的执行中，都以法律的形式来表现。财政制订财政收支计划时，把考虑为居民办到的事情作为一个很重要的因素。

德国地方财政在环境保护、道路建设等公共设施的投资上是做得比较突出的，整个德国像一个大的花园，这除其得天独厚的地理及气候条件和人的素质外，与其各级财政加大投入是分不开的。

四、德国的户籍管理制度

1. 德国户籍管理制度的基本内容

（1）户籍管理的法律基础。德国有专门的联邦法律对户籍登记予以规定，各州也制定州的人口登记法。在这些法律中，都规定了公民有进行登记、把个人资料提供给户籍登记机关的义务。此外，80年代末，联邦也重新修改颁布了《居民身份证法》。

（2）户籍管理机关。德国的户籍登记不归属警察部门管理，联邦和州两级负责户籍登记的部门都设在内政部，其主要任务是协助立法机构立法，宏观指导一些登记管理工作。在地方，具体负责户籍登记的部门设在市政厅负责居民事务的社会部，社会部内设有户籍申报登记处（局），其主要工作有：发放身份证及旅行护照；进行户籍登记并出具某类证明；登记发放税卡；答复一些机关或个人的垂询等。

（3）户籍登记的原则。德国实行的是以居住地登记户籍的原则，公民在其居住地进行申报。户籍登记没有农业户口和非农业户口的区别。初生婴儿，凭医院开具的医学证明书在其父母户籍登记地办理出生登记，并将婴儿的名字和有关项目填写在其父母结婚时有关部门发给的类似我国结婚证一样的证件附页上。此外，还有死亡登记、迁出与迁入登记、改换地址的登记等，但没有暂住户口登记。

（4）户籍登记的内容。户籍登记有专门的表格，一式三联，其中一联由居民自己持有作为户籍登记的证明文件，其他两联由原住地及新住地户籍登记机关保存。户籍登记的主要内容有：迁入地的有关情况（迁入日期、地址、邮政编码以及入户前该住房是否有人住过等）；迁出地的有关情况（迁出时间、地址、街道门牌、邮政编码等）；报户口者个人情况（姓名、夫妻是否分居、是否有第二处住所、现在主要住址等）；家庭成员状况（何时何地结婚、国籍、宗教信仰、子女、抚养或监护状况等）；证件情况（居民身份证、护照何时何地申领、有效期限等）；房主情况（姓名、地址、房主的签名等）。

（5）户籍迁移管理办法。在德国，户籍从城市迁到乡村或从乡村迁到城市，在迁移时，只要在迁入地有可供居住的房屋（自建房、买房或租房），就可办理迁移手续。办理迁移手续时，凭房产证或房屋租赁证明，先到原户籍所在地办理迁出注销手续，领取注销卡，再到现住地户籍登记机关填写户籍申报登记表即可。办理户籍迁入登记手续，不需要有关业务部门的审批，直接由工作人员审核并登记注册，输入计算机管理。户籍登记不收取任何费用。

（6）居民身份证管理。联邦德国于1987年修改颁布了新的《居民身份证法》，规定年满16周岁的人，都要申领居民身份证，并要随身携带。身份证全国统一，有效期10年，制证在柏林进行，费用为30马克。身份证登记项目有：姓名、性别、出生日期、个人签字、眼睛颜色、身高、住址等。公民要到其他国家旅行，可以申请旅行护照，旅行护照也作为一种身份证件。德国儿童在需要时，可由其父母为其申领身份证，申领这种儿童证件并非是一种义务，由居民根据自己的需要而定。申领或换领居民身份证，要到户籍登记地的市政府市政厅下设的户籍申报登记处（局）办理手续。为了方便居民办理各种证件，办证机关也采取开设窗口集中办理，简化手续的方法进行。申请到取证一般只需3～4周的时间。

（7）人口统计。德国人口统计的法律依据是《联邦数据保护法》。联邦由联邦统计局负责此项工作，地方也都设有独立的人口统计机构。人口统计的日常工作以户籍登记为基础，通过计算机网络，每季度进行一次人口数据统计。全国性的人口普查一般是20年，甚至30年才搞一次，而一次约需4年的时间且耗费的财力比较大。

（8）违反户籍登记管理规定的法律责任。根据德国有关户籍管理法律的规定，公民有进行户籍登记的义务，对于不进行申报登记或超时限进行登记的，处以50～150马克的罚款。

2. 德国户籍管理的几个特点

德国的户籍管理制度与其政治制度、经济制度、社会发展程度紧密联系在一起，并相适应。

（1）户籍登记管理法规比较健全。德国联邦宪法规定了公民有户籍迁徙的自由。根据宪法规定，联邦在50年代颁布了《户籍管理法》，80年代又进行了一些修改。80年代末，联邦又重新修改颁布了《居民身份证法》，使户籍法规更加完善。此外，各州也根据本地实际情况，在不违背联邦户籍法规的前提下，制定了自己的户籍管理法规。

（2）公民可以自由迁移户籍。德国实行户籍迁移自由的政策，公民居住在哪里，就在哪里申报户籍登记，没有城市和乡村的区别；而且申报落户手续简单，既方便了公民办理户籍登记，也有利于户籍登记部门做好户籍管理工作。

（3）户籍管理的职能相对单一。德国的户籍管理不归属警察部门，户籍登记机关的管理职能集中于户籍登记及有关身份证件的发放。联邦和州的政府对人口流动也没有任何控制措施，市场经济条件下的住房、教育、就业等因素对人口的流动起着比较重要的调节作用。

（4）管理水平较高。德国所有负责户籍登记的部门都是运用计算机管理户籍和人口信息，并且全国联网，实现了人口信息与社会共享。工作中所采用的户籍登记表格的内容与式样标准也是全国统一的，这就有利于人口信息资料的处理和统计，提高工作效率。

（5）户籍管理的基础在于制度建设和公民较高的法律意识。德国的经济发展程度比较高，各地区之间、城市与乡村之间的发展也比较均衡，社会福利制度健全，公民守法意识比较强，法律能得到普遍的遵守，居民能够比较自觉地申报户口登记。考察期间，德国的行政管理人员曾表示，不报户口，就不能办理社会福利登记，不报户口是不可思议的。

五、启示与借鉴

中国和德国相比，尽管在基本国情、社会制度、经济发展水平等方面存在着很大的差异，但德国的管理体制、户籍管理、财政体制等方面的先进经验值得我们借鉴。

1. 加强小城镇的公共设施建设

到德国考察小城镇，感受最深的就是各地小城镇的道路、花园、幼儿园、敬老院、环保设施等公共设施规范、别致、漂亮。

与德国相比，我国小城镇的基础设施还很落后，尤其是对废水和垃圾的处理能力很弱，城镇建设起来了，没有排水系统、污水处理系统和垃圾处理系统，城镇环境污染严重。目前，小城镇废水处理率仅27%，垃圾处理率为47%，非城关镇的小城镇垃圾处理和废水处理标准大大低于城市和城关镇的水平，如果按照国际通用的垃圾处理和废水处理标准，则几乎等于零。

为了改变我国小城镇基础设施落后的状况，我们认为，一方面要增强当地政府领导对小城镇技术性设施投资重要性的认识；另一方面，在相关法律和政策中应明确规定小城镇在基础设施方面要达到的标准和水平；再者，改变目前小城镇的供水和污水处理设施主要由当地政府财政提供，几乎没有私营部门参与的局面，吸引社会资金投入基础设施建设。

2. 加强法制建设是促进小城镇规范化管理的重要保证

从小城镇土地管理工作实际情况看，首先是小城镇建设与改造中土地资产的处置问题。目前，国家重点工程建设用地、社会公益事业用地，由于政府出面干预，其土地价格基本按照国家规定的标准执行。企事业单位建设用地则不然，其用地的土地价格往往要高于标准价格的几倍、十几倍，否则，征地工作就会“搁浅”。尽管如此，建设用地单位往往只好忍痛承受高额地价，土地资产由此流入被征地单位或土地使用者个人手中，对无正当理由拒绝征地及客观存在的“隐性”地价的违法行为，相关法律显得软弱无能。其次，对城镇土地的用途管制问题，如对将办公用地擅自改变为经营用地，在相关法律条文中只规定不准擅自改变土地用途，对已改变土地用途的单位或个人如何依法处理尚无明确的规定。再次，关于土地登记，国家《土地登记规则》规定，单位或个人使用的土地必须到县级以上土地管理部门进行登记，否则其土地使用权不受法律保护。在实践中，单位或居民只注重地上建筑物产权的登记，土地使用权登记与否无所谓，对这类单位或个人如何处理，相关法律条文中也没有具体说法。目前，在小城镇建设中土地管理等方面暴露出来的诸多矛盾，影响或阻碍了小城镇建设的进程，解决这些矛盾，缺少法律上的依据，主要靠行政手段。德国小城镇给人以舒适、宁静而优美的感觉，一个很重要的原因，就是在小城镇建设和管理方面有完备有效的法律制度做保证，我们应当借鉴和吸收他们对小城镇依法建设、依法管理的经验，建立和完善相关法律体系，促进和确保小城镇各项建设的顺利进行。

3. 重视小城镇管理人员的培训，建立小城镇信息管理体系

我国小城镇目前面临着管理人才和各种规划、技术人才短缺，还缺乏城镇持续发展和管理的关键信息。由于缺乏信息及有限的分析工具和能力，规划、环境和财政计划在多数小城镇都是分开执行的。因此，必须尽快提高小城镇管理人员的素质，重视教育，为现代社会经济发展提供合格的人才资源。

4. 明确划分乡镇一级事权，建立适合乡镇发展的分税制财政体制

计划经济带来的事权划分不清和责任不明等思想和做法依然存在，目前，我们必须依据社会主义市场经济理论，科学地界定各级政府的事权，充分调动乡镇政府发展经济、推动社会各项事业全面进步的积极性和创造性。其基本思路是：属于乡镇范围的事情如治安、福利、文化、教育、卫生、科学、保险等一些基础设施的建设，都应下放给基层一级，使乡镇政府真正成为一级实体政府。随着事权的明确和下放，与事权相对应的财政和专款都应下放到乡镇并其使用，最好以法律形式明确下来。

同时，对乡镇一级的财政体制，应该明确给予确定。我国从1994年开始实行分税制财政体制，经过近几年来的运行，分级分税制财政体制在大部分乡镇已逐步建立和完善起来，但也存在一些地方对乡镇的财政体制不规范的行为。旧的计划经济模式下的传统思想依然存在，统收统支的财政体制也在执行。要完善乡镇一级政府的实体，就必须建立和完善规范的分税制财政体制，充分调动乡镇一级当家理财的积极性，促进我国小城镇和广大农村经济迅速发展起来。

5. 按照效率的原则，乡镇财税机构合一设置

乡镇所管辖的面积分散且大，税收征管面对的是点多和分散的企业、个体私营经济和农户家庭，而且纳税意识还不强，因此乡镇一级必须采取财政税务合一的机构模式。财税合一，既符合我国乡镇一级的实际情况，又符合国家机构“精简、效能”的改革原则，而且在实际操作中，降低税收成本，加强征管力度，减少财政支出，腾出资金用于国家的经济建设。

6. 改革现行的户口迁移制度，促进人口合理、有序地流动

从世界经济发达国家走过的道路来看，在走向现代化的进程中农业人口向城镇的转移是实现工业文明的条件之一，而现行的户口迁移政策所能允许的农业人口向城镇转移的速度远远滞后于经济发展所要求的速度。近几年我国经济加速发展，农村的剩余劳动力也纷纷走出家门，涌入城市就业，人户分离现象及农转非的矛盾比较突出。在这一背景下，少数地方出现的“卖户口”的做法，非但不能解决上述问题，反而损害了政府形象，使当地户口管理愈加混乱。由此，在做好小城镇户籍管理制度改革工作的同时，应当加强对户口迁移制度的研究。对改革开放以来出现的流动人口问题，应顺应经济发展的需要，加以积极的引导，尽量减少人口的盲目流动。现阶段，在坚持对“大城市的人口实行严格控制，中小城市适当放宽，小城镇逐步放开”这一改革思路的基础上，还要看到，随着社会主义市场经济的发展，不管是城市还是农村，把人口完全固定起来是不可能的。从另一个角度看，户籍迁移制度本身也有一个法制化、现代化的过程，仅靠政策调整是不够的，在改革的实践中应该着眼于发展。

7. 在人口信息管理中采用现代化手段，提高户籍管理水平

从我国的实践情况和世界上发达国家的做法来看，人口信息计算机管理系统的建立和运用，是户籍管理工作发展的一个方向。据有关资料统计，到1996年底，我国已有10118个公安派出所建立了人口信息微机管理系统，共输入人口信息2.4亿人。户籍管理部门有必要在现有的基础上，进一步推动这方面的工作，逐步实现人口管理信息系统地域间的联网乃至全国性联网，提高户籍管理的效率，充分发挥户籍管理服务于国家宏观决策、服务于经济建设、服务于公安工作、服务于群众生活的作用。

8. 通过制度建设和法制宣传，努力提高公民申报户口登记的法律意识

要提高公民申报户口登记的法律意识，减少我国户口登记管理工作中的漏登漏报现象，首先需要国家加强户籍法律制度建设，进一步健全户籍管理制度，强化公民进行户口申报登记的义务，通过合理的、完善的制度来保障行政管理职能的实现；另一方面，公安机关在户籍管理工作中需建立、健全办事制度，严格执法、热情服务的同时，还要广泛宣传国家户籍管理法规和各项政策，让群众了解户籍管理的有关规定和办法，提高公民申报户口登记的自觉性。

（2000年8月）

巴西城市化考察报告

邱爱军

2001年12月，国务院体改办副主任邵秉仁一行5人，就巴西城市化问题进行了考察，访问了巴西总统府城市发展秘书处，巴西利亚联邦区城市发展和住房局，巴拉那州伊瓜苏市市政管理局、规划局和旅游局。巴西有关部门向考察团介绍了巴西城市化的经验教训，以及政府为低收入家庭修建经济适用房计划的实施情况。

一、巴西城市化进程及经验

巴西总面积854.7万平方公里，资源丰富，土地肥沃；总人口1.6954亿，国内生产总值5958.5亿美元，人均国内生产总值3587美元（2000年）。第一、二、三产业产值所占比重分别为9.1%、31.1%和57.8%（1999年）。巴西城市人口1.38亿，城市化率81.4%。全国共分26个州和1个联邦区，州下设市，共有5507个市，15万人口以上的有79个，100万人口以上的有12个（1999年）。

1. 巴西城市化进程

巴西城市化源自19世纪下半叶，是随着巴西工业化的启动才开始的。整个城市化进程可以分为三个阶段。

第一阶段，从19世纪80年代到20世纪20年代为巴西城市化的起步阶段。

这一时期城市化主要表现在：① 新建城市数目增加。期间，大约有500个新兴城市建立；② 城市规模有所扩大，一批旧城市呈现新的活力。

邱爱军：国家发改委城市和小城镇改革发展中心副主任、博士。

圣保罗城人口增长最快，从1890年的6.4万迅速增至1920年的57万，当时的首都里约热内卢规模也迅速扩大，在30年内人口从55万发展到115.8万。③ 东南部城市带初露端倪。由于东南部地区咖啡的迅猛发展和早期工业集中于这一地区，东南部城市化的步伐明显加快，成为巴西经济、政治和社会的中心地带。

从总体上看，这一阶段为巴西城市发展的起步阶段，城市的功能有限，城市对乡村人口的吸纳力不强，城市人口比例仅从19世纪80年代的10%左右增加到1920年的25%左右，城市人口占总人口的比重不大。

第二阶段，20世纪30年代至70年代为巴西城市化的扩张时期。

这一时期，随着巴西实施进口替代工业化战略，工业迅速发展，城市化速度也不断加快，呈现急剧膨胀的趋势：① 巴西城市人口的比重不断增加，从1920年的25%增至1940年的31%，再增至1970年的55. 8%。② 城市数目增长较快，城市规模明显扩大。1950~1960年间，拥有10万人口的大城市从9个增至19个，拥有2万~10万人口的中等城市从90个增至142个。到1960年巴西已有2763座城市。特大城市已经具备雏形，1975年，圣保罗人口达到1070万，里约热内卢增至890万。

这一时期，巴西城市人口比重快速增长，工业与城市的发展促进了巴西从落后的传统乡村社会向先进的现代城市社会的过渡，是巴西摆脱二元社会经济结构至关重要的时期。

第三阶段，20世纪80年代至今为巴西城市化高速发展阶段。

1980年巴西城市人口已占总人口的66%，此后，巴西城市化进入高速发展阶段。这一阶段城市化显示出以下特征：① 全国人口急剧向城市特别是少数几个大城市和特大城市集中。如1980年圣保罗人口为1250万，占全国总人口的10.3%，1990年增至1842万，占12.2%，2000年更增至2530万，占14.92%。2000年，里约热内卢的人口也增至1900万。② 巴西城市数量及规模普遍增大。1990年巴西拥有15万人口的城市增至大约60个，其中有100万人口的城市有13个，50万~100万人口的城市有11个，20万~50万人口的城市有31个。同时，巴西城市化过程中城市带的特点更加凸现，如圣保罗、里约热内卢、贝洛奥里藏特大都市带尽管面积不大，却聚集了巴西相当数量的城市人口。③ 巴西城市化水平迅速提升，高出拉丁美洲平均水平。从城市人口所占比重看，1980年、1990年和1996年巴西城市人口已分别为66.8%、75.6%和80.9%；而拉丁美洲平均城市人口比重分别为65%、72%和75.7%。

2. 巴西城市化经验

工业化带动城市化的发展，城市化反过来又推动了巴西经济的迅速增长，从而促进了其国民经济结构的调整。据统计，1900～1990年间，巴西的国民生产总值年均增长5.1%。到20世纪50年代中期，工业产值首次超过农业产值。到80年代，巴西2/3的工业生产设备都由本国生产提供。到1997年，巴西的国内生产总值已达7864. 66亿美元，成为西方世界第八大经济大国。

（1）强化城市发展管理部门。为了加速城市发展，巴西政府专门设立了全国城市规划委员会，负责全国的城市规划，并由城市发展秘书处下属的住房局和住房与城市发展银行具体实施。住房局负责制定城市发展政策，通过其在各州的办事处落实。另外，住房局还在调查的基础上，针对不同收入阶层制定不同的住房政策。城市发展与住房银行则主要负责城市发展资金的汇集，以及个人住房贷款的发放。

（2）城市规划既有法律保障，又有技术保证。巴西政府特别重视城市规划。如1988年出台的宪法有一章专门讲述了城市规划问题，确立了城市发展政策的指导原则，强调了政府在城市规划方面的责任，并规定2万人以上的城市必须有一个控制性规划。

具体严密的程序保证了发展规划的合理性与科学性。巴西的城市规划委员会由规划专家、当地官员和居民三部分组成。规划院的费用支出由政府负责，议会负责审核规划预算。城市规划委员会负责制定规划政策，城市发展规划由住房局和城市规划设计院联合制定，规划的通过要经过法律程序。如果个人（如地方官员）试图修改规划，必须先征得规划委员会和技术人员同意才能上报，而且必须提交联邦规划委员会审查、议会讨论后才能通过。规划采用GIS技术，设在一个公司里，公司在所有卫星城都设有工作站，负责收集水电等各方面信息，为政府提供决策服务。

（3）充分发挥民间机构的作用。为了使社会资源得到充分利用，

1952年，巴西政府批准成立了巴西城市管理协会。该协会是一个为城市发展决策提供服务的民间机构，主要为城市发展提供人才培训（如每年培训4000人）和技术支持，设有培训部、经济发展部、城市发展和环境保护部等，每年的预算在600万～700万雷亚尔左右，主要是地方政府及国际机构的项目资金。

二、巴西城市化引发的问题及政府对策

1. 巴西城市化引发的问题

在短短几十年内数以万计的农村人口涌入城市，城市人口不断膨胀，城市规模迅速扩大，从而引发了一系列社会问题。

（1）收入两极分化。巴西的贫富悬殊有其自身的历史渊源，即大地产制。巴西的土地是高度集中的。全国耕地面积为3.71亿公顷，占全国农户总数1%的大地产主拥有全国耕地的50%，占全国农户总数53%的小农户仅拥有全国3%的耕地，还有1200万的农民处于无地或基本无地的状况。土地的高度集中必然造成收入的两极分化。

在城市化过程中，由于巴西政府以经济增长为主，城市中的社会财富聚集到了少数人手中；80年代债务危机后，政府实行需求拉动型高通货膨胀政策时将控制工人工资作为其核心内容，抑制了低收入者收入水平的提高；国有企业私有化等措施也进一步扩大了巴西贫富之间的鸿沟。所有这些因素，共同导致了巴西的两极分化。

收入两极分化必然加剧贫困问题。1999年，占巴西人口1%的富人拥有国家53%的财富，而占人口20%的贫困家庭仅拥有2.5%的社会财富。1999年，全国贫困人口为5410万，占总人口的34.9%；赤贫人口为1360万，占总人口的8.7%。巴西已经是世界上贫富悬殊最为突出的国家。

（2）城市失业问题严重，城市贫困化加剧。随着城市化进程的加速，巴西城市化率已从1940年的31%上升到2000年的81.4%。城市经济发展所创造出的就业机会远远满足不了城市人口的不断扩张。进城的大批农民由于缺乏技术和知识，很难在现代工业部门中立足，失业问题一直较严重。因此，贫富悬殊便直接表现为城市贫困人口的增加。近20年

来，巴西城市人口增长了24%，贫民窟人口增长了118%。最新资料表明，1999年巴西有贫困人口5700万，占全国总人口的35%，其中，居住在城市贫民窟中的就约3500万，占全国城市人口的25.4%。

（3）许多大城市建设规划滞后，城市环境恶化。一方面，大量外来人口的涌入与城市规划的滞后，使城市整体建设杂乱无章。在许多大城市的城内和城周围，有许多杂乱无序的居民区，这些住房绝大部分是非法占地建造的，居民区内人口密集，房屋简陋，缺乏上下水道、电力、交通等基本公用设施。这些贫困人口中，约有一半集中在里约热内卢和圣保罗，如南美洲最大的贫民窟罗西尼亚山贫民窟就位于里约热内卢，从而出现了一面是繁华的大楼，一面是破旧的贫民窟的景象，使城市建设后水平十分不对称。

另一方面，城市收入分配的两极分化直接导致了城市社会矛盾的尖锐化。社会治安恶化，暴力、贩毒、走私、盗窃、卖淫等罪恶活动增多。据统计，1980～1989年，巴西全国共有82万人死于暴力。里约热内卢每天平均有20人被杀身亡，仅1994年，就有6408人死于非命。这些犯罪集团绝大多数都活跃在里约热内卢的几十个贫民区中。

此外，工业的高速发展使企业数目与汽车数量猛增，使排放到空气中的有害尘埃和气体越来越多，极大地污染了城市环境。如圣保罗已成为世界第四大受污染严重的城市。

2. 巴西政府的对策

（1）通过立法，改善低收入者的生活状况。为了改善居民生活条件，巴西政府出台了城市发展纲要法，并着重制定了改善城市外来人口居住环境与生活条件的法律条文。该法律将改善贫困家庭的生活条件作为其最大目标。如外来人口在某城市居住5年后，其子女自动享有当地儿童的所有权利，比如八年制的免费义务教育，以及免费就医。

（2）建立覆盖所有居民的社会保障体系。巴西最初的社会保障是通过企业、行业建立的，基本上处于无序状态。1967年，巴西军政府将各行业的保险机构统一合并到由联邦政府管辖的国家社会保险局；1971年5月，又通过颁布“救助农业劳动者计划”，把农民纳入社会保险体系；1973年6月，进一步将社会保险体系扩大到所有巴西居民。

（3）引导私人投资，吸收城市贫困人口就业。为了帮助城市贫困人口就业，政府采取了限制性政策，要求投资企业保证录用一定比例的当地居民，并对该类企业给予一定的优惠待遇；而且对企业的地域设置有具体规定。

（4）综合进行环境治理。过快的城市化使生态环境遭到了破坏。如80年代年经济增长率保持在14%～15%的伊瓜苏市，其城市河道被破坏，河水被污染，土地被无序使用。为了遏止环境恶化问题，巴西政府采取了以下作法。

首先，逐步调整《城市发展规划法》。该法使城市土地的使用与城市预算更为科学、合理。其次，建立“全国环境体系”，成立“巴西环境协会”，全国各大城市设立环保局，加强落实环保工作。再次，动员各方面力量加强环保，成立由政府控股的专营公司专门负责处理民用、工业用及医院用的各类垃圾。第四，对青年人开展环保教育，把儿童及年青人作为重要的环保教育对象，培养他们的环保意识。

（5）制定特殊政策，解决贫困人口的住房问题。政府采取了由联邦政府、州/市政府和各类社会团体共同提供资金和材料的方式为这些家庭建造住房，然后，免费或低价向低收入家庭提供。1999年以来，巴西各级政府开始实施的“贫民窟战略计划”就是其中之一，合计将投入资金41700万美元，其中美洲银行投入25000万美元，巴西联邦政府投入16700万美元。该计划先培训市政府官员，使其转变观念；在加强基础设施建设的同时还直接培训低收入家庭成员，提高其就业能力；投资改造贫民窟地区的环境；而且，该计划的许多具体活动都有居民的参与。

三、几点启示

巴西的城市化道路在发展中国家具有一定的代表性，中国作为发展中的大国，很多情况与巴西类似，巴西城市化过程中的许多经验与教训都是我们可以借鉴和参考的。

1. 把城市的建设和发展纳入法制化轨道

在城市化早期，巴西的城市发展也曾处于无序状态，结果造成了城市四周建设畸形，边缘地带无水无电，乱占土地现象严重。城市中心土地昂贵，限制了低收入者进入城市中心，城市周围形成大面积的贫民窟。《城市发展规划法》的出台，使巴西城市发展逐渐转入有序发展，不同收入阶层人群的利益均得到考虑。

我国的城市发展规划，目前还停留在单纯的建设规划上。一些地方虽然制定了经济社会发展规划，但因无立法约束，也难以落实，规划的短期效应明显，随意改动现象严重。从巴西的经验来看，城市的规划与建设必须从长计议，纳入法制化的轨道。只有通过立法，加强规划的约束力，才能保证城市经济社会发展的科学化、合理化。

2. 强化服务意识，改善城市管理方式

考察发现，巴西的政府机构服务意识很强，而且要接受社会各方面的监督。在计划经济下，我国城市政府的职能主要是行政管理职能，各级政府强调的是对上级负责，而不是对下级、对居民负责，因此，政府的社会服务意识淡漠。在市场经济条件下，政府的职能要发生根本性的转变，要把维护社会治安和改善居民的卫生环境，健全社会保障，发展基础设施等公共服务作为主要职责。同时，要强化社会公众对城镇政府管理的参与与监督。

3. 消除进城农民的就业限制，努力改善其生活状况

农村劳动力向城镇流动，是城市化的必然趋势，也是我国城镇化的当务之急。巴西大城市的贫民窟现象及其引发的社会问题，提醒我们及早关注进城农民工问题。事实上，截止2000年，我国进城农村劳动力已达到9948万人。与城市人口相比，这些人受教育程度相对较低，技能差，所从事的主要是苦、脏、累、险、毒的工种和行业，其收入往往处于城市的最低层。特别是受城乡二元结构的影响，这些人无法与拥有城市户口的人群平等竞争，既难以享受城市社会保障，又遭受城市就业限制。

为了避免引发类似巴西的社会问题，一方面，应尽早取消对进城农民工的歧视，特别是对农民工的就业限制，建立城乡统一的劳动力市场；另一方面，政府应动员社会各方面的资源，对进城农民工进行就业技能培训，为他们提供各种就业信息与就业机会。此外，政府应设法为进城农民工提供廉价的，但安全、卫生的简易住房。

4. 加快发展小城镇，走出一条符合中国国情的城市化道路

巴西的城市化基本上是重点发展大城市。大城市的发展虽然促进了巴西经济的增长，也推动了巴西的工业化进程，但其社会成本的代价也是巨大的，如大城市贫困人口的不断增加，城市暴力事件的频繁发生。

中国的城市化水平仅相当于巴西50年代的水平，而且农业人口远远多于巴西。如果采取重点发展大城市的战略，不仅会出现像巴西一样的问题，而且会引发更严重的社会问题。因此，我们必须从国情实际出发，选择城市化发展道路。事实上，中共中央十五大已明确指出：发展小城镇是推进我国城镇化进程的一项重大战略。从巴西城市化经验看，中央采取的“小城镇，大战略”方针的确是符合中国国情的重大决策。

（2002年4月）

小城镇社区建设与服务培训报告

顾惠芳　浦生林

中国小城镇改革发展中心组织的小城镇社区建设与服务培训团，于2001年11月11日到2001年12月1日，在澳大利亚进行了培训和考察。在澳期间，由澳大利亚联邦国际合作协会组织专家学者就澳大利亚的政治体制、经济发展、政府管理等方面进行了专题授课，还访问了威龙比市、奥伯瑞市、昆比冈市等，由有关官员重点介绍了澳大利亚地方政府的功能、组织结构、机构设置、小城镇的管理体制、社区建设与服务、社区公共安全、城市规划、环境保护等内容。通过讲、询、议、看，大家都开阔了视野，收获很大，对我们加快发展中国小城镇的发展，建设具有中国特色的城镇化道路更增强了信心。现将培训考察情况报告如下。

一、基本情况

澳大利亚经济以农牧业、服务业、采矿业和制造业为主。澳大利亚地广人稀，城市化水平较高，现有人口1800多万，大约70%的人口集中在十几个大城市，20%的人口居住在小城镇，10%的人口住在乡村。

澳大利亚在州和两个地区以下设立的地方政府，有的叫市，有的叫镇，在全国约有900个。

澳大利亚小城镇政府机构主要有市（镇）议会，它是小城镇的最高权力机构，负责制定社区规章制度、选举市（镇）长，议会下设若干专门委员会或工作组，议员数量根据小城镇大小和人口多少确定，由公民直接选举产生，议员和工作人员多数为兼职；市（镇）政府，由议会选

顾惠芳：国家发改委城市和小城镇改革发展中心总经济师、副研究员、硕士。
浦生林：吉林省公安厅原副厅长。

举或由选民直接选举产生市（镇）长，执行议会的决定，对选民负责，主持政府的行政事务；市（镇）政府的职能机构，澳大利亚基本法和州法律没有规定小城镇政府机构的设置模式，小城镇政府机构自主设置，不需上级政府审批。所设的部门权利和义务都很清楚，服务目标明确，共同完成小城镇的各项任务。

澳大利亚小城镇政府的主要职能是行使州立法机关所批准的权力，提供地方服务和保护本地方的环境。其职能较美国、英国地方政府惯常的职能狭窄得多，在其他国家应归地方政府管理的警察、教育、消防、国营运输业、各项市政建设规划、大部分国有的供电、供水、交通等在澳大利亚却归州议会、州政府或专业性法人团体管理。城市基础设施和土地使用的控制也要由州长和有关部门批准。

小城镇政府的具体任务包括以下几个方面：一是创造优美的居住环境和良好的工作条件，如抢险救灾、环境保护、城市清洁、垃圾消纳、污水处理等；二是建立社区社会服务保障，如公共健康、卫生和安全，以及对老年人、残疾人、儿童和家庭的服务；三是社区公共设施体系，如地方性的文化娱乐设施、图书馆、公园、儿童游戏场、停车场等公用生活设施建设和管理；四是倡导开放的、自由的、和谐的、互助的社区文明；五是营造社区经济、文化发展条件，提供发展机会；六是小城镇政府要承担的国家和州政府委托的某些工作。

澳大利亚小城镇政府具有社区自治的特性，拥有比较大的自治管理权。具体表现为：独立选举地方议会和政府领导人，有权决定管理机构和聘用管理人员；有权决定当地的公共事务；有权通过投票表决当地的建筑和设计方案；有权制定当地的行政规定和行政管理制度；有权决定当地的经济发展规划和收支预算，等等。小城镇政府在法定范围内履行其职责时，不受上一级政府的干预。小城镇政府机构设置的最大特点是因事制宜，根据地方财力和实际需要，组建适合本镇特点的政府管理机构和组织体系。各个小城镇政府的管理机构和办事机构尽管各不相同，但有一个共同点——“小政府，大服务”，具体表现为机构精简、高效，权责分明，相互协调，共尽义务。

澳大利亚小城镇的规划和环保有两个明显特点，一是依法规划，按规划执法。澳大利亚对小城镇规划进行了严格的立法，明确了制定城市（镇）规划的法律程序，规定了规划的法律权威性和执行规划的严肃性，并有严格的监督措施。小城镇的一项重要任务就是在联邦、州的规划框架机构下，依法制定本镇的中、长期建设发展规划，规划的制定、通过和修改都有严格的法律程序，否则任何机构和个人都无权修改。在规划中，小城镇的水厂、电站、公路、商场、停车场、学校、文化娱乐设施、污水处理场、垃圾处理厂、森林植被及公共绿化、居民花园等都有具体规定。规划的制定出台，不仅要由市（镇）议会通过，而且要充分征得公众的意见。在规划的实施中，根据规划的内容制定具体的实施办法。二是依法保护环境和资源。澳大利亚制定有详细的资源和环境保护法规，不仅国家和州，所有小城镇对大气、水资源、自然环境、人文环境都有相应的保护性法规，对工业污染和生活污染实行严格的检查，并制定了强制性的惩罚措施。对生活垃圾、工业垃圾及污水进行集中统一的专业化处理，按区域建立有污水处理厂和垃圾处理厂，专门为小城镇服务。垃圾实行全封闭的分类存放和分类处理。污水处理、垃圾收集、清运和处理是小城镇政府的一项重要职能。

二、培训学习体会

1. 开放有效的移民政策，促进了国家经济的迅速发展和生产力水平的提高，运用市场经济的手段引导人口合理流动

澳大利亚开放的移民政策，为生产力发展需求大批的劳动力创造了良好的条件。1988年底，联邦移民部宣布了新的移民改革条例，坚持“无歧视成分的移民政策”和推行多元文化主义，以推动经济和社会生产力发展所需求的资金和人才为目标，侧重吸引年轻的、受过高等教育的、有技术的人才，或者是以拉动经济发展为目的的商业移民。移民政策的导向大大提高了近10年来移民的质量，提供了具有良好素质的劳动后备军。

澳大利亚5年统计一次人口，作为制定计划、财政分配和城市管理的依据性资料，他们从理念上更注重的是保护人民居住自由、行动自由的

权利，居民不分城乡、不分职业、不分地域，可以自由迁徙，没有任何限制。从一定意义上讲，促进了市场经济条件下的人口流动，推动了城市化的进程。他们对城市人口没有行政上的强行限制，更多的是运用市场经济的手段引导人口流动。从我们所到的中小城市情况看，主要有以下几点：一是优势产业引导，如蓝山市，依托悉尼大都市的优势，以发展信息产业和家庭设计业为主，吸引相关的人口到此居住。二是优美环境引导，在构建大的产业带和产业群的过程中，由于交通基础设施完善，交通工具发达，人们对居住环境的选择有很大的空间，不满足大城市嘈杂污染的环境，寻求高质量的居住环境，而小城市极力建设优美的人居环境，以此吸引外来的人口。如我们访问的曼尼哈姆市，有11万人口，计划开发50平方公里的面积，把自然水面、草坪、树木和房屋建设有机结合，在20年的时间里增加10万人口，大力发展第三产业。三是用优惠的房价来吸引人口。地区之间的竞争往往是很激烈的，一些中低水平收入的家庭，在住房地点选择上也考虑价格的承受能力，有的地方就在开发住房的价格上打低价牌，以吸引人口居住。由于采取了一系列措施，大大减少了大城市人口爆炸的压力，又保证了生产发展的基本需求。

2. 注重生态环境保护，做到环境、经济和人居的协调发展

澳大利亚以其独特的魅力吸引着世界各地的人们，其主要原因是自然条件独特，人居环境优美，资源保护良好。良好的生态环境提高了人的寿命，也为旅游业创造了条件，到澳大利亚给人一种城在海中、房在树中、人在绿中的难忘印象。我们访问的所有城市，无论大小，城市污水处理彻底，海水、河水清澈透明，绿地多得惊人，每座城市就是一座大花园。他们身在一个资源丰富的国家，却处处注意保护资源。我们到只有6万人口的考夫市，他们对城市的废水处理后，用作灌溉城市绿地和西红柿、香蕉等庄园，正在兴建一座现代化的垃圾处理厂。在澳期间，我们看到居民自觉维护环境的意识很强，社区环境管理井然有序，就连钓到的鱼如果不到7寸大，都要自觉放到河里。良好的生态环境、生产环境和生活环境，让人有流连忘返的感觉。和我国比较，澳大利亚人子孙后代的生存空间要比我们大得多，原本资源丰厚，再加上精心保护，不仅有高质量的生活，更重要的是增加了经济发展的活力和竞争力。

3. 治安管理与社区建设紧密结合，为建设繁荣、安全、美好的城市发挥作用

澳大利亚的警察数量并不多，只有25000人，联邦警察只有1600人，与首都直辖区警察合为一体，主要职责是保护政府要员及其有关设施、阻止危害国家安全的活动、收集和分析犯罪情报等。各州的警察实行自治，有1/4的警察负责交通与刑侦，其余则负责水警、通讯、救援抢险、档案等项工作。警察部门一般分为文职人员和宣誓警察，文职人员不参加警察执法工作，他们的主要职责是无线电传送、办公室工作、清洁和维修等。我们到堪培拉的近郊昆比冈市警察局考察，警察局有130名警察，负责辖区内6000名居民的安全，警察办理的案件主要有5大类，即入室抢劫案、盗窃案、袭击案、武装抢劫案、暴力破坏财产案。在社会治安防范方面，他们主要是指导辖区的单位和居民，搞好预防。在新楼设计的时候，警察就要介入，针对使用特点，提出物防、技防的意见，纳入规划建设中去。他们在重要部位都有监控设备和自动报警设备。在运行机制上采取保安公司与用户签署合同。如果用了保安设备却出现问题，可以向其索赔，保安公司对防范问题十分重视，努力维护客户的切身利益。警察局与市政厅有着良好的关系，经常通报情况，研究防范对策，提高居民的自我防范意识，严密平时的管理，最大限度地减少犯罪分子作案的条件。平时他们除了处理报警案件以外，就是搞好车巡。在澳期间，我们没有看到一起车辆肇事事故，也没有看到一起打架斗殴事件，居民楼和临街楼房也极少看到安装防护栏的，街面上很少看到警察。我们感到澳大利亚社会治安秩序良好，刑事犯罪率较低，居民安全感指数较高。

4. 城市建设和管理并重，以严密完善的法律制度来保证小城市建设和健康有序发展

澳大利亚小城市的市长由选民选举产生，对选民负责，一般任期3年。虽然市长更迭频繁，但城市建设和管理严格按照法律的规定进行。我们所访问的奥布瑞市，他们制定的规划必须遵循州里城市规划的法律规范和市里的实施细则，每一块土地的用途和使用都是明确具体的，就连建筑的风格、楼层的高度、外观颜色都规定得十分详尽；然后要征求当地居民的意见，居民如提出异议，可以向市议会提出复议；对复议结果不满意的，可以向州政府提出复议。在城市建设资金的筹集上，采取招标开发、业主投入、政府负责规划，采取多元的办法发挥资金的更大的效益，用活用好资金。在城市管理上十分严格，没有违规私搭滥建的，对商业用房的门脸、招牌和广告都有明确的要求，不能依个人的意愿随意设置。社区建设规划科学，投入到位，质量优化，更重要的是建设后的严格管理，从而使社区的面貌保持常建常新。

5. 健全社会保障制度

澳大利亚是一个高福利的国家，处于贫困阶层的人可以得到较好的生活保障，他们有健全的社会保障体系，有失业救济金、退伍军人及其家属优抚金、残疾人救济金、养老保险、医疗保险等。我们访问了昆比冈市社区老年人健康服务中心，由联邦和州政府拨予经费，该中心可容纳60～80人，中心主要提供：① 交通服务，主要是接送老人服务；② 送饭服务；③ 探访服务；④ 房屋维护与修缮服务。联邦和州政府资助的项目有家庭和社区健康项目、残疾人服务项目等。

三、借鉴与思考

通过培训学习，我们认识到我国小城镇发展中面临的一些亟待解决的问题的实质是体制障碍，必须通过改革才能解决。为此，提出以下建议。

1. 重视利用可再生能源，构造健康的生态环境

在澳大利亚，我们考察了一些住宅小区，既有天然的景色、规划合理的人工植被，又有现代科技的运用和海洋气息的体验，的确是人们追求的理想居所。国外很多发展商都十分重视营造生态住宅小区，他们提高小区的规划设计水平，采用节约能源的设计方案。施工期间，更多选择环保材料、绿色材料，研制再生能源，如太阳能、风能的收集、储存装置和热接收装置。户型设计采用节能的户型，全面的节水设计，建立长期的居民培训机制，等等，这些做法值得我们借鉴。

2. 明确小城镇政府的管理职能，理顺管理体制

小城镇政府承担的具体任务，建议从三个方面予以界定和区分：一是必须完成的义务性工作，如城镇规划建设、义务教育、计划生育、铺设道路、垃圾消纳、污水处理、公用生活设施建设和管理等；二是非义务性工作，如地方性的文化娱乐设施，文化馆、电影院、体育馆等；三是小城镇政府要承担的国家委托的某些工作，如小城镇政府代表国家完成财政税收、工商管理、户籍登记等。

在明确小城镇政府的基本管理职能和任务的基础上，合理划分县、镇事权，扩大小城镇政府的经济和社会管理权限，赋予小城镇必要的经济管理权限，增强其管理和协调经济发展的能力。

3. 建立规范的小城镇政府管理体制，按照“小政府，大服务”的原则建立小城镇政府的管理机构

小城镇政府机构设置要因事制宜、因地制宜，根据实际需要和地方财力，组建适合本镇特点的政府管理机构和组织体系。不要求上下对口、左右看齐，但要突出一点——“小政府，大服务”，具体表现为机构精简、高效，权责分明，相互协调，共尽义务。小城镇政府机构设置要体现综合服务性，机构综合设置，人员交叉任职，本着因事设人的原则。小城镇政府副镇长以下管理人员采取全员聘任、竞争上岗由镇长任命的办法产生。对于农机、农技、文化、广播等服务性机构，应一律下放给小城镇。对于土地、城建、环保等专业性较强的机构，应主要由小城镇领导，同时接受上级主管部门的业务指导。对于工商、税务、公安等具有监督检查职能的机构，其人权、财权应下放给小城镇，业务管理以上级主管部门为主。

4. 加强对流动人口规律特点的研究，尽快建立科学有效的流动人口管理模式

人口流动问题与人口管理体制和经济发展阶段密切相关，随着我国加入WTO和市场经济的深入发展，打破城乡差别和区域界限的人口流动是客观发展的必然要求。我国农村有限的土地资源和大量的剩余劳动力，逼迫人们寻求新的生产和生活出路，走出去是农民的唯一希望和创业需求。但是农民进城务工经商存在着种种障碍，我们要清除政策上、体制上的障碍。作为社会治安的管理部门，要从有利于社会进步和经济发展出发，研究人口管理的新思路、新举措、新办法，逐渐弱化户口登记管理，强化具有较多信息含量、有效识假的身份证件管理。根据流动人口的区域性、季节性、行业性等特点，实行管理手段的微机化。特别是要加强有犯罪前科和重大犯罪可能的重点人口和出租房屋的管理，以及住宿登记的网上登记查询，不要因为流动人口的犯罪率升高而堵塞人口流动的渠道。

5. 治安管理也要讲成本，应以最小的投入产出最大的治安效益

澳大利亚警察的经费是十分充分的，中小城市的警察数量很少，10万人口的城市有100多名警察，2万～3万人口的小城市只有几十名警察。警察的职责接顶十分清晰，巡逻防控、报案接警、查破案件。社区治安防控的主体是市政府，出现可防性案件，警察提醒社区政府和居民，提高防范意识，加强防范设施，形成政府、居民、警察协作的良好关系。警察装备先进，手提电脑和无线查询，加上70%以上的单位和居民无线报警系统和监控系统，大大提高了工作效率。我们应该借鉴国外的先进经验，走出一条成本少、效率高、控制有力的路子。应该在精选人才上下工夫，多选具备一警多能的优秀人才，他们具备利用现代化工具同犯罪分子作斗争的本领，在待遇上可以更高一些，做到以薪养廉。职业警察素质标准的门槛要定得严格一些，可以打破警察队伍管理一元化的模式，实行办事人员和执法人员分离管理。对于机关保障性的职位工作，可以以招聘合同的形式使用，不参与执法，享受与执法警察不同的待遇。进一步精干队伍，对于滥竽充数的，做到宁缺毋滥。在警察装备上要有一个具体可行的标准，强化基层的装备，把有限的资金用在最需要的地方，减少民警的伤亡，减少因办案失误造成的赔偿，提高防空和破案的成功率和有效率。

6. 要把治安防控建设纳入城市建设的总体规划中去，不断提高社会组织和成员的自我防控能力

社会治安的根本好转，取决于社会整体防控能力的提高，而不在于警察的多少。社会整体防控能力不改变，再增加一倍的警力也不可能解决根本问题。借鉴澳大利亚的做法，对城市里各种不同的单位、不同的部位要有不同的防范标准，而这一标准应该成为硬性的规范加以执行，就像金融网点必须具备录像监控、自动报警联动设备一样，在建设规划和基建一开始就要坚决执行。警察机关作为社会治安主管部门，负有检查、监督、指导和实施的职能，多做事前诸葛亮，为社会防范当好宣传员、组织员、监督员，最大限度地调动所有社会组织的积极性，在人防、物防、技防方面打下坚实的基础，逐步实现社会治安的常态管理，创造人人共享的良好治安环境，走出打不胜打、防不胜防的怪圈。

7. 从强化规则意识入手，不断提高公民的整体素质

到国外考察最大的感受就是无论办什么事情，人人都遵守基本准则，小到看灯过马路、公共场所禁烟、不随地吐痰、排队办事，大到职位竞争、经商信誉、公共资源分配等，都有一套规矩和惯例。更可贵的是社会成员都能自觉遵守，形成良好的社会风气，使市场经济的竞争在一种有序的状态下进行。树立社会成员的规则意识十分重要，人们在追求效益最大化的同时，也要对社会负起一份责任，按规则办事，实质是有社会责任感的表现，是建立社会信誉制度的基础。社会秩序的建立也要从遵守规则做起。坚持依法治国与以德治国相结合，从规范人的行为抓起，提高人的基本素质，推进市场经济的健康发展。

（2001年12月）

美国城镇管理的几点启示

范　毅

2011年11月15日至12月5日，中国城镇管理培训团一行15人赴美进行了为期21天的培训考察活动。培训团先后在旧金山、纽约、华盛顿、洛杉矶等城市，分别就城镇管理、社会治安、政府设置等方面内容，听取了政府官员、伯克利分校、加州能源委员会等专家学者的讲授，并与之进行了交流，同时实地考察了有关政府机构、警察局等。现将这次培训考察的有关内容报告如下。

一、美国城镇基本概况

美国每5年进行一次政府普查（Census of Governments），根据2007年的普查数据显示，美国共有89527个政府行政区划单位，包括1个联邦政府，50个州政府，89476个地方政府区划单位（Local Governments）。在地方政府区划单位中，包括3033个县政府，19492个市政府，16519个镇政府，另外还有13051个学区，以及37381个特别区（Special District）。

从美国地方政府行政单位的变化来看，自1962年以来，美国的县政府基本保持稳定，而美国的市政府增加了1492个，学区则减少了21627个。根据其地方自治法律，满足城镇政府之间公共利益而设立的各类特别区（Special District）得以大幅度的增加，比如为了满足公共防火、自然资源管理、住房管理等目的设立的行政区，自1962年以来共增加了19058个。

美国城镇是自治的。当达到一定的人口规模，根据美国相关法律，

范　毅：国家发改委城市和小城镇改革发展中心政策研究处处长、副研究员、博士。

可以申请成为城镇。因此美国实质上许多城镇的人口规模甚至只相当于我国内一些大的村庄，甚至还比不上我国一个镇的人口规模，比如在旧金山最富裕的一个城市人口仅千人。

美国城市具有较高的自主权。与国内城镇政府不同，美国的城镇政府具有征收房产税、发行债务的权力，城镇政府的支出根据政府收入确定。在城镇政府收入中，房产税占非常高的比例，而且房产税的税率是城市政府在联邦和州政府规定的税率范围内自行确定。房产税征收的依据是房产价值，每年相关评估机构要根据房产价格对房屋价值进行评估，评估实质上是评估房屋所在区域的地价。城市政府为了能够获得较高的税基，就想方设法来提高公共服务水平，吸引人口到本地城市来定居，以推动房屋价格的上涨。然而当房屋价格上涨到一定的水平时，就会成为人口进入这一城市最主要的屏障。因此，美国城市并没有对人口进入的审批机制，而是通过市场来调控人口的流向，这种做法值得我国城市管理者借鉴。

二、美国城市管理

美国城市政府管理大致可以分为以下几种类型。

1. 市长议会制城市管理方式

该种模式类似于联邦和州政府的管理模式，市长直选，市议员也采取直选的方式，市长掌握城市行政管理的一系列权力。然而目前采取该种管理方式的城镇政府已经非常少了。市长议会制城市管理方式又分为“弱市长”制和“强市长”制。

“弱市长”模式下，不仅仅是市长由选民选举产生，其他一些地方行政官员也是选举产生的。各类官员都直接或者间接地对选民负责。市长是行政当局的主持人，但并不拥有在官僚制组织结构中所固有的管理控制权。他可以向市议会和市参议会提建议并代表整个城市发言，但行政管理职能却被分散在许多市政官员手中，这些人分别对全市选民负责，市长对整个城市行政管理工作的控制能力很小。

“强市长”模式下，市长通过普选产生，其他所有行政官员均由市长任命并对市长负责。市政府的专业职能管理中排斥理事会或委员会，下级行政官员由市长任命，而且一个部门或机构只能有唯一的一位领导人。为了提高市长对承担市立法职能的代议机构的独立性，由普选产生的市长也可以对市立法工作行使否决权。在“强市长”模式下，由市长而不是市议会负责市政预算的筹划和市政开支的控制。

2. 委员会制城市管理方式

委员会就像一个议会一样开展行动。而单个来看，委员会的每一个成员都对某些具体的行政管理工作负责。在委员会制中，被选出的委员会成员像一个议会一样集体行动，同时又分别管理着不同部门。市长是市议会会议的主持者，并且有权行使基本法所给予他的一些特权。

3. 议会-经理制城市管理模式

议会经理制中的议会规模通常很小，一般由 5 ~ 7 人组成。尽管在各城市中其表现有着显著的不同，但市议会议员基本上都是通过选举方式提名并产生。市长通常不承担行政管理职责，只在议会里主持会议并在公开场合代表本市。由市议会挑选出来的经理对市政事务负责任，并根据议会的意志行使职权；市经理负责任命下级行政人员，这些人员也必须获得议会的信任。一名经理通常必须具有专业资格，而且可以从城市以外的地方进行招募。

在美国期间，培训团到旧金山湾区的纽瓦克市（ Newark City ）与城市管理人员进行了交流。纽瓦克市即采取城市-经理制管理模式。在纽瓦克，议会议长是城市最高权力长官，负责议会的工作。议会聘请市经理对城市行政事务进行管理，同时还聘请相关专业人士负责城市宏观事务，主要包括城市法律顾问、顾问委员会、规划委员会等。城市的行政事务由市经理具体负责，纽瓦克市市经理设立了6个管理部门，分别是社区发展部、公共消防部、人力资源部、警察局、市政管理部和社区活动部。市经理还有4位相关助理，分别是财政、信息、管理和行政文员助理。市经理要对市议会负责，而市相关行政部门长官要对市经理负责。

4. 美国城市管理中的新改进

回顾过去几十年美国地方城市政府机构，我们发现各类特别区数量在大幅度地增加。原因在于，城市政府间的各自为政，给整个区域的公共服务供给与统筹协调带来困难。基于此，20 世纪中后期，美国的城市管理者又进行了特别区的制度改革尝试。

特别区是一种单一职能的地方政府，即在其辖区内只行使某种特别的职能。虽然有些特别区也可能同时行使某几项职能，但通常是相近的、专业性强的几项职能。特别区的一大特点是区划往往与普通行政区不一致，甚至切割普通行政区域的疆界。设置各种特别区的目的，首先，为了适应特定区域的特别需要，处理跨越市、镇边界的特殊问题，这些问题的处理不得不打破历史形成的行政区域边界的限制；其次，为了规范州宪法和法律以及特许状所规定的赋税和借债总额的限制，或者分散税收负担，以便筹集资金兴办某一领域的地方事业；第三，处理特殊问题需要特定领域的专业知识，摆脱一般行政区域通常存在的政治斗争的干扰，设立特别区并建立相应的独立管理机构，便于由有关专业人才进行管理；第四，普通地方政府之间为了某种共同的行政上的目的，将各自的全部或局部区域合并成履行某一特别职能的管理区，设立独立的管理机关，使之成为一个特别区。比如纽约州和新泽西州通过州际协定，设立纽约港口管理局管理纽约港口。我们在纽约乘坐飞机的Newark机场就坐落在新泽西州，Newark机场的管理就是由港口管理局进行管理。

事实上，美国的城市管理体制也是在不断地发生着变革，并没有一定之规，而是一个动态调整的过程。但是基本的城市管理架构表现为一个直选的市长、一个职业的城市经理或首席行政官、全部或部分市议员按选区选举产生以及建立必要的外部审核机制等。

美国是“小政府”的典型代表。为了了解美国政府公共管理问题，我们专门走访了相应的城市政府。美国的城镇完全自治，城镇政府为了能够提供优良的公共服务，以吸引人口到本地城镇定居，会相应增加政府人员。比如，旧金山湾区的纽瓦克市辖区内人口有4万多人，大致相当于国内一个中等小城镇的人口规模。类似人口规模的城镇在国内政府行政和事业单位人员合计在50人左右，而纽瓦克市共有政府雇员180余人，远远超过中国基层政府工作人员数。我们在培训过程中讨论时，都提到了国内的一些特大镇，比如广东长安镇，辖区人口已经超过50万人，然而政府编制内人员仅有130余人。

美国的城镇实行自治，城镇政府只对本城镇辖区居民负责，因此政府的公共服务也延伸到最基层。而中国过多的行政层级也使得人员分散在各行政层级的政府中，而作为与群众生活最为密切的基层城镇政府，反而没有充足的人力来与辖区内的群众相接触，往往也使得政府的政策与群众的基本需求相脱节。

三、美国城市人口公共服务的供给

1. 养老保险

美国养老保险大致分为三类，第一类是政府强制养老保险，第二类是雇主养老金计划，第三类是个人养老金计划。在美国，对第二类和第三类养老保险并没有强制性要求，类似于国内的商业养老保险。

对政府强制养老保险基金的统筹实行社会保障税的方式。社会保障税由企业在每月发放工资时代扣代缴，具有强制性。财政部国内工资局集中收缴后，将收缴的款项转入社会保障信托基金。领取社会养老保险金的基本条件是达到65岁以上，并且至少缴纳了10年以上的社会保险费。而所享受的养老保险待遇，则是根据在职时缴纳的税额以及缴纳时限来确定。

美国养老保险从一开始就实行了全国统筹，即联邦政府统筹。社会保险的全国统筹，有利于清除社会保险福利待遇的地区差别，确保每个公民享有公平、公正的社会保障权，同时有利于鼓励劳动力与人口在全国范围内的合理、自由流动。同样，正是有了“联邦统筹”这一机制，美国的社会保障卡才能打破地方政府“割据”，实行全国范围内无障碍通用。社会保障卡也称工作卡或雇用卡，它原本是记录雇员工作状态、收入、社会保险缴税及未来福利给付的凭证，然而，当今美国，社会保障卡已被广泛使用于社会工作与生活的各个方面，并成为美国人通用的“身份证”之一。

对不能享受联邦强制保险计划的低收入老年人，政府根据收入状况制定了相应的救助计划，确保贫困老年人的基本生活。

2. 医疗保险

美国医疗保险并不是由政府统筹，而是由各类商业保险公司负责医疗保险。在美国，如果没有医疗保险，医疗成本是非常昂贵的，因此美国公民只要条件允许都会选择一项医疗保险。医疗保险一般由雇主为雇员支付保险金，根据保险金的不同，所享受的保险程度也不相同。在中国，医保报销额度是有最高限额的，而美国则不同，医疗保险报销额度一般没有最高限制，而是根据缴纳保险费水平的高低确定个人承担医疗费用的最高额。保险费缴纳额度越高，那么个人承担的最高医疗费用额度越低，而医疗费用超过部分则由保险公司来承担。

美国的医疗保险很有特色，在个人和雇主承担的商业医疗保险之外，国家也承担了部分人群的医疗保障，这主要分为两种：一种是给老年人提供的，称为“老年医疗保险”；另一种是为低收入的美国人提供的，称之为“医疗辅助保险”。

申请老年医疗保险首先有年龄的限制：年满65岁才符合资格申请联邦老年医疗保险。参加这个计划不受收入和资产方面的限制，也就是说，百万富翁和工薪阶层的普通退休职工，在参加联邦老年医疗保险计划方面是一视同仁的，而且这一计划一旦申请通过，一般享受终身。

此外，美国还有另一种专门给低收入家庭和个人提供的医疗保健计划，由州负责实施，这种计划称为“医疗辅助保险”。申请这种保险有一定的限制，主要是针对低收入家庭和人群。

3. 义务教育

在美国，教育管理是州或地方政府的责任，而非联邦政府。不过，联邦政府教育部可以通过控制教育基金来施加一定程度的影响。学生有法定义务，在公立学校接受从幼儿园到12年级的教育，即小学五年、初中三年，高中四年，实行免费义务教育制。另外，中小学校一般免费或半费供应午餐，学生由校车定点接送。

学区与县、市级政府对应，也有的几个行政区组成一个学区。学区是独立于地方政府运作的教育管理机构，只是从经费上依靠地方政府。学区直接负责学校的运作，负责学校管理人员、教师及员工的工资、教材和教学设施的提供、学生交通、学校建筑设施的建设及其维护与保养、午餐以及其他种种费用。

美国义务教育学校分为公立和私立学校。私立学校一般要承担较高的费用，而公立学校也根据就近入学的原则。因此，在美国也存在学区房，对于教育质量相对较高的学校周边的房屋价格也相对较高。由于美国没有户籍制度，因此在公办学校的入学审核方面，一般只要能够提供居住证明，比如水电费单据等即可。而在我们国内，广大流动人口子女义务教育问题正成为社会普遍关注的问题。

四、美国对人口管理的主要做法

1. 身份的确立

在美国，没有户籍登记管理制度，也没有实行身份证制度，但美国政府通过社会安全福利号码和驾驶证管理进行公民基本信息登记，并实行信息的动态管理。

（1）社会安全福利号码。美国联邦税务局规定，任何年满18岁且有收入的美国公民都必须拥有一个社会保障号（SSN），并且雇主必须通过SSN向联邦税务局报告每个雇员的收入。在美国刚出生的孩子，也是可以申请并能获得SSN的。因为拥有它，你会获得很多的好处和便利，你才能享受政府提供的许多福利和救助。同时，借助社会保障号，政府还能很好地“监控”那些犯规者。作为最频繁使用的资料信息记录，SSN被广泛用于雇员档案、医疗记录、健康保险账户、信用和银行账户、学生证、驾照及其他方面。

（2）驾驶证。驾驶证由各州、郡、市的交通局下设驾驶证管理办公室负责。这个机关还有一项功能，就是发放身份证明。有些人因为身体缺陷不能开车，或者年纪大了，不能领驾驶证，可以到驾驶证管理办公室申请领取身份证明。

2. 居民的认定

在美国，公民每迁徙到一个新的地方，只要具有稳定的住所，不需要申请或批准就自动成为那里的居民。只要在那个地方居住，就要行使权利，比如做选民登记，做陪审团候选资格登记等。选举时，候选人的竞选班子会主动向你寄送竞选资料。这样也就自动地拥有了该地政府确定的权利——选举权和其他政治参与权利，自动地享受当地的社会福利待遇。在做相关登记时，都要进行住所登记，在行使权利和享受福利时，实际居住时间要符合法律的规定。

3. 不动产的登记

无论谁买了不动产，都要在交易中心进行登记。美国不动产交易中心信息齐全。不动产交易牵涉银行、税收等机关，如果查一个人的大宗财产情况，相互可以信息串查，巨细不漏。在美国，人是流动的，但房子、地产是固定的，以“静”制“动”，这是美国人口管理中的又一项重要环节。

五、几点政策建议

（1）逐步实现户籍与城镇福利体系的脱钩。新制定就业、义务教育、职业技能培训、社会保障等各类公共服务政策时不得与户籍相挂钩；尽快清理整顿与户口相联系的各项政策，对暂时不能实现脱钩的政策要明确改革进度表。

（2）分类引导制定落户政策。放开城市辖区内本地农民和长期举家在城镇就业的外来农民工在城市落户的限制；逐步放开城市间流动人口的落户限制。对经过职业技术培训、在城镇有稳定就业的新生代农民工，可优先解决其在城镇的落户问题。

（3）减少行政等级对资源分配的干预，下放城镇的经济社会管理权限。对吸纳人口较多、经济总量较大的县城和小城镇，要逐步赋予其与管辖人口规模和经济总量相适应的经济社会管理权限。增加中小城市和小城镇政府建设项目审批的自主权。政府公共服务资源的配置要与行政级别相脱钩，要下放学校、医院、养老机构等公共服务机构设立的审批权，放宽准入门槛。加快实施省直管县，减少行政层次，暂不具备省直管县的地区，在安排土地利用计划、基础设施建设投资等方面要全面实行省直管县体制。探索实行城镇管理和农村管理分开，避免资源过度向城市倾斜。

（4）完善设市审批制度，按常住人口规模确定机构和编制。尽快制定大中小城市的划分标准，修订设市标准，把城市市区常住人口规模作为设市的重要依据。镇区常住人口规模达5万的建制镇可直接设市。把常住人口作为机构设置和人员编制的重要依据。在核定人员编制的基础上，可以根据自身特点决定机构和人员配置。

（5）打破行政区划界限，发挥市场配置基础设施资源的作用。要遵循市场规律，促进相邻城市间基础设施共享，打破行政区划界限，允许多元化投资，建设和经营管理城际道路、城市供水、污水和生活垃圾处理等基础设施。逐步减少相邻城市间教育、卫生、养老等公共服务差距，鼓励市场投资参与城市公共服务项目的建设和经营，推动相邻城市公共服务均等化发展。特大城市要将交通、供水等基础设施向周边中小城市和小城镇延伸，推进特大城市中心城区公共服务功能向周边中小城市和小城镇扩散。

（2011年12月）

美国公众参与城市管理的实践与启示

冯　奎

2012年4月6日至26日，在国家外国专家局、国家发改委指导下，国家发改委城市和小城镇改革发展中心组织各地发改、公安、城市和小城镇有关部门人员22人前往美国，进行培训与考察，主题是“城市人口管理与公共服务”。培训期间，美国联邦政府所属住房与城市发展部、社会保障部向培训班进行了工作介绍；旧金山市、纽约市、加州圣荷塞市、洛杉矶县、弗吉尼亚州费尔法克斯县的多个部门与培训班开展了交流与讨论。通过培训考察，我们感受到美国公众参与城市管理具有许多理论与实践的创新之处，值得我们学习借鉴。

一、美国城市管理中公众参与的特征

1. 参与的领域广

走访与交流美国城市，我们感到，公众参与的领域渗透到美国城市管理的各个领域。在圣荷塞市，我们实地考察了“硅谷门户”。这是一家平台机构，是由当地的银行、管理咨询公司、物业公司、会计事务所等与市政府共同发起成立的。在加州，我们了解到“能效提升行动”的参与者既有当地政府，也有能效检测机构、节能企业，更多的是数以万计的家庭。在政府部门看来，无论是经济事务还是环境事务，都不单纯是政府管理工作，而是全体市民共同参与的工作。实际上，从城市经济、城市规划、社会治安、文化教育、社会福利，到环境保护、城市交通，在美国的城市管理中公众参与无所不在。

冯　奎：国家发改委城市和小城镇改革发展中心国际合作部主任、城市中国网主编、研究员、博士后。

2. 参与的环节细

公众参与渗透到美国城市管理的各个环节。洛杉矶市都市计划局主任廖介民与我们交流时，以城市规划为例进行了说明，他说：美国公众参与城市规划，从发现城市规划存在的问题，到参与规划制定、规划实施过程、后期效果监督，可以说公民参与到每个环节。具体到上述环节中的细节来看，公众参与也无所不在。譬如规划实施过程中，要多次召开由各界参与的阶段性评审；如果阶段性评审通不过，轻者要重修规划，重者则可能追根溯源判定规划部门的责任。

3. 参与的手段活

当前，美国各类城市普遍将电子信息手段与传统的听证会、论证会相结合，不拘一格运用各种手段，促进公众参与城市管理。我们在旧金山市考察时，住在一个名叫纽瓦克的小城市。市政府在网站上公布一段道路的两个备选方案，包括技术参数、财务数据、竣工时间预测、参与单位情况等，号召市民网上投票选出较优方案。在较优方案选定后，市政府还准备邀请相关建设企业做公开说明会，组织市民现场评议。

4. 参与的机构多

公众参与的主体既有市民个人，也有各类团体。在美国，有相当数量的跨区域的大型利益团体，包括经济类（大公司、大工业类、联合工会等）、公共利益类（环保、消费者利益）、其他特殊利益团体（枪支、堕胎等），同时还存在着大量的社区非政府组织。美国城市管理的重要特点是，社区非政府组织发挥了重要作用。社区非政府组织具有正规性、非营利、非政府、公益性以及自愿参与的特征，这类组织致力于表达居民的意愿和对社会居民开展服务，一般是由城市社区居民自发成立，高度自治。社区非政府组织既弥补了城市服务的不足，也帮助政府摆脱了过多的负担。

5. 参与的机制实

美国公众参与城市管理具有坚实的体制、机制基础。按美国州的相关立法，许多城市规定城市管理必须建立决策与执行委员会，这些委员会应由各类市民与社区机构共同参与组建。比如在华盛顿州西雅图市，除了专职的政府行政官员之外，还有 41个由专家、政府官员、市民志愿者组成的各种理事会和委员会，有470多名市民为市政议会、市长和市政府各个机构提供咨询服务和进行监督。此外，还有一些特殊行业，根据法律规定可以雇用市民参与，这些市民在执行公务时属于正式员工，但又仅拿象征性工资。如我们参观洛杉矶县警察局，为我们做公务讲解的警官就是这样的“义警”，他自己拥有一家公司，经过申请、考核成为“义警”。在执行公务时，他与警察一样享有权力，承担义务；只拿一美元工资，但由于在警察局登记在册，在许多方面能够享受到既定福利。

二、美国城市管理中公众参与兴起的背景

美国城市管理中的公众参与具有深刻的现实条件与思想、理论背景。

从城市发展现状来看，美国城市的“自治”特征鲜明。按照美国的宪法，美国的城市是没有地位的，因为他们不过是州政府的行政区。但是，经过多年演变发展，美国现在的城市既独立于州政府，也独立于联邦政府（尽管城市从联邦政府那里获得很多资金）。20世纪70年代末期以来，美国联邦援助锐减，城市在很大程度上必须自谋生路，许多城市变得更加敏捷、更加企业化。面对自治带来的财政上的压力，城市管理者（市长、议会或城市经理）必须化解城市面临的压力，调动城市所有利益相关者的积极性，寻求城市发展所需要的各类支持。在这样的前提条件下，大中小城市毫无例外地都在探索公众参与城市管理的途径与方法。

从法律条件来看，美国的法律体系支持公众参与城市管理。美国法律规定，城市有自治权力，这形成了公众参与的权力基础。城市在家乡自治的宪章框架下，可以自主决定政府形式、选举类型及市议员的选举方式。在全国50个州中，城市都被授予了一定程度的家乡自治权。美国法律关于信息公开的规定，有利于城市管理的公众参与。例如《加州公共档案法》规定，公众档案是指，凡由州政府和地方政府制定的涉及公众公共活动的有关的文字（个人隐私、行业秘密除外）都属公共档案范畴。公众要求查阅的文件只限于现有的、已成形的（包括过去使用现在

停用）文件，除法定假日外，政府部门没有权利规定公众查阅档案资料的时间。其他一些法律还规定了公众参与获得的程序、权力使用的具体要求。

从城市管理思潮来看，新公共管理模型为美国城市管理中的公众参与提供了最新的理论基础。新公共管理模型认为，在缺少有效界定的工具（如利润）去衡量组织成效的情况下，官僚制总是倾向于通过机构权力、威望和预算将自身的效用最大化。因此，他们制定的公众参与政策结果源于“市场力量的最大化和政府作用的最小化”。

总之，就如美国城市管理学者戴维·R·摩根等人所指出的那样，美国城市和乡镇在历史上就具有民主的根基，并将继续保持这一基础。城市执政者的重要任务之一是使公众参与程序便利化。

三、公众参与城市管理的成效与经验借鉴

美国城市管理中的公众参与已经相当成熟，取得了丰富的经验与成就。

1. 以低成本提供了较多的城市服务

美国全国和社区服务委员会的部门负责人介绍，仅2010年，6340万美国志愿者，共提供了81亿小时的志愿者服务，总价值约1730亿美元。

2. 有效解决了美国城市面临的一些棘手问题

生态环境问题是美国大中小城市都面临的问题。我们参观了弗吉尼亚州的费尔法克斯县以及加州洛杉矶县，这两个县现在均是环境整洁优美，空间质量优良。当地政府官员介绍，环境是公共问题，公众参与是治理环境这类公共问题最好的办法。加州洛杉矶县三面环山、一面环海，20世纪70年代起由于城区蔓延、轿车数量激增，环境污染极其严重。当地政府发动市民共同讨论环境问题，通过辩论方式通过了比美国其他地方更加严苛的地方法规，近40年来，当地市民不断为环境治理建言献策，有力地促进了洛杉矶县环境质量的提高。

3. 化解了社会矛盾

城市政府与市民之间存在着矛盾，但是广泛的公众参与调和了这

种矛盾。原因在于，美国城市政府已经不是纯粹的由公职人员组成的政府，而是“掺杂”有各阶层市民的政府。这样，政府的决策机构中有市民，执行过程中有市民，政府与市民的矛盾在大规模激发之前就不断消解。洛杉矶县是美国最大的县，人口上千万，县内有88个各种规模的城市。洛杉矶县的官员介绍，近年来，该县各市基本上没有发生大规模剧烈性的政府与市民冲突的事件。

美国的政治、社会制度与中国不同，城市管理与中国不同，因此中国很难照搬照抄美国城市管理中的公众参与。但是“他山之石，可以攻玉”，借鉴美国城市管理中的公众参与，可以在以下方面重点突破。

（1）在城市管理理念上，引进美国公众参与的理论与方法，深化与发展“人民城市人民建、建好城市为人民”的思想。

（2）从较易入手且与市民密切相关的领域入手，如在规划中广泛引入公众参与，在环境治理上注重发挥公众参与的作用等。

（3）培育各类非政府组织，尤其是创造条件培育城市的社区服务组织，让这些机构成为社区自治的有机体。

（4）倡导建立各类决策、议事机构，广泛吸取市民参与。

（5）通过国家立法或有关部门的建章立制，保障市民参与城市管理的基本权利。

（2012年4月）

第八篇
灾后重建

关于四川汶川地震灾后安置和重建工作的基础调查报告

联合调研组

按照灾后重建规划专家组的要求，在四川省发改委的大力支持下，由国家发改委小城镇改革发展中心牵头组织，国家发改委宏观院、信息中心和清华大学专家、学生联合组成的60人调研组，于2008年7月12～18日，分别对四川灾区的汶川、北川、青川、绵竹、什邡和江油等6个重灾县市灾后群众安置情况和重建工作进行了调研。调研组调查范围涉及58个乡镇，对93个村庄的村干部、1052户农民、206户城镇居民进行访谈，调研组还对6个县（市）政府、39个镇（乡）政府及有关部门进行了座谈和访谈。调研组于7月19日，就调研的基本情况、思路和建议，与省发改委负责同志进行了充分的交流，并向省委有关负责同志进行了汇报。

由于调查问卷的统计工作还在进行，现将灾区群众和各级政府反映的情况和我们的看法以及建议做一简要汇报。其他分报告将结合调查统计内容尽快完成后提交。

一、调查所涉及灾区的基本情况

调查的6个县（市）基本上是极重灾区，但是在灾前经济发展水平和自然地理条件有比较大的差异。例如，绵竹和什邡在地理条件上是山区和平坝结合的县（市），但是经济发展水平在灾前居于四川县级市的前列，2007年农民人均纯收入分别为5018元和5062元，高于全国平均水平，城镇居民人均可支配收入分别为12279元和13010元，略低于全国平均水平，灾后受次生灾害的影响相对较小。而汶川、北川和青川是三

国家发改委城市和小城镇改革发展中心、宏观经济研究院、国家信息中心、清华大学联合调研组。报告执笔人：李铁。

个受灾严重的山区县，灾前人口分别为10万、16万和25万人，2007年农民人均纯收入2790元、2831元和2683元，城镇居民人均可支配收入9450元、7250元和8000元，远低于全国平均水平。这里不仅次生灾害的威胁十分严重，由于地处山区，交通十分不便，大量基础设施严重被毁，直接影响到未来的移民安置和灾后重建规划的实施。

根据地方政府的汇报，我们初步了解了所调查各县受灾损毁情况。

1. 工农业基本生产条件和设施损毁严重

汶川耕地损毁9万亩，接近灾前全部耕地的90%，其中耕地灭失4.2万亩；北川县耕地损毁面积15.4万亩，占灾前耕地面积的60%，其中灭失2.5万亩；青川县耕地损毁14.2 万亩，占22%，其中灭失1.85万亩。工业生产受损情况尤为严重，例如绵竹市汉旺镇规模以上企业17家，目前恢复生产的仅7家，其中汉旺龙头企业东汽集团要搬迁实现异地重建；北川县规模以上企业26家，其中15家需要异地重建；汶川的工业产值原来占阿坝州的70%，这次地震中全部被毁；什邡六处景区震损导致农村旅游业无法恢复；青川175家企业全部受损，目前仅局部恢复生产15家，不到9%，特别是菌种厂、片场、茶园等农业产业化龙头企业严重受损。此外，重灾乡镇的工矿企业、小水电厂、化工厂、水泥厂、砖瓦厂，都遭到严重破坏。

2. 地震带来的次生灾害严重威胁着灾区的重建

据当地政府汇报，汶川新增地质灾害隐患点3000余处；什邡因地震造成滑坡105处、崩塌62处、泥石流12处、其他灾害9处；绵竹因地震发生598处地质灾害。受泥石流、滑坡、堰塞湖等地质次生灾害的影响，大量城乡人口需要重新安置。目前汶川提出有3万农村人口、青川有5万农村人口、北川有3万城乡人口需要异地安置。

3. 农村公共设施损毁严重

汶川、北川和青川的山区农村公共设施几乎被完全损毁，学校校舍大部倒塌，乡村两级医疗卫生设施几乎荡然无存。道路、水电设施损毁更为严重。虽经过抢修后，一些道路可以勉强通到乡镇，但是村庄道路大部不能通车。电力供应在原乡村住地基本得不到保障。因农村饮水设施的毁坏，当地自救的灾区农民群众，只能直接饮用山泉水。一些山区由于地震，原来的水源全断绝。

4. 城乡居民生活基础设施损毁很大

汶川倒塌房屋399万平方米，损坏221万平方米；青川垮塌房屋1354万平方米。一系列城乡基本生活设施损毁严重，如汶川损毁沼气池3420口、农村饮水管道2474千米。绵竹损毁城市排水管道341千米、城市燃气管道230千米、生活垃圾收集处理设施36座。到目前为止，城市仅恢复路灯、主管网低压供水。

二、灾区群众和基层政府的基本反映

虽然农户调查结果尚未统计出来，但是在讨论会上每个调查人员的发言内容中，反映出灾区群众和基层政府的一些基本态度。

灾区群众对党中央和国务院充满了感激之情，充分肯定了中央政府在抗震救灾和灾后安置中所做的一系列工作。调查表中涉及了对救灾和安置的满意度。我们所调查的每一农户和城镇居民在这一栏目上都填了“满意”，100%的回答令调查组成员印象十分深刻。

灾区群众的安置工作有条不紊地展开。调查组所到之处，灾区群众全部都住进了帐篷、活动板房或自己搭建的临时窝棚里；问卷调查中涉及安置的基本生活内容满意度也非常高；政府承诺的生活安置补贴基本到位，灾区群众不为吃穿的问题发愁。大部分集中安置点临时的公共服务设施一应俱全。

灾区农村群众的生产和生活自救工作也在政府组织下顺利地展开。在调查中发现，灾区自救工作也已经逐步开始。例如，在次生灾害威胁最严重的汶川龙溪乡安置点，县乡政府已经组织灾民分期分批返乡进行生产和生活自救。青川、北川的部分灾区群众也在政府的号召下，返回原住地，搭建临时住所，开始生产自救。一部分灾民虽然住在安置点，每天要走很远的路，回去喂猪、抢收作物，或开始种植秋季作物。

灾区各级政府的干部作风顽强、态度务实，在安置和重建中发挥了战斗堡垒的作用。我们调查中感受最深的是灾区各级政府，特别是基层政府的干部，从救灾到现在已经两个多月没有休息了，在安置工作的第一线，比平常多三倍的工作，没有怨言，没有牢骚。在汶川、北川、青川几乎所有的县市，干部下放到村组安置点进行工作，作风踏实、信息透明，在一线解决灾区群众生产和生活中迫切的问题，群众满意度很高。

解放军在灾区安置和重建中，发挥了稳定人心的重要作用。虽然调查问卷中没有涉及解放军，但是在所有的安置点都可以看见部队的营房，所有安置点中最艰苦的地方都可以发现他们的身影，他们在灾区群众中受欢迎度最高。

对口支援单位的热情和态度受到了灾区各级政府的好评。对口支援单位对灾区重建的工作已经基本到位。各对口省都向灾区下派了干部，一直到乡镇。在汶川，广东省已经下派了6个干部作为县委常委，规划、危房评估和安置用房的施工队伍已经基本到位，而且在现有基础上还要加强。山东、浙江、北京等省市的重视程度也非常高，大批对口支援地区的干部已经深入到灾区的基层，与当地干部一起，同工作、同生活，住帐篷，吃大锅饭。

三、基层政府和灾区群众迫切需要解决的几个问题

1. 次生灾害评估是灾区群众和基层政府最为关心的问题

灾区群众对次生灾害仍存在着恐惧心理。我们所到之处，绝大部分灾区干部和群众都被震怕了，因此安置和重建，最重要的是让他们能够吃到一个安全的定心丸。这次地震造成的山体崩塌、滑坡、泥石流、堰塞湖以及洪水威胁的次生灾害涉及面广、范围大、地域分散，关系到千家万户，但是目前还没有明确的说法。在调查中基层的同志反映，由于安置地缺乏，大批安置点及厂矿企业大都处于低凹的河滩地带，进入汛期，如出现大范围降水，极易遭受洪水等自然灾害。

未来的安置和重建规划取决于次生灾害的评估。在山区访谈中，所涉及的第一类问题就是，城镇安在哪，外迁还是就地安置？农民的房屋和耕地还能不能在原地恢复？企业是否能在原地恢复生产？这些问题时时困扰着灾区干部和群众，也严重影响到安置、重建的规划进度。由于次生灾害问题未解决，来川支援的大批建设规划专家已经初步编制的规

划，可能还需要重新编制，造成了不必要的人力资源浪费。

次生灾害评估专家数量少，任务量大，影响了评估进度。如此大范围的评估工作，仅靠四川省的次生灾害评估人员远远不够，而且在评估工作中一些评估人员求速度，蜻蜓点水现象普遍存在。有些危险地段，由于评估和勘测人员难以进入，只能在远处观望，评估报告的结论也比较模糊。

2. 灾区群众的安置和生活还有许多迫切的问题需要解决

部分临时安置地点的地质安全存在隐患。一些农户在原住地搭建的临时窝棚处于次生地质灾害高危区，有安全隐患。部分窝棚临近公路，甚至占据了部分交通通道，影响了交通安全。部分活动板房、帐篷和窝棚处于地势低洼地带；部分处于水坝附近，在汛期如果遇到暴雨和洪水，可能会严重进水或被淹。

临时安置的居住灾区群众还存在着多家共用一个帐篷的现象。例如在我们调查的许多集中安置点，多家共用一个帐篷，帐篷内居住的灾区群众不分男女，不分老少，长期混居在一起，严重地影响了家庭的正常生活。随着时间的推移，很容易产生各种纠纷，甚至还会造成犯罪现象的发生。

自行安置的灾区群众用木材生火做饭，燃料面临短缺。目前住在山区自行搭建窝棚里的部分灾区群众，大量用木材生火做饭。木材的来源一般是家里倒塌房屋的木料，还有一些是塌方山体中的损毁林木。长期使用下去，一方面会用光重建房所需可利用废弃木料，另一方面也会威胁到山区的生态林，接近冬季，还会引发山火。在集中安置地，煤价、罐装天然气价格也上涨了一倍多。

灾区群众过冬面临着严重的困难。目前，在经过调查的灾区群众集中安置点里，还有一部分灾区群众，2～3人合用一套棉被。一些被安置在帐篷和板房的灾区群众，还只能睡在地上，只是铺上塑料编织席，没有床和褥子。灾区群众的另一个比较普遍的反映是，缺少过冬衣物。农户也普遍反映自行搭建临时安置房，缺少席子和油毡。

部分灾区安置点的生活基础设施还没有完全配套。在调查中的部分帐篷安置点，至今不通电，已经通电的大都属于私拉乱接，用电安全有隐患。一些集中安置点用水、用电困难，每天只能集中供应几个小时。部分活动板房和帐篷安置区的卫生条件较差，公共厕所卫生条件差的情况特别突出。在山区自行安置的灾区群众，饮水面临着严重困难，原有的供水设施毁坏，只能直接饮用未经处理的山水。在少数安置点中，群众几乎无法看到报纸和电视，很难了解中央和各级地方政府发布的公共信息，经常受到私下流传的小道消息的困扰。

灾区土地损毁的农民数量较大，就地安置有较大的困难。在山区县情况尤为突出，青川县政府经统计后，提出需要5万农民异地搬迁，北川2万人，汶川3万人。未来如何安置，已经成为灾区各级政府工作中的难点。

四、灾区群众和企业恢复生产自救需要引起高度重视

1. 农业生产自救虽然已经开展，但还是受到严重的制约

虽然调查中已经看到大批农民正在积极主动地恢复农业生产自救，但是他们普遍反映的问题集中在以下几个方面。

一是交通设施严重受损的灾区，农产品运不出去，无法销售。二是次生灾害的严重威胁，使得农民对回去秋种有严重的担心。三是路途遥远，自救地点距离集中安置点很远。在汶川的龙溪乡，已经有1000多人回去生产自救，但是距安置点30多公里，每天要搭车回去，每天补助的10元钱用来做交通费了。四是由于龙头企业的损毁，使得产业链条中断，农产品无人收购。在青川，一个菌种厂可带动5万家农户的林产品，由于损毁，所有农户的产品没人收购。该县茶厂的损毁影响了上万家种茶农户的茶叶收购。五是农业生产设施的严重损毁更是断了农户种植和养殖的出路。

2. 灾区企业的恢复重建还面临着政策的约束

灾区经济的发展，特别是吸纳灾区群众的就业，主要渠道之一是非农产业的恢复和重建。但是，在调研中，基层政府也反映了不少问题。

企业恢复生产，亟待恢复正常的供电。企业恢复重建用电的问题日益突出。震后一两个月，全面保障居民用电，这期间企业处于停产状

态，问题并不突出。但随着重灾乡镇工业的不断恢复，用电却得不到保障。而且，灾区县乡所涉及的输配电网多归国家电网管辖，地方政府无法直接协调变电站和工厂专线的修复。此外，有的灾区震前有很多小水电项目，它们在地震中不同程度受损，及时修复并恢复它们的电力生产，不仅能在一定程度上保障电力供应，而且还能够有助于当地企业和居民的供电。

企业生产的恢复重建遭遇严重的资金瓶颈。普遍情况是，厂房、生产线和主设备严重损毁，流动资金连职工的基本生计都无法保障。厂房重建、设备重置、生产线修复，少则需要几百万元多则需要数千万元甚至上亿元的投入，部分重灾区企业既无法获得保险赔付，又无法通过抵押固定资产向银行筹借。一些企业原来因扩建也有大量银行债务，银行以债务清偿原因，不予新的贷款。中小企业的贷款问题更是没有着落。

建材生产对于重灾区有较大的潜力，尚需要政策特殊支持。目前在灾区，亟待解决的是水泥、砖瓦、建材等工业企业的生产自救。而且，即使此类企业都恢复到震前产能，也不能全部满足重灾县乡的重建需要。如果在对口援建以及招商引资过程中不充分考虑灾区对这类项目的需求，将会导致大量基建材料从外县或外省采购，交通运输的压力也会导致建设成本的增加。

企业生产的原材料购入遭遇交通瓶颈。绝大部分山区企业皆面临原材料运不进来、成品运不出去的困境。尤其是采矿企业，因生产基地与山上矿源的道路尚未疏通而无法恢复生产。此外，震后路基沉陷，车辆运力减半，运输成本激增，这也是很多有望恢复生产的企业所面临的共性问题。

流通和零售业的恢复重建需要特殊的政策支持。灾区生产和生活的恢复，需要服务业的发展，特别是保障基本生活需求的商业、零售业和其他市场化的网点的恢复。在灾区，这些企业主们反映的主要意见是缺少恢复重建的用房，特别是一定规模的超市和零售服务业的店面用房。而目前的板房的供应主要是城镇居民和学校、医院等公共设施的安置。

3. 外出打工和重建施工的非农就业问题应该引起重视

调查中反映，在受灾极重的山区县，外出打工就业在灾前就是当地农户就业的主要选择。仅青川一个县，外出打工就业人口就占农业劳动力的一半以上（人口的1/5强）。在5.3万外出打工人口中，已有3.9万回到打工所在地，还有1.4万留在灾区。从调查中所反映的情况看，没有继续出去打工的原因大致分为以下几种情况：一是家里没有安置好，无法出去；二是还在等待政府新的政策；三是准备就地寻找打工机会。

从灾后重建的一些施工项目中看，有一些是依靠解放军来建设和施工，还有一些是专业工程队施工，其中一部分也招聘了当地的灾区群众。其实这些工作可以通过以工代赈的方式交给当地灾区群众去承担。

在对口援建过程中，许多援建项目的资金、人力和设备都是由援建省市提供的。我们调查中，基层的干部反映，这些外来的援建队伍的劳动力工资都很高，日平均工资接近100元甚至更多。他们认为很多工作当地人都可以干，工资也不用那么高，但是这些工作都被外来的援建队伍垄断了。

五、关于灾区群众安置和重建的几点建议

1. 加快灾害评估和重建规划的工作

建议在全国范围内抽调一批地质和次生灾害专家，对四川灾区所涉及的县、乡镇和村进行全面普查，尽快确定地质、滑坡、泥石流和洪水等次生灾害的影响，明确规避或者治理方案，确保在较短的时间内这些灾区县、乡镇和村的重建规划顺利制定和实施。

结合地质灾害的普查，在全国有关规划单位内，抽调一批规划专家支援灾区的重建规划制定和编制工作。规划的范围应统筹城乡，整合人文和自然资源，兼顾经济和社会的发展和基础设施的重建，特别要针对灾区群众的生活安置和就业，提出简捷实用的规划方案，以利于灾区各级政府和群众，按照规划的要求尽快进行重建。要加强协调地质和次生灾害的评估与规划的次序关系，避免规划资源因重复规划而造成浪费。

要加大对灾区城镇受损房屋的评估力度。要加强评估力量，发挥各对口支援省份评估队伍的作用，按照实事求是的原则，界定房屋的受损

程度，明确损毁和修复的标准。对于严重威胁人民生命财产的危房，坚决拆除。对可修复的房屋，要提供必要的技术手段和物资支持，确保房屋修建之后，不会危及人民的生命财产安全。

2. 采取有效措施，解决灾区群众生活迫切的问题

要加大对灾区帐篷的支持，确保灾区群众在较短的时间内，能够分户安置，使每户灾区群众能够独立居住。有条件可以就地重建的地方，政府要采取切实可行的办法，鼓励灾区群众在生活上实行自救。政府对在原址自行搭建临时住所的灾区群众，应给予一定的补贴，并尽力保证水电和交通等设施的通达。

为保证灾区群众生活取暖的迫切需求，防止灾区群众因取暖和生火做饭大量使用木材而导致生态的破坏，建议对灾区支持简易取暖和做饭的设施，分发到自行安置的农户。政府应在燃料价格上给予适当补贴。

在过冬前，应在全国紧急筹集棉衣棉被等物品，支援灾区群众安全过冬。重点应支持由于住房损毁，集中安置或者分散安置的灾区群众。应采取有效措施，确保捐助物品能在过冬前发放到每个受灾群众手中。要紧急征集灾区群众自建用房急需的席子、油毡等物品，支持灾区群众的生活自救。

3. 加大政策支持，促进灾区群众和企业的生产自救

要抓紧规划的编制和实施进程，特事特办，让灾区群众放心地恢复农业生产和外出打工。应鼓励农产品收购部门在临近灾区方便的地方，设置农产品临时收购网点，解决农产品销售难和价格低的问题。在交通可以方便通达的灾区，政府应采取多种措施，帮助农民返乡进行生产自救，对于安置点距离原住地较远的地方，政府应补贴公共交通，尽可能地运载农民到原住地进行生产自救。各级政府应把农业生产设施的重建规划，列入重要日程，加快对农业生产设施的恢复重建工作。

对于和灾区群众就业密切相关的企业，各级政府应采取措施，扶持这些企业重新恢复生产。特别是对农业产业化龙头企业，要加大政策扶持力度。银行一方面要抓紧核销由于灾损所造成的债务，另一方面要通过低息贷款和降低抵押条件，增加贷款额度和期限等灵活的方式，扶持这些企业重建，以便带动农户的农产品销售和加工。对于一些和灾区重建密切相关的企业，如水泥、建材、砖瓦等，应允许在灾区重建期间内开工生产。在灾区的一些损毁的小水电，银行可通过贷款支持，允许在增加规模的基础上，恢复开工，以方便对灾区群众的生产和生活用电的支持。在企业重建过程中，要鼓励国家电网采取特殊支持，确保企业开工的用电。对灾区集中安置点和城镇的大型服务业行业，应不分国有和民营，按照公共设施的条件平价提供一定面积的板房，以保证灾区的社会商品供应。

要增加灾区农民非农就业的机会。建议加大中央政府对灾区以工代赈的支持力度。在灾区重建过程中，要尽量吸收灾区群众作为重建工人。在安置房重建、道路施工以及其他各项重建工程，各级政府要确保较大比例的灾区农民作为主要的劳动力，以便他们能够通过工资收入，减轻生活负担，降低住房重建的压力。各对口支援单位，也要在支持灾区重建项目中，尽量招收灾区群众就业。

4. 加大转移支付，确保灾区政府有充足的财力对灾区群众安置和重建

灾区重建的主要责任在地方政府，对灾区的实际需求最了解的也是地方各级政府。建议中央对灾区的支持更多地采用资金支持方式，以便地方政府根据灾区的实际需求来确定重建项目。特别是要加大对极重灾区县市的转移支付力度，防止这些地方政府由于财政窘迫，而延缓了对灾区群众生活的及时安置。是否可以考虑把位于山区的几个极重灾区县，在重建期间列入国家扶贫县的政策支持范畴。

中央和省一级政府的补贴，尽量要减少地方的配套。对没有支付能力的极重灾区政府，上级政府应全额解决对灾区群众住房、生活等补贴。在转移支付中，要密切关注灾区各级干部和村级干部的工资发放，防止出现工资长期停发造成干部的生活负担加重。

要提高灾区地方政府对对口支援单位的协调力度。在鼓励对口支援单位加强支持灾区的基础上，应加强省一级项目协商机制，以灾区实际需求项目为主的支援方式。对口支援项目的重点应该放在急需的公共设施建设和灾区群众的安置上。对企业的援建尽量不应纳入对口支援的总盘子，应充分尊重市场的配置。

5. 从长远的城镇化政策入手，在更大的范围内进行合理的人口安置

建议中央和国务院应尽快出台政策，要求沿海发达地区的城镇解决一批四川灾区在当地务工就业的农民工户籍，允许他们携带子女和父母在务工地城镇安家落户，统筹安排子女入学、各项社会保障等问题。所涉及的灾区范围可适当放宽到灾区县市的上一级政府管辖范围内，以便给灾民安置提供更大的空间。

灾区政府可按照适当价格，收购在沿海安家落户的四川籍农民工的原住房和宅基地，作为安置房和土地，解决灾区农村群众的安置问题。受灾省可根据外出安家落户的务工农民的具体情况，结合灾区群众的异地安置问题，适当研究有关农村集体土地承包政策和宅基地分配政策的调整问题，拿出解决方案。

（2008年7月）

四川灾区农户调查统计分析报告

联合调研组

2008年7月12～18日，由国家发改委城市和小城镇改革发展中心牵头组织，国家发改委宏观院、信息中心和清华大学专家、学生联合组成的60人调研组对四川灾区的汶川、北川、青川（简称“三川”）、绵竹和什邡（简称“什绵”）等5个重灾县市进行了灾后和重建情况调研。其中“三川”属于山区县，农民人均收入低于全国平均水平；而“什绵”经济发展水平较高，是四川省“十强县”，农民人均收入高于全国平均水平。调查对1052户农民进行了入户问卷访谈。本报告是在1012份有效问卷统计分析的基础上撰写的。问卷调查内容主要包括农户家庭受灾情况、安置情况、住房需求、迁移意愿和目前迫切需要解决的问题。

一、地震损失情况

从调查农户的统计数据来看，这次地震对农户土地和住房损毁是相当严重。

（1）耕地损失严重。农户户均拥有土地5.88亩，地震中户均损失土地2.35亩，损毁率高达40%。

（2）住房损失严重。住房完全损毁的农户比率为81%，另外14.6%的农户房屋部分损毁，房屋完好的不到1%。

（3）“三川”物质损失更加严重。“三川”和“什绵”灾区的户均耕地分别是7.23亩和3.93亩，损毁面积分别为3.32亩和0.98亩，损毁率分

国家发改委城市和小城镇改革发展中心、宏观经济研究院、国家信息中心、清华大学联合调研组。由清华大学对农户调查输入，调研报告由国家发改委城市和小城镇改革发展中心执笔。

别是46%和25%。“三川”和“什绵”灾区房屋全部损毁分别为84.5%和76.2%，保持完好的则分别是0.67%和5%。“什绵”灾区的耕地和住房损毁情况比“三川”灾区要略微轻一些，但从经济总量看，“什绵”灾区的经济损失更重。

二、安置现状

（1）农户临时安置措施以帐篷为主。受灾农户的临时安置方式包括救援帐篷、自建窝棚、活动板房等。农户安置以救援帐篷为主，占54.3%。自建窝棚和活动板房的比例分别为23.7%和13.5%，救援帐篷区的基本公共服务得到了配套，如建立了临时学校和医疗点，但是随着冬季的到来，由于救援帐篷的保暖性能较差，这些受灾农户存在过冬难等问题。在建设永久性住房前，25.2%的农户选择住活动板房，50.6%的农户选择政府补贴、就近自行安置。

（2）还有相当一部分群众不是独家居住。从临时安置居住方式来看，60.4%的农户为独家居住，还有近40%的农户是分散或两家以上合住的，多家农户长期混居在一起，影响了家庭的正常生活。

超过50%的“三川”农户是分散或两家以上合住，而“什绵”比例不到20%。“三川”解决分户居住的压力要更为严峻。

（3）超过1/4的农户实行异地临时安置。在原住所附近进行临时安置的占40.4%，在村庄内集中安置的占7.8%，在本乡镇内异地集中安置的占22.5%，跨乡镇异地集中安置的占12.6%，县外异地集中安置的占14.4%；跨乡镇和县外异地集中安置合计达27.0%。

“三川”和“什绵”，在原村庄内安置的比例分别为32.7%和71%，跨乡镇和县外异地安置的比例分别为38.2%和10%。这些情况说明“三川”比“什绵”面临更大的安置压力。

（4）部分安置点距离较远，给生产自救带来不利影响。从距离上看，临时安置点距离原住所5公里以内的占54.9%，多数农户可以比较方便地返回进行农业生产自救和受灾田地修复。但距原住所10公里以上的占35. 7%，这些农户由于安置距离较远，进行农业生产自救和受灾田地、基础设施修复难度较大。

近50%的“三川”农户安置距离超过10公里，生产自救形势比较严峻，而“什绵”安置距离超过10公里的为17.3%。

三、建房意愿和贷款需求

（1）农户最关心建房问题的解决。调查中，69.4%的农户将解决住房问题列为第一急需。其中，69.6 %的“三川”农户和69.1%的“什绵”农户将解决住房问题列在第一位，对住房问题的关注，“三川”和“什绵”农户是高度趋同，这说明解决住房问题是灾民共同关注的首要问题。

（2）农户注重重建住房的抗震安全性能。灾区住房质量近年有所提高。64.9%的房屋建于1990年代以后，其中27%的房屋建于2000年以后。原有住房中，砖瓦房比例最高达61.9%，其次为以钢混结构房为主的其他类型住房，占23.5%。

从重建房屋的意愿来看，愿意建砖瓦房的占58.1%，比灾前砖瓦房比例有所下降。选择重建其他类型住房的农户占29.2%。其他类型的住房主要有两类，一是钢混结构，另外是以木质材料为主的房屋，这两类房屋特点是抗震安全性能较高。这表明受到地震影响，农户注重重建房屋的抗震安全性能。

（3）九成以上农户建房存在资金不足的困难。从农户列出的各项建房困难（可列多项）来看， 90.3%的农户认为建房中存在资金不足的困难。

同时，还有37.7%的农户认为建房会存在用地方面困难。受地质灾害影响严重的“三川”，高达54.6%的农户认为建房中存在宅基地用地困难，而在“什绵”有13.1%的农户担心宅基地问题。

25.1%的农户认为建材价格高会导致建房困难。相对灾前现在主要建房材料价格涨幅都在25%以上。地处山区 的“三川”农户有30%对此表示担忧，“什绵”有18%农户表示担忧。

因此，对资金、农户建房用地和建材短缺、相关物资价格上涨等问题应予以高度关注。

（4）近七成农户有贷款建房的意愿，贷款额度较大。66%的农户需要贷款建房，在意愿贷款的农户中，要求贷款额度在5万元以上的农户占50.1%，这表明有一半农户对于建房贷款的资金额度需求较大。其中，61.8%意愿贷款的“三川”农户选择贷款额度在5万元以上，而“什绵”低一些，为31.9%。

（5）近半农户有统一组织建房的意愿。受访农户在房屋重建的方式上，49.2%的农户选择集体（政府）统一建房。许多农户也担心统一建房的质量问题，有29.5%的农户选择自建住房。

四、搬迁意愿

（1）超过四成农民愿意搬迁安置。41.4%的农户选择了愿意搬迁，另有19.3%的农户选择了服从政府安排。

地质灾害是影响农户搬迁意愿的重要因素。有耕地损毁农户愿意搬迁率为47.4%，耕地完全损毁的农户愿意搬迁率超过50%，而没有耕地损毁农户愿意搬迁率为31.2%。

有无外出务工也是影响农户搬迁意愿的一个方面。有外出务工农户意愿搬迁率为45.2%，高于没有外出务工农户38.6%的意愿搬迁率。

（2）近半愿意搬迁的农户有向城镇迁移的意愿。49.6%的农户有向农村以外地区搬迁的意愿。其中，37.7%的农户愿意搬到临近的小城镇，19.3%的农户愿意搬迁到大中城市。

（3）近四成愿意进城农户要求双补偿。统计显示，在愿意搬迁到城镇的农户中，36.8%的农户要求对原有宅基地和农地进行补偿，同时也要政府提供城镇户口。

（4）超过七成愿意搬迁农户对耕地需求减少。统计显示，73.8%的农户对耕地的要求下降了，其中，51.1%的农户可以接受比原来数量少的土地，22.7%的农户选择放弃土地。说明农户对土地的依赖程度在降低。

相对“什绵”愿意搬迁的农户，“三川”农户对耕地的依赖性要更高一些。“三川”需要耕地农户比例达75%，而“什绵”需要耕地的农户仅为50.4%。其中“三川”选择需少量土地的农户为59%，而“什绵”仅为28%，说明“三川”意愿搬迁农户对获取稳定非农就业岗位的预期不高，对农业还有一定依赖性，安置中要充分考虑到这部分农户对农业的依赖。

（5）故土难离是农户不愿意搬迁的主要原因。在不愿意搬迁的农户所提到的各项不愿搬迁的原因（多选）中，65%的农户提到是由于对本地生活环境熟悉，24%的农户不愿意舍弃原有的产业和资产。也有21.4%的农户是由于担心搬迁后的就业和生活。

五、农户需求优先序选择

为了解农户对当前需要解决问题的优先序情况，问卷列出了农户在生产、生活中可能遇到的八个问题，要求农户根据个人需求紧迫程度进行排序。

（1）除住房问题外，农户对其他各项问题关注都比较分散。调查中，将住房问题列为第一急需解决问题的农户有69.36%，十分集中。其余的需求则显得比较分散，其中，子女教育问题占9.36%；基础设施问题占7.68%；生产自救问题占4.63%；非农就业岗位问题占4.53%。我们分别对每个农户的前三项选择进行加权平均，计算出各项选择的标准化得分，得分越高代表关注度越高。其中住房得分为50.3；其次分别为子女上学问题得分13.7；基础设施问题得分12.9；非农就业问题得分10.7；生产自救问题得分9.6。问题选择的分散，说明当前灾区农户最关心的仍集中在住房安置问题。

虽然住房之外问题在目前还不突出，但是随着安置和住房问题的明确，许多问题将会凸现。另外诸如灾区子女上学、医疗卫生问题也通过一系列临时措施，在目前得到较好解决。同样一旦搬迁或重建地点确定后，学校和医院的重建问题也会不断凸现出来。因此，在进行安置规划时要“未雨绸缪”地考虑到其他各类相关问题的解决。

（2）“三川”和“什绵”选择的对比。通过加权平均标准化处理之后，除对住房问题普遍关注之外，“三川”农户更注重子女教育，得分为16，其次各项得分靠前的分别为基础设施12.9、生产自救11.8和非农就业6.3；而“什绵”农户对非农就业更为关注得分为16.8，其次各项得分靠前的分别为基础设施13.3、子女教育10.4和生产自救6.4。

两组农户对非农就业的关注存在较大的差别，重要的是趋势，意味着在未来安置相对稳定后，在“三川”和“什绵”要注意到针对性的政策差别。

六、政策建议

（1）做好临时安置工作。要着重解决好分户居住的问题。对类似“三川”安置压力较大的各级政府，应尽快增加各类临时过渡房的供应，推进分户居住工作。加快解决住帐篷农户的过冬安置问题，可适当安排一部分板房，尽快解决农户的临时安置问题，确保灾民顺利过冬。要加大灾区农民自行安置工作力度，鼓励农户利用各类废旧建筑材料搭建过渡房。各级政府要确保搭建过渡房所必需材料的供应，如席子、油毡等。

（2）加快次生灾害评估力度，尽快落实安置规划。要抓紧开展对灾区次生灾害威胁的评估，以保证灾区农户自救过程不再受到次生灾害的威胁，以便他们及早地回到原住地或在新安置点搭建临时住所，安全过冬。

（3）探索农户建房贷款新模式。鼓励各类金融机构在支援灾区的实践中探索新型金融模式支持农民建房和农村发展。可以探索使用农户联保形式，或使用农户未来房产进行抵押，或使用农户的耕地，或林地承包权进行抵押等新模式获取贷款。

（4）鼓励农户采取互助建房方式。为满足农户统一建房的需求，政府可以鼓励、引导各村（组）建立农户建房互助组等互助建房的合作组织，让农户参与到建房中，解决农户建房过程中劳动力短缺问题，同时利用建房机会解决农民就业。政府应在充分尊重农户建房意愿的基础上，做好相关规划，提供相应技术支持，放宽农户互助（合作）组织的建房资质审核，加强对农民建房相关技术的培训。

（5）促进灾区建材制造企业尽快恢复生产，保障建房建材供应。应尽快出台针对灾区建材生产企业恢复重建的政策，保证灾区重建住房所需要的建材生产和供应。在交通不便的山区，可以适当允许在重建期间，发展建材企业，作为恢复重建的临时措施。

（6）尽快研究制定异地移民安置方案。尽早研究通过城镇化政策，解决灾区移民的安置问题。特别是要求沿海发达地区，解决一部分长期在当地务工就业的灾区农民的落户问题，以便在更大的空间范围内，为移民安置创造条件。

（7）逐步解决灾区生活中面临的系列问题。对灾区农民群众所关心的生活问题，要未雨绸缪，及早规划。重点解决涉及人民群众生活的子女教育、医疗保障、公共服务设施和未来的非农就业安排问题。

（2008年8月）

灾区农民永久住房建设存在的问题和建议

何宇鹏

2008年7月12～16日，按照灾后重建规划基础调研活动的安排，由国家发改委城市和小城镇改革发展中心、宏观经济研究院和清华大学12人组成的调研组，在四川省青川县进行了政府、企业和农户访谈。调查了解到，加快灾区农民住房建设，是稳定农民生活的重要措施，也是保证社会安定的必要条件。但是，在短期内做好这件事，也面临着许多困难和挑战。对此，要有充分的认识，做好必要的准备。

一、基本情况

按照规定，四川重灾区要在一年内完成60%、两年内完成全部永久住房建设，地方政府和农户都面临很大的压力。

一是资金的压力。在补贴农户的2万元建房资金中，有3000元是要县级政府配套的。以青川为例，6万农户共需县政府配套1.8亿元，而该县本级财政只有2115万元的收入。另外，由于全县居民人均银行存款仅3503元（按金融口统计计算，如按家计调查计算，则仅为2878元），建房的借贷资金压力也很大。在抵押和贴息等相关政策未出台前，大多农户并不具备贷款资格。

二是土地的压力。在山区县，农村建设用地存量有限，再加上灾毁损失和迁居安置，宅基地供求矛盾十分突出。以青川为例，灾毁农村建设用地23154亩，其中可恢复的只有9317亩，仅占40%。而6万农户安置，按每户100平方米宅基地计算，需要9009亩建设用地（如果按人均30平方米宅基地计算，则需要9459亩建设用地），再加上基础设施和公共服务机构，推

何宇鹏：国家发改委城市和小城镇改革发展中心原副主任。

算农村居民点的建设用地需求量约在1.8万～2万亩左右。由于地质灾害，8个乡镇的5万农民需异地搬迁，进一步加大了农村宅基地的需求压力。

三是建筑材料涨价和用量的压力。以青川为例，与地震前相比，水泥价格从420元/吨上涨到530元/吨，砖价从0.29元/坯上涨到0.37元/坯，瓦价从0.38元/片上涨到0.50元/片，钢材价格从4500元/吨上涨到7000元/吨，用工价格从30～50元/日上涨到80～100元/日。按照目前建抗强震的钢混房的标准计算，则每平方米造价高达1000元，比震前提高近300元。如果把大量的农村建房集中在短期内进行，则建材价格还有进一步攀升的可能。按照每户100平方米的建房面积，则6万农户建房须用砖39亿坯，瓦8.4亿片，水泥130万吨，钢材26万吨，如此巨大的建材用量，青川县自身难以满足。加上目前全县只有一个对外的出口，山区的运输成本高，势必更加推动价格上涨，加重农户的建房资金压力。

二、对策建议

鉴于上述情况，有如下建议。

一是受灾地区农村住房建设县级财政配套可能要根据受灾程度进行减免（或补充性办法），银行要尽快出台贷款的相关细则。

二是抓紧城乡建设规划的制定，尤其是对那些需要搬迁的农户来说，建房的宅基地问题不解决，他们就没有稳定的预期，很难踏实下来。目前，青川还有1.4万外出打工的农村劳动力滞留，占全县外出农村劳动力的1/4强。这部分人主要是因为安置问题未定而不是在外找不到工作原因而无法离开。

三是对灾区的建材生产和供给应有一些特别的安排。比如不符合产业政策的建材企业特别是中小企业，以什么样的方式来处理，既使灾区的建材生产和供给有所保证，又使环境标准不致被滥用突破。再如灾区有大量的建筑废料，专家称这些废料在技术上回收加工再利用没有问题，也能在相当程度上减轻灾区尤其是重灾山区的运输成本问题，但需要在贷款、用地和运输上配套相关措施，企业才能进行生产。有没有可行性，需要尽快确定。

（2008年7月）

支持灾区农业龙头企业尽快带动农户恢复生产

何宇鹏

2008年7月12～16日，按照灾后重建规划基础调研活动的安排，由国家发改委城市和小城镇改革发展中心、宏观经济研究院和清华大学12人组成的调研组，在四川省青川县进行了政府、企业和农户访谈。7月16～17日，调研组还对江油市进行了调查。调查了解到，加快四川灾区农业龙头企业恢复生产的步伐，是组织灾区农民生产自救、稳定就业和增加收入的关键所在。

一、基本情况

调查组在青川了解到，地震使地方的农业龙头企业、育种基地和收购网点遭受严重损失，如不采取措施加以恢复，将使广大农民明年的农业生产面临问题，进而影响农民的生计。

青川是这次地震的重灾山区县，林地400多万亩，因此以森林蔬菜为支柱的农业经济是全县农民的重要收入来源。全县6万农户，有3万户种植食用菌，3万户种植茶叶。在这次地震中，全县茶园受灾面积达62%，受灾黑木耳、香菇和竹荪分别达52%、17%和18%。更加致命的是，两家最大龙头企业的菌种基地（厂房和设备）和茶叶无性繁育基地全部遭毁，对生产、收购和加工都产生了重要影响·。

以食用菌为例，该县的川珍实业是全县唯一一家国家级农业产业化龙头企业。平时在企业（加工）直接就业的农民工有500多人，季节性用工2000多人，带动的生产涉及川北地区5万多农户。目前，该企业仅部分

何宇鹏：国家发改委城市和小城镇改革发展中心原副主任。

恢复了食用菌的初级加工，即初级产品的分袋包装，解决的农民就业200多人。深加工由于设备损毁需要检验和添置，两条生产线均处于停工状态，使得300名农民工近期无法就业。更为重要的是，企业的食用菌研究中心损毁严重，致使菌种出现断裂，严重影响农民的生产。据介绍，如果企业不能在今年（2008年）10月恢复制种，将使明年（2009年）3月全县农民的食用菌生产面临断种困境，进而影响农民生计。同样，类似的农业产业化龙头企业都面临着相同的问题。这些问题不仅存在于育种环节，也存在于加工和收购环节。比如由于受地震影响，青川目前的对外通道只有一个金子山出口，加上次生灾害还在不停发生，农产品收购也受到严重影响，茶叶、鲜菇等产品运输不出去，价格大幅下跌。茶叶变茶树，鲜菇价格只有震前的1/4左右。

其他地方也有类似问题，像江油是著名的生猪繁育基地，能繁母猪近10万头，年外销仔猪110万头，对四川全省的生猪生产有着重要影响。这次地震中，死亡能繁母猪4.5万头，接近一半。如不尽快恢复，将影响县内外一大批农户的生猪生产。

二、对策建议

我们在调研中注意到，地方在恢复重建中多强调农业场站建设、信息体系建设、推广体系建设和机构建设。这些建议并没有错误，但是恢复重建是长期的艰巨任务，一定要分出轻重缓急，一定要有先后次序。我们认为，在农业和农村发展中，当前最重要的任务是解决涉及农民生计的生产和就业问题。无疑，那些链条长、覆盖广、带动强和见效快的产业化组织在这方面具有较大的溢出效应，应属于重点扶持、尽快恢复的产业之一。我们还注意到，部分企业尽管还没有或仅部分恢复生产，却在不同程度上承担着一定水平的未就业职工的生活费，这种情况如果持续下去，企业将难以维持。因此，尽快出台对农业产业化企业的相关政策，帮助它们尽早恢复生产，带动灾区农民通过生产自救和发展，是十分必要的也是十分紧迫的事情。

对于农业龙头企业来说，目前有几个迫切问题需要解决，应引起重视。

一是灾损的育种基地亟待恢复，这是重中之重，建议根据需要恢复的数量单位，以低息或贴息的方式提供贷款，确保来年的农业生产不因种源问题受到影响。在灾后重建的项目中，也要适当向育种基地等基础项目倾斜，增强灾区持续发展的后劲。

二是对受损严重的农产品加工企业，或以贷款方式，或以减免或缓征税收方式，鼓励尽快恢复生产，条件是恢复并扩大农民工就业。

三是要尽快恢复农产品收购网点。由于灾区的龙头企业生产没有恢复，收购受到影响，而外面的企业又因余震和次生灾害频发等原因不愿意进入山区收购（就在本文完成的7月24日，青川又发生了5.6和6.0级两次较强余震），致使灾区农产品价格下跌。建议在灾区农产品冷藏、仓储和运输项目方面，给予一定的政策倾斜，迅速恢复流通秩序。

（2008年7月）